크랙업
캐피털리즘

크랙업 캐피털리즘

퀸 슬로보디언 지음　　　　　김승우 옮김

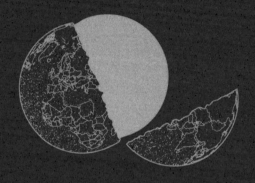

시장급진주의자가 꿈꾸는
민주주의 없는 세계

CRACK-UP
CAPITALISM

arte

내 동생 마야나에게

그런데 21세기 초, 이 지구가 서구 수준으로 모든 사람의 생활을 보장할 수 없다는 사실이 분명해졌다. 그 시점에서 최고 부자들은 자신들의 성채 같은 저택에 들어앉아 정부를 매수하거나 정부가 자신들에 반하는 정책을 펼치지 못하게 하면서 저택의 문에 빗장을 걸어 놓고는 빈약하게나마 이론화된 더 나은 시절을 기다렸다. 그 시절이란 그저 그들의 남은 생애, 그리고 그들이 낙관적으로 봤을지라도 아마도 그들 자녀의 생애 정도에 불과했다. 그 이후로는, 될 대로 되라지.

—킴 스탠리 로빈슨Kim Stanley Robinson,
『미래부The Ministry for the Future』중에서

일러두기

1. 이 책은 Quinn Slobodian의 *Crack-up Capitalism: Market Radicals and the Dream of a World* (Metropolitan Books Henry Holt and Company, 2023)를 완역한 것이다.

2. 이 책에서 저자 퀸 슬로보디언은 수적으로 열세일 수밖에 없는 자유지상주의자들이 정권을 쟁취하기보다는, 자신들의 이상을 실현할 수 있는 '구역(zone)'이라는 구멍을 뚫는 천공(perforate) 전략을 추진하는 것을 그려 내고자 '크랙업 캐피털리즘(crack-up capitalism)'이라는 개념어를 제시했다. 일반적으로 '크랙업(crack-up)'은 중압감과 스트레스 등으로 말미암아 정신적으로 무너진 균열을 의미한다. 저자의 의도를 살리고자 이 책에서는 크랙업 캐피털리즘을 우리말로 번역하지 않고 원어 그대로 썼다.

3. 도서명은 겹낫표(『 』)로, 짧은 글이나 논문은 홑낫표(「 」)로, 잡지나 신문 등의 정기 간행물은 겹화살괄호(《 》)로, 음악이나 영화 등의 작품명은 홑화살괄호(〈 〉)로 표시했다.

4. 각주는 전부 역주, 미주는 원주이다. 본문 중의 역주는 대괄호([ ])로 표시했다.

5. 본문에 언급된 단행본 중 국내에 이미 번역된 도서는 번역본 제목을 적었다. 아직 번역되지 않은 도서는 그 제목을 번역하고 원제를 병기했다.

6. 강조(밑줄 및 진한 글씨)는 원문에 따른 것이다.

한국형 크랙업 캐피털리즘

이 책에는 잠깐 등장할 뿐이지만, 한국은 크랙업 캐피털리즘 역사에서 특별한 위치를 차지하고 있다. 카리스마 넘치는 밈 (meme, 모방형 자본주의), 계급 갈등의 무기, 정책 실패의 면에서 크랙업 캐피털리즘 구역의 전형적인 사례를 제공한다.

    잘 알려져 있듯, 제2차세계대전 종식 이후 대한민국의 경제성장은 소수의 대기업 가문 즉 재벌과, 이른바 대규모 산업화라는 발전주의 프로그램을 추진하는 국가의 긴밀한 협력에서 출발했다. 노조를 폭력적으로 억압하려는 의지와 (지금까지 이어지고 있는 병력 수천 명의 주둔을 포함해) 미국과의 지정학적 협력관계를 통해 대한민국은 저임금 수출 주도 공산품 생산 모델을 발전시켰고 몇십 년 만에 고도성장과 번영을 이루었다. 1960년대 초 세계에서 가장 가난한 나라 중 하나였던 한국은 1996년 이른바 "부자 나라들의 클럽"인 경제협력개발기구 OECD에 가입했다.

그때 한국의 성장 모델에 위기가 찾아왔다. 1997년 아시아 금융위기 이후 국제통화기금IMF, 경제협력개발기구, 심지어 재벌도 국가경제를 해외투자자에게 더 개방해야 한다고 압박하기 시작했다. 정부는 자본유입 방향을 조정하는 수단으로 구역zone을 활용하기로 결정했다. 2003년에는, 2001년 개항한 인천공항과 함께 서울 서남쪽에 인천경제자유구역IFEZ을 신설했고, 이후 5기에 걸쳐 전국에 '경제자유구역' 여섯 곳을 지정했다.

신설 구역들은 브랜딩 작업을 통해 1970년대 초 부산 근교[마산]와 이리(익산시)에 개장했던 좀 더 전통적인 형태의 수출가공구와는 다른 길을 택했다. 저임금 생산 공장과 선적 항만을 유치하는 것이 아닌, 공산품 생산에서 서비스업으로의 전환을 반영한 신설 구역들은 부동산 투기 기회는 말할 것도 없고 첨단기술 회사, 금융 및 연구개발, 고등교육 기관을 위한 사무실 공간을 제공했다.

이 책에서 전 세계에 걸쳐 기술하고 있듯 대한민국에서 구역의 목표는 세제혜택과 공적자금 지원, 외국인 소유권 강화, 그리고 더욱 중요한 규제 및 노동법 완화로 투자를 유치하는 것이었다. 1990년대에 복지 혜택을 줄이려는 시도에 맞서 광범위한 파업을 벌였던 한국 노동자들의 전투성은 잘 알려져 있다. 구역의 가장 큰 매력은 노동자들을 좀 더 쉽게 해고할 수 있고, 고용주들이 유급휴가 제공 및 퇴역 군인과 장애인 혹은 고령자 고용과 같은 의무 사항들로부터 자유로운, 완곡어법으로 표현한 "유연한" 노동시장이었다. 미 상공회의소는 나라 전체를 구역으로 지정해 달라고 항의했으나, 정책 입안자들은 그러한 값비싼 증정품은 제한적일 때만 효과가 있을 것이라는 실용적 입장을 취했다.

비평가들은 이 구역의 핵심은 새로운 형태의 불평등과 위계 서열을 조장할 전초기지를 만드는 것이라고 정확히 지적했다. 외국계 병원이 들어서고 영리병원 운영이 허용됨으로써 이중 구조의 의료 체제 등장을 앞당길 것이다. 보통 토지를 무료로 제공받는 국제학교와 외국 대학들은 의도적으로 공교육 제도를 잠식할 것이고, 해외 취업 혹은 점점 더 세계화되어 가고 있는 국내경제에서 직업적 특권을 누릴 수 있는 새로운 학벌을 제공할 것이다. 구역 내 일부 사업 분야에서 외환을 사용하고 영어로 행정 업무를 제공하는 특혜는, 구역과 나머지 지역들을 갈라놓을 것이다.

구역이란 국경을 넘나드는 투자 계급의 요구에 따라 기존 국가를 분절하고 구획화하는 방식으로 작동하는, 이 책에서 "크랙업 캐피털리즘"이라고 부르는 새로운 종류의 탈영토화된 지구적 자본주의의 의식적이고 의도적인 전위 공간이었다. 한동안 전 세계 언론들은 한국의 구역에 주목했고 이는 다양한 학술 세미나와 논문을 통해 소개되었다. 가장 큰 관심을 끌었던 곳은 인천경제자유구역의 송도국제도시였다. 이곳은 민간사업자가 도시 전체를 운영했고, 효율성을 높이기 위해 센서와 카메라로 시설물을 지속적으로 모니터링하고 조정하는 세계 최초의 "스마트" 도시로 홍보되었다. 뉴욕시의 센트럴파크, 물 위에 떠 있는 시드니 오페라하우스, 베네치아의 운하를 본뜬 이곳은 완벽한 "상자 속 도시" 같았다.

"유비쿼터스-생태-도시"라는 어설픈 마케팅 전략에도

불구하고 이른바 미래도시라고 불리는 이곳의 참신함을 주제로 많은 글이 발표되었고 인터넷에서도 활발하게 논의되었다. 하지만 출범한 지 10여 년 만에, 많은 사람은 송도가 실패했다고 생각한다. 300만 명을 수용할 도시로 계획했지만 2019년 현재, 송도에는 10만 명이 거주할 뿐이다.＊ 구역은 한국 정부가 희망했던 확실한 해결책이 되지 못했다. 최근 몇 년간의 경제적 성공이 반드시 이런 울타리로 둘러싸인 공간에 의해 주도되거나 이런 공간에 집중된 것은 아니다.

기대에 미치지 못한 결과에도 불구하고 한국의 컨설팅 업체들과 정부 대표자들은 구역을 전 세계에 홍보하는 전도사를 자처하고 있다. 온두라스에서 베트남과 멕시코, 우루과이에 이르기까지 한국 선교단은 구역을 마법처럼 홍보한다. 구역이라는 신화 속에서 인천과 송도국제도시는 그 성공 여부와 상관없이, 가오슝에서 홍콩을 거쳐 선전과 카나리워프를 가로질러 이제 서울 외곽까지 뻗어 있는 계보학적 연결고리라는 신전의 한 자리를 차지했다.

만약 구역이 한국이 기대했던 만병통치약이 아니었다면, 한반도 북쪽 끝의 구역을 살펴보자. 1991년, 조선민주주의인민공화국은 덩샤오핑이 중국 해안 도시에서 추진했던 성공적인 전략을 모방하여 나진-선봉(혹은 나선)특수경제구역을 설치했다. 중국 국경을 따라 여러 다른 구역이 개방되었고, 비무장지대 바로 북쪽에 있는 개성공단에서도 특별한 실험이 진행

＊　2024년 1월 15일 인천자유경제구역청 발표: 2023년 12월 기준 20만 7447명

되었다. 극도로 드문 남북 공동사업인 개성공단에서는 120여 개 경공업 회사가 5만 5000여 명을 고용했고, 이곳은 잠시나마 평화 통일로 이어질 수 있는 뒷문으로 소개되기도 했다. 초과 근무수당으로 지급한 초코파이는 암시장의 인기 상품이 되었고, 일각에서는 햇볕정책이 구역이라는 아주 작은 구멍을 통해 현실화될 수도 있다고 기대했다.

하지만 데탕트의 수명은 짧았고 2016년 개성공단은 완전히 문을 닫았다. 이제는 평화가 아니라 전쟁이라는 긴장 속에서 움직이고 있다. 2022년 2월 우크라이나 침공으로 가해진 경제제재로 달러화 무역이 어려워진 러시아는 새로운 파트너를 찾아 나섰고, 그 결과 나선특수경제구역이 되살아났다. 위성사진을 보면 러시아가 북한을, 제재를 피해 무기를 선적할 구역으로 활용하고 있음을 알 수 있다.

첨단기술로 이룬 빛나는 글로벌 서비스 도시인 인천의 "공항 중심 도시aerotropolis"와, 나선의 컨테이너선으로 들어오는 미사일이라는 흥미로운 조합은 21세기 구역의 다양한 활용법을 잘 보여 준다. 그뿐만 아니라 민족국가로 이루어진 세계라는 바둑판을 준거로 세상을 바라보는 우리가 미처 발견하지 못한 것을 이해할 수 있게 도와준다. 이 책을 통해 독자들이 이러한 현실을 깨달을 수 있기를 기대한다.[1]

차례

한국어판 서문   한국형 크랙업 캐피털리즘   9

서론   지도 찢기   17

제1부
섬들

1장   둘, 셋, 수많은 홍콩   33

2장   파편화된 도시   67

3장   싱가포르라는 해결책   97

제2부
부족들

4장   자유지상주의 반투스탄   125

5장   국가의 훌륭한 죽음   151

6장   새로운 중세 코스프레   175

7장   당신만의 민간 리히텐슈타인   197

**제3부
프랜차이즈 국가들**

8장	소말리아의 백인 기업가 씨족	221
9장	두바이의 합법적 버블 돔	245
10장	실리콘밸리 식민주의	269
11장	메타버스의 클라우드 국가	289

| 결론 | 물이 되어라 | 319 |

주		339
감사의 말		439
해제	여전히 살아 숨 쉬는 자유지상주의의 기나긴 여정	441
찾아보기		455

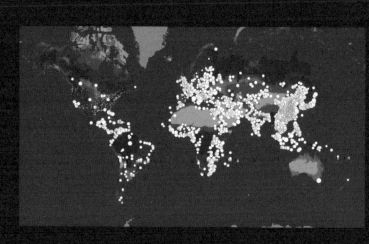

전 세계의 특수경제구역. 점의 크기는 각 구역이 차지하는 면적에 대응한다.
이 지도의 반응형 버전은 openzonemap.com에서 확인할 수 있다.

그림 제공: 에이드리언 쿡그룹 (Adrianpool group)

휴대폰을 보지 않고도 전 세계에 국가가 얼마나 존재하는지 알 수 있는가? 확실치 않다고? 정답은 약 200개다. 그럼 2150년을 예측해 보자. 그때는 얼마나 많은 국가가 존재할 것인가? 200개가 넘을까? 더 적을까? 1000개가 넘는다면? 혹은 겨우 20개? 두 개는 어떨까? 혹은 하나는? 그렇다면 그 지도들은 어떠한 미래를 의미할 것인가? 모든 것이 이 답변에 따라 결정된다면?

2009년 당시 41세였던 벤처자본가 피터 틸Peter Thiel은 이런 고민을 하고 있었다.[1] 페이팔을 설립하고 초기 페이스북에 투자해 돈을 모은 그는 1년 전 금융위기 때 큰돈을 잃었다. 이제 그는 어떻게 세금을 징수하는 민주국가에서 벗어날 수 있을지 고민했다. "나는 더 이상 자유와 민주주의가 양립할 수 있다고 생각하지 않는다"라고 그는 적었다. "자유지상주의자들 libertarians에게 남은 중요한 과제는 모든 형태의 국가로부터 벗어날 탈출구를 찾는 것이다."² 국가가 많을수록 돈을 가져갈 수 있는 곳은 많아지지만, [기업이라는] 황금알을 낳는 거위가 놀랄세라 국가가 세금을 인상할 가능성은 더 작아진다. "더 많은 자유를 누리고 싶다면 국가 수를 늘려야 한다."³

틸은 수천 개 국가로 이루어진 세계라는, 미래에 관한 유토피아적 이상을 제시했다. 다만 그가 구상한 미래가 실은 오늘날 다양한 형태로 이미 존재하고 있다는 점을 언급하지는 않았다.

표준 지구본을 보면 여러 색깔 화소가 불균등하게 섞인 모자이크로 표현되어 있는데, 유럽과 아프리카 지역에서는 더 조밀하게, 아시아와 북미 지역은 더 넓게 되어 있다. 이런 세계는 우리가 초등학교 시절부터 학습해 온 친숙한 모습으로 틸이 언급하고 있는 것이기도 하다. 각각의 영토에는 개별 국가의 국기와 국가[國歌], 전통 복장, 음식이 있다. 올림픽 개막식 퍼레이드는 몇 년마다 결국 이것이 우리가 살고 있는 작은 세계라는 확신을 심어 주면서 지구본에 그려진 세계를 재현한다.

그러나 국가라는 퍼즐 조각으로만 세상을 바라보면 실수를 저지르게 된다. 사실 학자들이 지적하듯, 근대 세계는 곰보 자국처럼 파이고 구멍 나 있고, 누더기 같으면서도 들쭉날쭉하며, 찢어지고 쪼개져 있다. 국가라는 용기 속에는 비정상적인 법률적 공간, 변칙적인 영토, 특이한 관할구역이 존재한다. 도시국가, 도피처, 거주지, 자유항, 첨단기술 단지, 면세 구역, 혁신 허브가 그것이다. 국가로 구성된 세계에 가득 차 있는 <u>구역들</u>은 우리가 본격적으로 논의할 오늘의 정치를 규정한다.⁴

<u>구역</u>이란 무엇인가? 기본적으로는 국가에서 도려낸, 전

반적인 규제로부터 자유로운 장소를 의미한다. 국경 내 일반적인 조세 권한이 종종 유예되는 경계 안에서 투자자들은 사실상 자기들만의 규칙을 만들 수 있다. 구역은 외견상으로는 소재국host state의 영토를 벗어나 있으며 구별이 가능하다. 구역은 갈피를 잡을 수 없는 다양한 영역에 자리 잡고 있으며, 어느 공식 기록에 따르면 적어도 82개 종류의 활동 공간이 존재하는 것으로 추산된다.[5] 그중 가장 두드러진 것으로는 경제특구special economic zone, 수출가공구export processing zone, 외국무역지대foreign-trade zone를 들 수 있다. 사회경제적 스펙트럼의 한쪽 끝에서, 구역은 국경을 넘나드는 제조업 네트워크의 교점node이기도 하다.[6] 종종 철책선으로 둘러싸인 이 장소들은 기업들에 저임금 노동을 제공한다. 다른 끝에는 경제학자 가브리엘 쥐크만Gabriel Zucman이 "숨은 국부hidden wealth of nation"라고 부르는, 초국가 기업들이 이윤을 은닉하는 조세회피처 구역이 존재한다.[7] 이렇게 세금이 낮거나 전혀 없는 사법권 지역으로 기업 이윤이 빠져나감에 따라 미국은 매년 700억 달러[약 92조 원] 상당의 세금을 거두지 못하고 있다. 반면 역외 조세회피처들은 8억 7000만 달러[약 1경 1430조 원] 규모의 부를 보유하고 있는 것으로 추정된다.[8] 일부 카리브해 섬나라에는 거주 인구보다 더 많은 수의 기업이 등록되어 있다.[9] 첫 번째 대선 기간 때 버락 오바마는 1만 2000개 기업이 케이맨Cayman제도의 어글랜드하우스Ugland House라는 건물에 주소를 두고 있다고 지목하며 "그렇다면 이것은 가장 큰 건물이거나, 공식적으로 가장 큰 조세 사기일 것이다"라고 언급했다.[10] 사실 이러한 관행은 완벽하게 합법적이자 전 지구적 금융 체계에서 일상적인 사실이었다.[11]

전 세계에는 틸이 상상한 수천 개 국가로 구성된 미래 세계보다 더 많은 5400여 개 구역이 존재한다. 지난 10년만을 따져 보더라도 새로운 구역이 1000여 개가 생겨났다.[12] 몇몇은 공장이나 창고보다도 크지 않은데, 글로벌 시장의 공급 순환 교점이거나 혹은 관세를 피해 제품을 보관, 조립, 개선하는 곳일 수도 있다.[13] 다른 구역들은 대한민국의 송도 신도시(송도국제업무단지), 사우디아라비아의 네옴Neom, 일본의 후지사와Fujisawa 같이 도시의 거대 프로젝트로, 민간 도시국가처럼 자신들만의 규칙에 따라 운영된다.[14]

2021년, 미국 네바다주 주 의원들은 자기네 주로 이전하는 기업들에 법률 제정권을 부여하는 계획을 제안하기도 했다. 기업도시가 건설된 지 한 세기 후 "혁신 구역"이 도입되었다.[15] 영국 보수당 정부는 브렉시트 이후 탈산업화된 잉글랜드 북부 지역의 [지역 상향 표준화를 위한] "레벨 업" 제안의 핵심 사항으로 면세 구역 혹은 자유항의 고리를 만들겠다는 구상을 내세웠다. 과연 이런 제안이 허무맹랑한 돈키호테식 목표일까? 이 계획은, 1985년에 건설되어 기업들에 면세 기간 50년을 제공하고, 외국인노동자를 고용해 기숙사에 거주하게 하면서 영국 생활임금●보다 낮은 임금을 제공해 온 두바이의 제벨알리자유구역Jebel Ali Free Zone과 경쟁을 꾀했다.[16]

나는 어떻게 자본주의가 민족국가의 영토에 구멍을 뚫어 상이한 법률이 적용되고 종종 민주적 감독을 받지 않는 예외적인 구역을 만들어 내는지 설명하고자 구멍perforation이라

●　노동자 및 부양가족의 생계비를 고려하여 최저생활비를 보장하는 제도.

는 은유적 표현을 사용한다. 철학자 그레구아르 샤마유Grégoire Chamayou는 민영화 프로젝트를 곤충인 하늘소의 기술에 빗대어 사회구조를 내부에서부터 갉아먹는다는 또 다른 은유를 제시한다.[17] 다른 비유를 들어 보자면, 실과 실 사이에 틈을 두고 매듭을 지어 레이스 조각을 만드는 과정을 떠올려 볼 수 있다. 내부자 용어를 따른다면 <u>비워진 정형화voided patterning</u>라 할 수 있다. 오늘날 세계경제를 이해하려면 이 빈 공간들을 파악해야만 한다.

구역 대부분은 아시아, 라틴아메리카 및 아프리카에 있다. 중국에만 거의 절반이 있다. 유럽과 북미 지역은 합해도 10퍼센트도 되지 않는다.[18] 하지만 앞으로 보게 되겠지만, 이 구역에서는 서구에서 가장 열성적인 지지자들을 발견할 수 있는데, 그들은 내가 미시-배치micro-ordering라고 부르는 구역을, 소규모의 대안적 정치적 합의를 도출해 내는 실험실이라며 칭송한다. 구역의 옹호자들은 분리독립과 분열을 통해 자유시장 유토피아에 도달할 수 있으며, 국가 안팎에서 해방된 영토를 개척하여 다른 국가에 대한 훈육과 실증 효과를 모두 얻을 수 있다고 제안한다. 1982년 [미국 싱크 탱크] 헤리티지재단의 스튜어트 버틀러Stuart Butler는 "국지적 자유가 자유롭지 못한 국가들의 근간을 서서히 갉아먹을 수 있다"라고 말했다.[19] 구멍의 주창자들은 너스레를 떨며 스스로 우파의 게릴라를 자처하면서 민족국가를 구역 단위로 해체해야 한다고 주장한다. 그들의 이론에 따르면 자본이 세금이 낮고 규제가 없는 구역으로 빠져나가면, [자본의 요구를] 따르지 않는 국가경제들은 이런 변칙들을 따라갈 수밖에 없다. 소규모로 출발하더라도, 구역은 모든 국가에 새로운 모델을 제시한다.

　　이 책에서 나는 내가 <u>크랙업 캐피털리즘</u>이라고 부르는 이야기를 소개한다. 지난 40년 동안 이윤과 경제적 안정을 추구해 온 민간 행위자들의 무분별한 노력과 이를 가능하게 만들어 준 정부들의 의지, <u>그리고</u> 의도적인 이념 이야기를 그려 낸다. 크랙업 캐피털리즘은 세상이 작동하는 방식과, 특정한 사람들이 세상을 계속 변화시키기를 희망하는 방식 모두에 대한 상표lable이다. 또한 그 상호연결성이 계속해서 늘어나면서도 더욱 해체된 세계를 묘사하는 방식이기도 하다. 크랙업 자본가들은 사회계약의 변화 징후들을 알아차리고 소멸의 역동을 추동하면서도 거기서 이윤을 얻을 수 있을지 질문한다. 그들이야말로 [미국 출신 작가이자 언론인] 라이오넬 슈라이버Lionel Shriver가 2016년 소설 『맨디블 가족Mandibles』에서 언급한 "최근에서야 생겨난 장르인 묵시록적 경제학"의 제자들이다.[20]

　　구역은 바깥 세계에만 존재하는 것이 아니다. 집에서부터 시작한다. 대개 구역은 노골적인 분리독립이나 새로운 국가 창설을 의미하지 않는다. 권력의 정점을 차지하는 것이 아니라 수많은 작은 거부 행위들을 서서히 늘려 간다. 어느 시장급진주의자는 이를 <u>소프트 분리독립</u>이라 부른다.[21] 어린이들의 국립학교 등교를 막아서, 통화를 금이나 암호 화폐로 태환하여, 세율이 낮은 국가로 이전하여, 두 번째 여권을 발급받아서, 조세회피처로 이주하여 독립할 수 있다.[22] 많은 사람이 하듯 외부인 출입 제한 거주지gated community에 살며 작은 민간 정부를 일으켜서 스스로를 분리할 수 있다. 2000년대 미국 남부와 서부 지역에서 등장한 개발 지역의 절반 정도는 외부인 출입을 제한하는 곳이거나 계획도시였다.[23] 외부인 출입 제한 거주지는 지구 전체에 퍼져 있고, 나이지리아 라고스에서부터 아르헨티나 부에노스아이레스까지 널리 걸쳐 있다.[24] 인도에서는 철제 장벽을 설치하여 공용 도로를 장악하는 것에서 시작하여 특수경제구역 주변에 밀집된 비현실적인 '식민지' 계획도시로 발전했다.[25]

피터 틸과 함께 일했던 어느 벤처자본가는 이러한 형태의 소프트 분리독립을 두고 언더스로underthrow라는 기발한 단어를 만들어 냈다.[26] 그는 정치에서 가장 최적화된 모델은 기업이라고 주장한다. 기업은 소비자처럼 시장에 들어왔다가 빠져나간다. 제품이 마음에 들지 않으면 다른 곳에서 구매하면 되기 때문이다. 누구도 우리에게 아무것도 요구하지 않으며 우리는 특정한 사람의 말에 따르지 않아도 된다. 반세기 전 경제학자 앨버트 허시먼Albert Hirschman이 제시한 고전적 이분법에 따라 항의하기보다는 탈퇴하면 된다.[27]

개별 기업이 이윤을 스위스나 카리브해의 페이퍼컴퍼니에 은닉하고, 공유지의 방목권을 두고 연방정부와 대치하고, 순찰, 수감, 현장 급습용 청원경찰을 고용하는 등 각각의 소프트 분리독립 행위는 구역의 또 다른 승리이자 집단으로서는 또 다른 작은 구멍이기도 하다. 공동의 책임을 거부하여 가장 큰 이윤을 얻는 사람들은 우리에게 구역에 살라고 권한다. 100년 전, 강도 남작robber barons이라 불린 악덕 자본가들은 도서관을 설립했다. 오늘날 그들은 우주선을 만든다. 이 책은 억만장자들이 국가로부터 벗어나기를 꿈꾸고, 공공에 대한 논의를 혐오하는 그리 오래되지 않은 최신의 과거와 곤경에 처한 현재에 관한 역사이다. 수십 년 동안 이루어진, 사회조직에 구멍을 뚫고, 빠져나가고, 분리독립하고, 집단으로부터 도망가려는 노력들을 보여 준다.

크랙업 캐피털리즘의 중요성을 이해하려면, 잠시 뒤로 물러나 지난 수십 년 동안 학자들이 우리에게 들려준 거대 담론들을 떠올려 볼 필요가 있다. 1989년 11월 9일 베를린장벽의 붕괴로 세계화 시대가 열렸다. 소설 『인터넷의 열도 Islands in the Net』에서 [과학소설가] 브루스 스털링 Bruce Sterling 은 "전 세계를 인터넷으로 엮는, 전 지구적 신경 체제이자 정보들을 문어발처럼 엮는" 초연결된 지구의 모습을 그렸다.[28] 시각화를 통해 연결을 두드러지게 드러냈는데, 파란색 레이저들이 세계에서 가장 멀리 떨어진 지역들을 연결하고 교환과 이동성의 타래를 엮는다. 이러한 추세는 강화된 상호연결을 반영했다. 세계무역기구 WTO, 유럽연합 EU, 북미자유무역협정 NAFTA은 몇 년 사이에 만들어섰나. 하지만 좀 더 자세하게 살펴본다면 통합만큼 뚜렷하게 나타나는 분리의 또 다른 연대기를 찾아낼 수 있다. 1990년 동독과 서독이 통일했지만, 이듬해에 소련은 분열했다. 유럽연합이 출범하자 유고슬라비아가 해체되었다. 소말리아는 내전으로 빠져들었고 10년이 넘도록 중앙정부를 갖지 못했다.

냉전의 종식과 함께 새로운 장벽이 예전의 것을 대체했다. 재화와 자본은 자유로운 이동이 가능했지만 사람은 그러지 못했다. 전 세계에 장벽이 세워졌다. 어느 추산에 따르면 전세계에 1만 마일[약 1만 6000킬로미터]이 넘는 구간에 걸쳐 세워진 장벽이 국가 간 경계를 강화했다![29] 1990년 미국은 샌디에이고 남쪽에 첫 번째 국경 장벽 연장선을 설치했다. 빌 클린턴 대통령은 북미자유무역을 추진하면서도 문지기 작전 Operation

Gatekeeper을 통해 남쪽 국경의 경비를 강화했다.[30] 베를린에서 장벽이 붕괴한 지 두 달 후, 영국공영방송 BBC은 전쟁과 가난 때문에 삶의 터전을 잃어버린 사람들을 이끌고 북아프리카에서 유럽으로 행진해 나가는 어느 수단인을 따라가는 〈행진 The March〉이라는 드라마를 방영했다. 이 드라마의 마지막 장면에서는 스페인 남부 휴양지에 도착한 [승용차에 매다는] 이동식주택과, 헬리콥터가 머리 위를 선회하는 가운데 무장병력이 막고 있는 벽을 타고 올라가는 난민들의 모습을 그려 냈다. [미국 미식축구 팀] 마이애미돌핀스 모자를 쓴 아프리카 출신 청소년이 해변에서 군인이 쏜 총에 맞아 죽는 모습은 세계시민주의의 약속이 깨졌음을 상징적으로 보여 준다. 2014년 이후에만 2만 4000여 명이 유럽으로 건너가려고 시도하던 중 바다에서 사망했다.[31] 세계화는 구심력이자 원심력으로 작동한다. 우리를 하나로 묶어 주면서 동시에 갈라놓는다.

이 책에서는 1990년대를, 정치적 소요가 저평가된 시기이자 민족적, 탈민족적 상상이 호된 시련을 겪은 시기로 규정한다. 통합 추세가 계속 강화되고 있으며 경제연합이 덩치를 늘려 가고 있다는 인식을 뒤집고자, 이 시기의 이야기에서는 분리독립 에너지와 미시-배치 실험에 대한 커다란 열망을 보여 줄 것이다. 정치학자 프랜시스 후쿠야마가 1989년 "역사의 종말"을 선언했을 때 그는 자유민주주의 모델을 토대로, 공적인 국제법을 통해 서로 갈라져 왔고 자결권을 주장해 온 민족국가들을 단일한 지구 경제로 통합하여 특정한 모델에 도전받지 않는 지구적 질서를 제시했다.[32] 그러나 지구적 자본주의의 지속적인 진화는 이 그림을 바꿔 놓았다. 제국의 종말과 공산주의의 종말로 새로운 정치 형태가 나타나는 동시에 새로운 주권 민족국가 무리도 등장했다. 1990년대부터 오늘날까지 계속해서 민족국가는 구역이라는 새로운 독립체와 함께 성장해 왔다.

구역을 통해, 세계화란 여러 학자가 "역외 경제 열도"라고 불러온, 고객과 그들의 돈 그리고 투자자들을 뒤쫓는 영원한 경쟁에 참여하는 영토들로 갈라진 지도라고 다시 생각해 볼 수 있다.[33] 토마 피케티Thomas Piketty와 이매뉴얼 사에즈Emmanuel Saez가 [불평등에 관한] 블록버스터급 연구를 발표하고 입이 벌어질 만한 [조세 포탈에 관한] 파나마 및 파라다이스 페이퍼*가 공개되었을 때, 우리는 조세회피처라는 일종의 구역에 관해 알게 되었다.[34] 그러나 구역을 "부의 비축자들"의 수단으로 파악하는 것은 올바르지만 그것만으로는 충분하지 않다.[35] 우리는 시장급진주의자들에게 구역이란 단지 경제적 목표를 위한 수단이었을 뿐만 아니라 지구적 차원의 정치 전체를 재조직하려는 열망이었음을 이해해야 한다.

구역은 자본주의적 권리 행사에 필요한 여러 기능을 수행한다. 구역이라는 망령과 그에 따른 자본도피라는 위협은 서유럽과 북미에 남아 있는 사회적 국가 모델들을 협박하는 데 유용한 역할을 한다. 또한 구역은 현대의 정치적 우파가 공유하는 상상의 중심이 되는 두 번째 신념, 즉 민주주의 없이도 자본주의가 존재할 수 있다는 신념을 보여 준다. 독일이 통일되었을 때, 정치철학자 레이먼드 플랜트Raymond Plant는 말했다. "동유럽 공산주의 붕괴에 비춰 볼 때, 누군가는 자본주의와 민

* 역외시장에서 일어나는 은밀한 조세 포탈 활동을 정리한 언론 보고서.

주주의의 관계는 명백하다고 생각할 수도 있다. 그러나 현실은 그렇지 않았고, 자유시장에 관한 논쟁에서 지적 최전선에 있었던 우리 중 일부는 이제 시장과 민주주의의 관계를 걱정하고 있다." 그가 지적하기를 "이러한 주장에 따르면, 서구 사회에서 성장한 민주주의는 시장의 성장과 유지에 해로울 수도 있다".[36] 오랫동안 식민 지배를 견뎌 온 홍콩이나, 인종차별 정책인 아파르트헤이트를 유지해 온 남아프리카공화국의 흑인 자치 구역, 그리고 아라비아반도의 권위주의적 소수민족 거주지는 몇몇에게 정치적 자유가 실제로는 경제적 자유를 부식시킨다는 증거가 되었다.

　　민주주의 없는 자본주의라는 아이디어는 우리가 생각하는 것보다 훨씬 폭넓게 유통되고 있다. 도널드 트럼프 [전] 대통령의 수석 경제 자문이자 [미국 중앙은행인] 연방준비위원회 이사 후보였던, 그리고 오랜 기간 동안 헤리티지재단의 연구원이자 주류 우익 지식인이었던 스티븐 무어 Stephen Moore는 다음과 같이 솔직하게 밝혔다. "자본주의는 민주주의보다 훨씬 더 중요하다. 심지어 나는 민주주의를 크게 믿지 않는다."[37] 하릴없는 농담도 실언도 아닌 그의 말은 지난 50여 년 동안 조용히 발전해 온 잘 만들어진 입장으로, 우리의 법률 및 제도와 정치적 염원의 지평을 형성하고 있다.

　　세계지도를 찢는 일은 아직 동시다발적으로 나타나고 있지는 않다. 그 대신 대변자들이 존재해 왔다. 이 책에서는 틸 전후에, 크랙업의 등장을 목격하고 그것을 반겼던 사람들에 관한 이야기를 제시한다. 냉전 종식 후 그들은 놀라운 제안을 했다. 자본주의가 아무도 모르게 패배했을 수도 있다는 것이다.

사회민주주의가 내놓은 거대 국가가 공산주의가 남긴 것을 이어받았기 때문에 국가 지출이 계속 늘어나고만 있다는 점에서 그렇다는 것이다. 자본주의가 진정한 승리를 하려면 더 나아갈 필요가 있었다. 역사의 종말이 자유민주주의를 따르는 200개가 넘는 민족국가의 바둑판이 아니라, 다양한 정치체제를 가진 수만 개 관할권이 끊임없이 경쟁하는 바둑판을 의미한다면?• 어느 시장급진주의자의 말처럼 "이른바 지난 200년간 최대의 정치적 추세였던, 국가권력의 중앙집권화가 21세기에 역전된다면?"[38] 만약 사회가 새롭게 건설되어야 한다면?

　　1970년대부터 구역은 대중민주주의의 혼란과, 민족국가의 통제하기 힘든 번식과 팽창에 관한 매끈한 대안을 제시했다. 글로벌리즘이 아닌 분리독립주의가, 이 책에서 핵심 지위를 차지하고 있는 사상가들의 만트라mantra였다. 이 책에서는 지난 반세기 농안 자본주의의 이상적 담지자를 찾아 나섰던 전 세계의 시장급진주의자 집단을 추적한다. 이 여정은 홍콩에서부터 런던 도클랜드Docklands와 도시국가 싱가포르로, 아파르트헤이트 말기 남아프리카공화국에서부터 [미국 남북전쟁 당시 남부의 공식 명칭을 따른] 신동맹Neo-Confederate 미국 남부 지역 주들과 예전 미국 서부의 최전방으로, '아프리카의뿔'••에서부터 두

•　　1990년대 초 냉전의 종식을 두고 정치학자 프랜시스 후쿠야마는 '역사의 종말'이라고 표현했다. 진보를 향한 인류의 여정이 자유민주주의라는 종착점에 도달했다고 생각했기 때문이다. 그리고 냉전의 이념 갈등을 뒤이은 것은 민족국가들로 구성된 세계질서였다. 하지만 슬로보디언은 다양한 구역을 통해 오늘날 자본주의 체제란 상이한 정치체제들로 이루어져 있다는 점을 보여 준다.

••　　아프리카 대륙 북동부 소말리아와 그 인근 지역을 가리키는 말.

바이와 세계에서 가장 작은 열도, 그리고 마침내 메타버스라는 가상현실까지 안내한다. 크랙업 캐피털리즘의 옹호자들은 좀 더 평등한 오늘과 미래를 추구하는 대중의 손아귀로부터 보호받을 수 있는, 기민하고 가차 없이 이동할 수 있는 자본의 요새라는 새로운 유토피아를 상상했다.

하리 쿤즈루Hari Kunzru가 2020년에 발표한 『빨간 알약 Red Pill』이라는 소설에는 환각 상태에서 선언문을 작성하고 있는 남성이 등장한다. 그는 "감독이 불가능하고 오직 상대방에게만 보이는 블랙박스를 통해 궁극적으로 모든 공공 정치를 완전히 배제할 수 있는, 거래의 기술이 그 자리를 대신하는 체제"를 논했다. "그곳에는 권력에 대한 견제와 균형도, 거래자들의 결정에 항소할 권한도 없으며, 무엇이든 '권리right'가 없고, 단지 권력power의 행사만이 존재"했다.[39] 이 세계야말로 이 책을 넘기면서 우리가 발견하게 될 세상이다. 그것은 민주주의가 존재하지 않는 세계에 있는 급진적 형태의 자본주의이다.

제1부
섬들

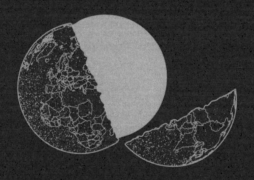

PART I.
ISLANDS

홍콩

1장

둘, 셋, 수많은 홍콩

피터 틸이 수천 개 나라로 이루어진 세계를 언급했을 때 그것은 의견이 아닌 사업계획이었다. 재정지원을 해 온 연구소의 어느 행사에서 그는 세계에 존재하는 구역 수를 급격히 늘리는 것을 목표로 한 계획을 소개했다. 구체적인 내용은 그와 함께 무대에 오른, 구글 출신의 30대 초반 소프트웨어엔지니어가 말했다. "그러므로 미래는"이라며 시작한 그는 정치적 주권국가들을 이윤 창출이 주목적인 기업으로 바꾸겠다는 계획을 명쾌하게 내놓았다.[1] 그가 어딘가에 적어 놓았듯 태곳적부터 새로운 국가를 만드는 방법은 오직 하나밖에 없었다. 존재하는 것을 부수고, 땅을 나누고 새 이름을 붙이는 것이다. 진입장벽이 높은 사업이다. 전쟁을 치러야 할 수도 있기 때문이다. 하지만 지금껏 존재하지 않았던 정치체를 만들 수 있다면? 어딘가에 누구도 소유권을 주장하지 않는 공간이 우리에게 주어진다면?[2] 그의 제안은 해양 석유 시추 기술의 용도를 변경하여 지상 국가의 관할권을 벗어나 공해open sea에 거주지를 마련하자는 것이었다.[3] 모든 나라의 해안가에서 200마일[약 322킬로미터] 정도 떨어진 "배타적 경제수역" 뒤의 공해는 민간 착취와 정치 실험을 자유롭게 펼칠 수 있는 공간이었다. "바다 정주seastead"로, 국가의 세금과 규제로부터 벗어나 독립을 선언하고 그가 "정부의 캄브리아기적인 폭발적 증가"[4]라고 이름 붙인 현실을 만들어 낼 수 있었다. 실리콘밸리의 전문 용어를 따르면, 이것들이야말로 스타트업 국가들start-up nations이라 할 수 있다.

무대에 서 있던 사람은 바로 패트리 프리드먼Patri Friedman이었다. 그의 할아버지는 매우 유명한 이다. 더욱더 급진적인 자본주의를 옹호하는 지적 발판을 마련한 것으로 칭송받으면서 동시에 독재자들에게 조언을 해 준 부업으로 비난받던, 아마도 지난 세기 가장 악명 높은 경제학자일 밀턴 프리드먼Milton Friedman이다. 두 사람 모두 민주주의에 대한 기본 신념이 부족했다. 패트리는 "민주주의는 해결책이 아니"라 단지 "오늘날 산업의 기준"일 뿐이라고 적었다.[5] 그가 꿈꾸는 이상적 공동체는 기업의 형태를 따를 것이었다. 그는 "민주적 체제보다는 소비자들을 사로잡으려고 서로 경쟁하는 기업에서 더욱 유효한 생산품을 구할 수 있다"라고 말했다.[6] 2002년에 출간한 베스트셀러 『자본주의와 자유』 40주년판에서 밀턴이 동조했다. "경제적 자유는 시민적, 정치적 자유의 필요조건이지만 정치적 자유는, 비록 바람직할지라도 경제적, 시민적 자유의 필요조건이라 할 수 없다."[7]

밀턴은 홍콩이라는, 자신이 가장 선호하는 사례를 들었다. 무엇보다도 홍콩을 통해 그는 자본주의적 자유가 투표함

없이도 보장될 수 있다고 믿게 되었다. 무대에서 패트리는 할아버지의 말을 반복하면서 그가 보고 싶은 것이란 "떠다니는 홍콩"이라고 말했다.[8] 그는 자신이 운영하는 블로그 게시물에서 마오쩌둥의 슬로건*을 빌려 "수천 개 국가가 만발하게 하자"라는 제목을 썼다. 하지만 그 제목이 달린 이미지는 홍콩이었고 로고는 의심스럽게도 홍콩 국기에 있는 홍콩을 상징하는 꽃인 바우히니아의 물결 모양처럼 보였다.[9] 홍콩은 왜 완벽한 견본이 되었을까? 패트리 프리드먼의 열정을 이해하려면, 밀턴 프리드먼이 식민지 자본주의 천국에 빠졌던 몇십 년 전으로 거슬러 올라가야 한다.

1.

1978년 말, 미국은 인플레이션이 계속 심화되고 있었다. 영국은 그 어느 해보다도 많았던 노동쟁의에 대한 대중의 반감 때문에, 노조 파괴를 주장해 온 마거릿 대처가 총선에서 승리했던 '불만의 겨울'**로 접어들고 있었다. 이란도 불안이 들끓었다. 혁명적 좌파 학생들이 그에 못지않게 혁명적인 종교 세력과 합세해 정부를 전복하려고 주먹을 휘두르며 신과 국민의 이름으로 연설했다. 남미의 큰 나라 중 세 곳은 군사정권하에 신음하고 있었다. 베트남은 캄보디아를 침략했고, 중국은 베트남

* 1956년 마오쩌둥이 중화인민공화국 최고국무회의에서 언급한 '백화제방(百花齊放)'을 의미한다.
** 1978년 11월부터 1979년 2월까지 영국 전역에서 발생한 파업 물결.

을 공격할 준비가 되어 있었다. 새뮤얼 헌팅턴을 포함해 정치학자들이 발표한 영향력 있는 보고서에서는 당시의 세계를 "민주주의의 위기"로 묘사했다. 보고서 저자들은 지나치게 복잡한 사회와 강력한 대중의 요구에 정부가 적절하게 대응할 수 없는 상황에서 세계가 "통치할 수 없는" 상태가 되었는지 질문했다. 그들은 "서유럽에서는 이제 민주주의가 겨우 20~30년밖에 남지 않았다"[10]라는 서독 총리 빌리 브란트Willy Brandt의 예측을 인용했다. 보고서 표지에는 국기를 조준하고 있는 소총의 십자선을 그려 넣었다.

세계의 파멸이 다가오는 듯했지만 홍콩에서 빛을 발견할 수 있었다. 1978년 9월 말, 밀턴 프리드먼은 남중국해를 바라보며 반짝이는 백색 고층 건물로 가득 찬 도시를 지목하면서 미소를 지었다. 그는 인민주권이 가장 약한 이곳에서 위기의 해결책을 찾을 수 있다고 전망했다. 그가 주장하길, 이곳은 글로벌 자본주의에 가장 적합한 종착지가 될 것이라고 했다. 자결권, 1인 1표, 인민의 권력이라는 생각은 너무 많은 우회로를 통해 예종으로 이끄는 교차로에 서 있었다. 그러므로 인민의 요구에 맞설 무기를 갖고 시장의 요구에만 민첩하게 반응하는, 전속력으로 달리는 자본주의의 거대한 힘, 상업과 금융이라는 흠잡을 데 없는 함선이 바로 미래라는 것이다.

만약 우리가 민주주의의 혼란을 줄여 시장의 성공을 앞당길 수 있다면? 또다시 세계를 통치할 수 있도록 십자선 앞의 국기에 실제로 총을 쏘아야 한다면? 만약 제1차세계대전부터 1970년대까지 민족국가를 중심으로 정치적 열망이 드러났던 시대가 단지 스쳐 지나가는 현상이었다면? 1988년 한 인터뷰에서 프리드먼은 "나는 상대적으로 자유로운 경제야말로 민주 사회를 위한 필요조건이라고 믿는다"라고 말하며 이렇게 덧붙였다. "그러나 나는 또한 민주사회가, 자리를 잡는다면, 자유경제를 파괴한다는 증거가 있다고 믿는다."[11]

홍콩의 기원을 통해서, 어떻게 프리드먼의 이상적 국가가 총구 앞에 등장했는지 파악할 수 있다. 영국은 1842년 난징 조약으로 제1차 아편전쟁의 성과물인 홍콩섬에 대한 권한을 획득했다. 중생대에 일어난 엄청난 화산 폭발이 남긴 산 덕분에 태풍을 걱정하지 않아도 되는 깊고 넓은 항만이 있는 이 도시를 영국 여왕의 이름을 따라 빅토리아라고 불렀다. 홍콩섬은 인도에서 재배하고 생산한 아편을 중국 소비자에게 전달하는, 관세 없는 자유항이자 마약 무역으로 성장하는 경제권을 이루게 되었다.

영국은 무역을 통해 "우리가 문명화된 세계라고 익숙하게 부르는 더욱 활동적이고 기업가적인 거주자들(그들 자신을 의미한다)"과 중국인들이 "우호적인 교류"를 맺고 단합할 수 있기를 희망했지만, 교류는 우호적이지 못했고 문명이라 말할 수도 없었다.[12] 영국과 프랑스는 제2차 아편전쟁을 일으켰고, 그 결과 영국은 항구 건너편 가우룽(주룽)을 1860년에 얻었다. 1898년, 일본이 중국을 격파하고 타이완을 전리품으로 삼았다. 중국의 나약함을 깨달은 다른 유럽 열강들도 "권한을 얻으려고 앞다투어 몰려왔고" 중국 해안가를 [구멍이 숭숭 뚫린] 스위스 치즈처럼 80개가 넘는 조약항treaty ports, 조계지와 국제 거류지로 바꾸어 놓았다.[13]

해외 열강에게 사반세기 동안 혹은 영구적으로 양도하

게 된 중국 본토와 해안가의 조계지들은 예외적 상태 혹은 구역으로 남게 되었다. 이 구역에 거주하는 외국인들은 치외법권을 얻었다. 심지어 중국 영토에서도 이들은 자신들의 법을 따랐고, 범죄 행위도 각국 법원에서 판단했다.[14] 홍콩은 그 자체로 뒤섞여 있는 독립체였다. 홍콩섬과 가우룽(주룽)은 영국 소유였지만, 내륙의 농업 지역인 산가이(신제, New Territories)는 1898년에 영국에 99년 동안 임대되었고, 그 결과 식민지 영토가 열 배로 늘어났다. 법률에 따라 중국 경제는 좀 더 넓게, 강압적으로 열리게 되었다. 공식적으로 주권은 지킬 수 있었으나 조약에 따라 중국 정부는 낮은 관세정책을 유지해야만 했다. '최혜국' 원칙은 다음과 같았다. 미국과 같은 강대국에 특권이 주어지는 즉시 러시아, 독일, 프랑스 등등에게도 동등하게 주어져야 한다.

'불평등조약'이라 불리는 이러한 법률들은 중국 '굴욕의 세기'의 핵심으로 기억되고 있다. 1912년 주요 중국 외교관들은 "칼의 도움으로" 그것이 확보되었다고 언급했다.[15] 다만 종종 간과하는 것은 어떻게 폭력, 영토, 법의 조합이 다음 세기 경제적 세계화의 본보기를 예고했는가이다. 컨테이너 항구와 군사기지 들은 장기 임대로 양도되었다. 세계무역기구 같은 무역 조직들은 최혜국 원칙을 기반으로 했다. 조약에 따라 해외투자자들은 모국의 법정에서 재판받게 되었다. 영토의 구성은 세피아빛 유물이라기보다 미래의 예고편이었다.

홍콩은 이렇게 새로운 법률 지형 위에서 번영을 구가했다. 무역항에서 출발한 홍콩은 1949년 공산당의 승리로 수많은 사람이 소규모 작업장과 공장으로 들어오면서 전 지구적 시장을 상대로 한 제조업을 발전시켰다. 1945년 영국이 일본으로부터 홍콩을 재탈환했을 당시, 인구의 절반이 넘는 난민과 이민자 100만여 명이 노동과 자본을, 특히 상업 중심지인 상하이에서 들여왔다. 1945년부터 1956년까지 홍콩 인구는 네 배나 늘어났다.[16] 소규모 공장이 일상적으로 조직되어 수요 변화에 대응했다. 작업장은 필요에 따라 정부가 무역 증진을 위해 지은 6층짜리 '다층형 공장flatted factory'에서 손쉽게 문을 여닫을 수 있었다.[17] 홍콩은 가치사슬의 가장 마지막 부분에 집중했고, 직물에서부터 의복과 조화, 인형 및 포장 식품에 이르는, 전후 베이비붐 세대를 위한 값싼 수출 소비재를 제작했다.[18] 1972년에는 이제 세계에서 가장 큰 장난감 수출 지역으로 부상했다.[19] 1970년대 말, 홍콩은 세계 최고의 의류 수출지였다.[20] 500제곱마일[약 1295제곱킬로미터]보다 작은 영토였지만, 홍콩은 전 세계 20위 수출 지역으로, 연간 10퍼센트의 경제성장률을 기록했다.[21] 또한 제조업 생산지에서 아시아 금융 중심지로 발돋움했다.[22] 1970년대에 홍콩은 은행 수는 두 배, 자산은 여섯 배나 늘어났다.[23]

바로 이때 프리드먼이 홍콩에 도착했다. 게티오일Getty Oil사와 세라스케이프Sarah Scaife재단을 포함해 보수주의적 기부자들의 지원을 받은 그는 홍콩에서 〈선택의 자유Free to choose〉라는, 미국 공영방송Public Broadcasting System에서 방영될 엄청난 인기 프로그램의 첫 번째 에피소드를 촬영할 예정이었다.[24] 60대 중반에 접어들면서 학계 활동의 끝을 향해 달려가던 프리드먼의 명성은 정점에 도달하고 있었다. 그가 정기적으로 기고했던《뉴스위크》의 칼럼은 이미 미국인 수백만 명이 읽었고, 그의 스타성은 1976년 노벨경제학상을 받으며 더욱 커져 갔다. 〈선택의 자유〉 시리즈는 미국 전역과, 결국에는 영국에서도 방영될 예정이었는데 동시에 발간된 같은 제목의 단행본은 놀랍게도 《뉴욕타임스》 베스트셀러 목록에 무려 51주 동안 올라 있으면서 1980년 논픽션 분야 올해의 책에 선정되기도 했다. 미화 4800달러(오늘날로 환산하면 1만 7000달러[약 2230만 원])를 내면 《타임》이 엉클 밀티 Uncle Miltie라고 불렸던 사람의 비디오테이프를 집이나 교실에서 시청할 수 있었다.[25] 어느 언론인에 따르면 "이제 천사 같은 얼굴에 난쟁이 같은 모습의 경제학자 밀턴 프리드먼이 미국 지식인계의 표준으로 떠올랐다".[26]

홍콩 촬영분에서, 장난스러운 경제학자 프리드먼은 채소 노점과 생선 가게 앞을 느긋하게 지나가고 있었고, 카메라는 차도 가장자리의 땜장이와 뒷골목의 상아 작업실을 비추었다. 뉴욕 차이나타운과 교차 편집된 장면에서 프리드먼은 자신의 어머니가 일했던 곳의 환경을 떠올리면서 노동력 착취 현장을 찬양한다. 자유지상주의 성향의 잡지 《이성 Reason》은 홍콩의 고용 해고 모델에 찬사를 보냈다. 소규모 공장들은 짧으면 한 달 정도 일자리를 제공하고, 그 기간이 지나면 곧장 해고할 수 있었다.[27] 어느 언론인이 "밀턴 프리드먼이 꿈꾸던 세계"라고 부른 곳에서 "노동은 자본이 지목하는 모든 곳으로 이동하며, [자본이 제시하는] 임금을 따라야만 한다".[28] 프리드먼 또한 홍콩을 "기능 수행이 제한적인 정부하에서 등장할 수 있는 거의 모든 것을 실험할 수 있는 곳"이라고 불렀다. 인민들은 자신들이 실패했을 때 "자신이 비용을 부담한다"라는 것을 알고 있었다.[29]

첫 번째 에피소드에 '시장의 힘'이라는 제목이 붙었지

만, 사실상 그 내용은 국가에 채울 족쇄를 찾는 것이었다. 어떻게 복지 프로그램의 팽창과 사회보장제도 확충, 환경보호, 의료, 공교육 및 에너지 보존과 같은 새로운 분야의 정부 지출 확대를 막을 수 있는가? 이것들은 프리드먼에 따르면, 급격한 인플레이션과 실업이라는 1970년대 문제의 원인이었다. 그에게 홍콩은, 인민주권의 요구가 북반구와 남반구 모두를 폐허로 만들어 버린 지난 10여 년을 거스르는 신선한 공기 같았다. 북반구와 남반구 모두 이혼하고, 결혼 제도 밖에서 아이를 갖고, 대학 캠퍼스에서 축 늘어진 채 허버트 마르쿠제Herbert Marcuse와 카를 마르크스를 읽는 인민의 선택 때문에 정부 예산이 부족해졌다.[30] 홍콩에서는 그런 온갖 응석을 받아 주지 않았다.

이러한 규율이 유지될 수 있었던 가장 중요한 이유는 다름 아닌 민주주의의 부재였다. 어떤 노조나 대중 선거도, 노동자나 시민을 위해 존재할 수 없었다. 홍콩의 금융 기밀주의는 식민지 총독보다 중요했다.[31] 홍콩을 경외의 시선으로 바라보았던 사람들에게, 이 영국 식민지는 국가라기보다 '합자회사'처럼 운영되었다.[32] 보수적인 후버연구소Hoover Institute에서 활동하는 프리드먼의 동료 앨빈 라부슈카Alvin Rabushka는 홍콩이야말로 "선거인단이 없어야 만들 수 있는" 신고전파 경제학의 "교과서적 모델과 가장 가깝다"라고 찬양했다.[33] 정책입안자들은 "대다수 민주적 정치체에서 경제문제에 관한 의사결정에 항상 존재해 온 선거의 압력으로부터 자유"로웠다.[34] 라부슈카는 "행정 절대주의"이자 "정당 없는 행정국가" 모델인 홍콩을 찬양했다.[35] 그는 바로 이러한 "정치의 부재"가 "경제적 자유"를 보장한다고 생각했다.[36] 그 결과는? 그는 언제나 평안하거나 안정적인 삶은 아니더라도 "이곳 홍콩에서 노동하는 인민들은 시장의 힘이 준 판결문을 받아들인다"라고 적었다.[37] 또한 라부슈카는 자유기업 제도란 "지속적인 식민지 상태"[38]에 기대고 있다고 말했다. 런던의 허가하에 홍콩은 1950년대 말부터 독자적인 무역 및 조세 정책을 만들었다.[39] 이를 통해 홍콩은 전후 영국의 복지국가 건설로부터 분리될 수 있었고, 현지인들을 시민보다 [왕실의] 신민으로 만든 참정권 박탈로 자결권을 향한 파괴적 운동은 가로막혔다. 식민지 총독은 낮은 세금과 무관세 정책을 유지했다. 1978년에 영국의 최고 구간 소득세는 83퍼센트, 미국은 70퍼센트였다. 반면 홍콩에는 자본소득세나 상속세가 없었고 소득세는 15퍼센트로 고정되어 있었다. 홍콩을 "지구상에 마지막으로 남아 있는 진정한 자본주의"로 만들 수 있었던 비밀은, 홍콩상공회의소 이사가 언급했듯 탈식민지나 민주주의라는 유혹에 굴복하지 않았기 때문이다.[40]

　　홍콩에서 〈선택의 자유〉를 촬영하던 중 프리드먼은 또 다른 행사인, 격년으로 열리는 몽펠르랭협회Mont Pelerin Society의 일반 총회에 참석했다. 1947년 오스트리아 출신 영국인 경제학자 프리드리히 하이에크Friedrich Hayek가 서서히 다가오는 사회주의와 복지국가의 위협으로부터 [자유시장을] 보호하려는 목적으로 설립한 이 협회는 지식인, 정치인, 싱크 탱크 및 언론인이 모인 민간 조직이었다(프리드먼은 이 조직의 발기인이었고 1970년대 초에는 회장직을 맡았다). 1950년대 회원들은 스스로를 신자유주의자라고 불렀다.[41] 이 용어에는 수많은 의미가 있지만, 이 책에서는 신자유주의를 몽펠르랭협회와, 그것과 연결된 싱크 탱크와 협력하는 사람들을 가리키는 유용한 약칭으로 사용한다.

신자유주의 집단에도 서로 생각이 다른 사람들이 있었
지만, 그들은 대중민주주의 시대에 자본주의를 민주주의로부
터 보호해야 한다는 믿음으로 뭉쳤다. 몇몇 주요 사상가 집단*이
존재해 왔다. 이 책에서 우리가 가장 관심을 두는 사람들은 <u>자
유지상주의자</u>라는 단어로 자신들을 표현한다. 자유지상주의
자들은 학파와 경향성이 다양하지만, 국가의 역할이란 시장을
보호하는 것이지, 재산을 소유하고 자원을 관리하며 기업에 지
시하거나 보건, 주택, 공익사업이나 사회 공공 기반 시설 같은
서비스를 지원하는 것이 아니라는 믿음 앞에 단결한다. 국내외
안전을 지키고, 사유재산을 보호하며, 계약을 신성하게 여기
는 것이야말로 정부의 주요 임무라고 믿는다. 나중에 설명하겠
지만, 가장 큰 차이점은 (이따금 최소 정부minarchists라고 불리는) 최
소국가주의자들과 (무정부 자본주의라고 알려진) 국가의 필요성을
전혀 믿지 않는 집단들에서 발견할 수 있다.[42]

1978년 협회가 회동을 열었을 때 홍콩과 사랑에 빠지기
는 분명 쉬웠다. 날씨는 훈훈했고 하늘은 미래에는 평범한 일
상이 되어 버릴, 선전의 석탄 굴뚝에서 뿜어져 나오는 연무로
뒤덮이지 않았다. 몽펠르랭협회 참석자들은 도시에서 가장 고
급스러운 두 호텔인 엑셀시오와 만다린에 머물렀다.[43] 40층이
넘는 경사진 창문으로 이루어진 인상적인 육각형 건물인 엑셀
시오호텔은 영국이 섬을 차지한 후 첫 번째 경매를 통해 양도
된 장소인 '롯 1번지Lot Number 1'에 건립되었다. 한편 만다린호

• 최근 역사학 연구에서는 신자유주의가 단일한 사상 체계가 아니라 다
양한 집합적 사상임이 드러났다. 미국, 독일, 영국 등 각국의 정치적 상황과
맥락에 따라 다양한 조류의 신자유주의 사상이 등장했다는 것이다.

텔은 홍콩의 첫 번째 5성 호텔이자 아시아 최초로 모든 객실에 욕조와 직통전화를 설치한 호텔이었다.[44] [제트기로 여기저기 사교 모임에 참여하는] 제트족이 즐겨 찾는 상징적인 장소였기에 어느 기자는 나중에 로비에서 "내부자의 런던 정치 칼럼을 쓸" 수 있었다고 농담을 던졌다.[45]

두 호텔 모두 자딘이라 알려진 영국계 기업 자딘매디슨Jardine Matheson사 소유였다. 초기 홍콩 상업거래소 중 하나였던 이 기업은 1830년대에 중국인들을 대상으로 아편을 판매하는 사업에 나섰다. 이후 유통, 선박 및 숙박 사업을 거쳐 (1979년 합자회사를 설립하여) 중국에 재빨리 진출했으며 이후에는 세율이 거의 0에 가까운 매력적인 버뮤다 지역으로 서둘러 빠져나갔다.[46] 몽펠르랭협회 모임 몇 년 후 자딘은 제임스 클라벨James Clavell의 '홍콩을 향한 4파운드짜리 러브 레터four-pound love letter to Hong Kong'라는, 1200쪽이 넘는 동명 소설 『노블 하우스Noble House』에 등장하는 기업인 노블 하우스라는 이름으로 널리 알려지게 되었다. 1981년에 이 소설은 양장본이 50만 부 넘게 팔렸고 수개월 동안《뉴욕타임스》베스트셀러 목록에서 자리를 지켰다. "과밀집된, 부자를 제외하고는 모두가 바짝 붙어 살고 있는 홍콩은 현대 세계를 은유"한다고 어느 평론가가 적었다.[47] 《내셔널리뷰》는 이 소설을 "80년대의 『아틀라스Atlas Shrugged』"라고 선언했고 소설에 나타난 자본주의적 경쟁과 개인주의 미화를 칭송했다.[48] 스스로를 "시장의 여신"이라 여긴 에인 랜드Ayn Rand에게 그녀에 대한 찬사를 적어 책을 선물한 클라벨은 분명히 이러한 평에 만족했을 것이다.[49] 1988년 시청률 조사 기간 중 나흘 동안 『노블 하우스』를 각색하여 미국

NBC 방송국이 방영한 작품에서 피어스 브로스넌은 '최고 지도자' 혹은 타이판taipan●으로 분해 자던 하우스 펜트하우스에 머물고 있는 라이벌 기업을 언짢은 얼굴로 바라보았다.《타운앤드컨트리Town & Country》는 홍콩을 "지금 이 순간 가장 눈부신 도시"라고 불렀다.[50]

　　브루클린에서 홍콩섬의 맨해튼을 향한 방문객들은 인구 밀집 지역 가우룽(주룽)반도의 돌출된 매립지에 활주로를 만든 카이탁공항에서 잊지 못할 착륙을 경험한다. 비행기가 하강할 때 위가 출렁거리는 것을 느끼면서 승객들은 창문을 통해 고층 아파트와 작업장 들을 볼 수 있었다. 이곳들은 급증하는 도시민들에게 주거지를 제공했다. 불법 체류자들이 머무는 곳으로 밀려오는 이주민 문제 해결을 위해 (그리고 1967년 폭력 사태 이후 사회적 요구를 수용하고자) 정부는 기존 공교육 및 기초 의료와 더불어 공공주택 사업에 나서야만 했다. 1970년부터 1972년까지 정부지출이 절반가량 늘어났다.[51] 1973년경, 홍콩에 거주하는 420만 명 중 거의 3분의 1이 정부 주택에 거주했다.[52] 이 점에서 홍콩은 사실 자유지상주의가 지향하는 순수한 모델이라 볼 수 없었다. 1978년 홍콩에서 특약 칼럼syndicated column 집필을 해 온 존 체임벌린John Chamberlain은 다음과 같이 적었다. "몇몇 몽펠르랭 순혈주의자들은 자신들의 모임에서 홍콩의 임대료 규제와 꽤나 많은 정부 주택에 관한 보고서를 읽고 괴로워했다."[53]

　　그러나 그들의 더 큰 관심사는 홍콩의 불확실한 미래였

●　　중국 내 사업체의 외국인 사장.

다. 산가이(신제) 지역에 대한 99년간의 임차는 몽펠르랭협회원들이 모임을 가진 1979년으로부터 20년도 남지 않은 1997년에 종료될 예정이었다. 식민지로서 홍콩의 지위는 해가 갈수록 더욱 변칙적으로 변해 갔다. 지난 세기 동안 영국은 캐나다, 호주 및 뉴질랜드와 같은 해외 '백인 자치령white dominions'의 통제권을 양도해 왔다. 제국의 최우량 자산crown jewel이었던 인도에서도 1920년대부터 수많은 국내 문제를 선출된 중앙정부가 담당했다. 1947년 인도는 아시아 및 아프리카의 다른 나라들과 함께 자유를 얻었다. 20세기 중반 새로운 주권국가 수는 급격하게 늘어났다. 영국이 보유했던 카리브해와 아프리카의 식민지 대부분은 1960년대 중반에 독립을 달성했다. 1970년대 말, 홍콩은 해외 유럽 제국의 수많은 별 중 탈식민 민족주의 시대의 유일한 외로운 위성국으로 남았다. 상투적인 문구처럼 홍콩은 "덤으로 주어진 시간에 덤으로 주어진 공간에서 살아가고" 있었다.[54]

신자유주의자들은 불안에 휩싸였다. 마오쩌둥의 후계자들이 황금알을 낳는 거위를 죽일 것인가? 1971년에 이미 중국은 국제연합의 식민지 목록에서 홍콩을 삭제하면서 자신의 의도를 예고한 바 있다.[55] 이는 홍콩은 언제나 중국의 통치권 아래에 있었으며 다시 그렇게 될 것임을 의미했다. 홍콩은 어긋난 장소였다.[56] 민족국가 시기에는 식민지였고 강대국 시대에는 자그마한 영토였다. 그러나 신자유주의자들은 홍콩을 미래의 복선이라 여겼다. 체임벌린이 협회 모임에서 말하길 홍콩은 "19세기의 시대착오가 되기보다는 확산되어야 할 소중한 어떤 것이었다".[57] 그런데 어떻게 그 목표를 달성할 수 있는가?

탈식민이 상식인 시대에 홍콩이라는 식민지 자본주의 실험을 연장할 수 있는가?

몽펠르랭협회원들은 홍콩에 찬사를 보냈지만, 그중 다수는 또한 자신들이 두려워한, 눈앞에 다가온 붕괴 이전 홍콩의 핵심을 수화물에 담아 밀반출하려고 했다. 수년이나 수십년 후, 프리드먼과 그 협력자들은 '휴대용 홍콩'을 만들어서 그곳의 내부 모순, 복잡성, 계급과 문화의 차이를 숨기거나 벗겨냈다. 이동식 견본으로 만들어 장소에 얽매이지 않으면서 다른곳에서도 자유롭게 실현될 수 있도록 만들었다. 모범 지역으로서 홍콩은 지난 세기 중반 민주주의의 딜레마와 압력에서 탈출할 가능성을 제시했다. 1967년, 민족이 여전히 해방의 수평선위에 서 있던 반식민지 저항의 정점에서, 체 게바라는 "둘, 셋, 수많은 베트남two, three, many Vietnams"을 외쳤다. 1979년《이성》은 새로운 곳으로 눈을 돌리며 이 구호를 국가 종식의 구호로 수정했다. "둘, 셋, 수많은 홍콩."[58]

2.

1841년 영국이 홍콩을 지배했을 때, 어느 당대인은 이를 "상업적 인수"라 불렀다.[59] 그때부터 영국인들은 최선을 다해 홍콩을 완벽한 자본주의 공간처럼 운영했다. 제국의 종식이라는 전망도 기업 간 계약처럼 여겨졌다. 일부 영국 정치인들은 컨설턴트가 부실한 회사나 파산한 회사를 살펴보듯, 남은 식민지를 바라보며 자산가치를 파악하고 무거운 짐을 찾아냈다. 정부 내부에는 재정 건전성을 위해 나머지 영토를 포기해야 한다는 목소리가 있었다.[60] 하지만 다른 이들에게는, 마거릿 대처와 마찬가지로 제국에 대한 감성적이고 전략적인 애착이 존재했다. 본토에서 멀리 떨어진, 아르헨티나 해안에 위치한 포클랜드제도를 지켜 낸 전쟁의 성공은 대처의 지지율 상승을 이끌었고, 홍콩은 영국 브랜드의 성공을 앞장서서 알린 전초기지였다. 1982년 홍콩이라는 고립된 영토의 미래를 고민하며, 대처는 그곳이 중국의 "위대한 자산"으로 남아야 한다고 강조했다.[61] 홍콩을 기업처럼 대하고 통제권과 소유권을 분리하는 것은 어떨까?[62] 중국이 주권을 회복하겠지만 영국이 그 영토를 관리하고, 중국공산당은 주주, 영국은 최고경영자가 되는 것이다. 그러면 중국이 국가 영토 회복을 완수하면서도 영국은 "상업적 신뢰"를 보장할 수 있을 것이다.[63] 대처는 산가이(신제) 지역 조차 연장을 희망했다. 대처는 "영국 행정부는 중국인들을 성공적으로 상대해 왔으니, 자유롭게 재산을 처분할 수 있는 집주인처럼, 임대계약을 연장하거나 우리에게 행정권을 부여하는 관리 계약을 맺지 않을까?"[64]라고 지적했던 것을 기억해 냈다. 논의 중이었던 또 다른 선택지는 기업 활동에서 차용해 왔다. 홍콩을 중국에 돌려주지만 영국이 다시 임대하는 '매각 차용leaseback' 협상안이었다.[65]

중국은 이러한 논의를 거부했다. 지도부의 목표 중 하나는 제국주의에 영토를 빼앗긴 역사적 얼룩을 지워 내는 것이었다.[66] 하지만 동시에 식민지의 이점을 놓치고 싶지 않았다. 중국 경제의 성장은 홍콩에 의지했다. 중국은 서양인들이 보기에 '제2세계'에 자리 잡고 있었지만, 1960년대 초부터 소련과 거리를 두었고 그들의 주요 무역 상대국을 서구에서 찾았다. 무역 대부분은 홍콩을 통해 이루어졌다.[67] 반환 이후에도 이 영토를 통한 자본과 재화의 흐름을 지속하고 비공식 경로를 통해 중화인민공화국과의 경제 관계를 만들어 가는 것이 중요했다. 중국 입장에서 홍콩은 [항공기나 선박의] 에어로크air lock였다. 활짝 열린 홍콩을 통해 중국은 선별적으로 세계경제에 뛰어들면서 자신을 보호할 수 있었다. 국가 통제로 돌아가더라도 기존 방식을 유지해야만 했다.

중국에 주어진 첫 번째 도전은 "초조하게 탈출을 고려하고 있는"[68] 홍콩 자본가들을 안심시키는 것이었다. 150년 동안 영국 식민 정부의 갈등 조정책은 기업가 집단을 만족시키고 대중이 참여할 수 있는 문을 열어 주지 않으면서도 정부 참여에 관한 대중의 요구를 달래는 것이었다. 이는 비공식적인 협상 시스템과 불문율도 의미했지만, 식민지의 [내용 검토 없이 승인하는] 고무도장 정부에 엄선된 엘리트들을 직접 임명하는 방식도 의미했는데, 이 그룹을 "비공식 관료"라고 적절하게 지칭했다.

중국과 식민지 관료들에게 주어진 한 가지 해결책은 새로운 관리 체제에서 최대한 많은 자본주의적 자유를 헌법적으로 보장하는 것이었다. 이미 자오쯔양 총리는 중국이 이 영토를 자유 항구와 국제금융 중심지로 남겨 놓을 것이라고 안심시켰다.[69] 1979년, 덩샤오핑은 홍콩이 중화인민공화국으로 편입된다면 '특별행정구special administrative region, SAR'로 통치하여 자유롭게 "우리의 사회주의 체제를 따르면서도 자본주의 체제에 참여할 수 있는" 자유를 주겠다고 명확히 밝혔다.[70] 1984년 중국과 영국의 공동선언문은 이양 이후 50년 동안 중국이 홍콩의 체제를 변경하지 않겠다고 합의하는 방식으로 이를 명문화했고, 2047년까지 본토로 완전하게 흡수할 일정을 세웠다. 새로운 지도자는 기업 이사회 용어처럼 행정장관chief executive이라 부르기로 했다. 연속성을 강조하는 의미로 현지에서 "더 뱅크the Bank"라고 불린 홍콩상하이은행HSBC은 1986년 노먼 포스터Norman Foster가 설계한 새로운 본사 빌딩을 선보였다.• 한 기자는 56층짜리 건물을 두고 "해변가의 석유 굴착기"이자, 더욱 의미심장하게는 "금융 구역의 중심에 붙박이로 새긴 10억 달러의 약속"[71]이라고 묘사했다.

중국공산당 엘리트와 홍콩 기업계 모두 정치적 자유보다는 경제적 자유를 분명하게 우선시한다는, 밀턴 프리드먼과 같은 생각을 갖고 있다는 것이 분명해지면서 이양 협상은 쉽게 진행되었다. 기업 엘리트들은 이행 과정을 원활하게 만들기 위한 "공통 전선"의 첫 번째 목표였고, 그들이 홍콩의 소헌법 혹은 기본법 제정 위원회의 70퍼센트를 차지하게 될 것이었다.[72] 위원회에서 민주주의 발전에 관심을 가진 사람은 거의 없었다.[73] 어느 기업계 출신 대표는 1950년대와 1960년대에 최저임금 요구를 거절해 온 사례를 들면서 홍콩은 "민주주의가 없었기에 지난 수년 동안 이득을 보았다"[74]라고 말한 것으로 알려졌다. 또 다른 기업계 지도자가 좀 더 퉁명스럽게 말하길, 민주주

• 민간 상업은행이지만 HSBC는 홍콩에서 중국은행 및 스탠다드차타드 은행과 함께 홍콩에서 유통되는 지폐를 발행해 왔다. 세 은행 중 HSBC의 발행 비중이 가장 크기 때문에 가장 큰 영향력을 행사한다는 의미로 '더 뱅크'라고 부른다.

의란 "전체가 부분들의 폐물scum과 동등한" "망가진" 체제라고
불렀다.[75] 일정 수준의 지역 통제 보장을 요구했던 사람들은 뒷
전으로 밀려났다. 루이사 림Louisa Lim이라는 기자의 말처럼 "홍
콩인들은 자신의 미래에 관해 관중일 뿐이었다".[76]

홍콩 협약이라고 부를 수 있는 것이 기본법의 핵심이었
다. 이 기본법은 현지 대기업과 새로운 중국 지배자들 간에 상
호 이익이 되는 합의로, 과거 식민지 지배자들에게 수익을 안
겨 주는 '보상 동맹'도 순조롭게 이어졌다.[77] 1990년 기본법이
통과되자 핵심 내용이 적용되었다. 균형 예산과 낮은 세금을
보장하여 홍콩의 이전 모습을 보존하는 조항들이 포함되었다.
어느 홍콩 법률가는 이 조항들을 읽고 "밀턴 프리드먼의 주석
같다"라고 말했다.[78] 법안 작성자들은 몽펠르랭협회원인 제임
스 M. 뷰캐넌James M. Buchanan과 라부슈카를 직접 인용했다.[79]

기본법은 신자유주의 지식인들에게 신의 계시처럼 다
가왔다.[80] 그들은 중국공산당이 이곳의 경제적 자유의 토대를
파괴할 것이라 걱정해 왔다. 하지만 중국공산당과 홍콩 기업
인들이 같은 것을 원하고 있음을 발견했다. 법치, 은행 기밀 보
호, 약한 노동법, 계약 보장, 안정적 통화. 중국공산당은 자본
주의적 자유에 대한 위협이 아니라 보호자로 등장했다. 중국
인들 또한 혁신을 추구했다. 중국 총리가 남쪽 해안 일부를 "특
별 구역"으로 개방해 해외무역을 자유롭게 발전시켜서 큰 결과
물을 얻을 수 있다고 언급했을 때 대처는 주의를 기울이지 않
았지만, 이는 큰 결과를 가져올 것이었다.[81] 그들은 영국인들에
게 변해 가는 자본주의 모습에 대해 가르침을 줄 참이었다. 나
라를 기라성 같은 홍콩의 축소판들로 바꿔 놓음으로써, 중국은

세계경제의 강국으로 부상하게 될 것이었다.

3.

중영공동선언과 기본법 속의 홍콩은 이상한 괴물로, 국가 안의 국가와 유사해졌다. 이를 이해하려고 노력한 국제 법률가는 홍콩이 여타 도province나 연방 기구들보다는 많지만 완벽한 민족국가보다는 적은 자율성을 얻은 수준이라고 판단했다. 그는 과거 사례를 통해 19세기에 만들어진 [폴란드의] 크라쿠프Krakov 같은 자유도시 혹은 연방 결성 이전의 스위스 칸톤canton과 비교했다.[82] 홍콩은 내부 자치가 가능하지만 외부적으로는 베이징에 의존하는 법적 특수성을 보여 주었다. 중국이 국방을 맡았지만 홍콩은 통화, 조세, 사법, 치안, 법정을 포함한 국내 문제, 더불어 비자 및 이민 절차 등의 국외 문제에 관한 통제권을 얻었다. 베이징은 홍콩에서 세금을 거두지 않았고, 홍콩 영토는 법률적으로 자유항 그리고 국제금융 중심지로 남아 재화와 자본의 자유로운 이동을 보장했다. 특히 무역, 선박 및 항공과 관련해서는 중국령 홍콩이라는 명칭 아래 독자적으로 국제 협상에 나설 수 있었다. 1986년 홍콩은 관세및무역에관한일반협정General Agreement on Tariffs and Trade, GATT에 참여했고, 중국보다 1년 먼저 세계무역기구에 가입했다.[83] 즉 독립국가라는 지위 없이도 경제적 자유와 법률적 자치권을 획득했다.

덩샤오핑은 '일국양제'라는 말로 처음에는 타이완을, 나중에는 홍콩을 정의했다.[84] 이 문구는 반복되면서 익숙해졌지만, 이 체제가 사실 얼마나 비정상적인지 논의할 필요가 있다. 1940년대 후반부터 1990년대까지 세계정치를 지배했던 냉전의 틀은 각자의 영역에서 획일적인 체제를 유지해 온 두 블록 간의 충돌로 묘사되어 왔다. 자본주의 대 공산주의 경쟁에서 오직 한 체제만이 승리할 수 있었다. 일국 국경 안에 단일 경제 체제가 있다는 생각은 자명했다. 너무나 분명했다. 중국은 공산주의, 미국은 자본주의였다. "공산화된" 중국의 일부분이 붉은색을 띠면서도 부분적으로 자본주의를 감내한다는 것은 무엇을 의미하는가? 덩샤오핑은 당대인 입장에서는 이해하기 힘든 민족국가의 하위 구역을 제안하고 있었다.[85]

만다린호텔과 엑셀시오호텔에서 어울리며 지내던 몽펠르랭협회 지식인 중, 중국이 10억 인구와 엄청난 생산잠재력이라는 에너지를 재편성함에 따라 그들이 세계사적 변화의 순간에 다가서고 있음을 아는 이는 거의 없었다. 회원들은 정치 교육과 쇼핑 관광을 위해 모였지만, 덩샤오핑은 "돌을 더듬으며 강을 건넌다[摸著石頭過河]"[86]라고 부르게 될 개혁을 준비하고 있었다. 이는 구역들을 더듬으며 강을 건넌다라고 부를 수도 있을 것이다. 1978년 최고지도자에 올랐고, 동시에 《타임》이 선정한 올해의 인물에 올랐던 그는 남중국해에 자리 잡은 홍콩으로 이어지는 주장강 삼각주에 실험적인 특수경제구역special economic zones, SEZs 네 곳을 설치했다. 1973년 쿠데타 이후 아우구스토 피노체트Augusto Pinochet가 칠레에 내린 충격요법, 러시아와 동유럽에서 하룻밤 사이에 진행된 가격 개혁 빅뱅과 달리 중국은 '실험적 점진주의'를 통해, 제방을 터트려 홍수가 나게 하기보다는 해외투자자들과 시장이 결정하는 가격 제도에 수문을 열고

자물쇠를 풀어 주었다.[87]

　　자본주의의 유압•에 관한 첫 번째 실험실은 중국과 산가이(신제)를 가로지르는 선전강 건너편에 위치한 바오안구로, 홍콩 중심지에서 1마일[약 24킬로미터] 정도 떨어져 있지만 1970년대 말 기준 생활수준은 매우 뒤처진 곳이었다. 이 지역 방문자들은 간소한 집에서 최저 생계 수준으로 살고 있는 농부들과, 더 가난한 홍콩 사람들도 이용할 수 있었던 대중 시장의 부재를 지목했다. 1979년 1월, 홍콩 기업가가 이후 선전이라고 불리게 될 구역의 아이디어를 던졌을 때 두 세계의 경계는 무너졌다. 그는 법인세율 15퍼센트라는, 신자유주의와 가장 유사한 수입품을 홍콩에서 가져왔다![88] 그해 봄, 홍콩 기업인들은 주장강 삼각주의 수백 개 경공업 프로젝트에 투자했고 더 많은 기업인이 뒤따를 준비를 마쳤다. 어느 기자가 말하길 "마치 미국인들이 손재주가 있는 저임금 소녀들을 홍콩 공장에 투입하여 생산의 이점을 누리는 것처럼, 덜 정교한 노동집약적 산업에 관심을 보이는 홍콩 자본가들 또한 저임금 공산주의 노동자들에게 투기적 시선을 보내고 있다".[89]

　　수년 동안, 선전에 도착하면 마치 외국에 들어서는 것처럼 느껴졌다. 철조망 담으로 둘러싸여 있으며, 심지어 중국 시민들마저도 이곳에 가려면 "경제 실험 공간의 방역을 위한"[90]

•　자유시장을 옹호하는 신자유주의자들은 시장의 움직임을 유압에 비유하곤 했다. 자연법칙에 따라 높은 곳에서 낮은 곳으로 움직이는 물의 흐름처럼 시장이 움직인다고 보았기 때문이다. 반면 정부의 개입은 이러한 자연스러운 흐름을 거스르는 인위적인 것으로 묘사했다. 슬로보디언의 또 다른 저작 『글로벌리스트(The Globalists)』 참고.

출입 비자가 필요했다. 내부에는 급진적인 변화가 진행 중이었다. 지역 기업인들은 베이징의 지시를 받지 않고 자치 조직을 만들 수 있었고, 정부는 기업 경영과 유사한 형태를 갖췄다.[91] 이 구역은 막대한 해외투자를 반겼고 중국의 토지와 노동을 상품으로 되돌려 놓는 획기적인 변화를 보여 주었다. 1982년부터 선전 지역 노동자들에게 도입된 계약 제도는 평생 고용이 보장되는 '철밥통'이라는 전통과 갈라섰다. 그들은 이를 달콤한 것으로 다른 투자자 개미들을 데리고 올 정찰병 개미를 유혹한다는 뜻에서 개미 이론이라고 불렀다.[92] 이후 이 모델은 온 나라 전체로 확산되었다.[93] 1949년 혁명 이후, 토지는 3무 정책에 따라 "보상, 구체적 기간 및 시장 거래 없이 행정 수단을 통해 배치"[94]되어 왔다. 홍콩 투자자들의 압박 아래 1987년 선전에는 최초로 토지 시장이 도입되었다.[95]

그 결과는 폭주였다. 엄청난 크기의 토지가 농지 활용과 집단 소유권에서 풀려나 장기 임대를 통해 사유재산으로 전환되면서 구역 열풍이라고 알려진 현상이 온 나라를 사로잡았다. 이는 공공에서 민간으로 부의 이전을 달성한, 현대사에서 가장 큰 사례였다.[96] 기록상으로는 세계사에서 가장 빠른 경제성장을 보여 준 사례로, 커다란 충격이었다.[97] 1980년, 공무원들은 2000년까지 인구 약 30만 명을 선전으로 들여오겠다는 목표를 세웠다.[98] 실제 규모는 1000만 명이었다. 2020년까지, 인구는 두 배로 늘어나 2000만 명을 달성하고 싱가포르나 홍콩의 국내총생산을 능가할 예정이었다. 선전은 몇몇이 이 나라의 "구역화zonification"라고 이름 붙인 "중국의 거주지"[99] 견본이었다.

"만약 중국의 경제 도약에 쓰인 신비의 명약을 하나만

골라낸다면 그것은 홍콩이다"라고 어느 학자가 논평했다.[100] 홍콩은 이른바 구역의 선지자이자 원형으로 자유화의 한계와 동시에 자유를 어떻게 활용할 수 있는지를 보여 주는 곳이자 그것을 실험해 볼 수 있는 견본 모형이자 엄청난 규모의 돈과 재화가 작은 도관을 통해 전달될 수 있다는 주장을 검증할 장소였다.[101] 중국 개방 후 10년 동안 해외 직접투자의 3분의 2가 홍콩이라는 '남쪽 문'을 통해 들어왔다.[102] 1970년대 후반부터, 특수경제구역의 규모는 변칙적인 남쪽에서부터 해안가를 따라 올라가는 실험을 통해 중국 전역에 퍼지면서 크게 늘어났다.[103] 여기에 시장 판매용 상품 생산을 허가받은 '향진기업town and village enterprise'이 구역과 유사한 소규모 시장화 노력에 합류했다.[104] 농촌 지역의 '탈집산화'를 통해 도시와 농촌을 옮겨 다니는 이주민 노동 예비군이 만들어졌고 이들은 건설 경기가 주도한 호황의 핵심 노동력을 제공했다.[105]

서양 정치인들은 세계경제를 지배하려는 중국의 열망을 우려하면서, 홍콩 모델을 부분적으로 채택해 지역 단위 이상의 직접선거를 금지함으로써, 공적 책임을 제한하고 벌집과 같은 구역 네트워크를 통해 투자 및 노동을 전달하는 방안을 모색했다. 일반적인 방식과 다소 다르게 주권을 행사하고 있는 홍콩의 모습은 자유롭게 움직일 수 있는 자본과 손쉽게 이전 가능한 생산지의 시대에 주권의 성격이 변하고 있음을 보여 주었다.

이러한 사례에서 확인할 수 있듯, 처음에 일탈처럼 보였던 것들은 사실 변화된 환경에 적응한 것이었다. 유전적 괴물이 나중에는 지배적인 종이 되었다. 국제연합UN 총회에서 주권국가들과 나란히 자리를 차지하지 못한다고 해서 세계사에 영향을 끼칠 수 없는 것은 아니었다. 결국 〈선택의 자유〉에서 홍콩의 스카이라인을 바라보던 밀턴 프리드먼의 이미지와, 선전에 설치된 유명한 옥외광고물에 담긴, 선전의 스카이라인을 바라보는 덩샤오핑의 이미지가 대칭을 이루게 되었다. 두 인물 모두 키가 152센티미터를 넘지 못했지만, 그들은 한적한 영토에서 투표권을 가진 대중의 압력을 유예하고 민간 시장 행위자들에게 협조적인 국가와 법률을 통해 세계시장에서 경쟁력을 갖출 수 있다는 믿음을 공유했다. 1990년, 프리드먼은 사회주의 이후 동유럽에 적합한 모델은 미국, 영국 혹은 스웨덴이 아니라고 말했다. 홍콩이 미래였다.[106] 자본주의가 작동하는 데에 민주주의는 필요 없었고 성공의 길은 구역으로 통하고 있었다.[107]

4.

1997년 6월 30일 자정이 되자 〈신이여, 여왕을 구하소서 God Save the Queen〉 연주를 배경으로 영국 국기인 유니언잭과 식민지 기가 홍콩컨벤션센터에서 천천히 내려왔다. 그 두 기 대신 중화인민공화국의 오성홍기가 홍콩특구의 바우히니아 깃발 위에 게양될 예정이었다. 이 장면은 프리드먼이 "50년의 실험"이라고 불렀던, 이스라엘과 미국 그리고 영국을 앞질렀던 전후 홍콩 경제성장의 종식을 의미했다.[108] 이 실험을 설명할 때 프리드먼은 낮은 세율, 사유재산권 보호, 신뢰할 수 있는 사법부, 가벼운 규제, 낮은 무역 장벽 등과 같은 간단명료한 휴대용 홍콩의 개요를 논했다. 그가 언급하지 않았던 것은 홍콩의 실제, 반복될 수 없는 역사였다. 홍콩은 중국 난민 자본과 노동의 유입을 통해 성장의 토대를 마련했고, 고립된 본토에 필요한 필수 재화를 들여오는 수출입항이라는 지위를 통해 성장 속도를 낼 수 있었으며, 이후에는 특수경제구역에 필요한 투자를 조달하여 도약할 수 있었다. 또한 그는 교환대이자 본토 공장의 전진 판매소, 중국 경제 호황의 조종석으로 홍콩이 기능할 수 있도록 도움을 주었던, 경계를 가로지르는 언어와 인맥의 중요성도 논의하지 않았다.[109]

디아스포라의 한 가지 예를 제시하자면, 주장강 삼각주에 첫 번째 구역을 열어 준 홍콩인은 바오안에서 태어났고 혁명 기간 동안 공산주의자들과 함께 싸웠다. 그가 구역 개방을 지원했을 때, 그의 요청은 중국 통신부 장관이 된 그의 옛 군대 상관에게 전달되었다.[110] 홍콩은 더 이상 남중국해에 떠다니는 섬이 아니었다. 분단의 세월에도 불구하고 본토에 잘 엮여 있었다.[111] 프리드먼은 이러한 복잡한 역사를 언급하기보다, 홍콩대학교 학생들에게 민주주의의 위험을 상기시키는 방식을 택했다. "불행하게도, 정치적 민주주의는 경제적 자유를 파괴하는 요소를 갖고 있다"[112]라고 그는 말했다.

영토를 기꺼이 캐리커처로 환원해 버린 신자유주의자들은 휴대용 홍콩의 몇몇 내용을 기내 수화물로 실어 날랐다. 그중 하나는 라부슈카가 1980년대 의회에서부터 1990년대 공산권 붕괴 이후 동유럽 및 중유럽 국가들에 권장했고 종종 성공을 거두었던 15퍼센트의 일률 과세였다. 몇 년 사이에 일률 과세는 구공산권 국가 21개국에 도입되었다. 홍콩에 영감을 받은 라부슈카의 저서 『일률 과세 The Flat Tax』는 조세개혁의 경전으로 여겨졌다.[113]

또 다른 것은 케인스주의의 재정 지출 확대와 국가 투자를 엄격하게 가로막는 균형예산 시행에 관한 헌법 조항이었다. 독일에서는 부채 경감으로 알려진 균형예산 수정 조항은 21세기 초반에 전 유럽에 도입되었다.[114]

더불어 정치적 자유 없는 경제적 자유의 가능성, 즉 학자들이 자유주의적 권위주의라고 부르는 가능성을 찬양하는 것이었다. 라부슈카, 프리드먼, 그리고 다른 신자유주의자들은 냉전 당시 자유세계를 정의할 때 민주주의를 지나치게 강조해온 방식이 이 모델의 장점에 그림자를 드리웠다고 주장했다. 프리드먼에 따르면 민주주의는 그 자체가 목적이 아니었다. "자유를 믿는 사람은 결단코 다수결을 따른 적이 없었다."[115]

자유주의 성향의 비정부기구 프리덤하우스Freedom House에서 발간하는 연간 『세계의 자유Freedom in the World』 순위를 본보기로 삼은 라부슈카와 프리드먼은 1980년대 말 워크숍 시리즈를 열어 세계의 경제적 자유 지수Economic Freedom of the World 초안 작성자들의 말처럼 의도적으로 "민주주의에 대한 집착"에서 벗어났다. 그 대신 다른 지표들과 함께 조세부담, 무역 개방도, 기업활동 수월성을 기준으로 전 세계 영토의 순위를 매겼다.[116] 20년 동안 홍콩이 맨 위를 차지했다. 그들이 내린 자유의 정의에 따르면 민주주의는 의미 없으며, 통화 안정이 가장 중요하고, 사회복지사업의 확충은 순위 하락을 의미했다. 그들은 "음식, 의복, 의료, 주거 및 최소 소득 수준에 관한 '권리'"를 "'강제

노동' 조건"이라 선언했고 재분배를 "(노예) 노동"이라고 불렀다.[117] 조세는 도둑질과 다름없었다. 저자들에 따르면 "절도가 투표함의 형태로 일어나는지, 아니면 더 직접적으로 무장 강도 형태로 일어나는지 사이에는" 별다른 차이가 없다.[118] 순위에서 싱가포르가 홍콩을 뒤쫓고 있었고 상대적으로 덜 알려진 다른 조세가 낮은 영토 중 모리셔스가 5위, 코스타리카가 9위에 올랐다.[119] 좀 더 예상치 못했던 승자는 다른 곳에 있었다. 1980년 역사에서 독재체제하의 과테말라는 전 세계에서 경제적으로 가장 자유로운 다섯 나라 중 하나였다.[120] 경제적 자유 지수는 프리덤하우스의 정치적 자유에 대한 평행 세계의 지도를 제시했다. 한 워크숍 참석자의 말처럼 "변덕스러운 자본"[121]의 흐름이 침투할 수 있는 정도에 따라 세계 영토들의 순위를 매겼다.

각국에 색을 입히면서, 자유시장을 도입한 승자들을 축하하면서, 그리고 각종 연회장에서 높은 순위에 위치한 나라들에 축하할 이유를 주면서, 이 지수는 경제가 정치의 과잉으로부터 보호받아야만 한다는 생각이 자리 잡는 데 도움을 주었다. 자유시장을 보호하는 권위주의적 정부가 자유시장을 재조정하려는 민주주의 정부보다 더욱 바람직하다는 것이다. 경제학에 만족할 수 없었던, 이 지수를 작성한 싱크 탱크는 카토연구소Cato Institute와 함께 2016년 최초로 세계 "인간 자유도" 지수를 발표했다. 기존 지수와 더불어 시민적 자유, 집회와 표현의 자유를 비롯해 각종 정량적 기준을 추가했다. 테러 공격에 따른 사망자와 여성 중 할례를 받은 비율을 목록에 추가했다. 다당제 선거와 보통선거권은 고려하지 않았다. 저자들은 지수에서 정치적 자유와 민주주의는 제외했다고 상세하게 밝혔다. 또 다시 홍콩이 1위에 올랐다.[122] 이것은 자유세계에 관한 새로운 정의로, 사유재산권과 소유권의 불가침성으로 이해할 수 있는 자유시장이 자유선거를 가려 버렸다. 우리는 이것을 정부라는 발상이 경영으로, 선출된 지도자가 최고경영자로 대체된 새로운 자유세계라고 부를 수 있을 것이다.

하지만 홍콩을 민주주의가 없는 곳으로 축소하려면 해가 갈수록 더 많은 탄압이 필요할 것이다. 1990년 인민 15만 명이, 톈안먼광장에서 진압당한 시위에 연대하고자 거리로 나섰다. 기업활동의 안정에 초점을 맞추긴 했지만, 기본법에는 "정부는 선거를 통해 구성되어야 하며 (……) 홍콩의 실제 상황에 비추어 점진적이고 질서 있는 방식으로 적용되어야 한다"[123]라는 모호한 조항도 포함되어 있었기 때문에 연례 행진 참여자는 그 후 10년 동안 더욱 늘어났다. 몇 년 동안 민주주의 옹호자들은 이렇게 좁디좁은 공간에 자신들의 요구사항을 욱여넣으려 노력했지만, 직접선거와 간접선거가 뒤엉켜 있는 제도 아래에서 기업가 집단이 유지해 온 권력을 옹호하는 전문가 집단은 민주주의의 목소리를 가로막았다. 음울한 현실은 지도자를 선출할 투표권을 일반적인 홍콩 주민들은 가지지 못했고, 기업 최고위 관계자들만이 가졌다는 것이다.[124] 자결권을 향한 초기 운동의 절정은 2014년 이른바 우산 운동과 함께 다가왔다. 프리드먼의 논리를 전달했던 사람은 부동산 개발업자 출신인 당시 홍콩 행정장관 렁춘잉Leung Chun-ying이었다. 왜 투표권을 늘릴 수 없느냐는 질문에 그는 사무적인 태도로 제한된 선거권 논리로 답했다. 그는 "숫자 게임"일 뿐이라고 말하며, 투표권을 확대하면 가난한 자들의 힘이 커져 기업친화적인 정책 대신 복지국가의 팽창을 선호하는 "그런 종류의 정치"로 이어질 것이라고 덧붙였다.[125] 그에게 경제적 자유와 정치적 자유의 거래는 명명백백한 것이었다.

5.

홍콩을 통해 지난 세기를 바라본다면 우리가 알고 있는 가까운 과거에 대한 세 가지 서사와 크게 다르다는 점을 알 수 있다. 우선 민주화 물결이 당연하고 보편적이고 자연스러운 현상이라는 서사가 있다. 새뮤얼 헌팅턴은 1970년대에 민주주의가 구제 불능의 위기에 처했다고 진단했는데, 1990년대에 이르러 헌팅턴은 민주주의의 거침없는 부활을 목격했다.[126] '개혁 개방' 과정을 거치고 있는 중국 혹은 공산주의 이후 러시아는 완전한 민주주의로 향해 나아가고 있다고 여겨졌다. 전환은 이러한 움직임을 설명하는 단어였다. 심지어 이에 관한 분과 학문인 전환학transitology이 생기기도 했다. 그러나 그다음 10년간, 전환은 멈추어 선 듯하다. 지역에서 들려오는 열정적인 목소리에도 불구하고, 홍콩을 비롯한 몇몇 장소는 영원히 '회색지대'에 남아 있는 것처럼 보였다.[127] 중국의 성공은 민주주의 없는 국가자본주의가 마치 승리의 방정식인 양 만들었다.

　　또 다른 서사로 제국의 세계에서 민족국가 세계로의 운동이 있다. 이는 전 세계로 퍼져 나갔던 제국의 전망이, 자결권을 주장하는 개별 국가들이 외세의 지배를 거부하며 작게 쪼개졌다는 서사에 의존한다. 그러나 제국은 단일한 색깔이 아니었다. 복잡하고, 내부적으로 분절된 유기체였다. 다양한 인구 집단을 지배했고 영토 또한 상이하게 지배했다.[128] 때로는 홍콩처럼 토지를 합병하고 직접 관리하기도 했다. 다른 경우에는 중국 해안가를 따라 설치한 조약항처럼 그저 발판만 걸쳐 놓기도 했다. 자치권을 가진 인구 집단이 제국 내부에 거주했고, 독립국은 다른 독립국 속에 둥지를 틀기도 했다. 역사학자 로런 벤턴 Lauren Benton이 말하길, 제국은 매끈하기보다 "혹투성이"였다.[129] 민족의 시대 또한 그러했다. 제국이 종식을 맞이하면서 새로운 민족들이 결성되었지만 그들은 어지러운 구역의 집합체, 도시국가, 지구, 피난처, 거주지, 관문, 공급 통로 등으로 더욱 균열되고 분리되어 갔다. 역사학자 버네사 오글 Vanessa Ogle은 어떻게 이러한 법률적 불균등이 몇몇 초기 제국의 특성을 재생산했는지 보여 준 바 있다.[130] 근대의 세계화는 "들쭉날쭉"한 방식으로 진행되었고, 우리에게 친숙한 국경이라는 윤곽은 이야기의 일부분일 뿐이다.[131]•

　　일부 평론가는 덩샤오핑이 해안 도시를 해외 투자 및 무역에 개방하여 19세기 조약항을 다시 만들어 냈다고 비난했다.[132] 맞는 점도 있다. 중국공산당은 구역이라는 용어를 선호했다. 그것이 빈 공간을 의미하여, 조약항이라는 독성이 강한 과거로부터 상징적으로 단절할 수 있기 때문이었다.[133] 동시에 한자 구(区)는 또한 '구역' '지구' '지역'을 의미하기에 이 공간들이 국가 영토 밖에 있지는 않지만 그 안에서 행정적 재구분

　　•　　저자의 이러한 입장은 20세기 말에 등장한 세계화에 대한 대표적인 논의인 '세계는 평평하다(The world is flat)'에 대한 비판이라 할 수 있다.

63

이 가능하다는 해석을 이끌어 낼 수 있었다.[134] 서양 관찰자들이 종종 갖고 있는 획일적인 이미지와는 달리, 개혁 시기 중국은 "분절된 권위주의" 안에서 작동하고 있었다.[135] 구역의 전 지구적 증식은 "일국 다체제"라는 세계를 이끌었다. 이렇게 보았을 때, 홍콩이라는 잡종은 미래가 이상하다는 입장에서만 이상하게 보일 뿐이었고, 제국의 시대에서 민족의 시대로 넘어가는 과정이 일방통행이 아니라는 것을 증명했다.

세 번째 서사는 자본주의가, 그것이 담고 있는 모든 문제점에도 불구하고, 인간에게 유용한 것들을 생산한다는 것이다. 하지만 이것이 항상 옳은 명제인가? _세계의 경제적 자유_ 지수에 등장하지 않은 몇몇 특성은 생산성 향상, 투자의 성격, 실업 수준, 사회보장, 인구에 대한 복지 혹은 경제적 평등으로, 즉 영토의 거주자들이 일상생활에서 경제적 자유를 경험할 수 있도록 만들어 주는 것이다. 만약 이러한 요소가 지수에 포함되었다면, 홍콩의 모습은 꽤나 달랐을 것이다.

부는 비이성적으로 집중되어 있다. 홍콩의 상위 10대 억만장자들은 국내총생산의 35퍼센트에 달하는 부를 가지고 있는데, 미국의 경우는 3퍼센트이다.[136] 출발점에서부터 홍콩은 모든 참여자에게 열려 있는 자유분방한 시장이라기보다는 정부와 원만한 관계를 유지해 온 한 줌의 상인 집단이, 그리고 이후에는 재벌 가문과 재계 거물 들이 통제하는 경제였다.[137] 여러 연구에서 "홍콩에서 가장 큰 10개 가문이 기업 분야의 3분의 1을 통제"하고 있음을 보여 준다.[138] 경제적 자유 지수보다 덜 알려진 것은 홍콩이 [영국 주간지] 《이코노미스트》의 '정실 자본주의 지수crony capitalism index'에서 1위를 차지했다는 사실이다.[139] 즉 이곳은 경쟁이 거의 없는 자본가의 천국이다. 상속세가 없기에 부는 가문으로 이어질 뿐이고 현 상태에 도전할 의욕도 거의 없게 만든다. 토마 피케티와 리 양Li Yang은 홍콩에서 상위 15퍼센트의 부자들은 민주주의를 요구하는 움직임을 지지하지 않는다는 것을 발견했다.[140]

결국 홍콩 모델의 본질은 경제적 자유라는 추상적인 개념이 아니다. 오히려 최고 수준의 경제 개방과 희소한 토지 가치 상승을 통해 작동하는 전속시장captive market°을 이용하기 위해 민주주의가 거의 혹은 아예 없는 작은 영토를 법적으로 구분하고 결속력 있는 기업 엘리트들과 정부가 긴밀하게 공모한 것이 본질이다.

그리고 이제 이러한 모습을 제국의 심장부로 가지고 오게 되었다. 런던을 홍콩의 멀리 있는 쌍둥이로 만드는 것이었다.

° 선택의 여지 없이 특정 상품을 사야만 하는 시장.

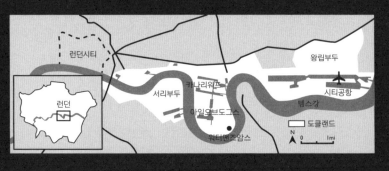

런던 도클랜드

2장

파편화된 도시

오랫동안 도시는 주변 영토의 바다에 있는 법적인 섬이었다. 중세에는 도시의 안으로 들어오면 상이한 법을 적용받았다. 농노들이 한동안 주인을 떠나 도시에서 새로운 삶을 시작할 수 있었기에 어느 독일인은 "도시의 공기는 자유롭다"라는 말을 남겼다. 중세 및 근세 유럽은 수만 개가 넘는 상이한 법률 구역으로 가득 차 있었다. 18세기와 19세기 신성로마제국만 보더라도 1000개가 넘는 독립체가 존재했다.[1] 역사학자 페르낭 브로델 Fernand Braudel은 근세 유럽 도시를 실제 및 "법률적 성곽"으로 둘러싸인 "자율적 세계"로 묘사했다.[2]

　　20세기까지 민족국가의 성장이 계속되었음에도, 중세 시대에 등장한 거주지가 오늘날 현대 런던의 심장부에 자리 잡고 있다. 시티*로도 알려진 템스강 북쪽 둑에 위치한 금융

---

*　런던시 중심부에 있는 자치 구역인 시티 오브 런던(City of London)을 의미

구역 "제곱마일"* 전체가 현지 국가, 즉 영국의 일부라고 할 수 없다. 노르만족 침략 당시, 시티는 사유재산과 민병대, 시장직 Lord Mayor을 유지했다. 최근까지도 간단히 런던회사Corporation of London라고 불린 이곳의 정부 조직은 영국 의회 보다 먼저 존재해 왔다.[3] 언론인 니컬러스 색슨Nicholas Shaxson이 상기해 주듯, 오늘날에도 영국 왕과 여왕은 시티에 들어설 때, 시장의 검에 손을 얹어야 한다.[4] 시티는 그것을 둘러싸고 있는 정치적 공간과 분리되고 상이한 법칙이 적용되는 원초적primal 구역이다. 가장 유명한 것은, 홍콩처럼 선거에서 기업들에 주어지는 투표권이다. 기업이 보유한 3만 2000표는 주민 9000명의 표보다 많다.[5] 어느 학자는 시티를 근세 도시국가인 제노바 및 베니스와 비교했다.[6] 다른 학자는 "런던의 바티칸"으로, 자본주의의 바티칸이라 부른다.[7]

수 세기 동안, 시티는 금융 및 화폐 권력에 뿌리내린 영국 경제의 비전이나 다름없었다. 시티와 왕실은 그동안 긴장 관계를 유지해 왔지만 서로를 껴안았다. 시티는 자신을 보호하기 위해 왕실이 필요했고 왕실은 전쟁을 치르고 제국을 건설하기 위해 시티가 필요했다. 전후 시기, 시티는 미국의 규제에서 벗어난 '역외' 달러화를 보관할 장소로 거듭났다. 개인, 외국계 은행, 나중에는 사우디아라비아, 리비아, 아랍에미리트연합국과 같은 주요 석유 수출국이 런던시티를 돈을 예치하고 대규모 차관을 발행할 장소로 삼았다. 영국의 해외 제국이 해체되자

한다. 오늘날에는 국제금융시장의 중심지로 기능하고 있다.

• 런던시티 동쪽에서 서쪽, 북쪽에서 남쪽까지의 거리가 각각 1마일이기 때문에 제곱마일이라는 표현을 사용한다.

'두 번째 대영제국'이 등장했다. 케이맨제도나 버뮤다 같은 속령, 그리고 싱가포르, 아일랜드 및 두바이 같은 과거 식민지들이 조세회피 지역으로 자리 잡았다.[8] 그리고 시티는 이 모든 것의 중심에 있었다.

1938년, 루이스 멈포드Lewis Mumford는 자본주의를 성벽으로 둘러싸인 도시에 알을 낳고는 도시에서 나고 자란 자식들을 몰아내 버리는 뻐꾸기에 비교했다.[9] 1986년 마거릿 대처가 이른바 빅뱅*을 통해 금융업 규제를 철폐했을 때, 시티는 관에서 걸어 나와 템스강 하류에 자신과 똑같은, 카나리워프Canary Wharf라는 유리로 만든 마천루 숲을 낳았다. 템스강의 홍콩이라고 불리는 카나리워프는 새로운 금융 지구를 넘어서는 것으로, 새로운 형태의 구역의 원형이다. 이곳은 도시 거주자들의 기본적인 요구에서 벗어나 개발자들이 국가를 포획할 수 있도록 설계되었다.[10]

1871년 파리코뮌이 붕괴된 후 파리에서 가장 높은 지점에 건설된 사크레쾨르성당과 마찬가지로 카나리워프는 패배한 도시의 기념비라 할 수 있다. 사회주의적 도시 프로젝트인 레드 런던Red London이 버림받고 빛을 잃고 무너진 곳에 막대한 부를 창출하는 투자 수단들이 들어섰기 때문이다. 그 결과는 파편화된 도시였다.

* 대처 총리 시기 이루어진 대대적인 영국 금융산업 탈규제를 빅뱅이라고 부른다.

1.

암흑가를 다룬 1980년 작 스릴러 영화 〈롱 굿 프라이데이The Long Good Friday〉에서부터 런던의 변형에 관한 이야기를 시작해 보려고 한다. 영화 첫 장면에서 지역 범죄 조직 두목에서 개발자가 될, 밥 호스킨스Bob Hoskins가 연기한 해럴드 샌드Harold Shand는 흰색 가는 세로줄무늬 정장을 입고, 손에는 담배와 위스키 잔을 들고는 자신의 요트에서 건축물 모형을 내려다보고 있다.* 그곳은 런던 도심에서 동쪽으로 몇 마일 떨어진 도클랜드Dockland다. 한때 세계에서 가장 붐비던 곳이었지만, 1970년대 말 항구들은 몰락했고, 노동자 몇천 명만이 남아 있었다.[11] 컨테이너선은 그 마지막을 알려 주고 있었다. 평균 크기의 철궤를 선박에서 기동차로, 다시 트레일러로 옮길 때 이를 그물과 도르래로 끌어올릴 노동력만 약간 필요했을 뿐이다.

샌드와 (헬렌 미렌Helen Mirren이 연기한) 그의 부인은 이미 그 기능을 상실한 항만의 녹슨 기계들을 뒤로하고 블러디메리Bloody Mary**를 조금씩 홀짝이고 있었다. 그들의 요트는 장례식장의 조각상처럼 물길 위에 줄 서 있는 빈 창고와 멈춰 선 크레인 사이를 미끄러지듯 지나갔다. 뱃머리를 타워브리지로 향하면서 샌드는 "한때 여기에는 배가 80척에서 90척 정도 있었습니다"라며 연설을 시작했다. "여기가 한때 세계에서 가장 위대한 부두였습니다." 샌드는 몰락 속에서 기회를 보았다. 그의

---

* 실제 영화에서는 17분쯤 관련 장면이 등장한다.
** 보드카와 토마토주스를 섞은 칵테일.

계획은? 부정한 현지 정치인들에게 기름칠을 해서 미래 올림 픽경기장 건설에 필요한 자금을 해외투자자들로부터 조달하는 것이었다.

샌드가 자주 들른 술집 중 하나는 템스강에 목젖처럼 걸려 있는 도클랜드에 위치한, 담배 연기로 자욱하고 붉은색 벽지로 장식한 아일오브도그스Isle of Dogs의 워터맨즈암스Waterman's Arms였다. 영화에서 샌드의 해외투자자 계획은 어그러진다. 하지만 우연히, 영화 촬영이 시작되기 몇 개월 전에, 같은 술집에서는 실제로 벌어진 더욱 성공적인 사건을 목격할 수 있었다. 선술집에 모인 보수당 정치인 무리는 샌드와 별반 다를 것 없는 계획을 제시했다. 런던의 몇몇 지역을 한데 묶어 투자자들에게 세금과 규제가 없는 지역에 더해 보조금과 장려금을 지급함으로써 당시까지 부당한 토지 관리 방식이라고 여겨져 온 것을 실행에 옮기겠다는 생각이었다.[12] 이 지역은 기업 구역으로 불릴 예정이었다. 도클랜드에서, 이 구역은 노동자 거주 구역에서 두 번째 금융 지구로 변할 것이었다.

워터맨즈암스 모임의 주도적인 발언자는 제프리 하우Geoffrey Howe였다. 하우는 회색 머리칼에, 캐리커처 화가에겐 선물일 거북이 등딱지 같은 안경 뒤로 눈물 젖은 눈을 가진 50대 직업 정치인이었다. 그는 대처가 이끄는 보수당이 획기적인 승리를 거둔 선거 직전 해에 그림자(야당) 내각의 재무장관을 맡았다. 그가 발언하던 당시 세계경제는 변곡점 위에 서 있었다. 역사의 테이블이 돌아가고 있는 것처럼 보였다. 다섯 세기 동안, 무장한 포르투갈과 네덜란드 대형 범선들이 인도양에 진입하고, 스페인 정복자들이 아메리카 제국의 원주민들을 무찔렀을 때, 서양이라고 알려진 세계의 일부분이 전 지구적 위계 서열에서 가장 높은 지점에 올라섰다. 하지만 1970년대 말 몇몇은 그 지배력이 동요하고 있음을 목격했다. 정치학자 에즈라 보걸Ezra Vogel은 『세계 최고의 일본—미국을 위한 교훈Japan is Number One: Lessons for America』[13]이라는 베스트셀러를 출간했다. 제2차세계대전 이후 30여 년 동안 전 세계에서 영국이 차지하는 제조업 생산 규모는 4분의 1에서 10분의 1로 떨어졌다.[14] 1976년, 영국은 모자를 벗고 일반적으로 개발도상국들에 주어지는 수단인 국제통화기금에 손을 벌렸다. 몇몇은 암울한 미래를 점치고 있었다. 신자유주의 싱크 탱크가 작성한 전략 문서에서는 영국이 "타이완, 남한, 홍콩 및 싱가포르와 함께하는 저임금 제2세계 국가로 다시 출발해야 할까?"라고 묻고 있었다.[15]

식민지가 모국에 자본주의에 대한 가르침을 줄 수 있다는 생각은 영국 입장에서는 쓰디쓴 약일 수밖에 없었다. 하지만 생산 중심지이자 역외금융업 지역으로 성장한 홍콩을 부정할 수 없었다.[16] 1970년대 후반 홍콩의 연간 국내총생산 성장률은 16.9퍼센트까지 도달한 반면, 영국의 국내총생산 성장은 4퍼센트에서 멈췄으며 몇 년 후에는 마이너스로 떨어지기도 했다.[17] 하우는 홍콩이라는 역설적 상황을 지적하면서 "기업과 자기 수양의 전시장"인 홍콩은 "거의 비슷한 시기에 국가적 치욕의 깊이를 더해 가고 있는 영국과 중국이라는 두 모국의 자녀이다. 하나는 '유럽의 환자', 다른 하나는 문화혁명의 희생자"라고 말했다.[18]

중국은 이미 해안가 실험을 통해 홍콩을 모방하기 시작

했다. 특수경제구역은 실험실을 운영하려고 새로운 국가를 만들어 낼 필요는 없다는 것을 보여 주었다. 그냥 옛것에서 도려내면 되니까. 선술집에서 하우는 지리학자 피터 홀Peter Hall의 급진적 제안을 소개하면서 연설을 시작했다. 홀은 빈사 상태에 놓인 영국 도시와 번영하고 있는 홍콩, 싱가포르, 서울, 상파울루의 중심지들을 비교했다. 그는 이 도시들이 "불완전한 서양 민주주의"를 실천하고 있음을 인정했지만, 그것이 성공을 설명할지도 모른다고 보았다. 그는 "무계획"이라는 단어를 던졌다. 미리 무엇을 만들어야 할지 결정하기보다 진공상태로 두면 새로운 것이 등장하리라는 생각이었다. 영국 정치인들은 내부 도시에서 도려낸 구획을 격리하여 사람, 재화 혹은 돈의 출입을 통제하지 않는 새로운 "직할 식민지Crown colonies"를 만들 수 있었다. 자신의 실험에 참여하기로 한 사람은 시민권을 잃고 보호받지 못하게 될 수 있었지만 조세나 규제 없이 자유롭게 건물을 짓고, 물건을 운반하며, 교환을 할 수 있게 될 것이었다. 이 구역은 유럽경제공동체를 벗어나 "리버풀 시내 혹은 글라스고 시내에" 홍콩을 다시 건설할 수 있었다.[19]

대처의 측근이었던 키스 조지프Keith Joseph는 같은 선율을 흥얼거리고 있었다. 1978년 신자유주의 싱크 탱크에서 연설하던 중, 조지프는 사회주의를 잉글랜드 남부 와이트섬Isle of Wight 같은 어느 지역에 이식하고, 다른 곳에 자유방임 제도를 도입하여 사회주의와 자유주의 간의 전면전을 일으키는 데 동의하냐는 질문을 받았다. 그가 답하길, 보수당은 정확히 세금, 노동법, 보건 및 안전 규제가 모두 제거될, "여왕의 영장이 발급되지 않는" 지역을 지정할 의사가 있다고 답했다. 보수당은 역외 섬 대신 '몰락한 도시 내부'의 장소를 사용하기로 했다. 분명 청중은 그 생각에 박수를 보냈을 것이다.[20]

　　미국에 "허드슨강의 홍콩"이라고 묘사한 구역 도입을 추진해 온 헤리티지재단의 스튜어트 버틀러 Stuart Butler가 한 잡지에서 구역에 관한 가장 야심 찬 목표를 구체적으로 제시했다.[21] 버틀러는 기업 구역을 "정치적 동물"이라 불렀다.[22] 그의 목표는 "주요 도시의 심장부에 변경 frontier 공동체"를 만들어 거대 정부 시대의 사고방식을 뜯어고치는 것이었다.[23] 당국에서 벗어나, [공동체의] 거주자들은 자신들만의 해결책을 찾아낼 것이었다. 도심 내부의 심각한 빈곤은 장점이었다. 버틀러는 "위기가 기업가를 낳는다"라고 말했다.[24] 이 구역은 창조성과 절망을 교배하는 실험이었다. 정책 장사꾼들은 멜로드라마처럼 자신들을 우파의 게릴라라고 불렀고, 한 구역씩 차지하면서 도시를 점거하고 분해했다. 어느 평론가는 기업 구역을 "사회주의의 심장을 겨누고 있는 단검"이라고 불렀다.[25]

　　대처 집권 첫해 예산에 11개 기업 구역이 포함되었다.[26] 모든 구역은 지역 계획 승인에 필요한 조건들을 면제받았고 10년 동안 지방세를 내지 않아도 되었으며, 상업 건축물에 필요한 자본 지원금을 받았다.[27] 역사학자 샘 웨더럴 Sam Wetherell 에 따르면, 구역들은 "영국 국가경제 조직에 피어싱을 한 구멍으로, 잠시 동안 호전적인 자유시장 자본주의와 규제 사회민주주의 경제가 말 그대로 같은 도로를 가운데 두고 동거하는" 모습을 만들어 냈다.[28] 대대적인 광고에도 불구하고 결과는 실망스러웠고 새로운 투자를 유치했다는 증거는 제시되지 못했다.[29] 기업들은 대체로 세금 혜택을 쫓아 구역들을 옮겨 다녔고 임대인들은 임대료를 대폭 인상하여 정부 정책의 덕만 보려고 했으며, 투자자들은 세금 부담을 줄이는 방법을 찾았을 뿐이었다.[30] **무료로 건물을 사세요**라는 문구는 구역으로 투자자들에게 구애하는 표제였다.[31] **어떻게 조세회피처를 건설할 수 있는가**로 다르게 읽을 수도 있다.[32] (또 다른 몽펠르랭협회원이자) 대처의 보좌관인 앨런 월터스Alan Walters는 그들이 영국을 "하나의 커다란 기업 구역"으로 돌려놓길 원한다고 말했다.[33] 하지만 경제의 한 부분에서 거둔 조세 수익이 다른 곳의 지출에 사용된다면 과연 누가 보조금을 지급해야 한단 말인가? 한 정부 자문 위원은 "단지 일부 지역만이 우선권을 얻을 수 있다"라고 인정했다.[34]

구역은 자유시장의 포템킨 마을[•]처럼 백화점 쇼윈도와 같았다.[35] 하지만 만약 우리가 버틀러의 "정치적 동물"이라는 생각을 심각하게 받아들였다면? 어느 지리학자는 구역에서 경제학보다는 국정 운영 기술 실험을 제안했다.[36] 구역은 결코 무계획이 아니었다. 혁신이란 지역에 정부의 개입을 줄이고 개발자들에게 직접 통제권을 넘겨주는 것이었다. 처음에 홀과 하우가 제안한 홍콩의 복제물은 풀뿌리 상업이었다. 그러나 그 뒤를 이은 것은 부동산 개발업자와 지방정부가 긴밀한 협력을 바탕으로 "금융자본을 위해 고도로 이동할 수 있는 활주로"를 만

• 겉만 번지르르하고 속이 빈, 남에게 보여 주기 위해 만든 가짜 마을을 뜻한다. 러시아제국 당시 예카테리나 대제의 환심을 사기 위해 크림반도 지역 책임자인 포템킨이 만든 도시에서 온 표현이다. 당시 나무판에 아름다운 마을 풍경을 그려 여제가 탄 배가 지나가면 신속하게 그림을 하류 쪽으로 옮기는 방식으로 마을의 빈곤을 감추었다고 한다.

드는, 보다 지속적인 버전의 식민지 전망이었다.[37] 역사학자 페리 앤더슨Perry Anderson은 세계은행에서 월터스가 홍콩을 "전 세계에서 가장 자유로운 사회"라고 칭송했던 일화를 회상하곤 한다. 저명한 통계학자 앵거스 매디슨Angus Maddison이 그의 말을 가로채면서 "그곳에는 선거도 없어요"라고 하자, 월터스는 "더 없이 행복해하는 웃음"을 보이며 말했다. "네, 그게 바로 제가 의미하는 겁니다."[38]

2.

1985년, 아일오브도그스에 위치한 옛 웨스트인디아West India부두 부지에 건립될 런던 도클랜드 복합몰의 축소 모형이 공개되면서 〈롱 굿 프라이데이〉의 오프닝 장면이 실현되었다. 71에이커[약 29만 제곱미터]의 면적에, 1000만 제곱피트[약 93만 제곱미터]의 사무실 공간을 제공할 기존 계획에는 유럽에서 가장 높은 마천루가 하나도 아닌 세 개나 포함되어, 당시 세계에서 가장 큰 부동산 개발이라고 홍보되었다. 이 프로젝트는 10여 년 전 미국 시카고의 시어스타워를 설계했던 스타 건축 회사 스키드모어 오윙스 앤드 메릴Skidmore, Owings & Merril이, 이제 막 홍콩에서 착공을 시작한 중국은행타워를 건축한 I. M. 페이Pei와 함께 설계를 맡았다. 이곳은 카나리아제도에서 선적해 온 과일을 보관한 창고의 이름을 따서 카나리워프라고 불렸다.[39] 건축가들은 건물이 런던의 전통적인 도시 조직을 따르고 있다고 주장했다. 파리, 빈, 부다페스트, 마드리드처럼 웅장한 대로의 정점에 기념탑, 오페라하우스와 박물관을 갖춘 런던은 벌통 모양이었다. 그리고 광장과 파클릿*에 들를 수 있었다.[40]

다른 사람들은 상이한 견본을 목격했다. 어느 비평가는 그때까지만 해도 홍콩중앙지구Hong Kong's Central District에 건설 중이던 거래소광장Exchange Square과 "사실상 판박이"이라고 보았다.[41] 이 거대한 사업은 열린 공간 주변에 투명 유리로 된 마천루 무리를 짓는다는 점에서 서로 닮았는데, 내부도 비슷했다. 거래소광장은 홍콩증권거래소의 전자거래 전환에 대비해 건설되었다. 동일한 변화가 런던에서도 등장하고 있었고, 사람들을 비좁지만 역사적 가치 때문에 보존되고 있던 런던시티 건물들에서 밀어냈다. 중앙 승강기 통로 주변에 건설된 이 건물들은 모니터를 설치할 넓은 바닥이 없었고, '전자 은행업'이라는 새로운 시대에 필요한 냉방 설비도 수용할 수 없었다.[42] 컴퓨터 거래로 바뀌면서 케이블 및 단말기 설치에 적합한 유연한 배치도와 높은 층고가 필요했다.[43] 어느 평론가는 "오늘날 홍콩중심지구Hong Kong Central는 정확하게 도클랜드가 2000년대에 되어야 할 모습"이며 "새로운 금융 도시이다. 전 세계 반대편에 있는 미국 금융의 교두보와 다름없는, 미국의 돈이 유럽으로 진입할 교두보다"라고 덧붙였다.[44]

하지만 그는 두 복합체가 보여 주고 있는 발전 방식의 유사성은 알아채지 못했다. "행정적 절대주의"라는 홍콩 모델에서, 임명직 공무원들과 대기업 대표자들은 평범한 주민들의 요구 사항을 고려하지 않고 결정을 내렸다. 카나리워프 빌딩 또

---

* 누구나 편하게 앉을 수 있도록 마련한 실외 공간.

한 비슷한 과정을 거쳤다. 기업 구역이기에 몇몇 부동산업자들이 이끄는 런던도클랜드개발공사가 지방정부를 건너뛰고 일반적인 계획 허가를 생략하여, 거주자들의 주택 수요를 무시할 수 있었다.[45] 개발사의 초대 이사는 당시 거주자 중 "잉여 인구"라고 부른 사람들에 대한 멸시를 숨기려고 하지 않았다.[46] 그럴 필요가 없었기 때문이다.

개발자들은 거부할 수 없을 정도로 좋은 조건을 제시받았다. 토지는 시가의 6분의 1이었고 기반 시설에 관한 국가의 개입을 약속받았다.[47] 1986년, 도클랜드에 새롭게 지어진 시티 공항에 첫 비행기가 착륙했다. 몇 년 후, 도클랜드에서 런던시티까지 10분도 걸리지 않는 새로운 철도 노선이 개통되었다.

카나리워프는 런던의 미래에 관한 청사진을 제시했다. 이는 제2차세계대전 이후 생산업과 심지어 농산물을 자급자족하는 나라로 알려진 영국의 전환을 상징했다. 전쟁 이전에 영국은 무역 세계화의 선구자로 자리매김해 왔다. 20세기가 시작될 무렵, 달걀부터 시작해서 거의 모든 식료품을 수입했다.[48] 전쟁 이후, 현지 소비를 위한 더 많은 생산으로 전환이 진행되었다. 런던의 왕립부두는 컨테이너화뿐만 아니라 가정에서 직접 밀을 경작하면서 더 이상 곡물 저장고가 필요하지 않았기 때문에 폐쇄되었다.[49] 1980년대에 접어들어 영국이 다시금 수출보다 수입을 늘려 가게 되면서 이러한 자급자족이 쇠퇴했다. 한때 "전 세계에서 가장 제조업 생산 집약적인 경제"를 운영해 왔던 영국은 다른 일을 하기 시작했다.[50] 그중 가장 주요한 산업은 금융이었다. 1991년이 되자 사무직 노동자 수가 제조업 혹은 농업을 앞질렀다.[51] "물건을 무역하던 영국은" 어느 역사

가의 말을 빌리면 "돈을 거래하는 런던으로 변했다".[52]

　　[카나리워프라는] 구역은 사회주의의 심장을 겨눈 단검일 수도 있었지만, 그렇다고 사회주의가 투쟁 없이 사라진 것은 아니었다. 1981년 노동당 좌파 정치인 켄 리빙스턴 Ken Livingstone 의 당선 이후 런던의 사회주의적 전망에 관한 표준을 제시해 온 런던광역시의회가 가장 큰 반대 세력으로 부상했다. 대처 정부가 극동 지역의 경제적 용들로부터 교훈을 얻으려 했다면, 시의회의 '신도심 좌파'는 상이한 종류의 국제주의를 실천했다. 그들은 최근 런던에서 형성된 이민자 공동체와 기존 노동자 계급을 연결하려고 노력했다.[53] 시의회는 인근 지역을 예시적 정치 prefigurative politics •라고 부르는, 미래에 관한 작은 비전을 제시하는 곳으로 인식했다. 이미 시티 금융 구역의 템스강 건너편에 위치한 코인스트리트에서는 개발자들의 계획을 가로막고 현지 거주자들이 자신들의 입장에 따라 개발을 추진하는 공동체 신탁 토지를 주장하여 성공을 거둔 적이 있었다.[54] 그들은 런던시티의 성직자들과 노동자들을 조직했고 심지어 금융 지구를 지배해 온 시대착오적 중세 정부 철폐 운동을 벌이기도 했다.[55]

　　도클랜드는 그들이 노력을 기울인 또 다른 지역이었다. 런던광역시의회는 인민계획센터 People's Plan Centre에 자금을 지원하여, 세간의 주목을 받아 온 개발자들과는 달리 항만을 부활시킬 대안적 논의를 모으기 시작했다.[56] 그들은 풀뿌리 전략을

• 이념 운동과 그 이념에 맞는 실천을 현 사회에 미리 병행하는 행위를 뜻한다.

추진하여 빙고 게임장, 유아 사교 모임, 그리고 아직 남아 있는 몇몇 공장을 방문해 여러 의견을 모았다. 1984년 최종안이 도클랜드의 모든 가구에 전달되었다. 센터의 계획은, 외부 컨설팅업체가 동의한 소규모 제조업을 복원하고 항만을 재건하여 "그저 이곳을 지나가는 기업가들을 위한 수위와 화장실 안내원이 아니라, 우리 노동하는 사람들의 삶과 우리 아이들에게 더 많은 것을 안겨 줄" 희망을 제시했다.[57]

대처 세력에게 런던의 대안석 선망은 눈엣가시였다.[58] 대처는 반격으로 대응했다. 1983년 보수당 회의에서, 토리당원(보수당원을 가리키는 비격식 명칭)들은 정당 성명서에 런던광역시의회를 제거하라는 새로운 요구사항을 포함했다. 당 의장 노먼 테빗 Norman Tebbit 은 그 이유를 평범한 단어로 제시했다. 시의회는 "반드시 타도해야 할 분열적 사회주의의 전망을 따르고 있다. 그래서 우리는 시의회를 철폐할 것이다".[59] 또 다른 의원은 심지어 좀 더 구체적이었다. 시의회가 "괴물로" 성장해 버렸다고 말하면서, "이 괴물을 상대할 수 있는 유일한 길은 도륙하고 죽이는 것이다"라고 말했다.[60] 동시에 다른 광역시 의회 다섯 개가 철폐되었으며 조세제도를 통해 지방정부가 거둘 수 있는 수입에 상한선이 그어졌다.[61] 영국적 전통이 부활하는 발판이었던 지방정부와 지방자치 사회주의는 의도적으로 방해받았다. 보통 노조 파괴와 동의어인 대처주의는 지방정부 파괴 또한 의미했다. 우리는 종종 1980년대를 국가와 시장 간의 투쟁으로 바라본다. 하지만 이러한 관점으로는 그 역동성을 알아챌 수 없다. 대처 정부와 런던광역시의회 모두 '국가'의 일부분이었다. 그들은 국가의 역할에 대한 입장을 두고 갈라섰다. 신도심 좌파는 자애로운 정부의 역할을 의심했다. 이따금 그들은 자신들이 "정부 안에서 그리고 정부에 대항"하고 있다고 언급했다.[62] 하지만 문제는 결정을 내린 장소였다. 그리고 그 결과에 따라 이득을 보게 된 사람들이었다. 대처의 소멸 정책은 한 번의 펜 놀림으로 유럽에서 가장 큰 규모의 도시 정부를 제거했다.[63] 위에서 벌어진 쿠데타였다. 그 후, 도시에 관한 새로운 계획은 좀 더 수월하게 추진될 수 있었다.

3.

20세기가 끝날 즈음, 레드 런던은 무릎 꿇었고 금융은 부상하고 있었다. 1987년 주식시장 붕괴인 블랙먼데이로부터 회복된 후 1990년대 중반 카나리워프는 시티의 쌍둥이로, 새로운 메트로폴metropole•로 반짝이고 있었다. 어느 통계에 따르면 개발자들은 기업 구역 덕분에 13억 파운드[약 2조 1738억 원]에 달하는 감세와 "자유시장 도심 재생의 전형"으로 거듭나는 데 필요한 기반 시설 혜택을 누린 것으로 추정되었다.[64] 카나리워프의 핵심 구조물은 원캐나다스퀘어One Canada Square로, 이 시대 또 다른 스타 건축가인 시저 펠리César Pelli가 설계한, 꼭대기에 피라미드를 얹은 50층짜리 마천루였다. 토니 블레어 총리가 이 건물 38층에 프랑스 대통령 자크 시라크를 초청했을 때, 그들은 유명한 미국 정착자의 이름을 딴 콜럼버스코트야드Columbus Courtyard,

• 활동 및 네트워크 중심지로 간주되는 대도시.

캐벗스퀘어Cabot Square 거리와 더불어 영화 속 샌드처럼 블레어가 계획한 올림픽경기장을 내려다보았다.[65]

런던이 생산품 무역에서 화폐 무역으로 옮겨 갔다면 이제 부동산, 그중에서도 주택이 거래되기 시작했다. 주택이 새로운 전 지구적 자산으로 떠올랐다.[66] 주택 소유의 비인격화와 거래 가능성은 전 지구적 공급, 수요 및 투기의 물결 속에서 표류했다. 2000년대가 되자, 도시의 더 많은 부분을 소분하여 새로운 고층 건물을 짓도록 더 많은 세금 혜택과 공적 보조금을 제공하는 '지방 중상주의' 모델에 굴복할 수밖에 없는 듯했다.[67] 이러한 변화는 좌파 지도자 켄 리빙스턴 자신이 런던 시장이 되어 공직으로 돌아간 뒤 구역의 민간 고층빌딩 건설의 주요 기획자가 된 사실을 통해 입증되었다.

2000년 이후 세계는 하늘을 향해 건물을 짓게 되었다. 21세기의 첫 15년 동안 전 세계적으로 200미터가 넘는 건물 수가 세 배나 늘어났다.[68] 안전한 투자처를 찾는 자본이 이런 변화를 이끌었다. 2003년 미국과 영국의 이라크 침략으로 석유 가격이 상승했고, 그에 따라 올라간 산유국들의 이윤은 막대한 국부펀드를 통해 부동산에 투자되었다. 2005년경 자신들의 부를 해외로 옮길 장소를 물색하던 러시아 올리가르히*들은 영국의 수도에 런던그라드라는 별명을 안겨 주었다.[69] 상징적으로 2003년 로만 아브라모비치Roman Abramovich는 런던 서부의 첼시 축구클럽을 인수했다. 중국의 가파른 성장 또한 더 많은 자본이 투자처를 찾고 있다는 것을 의미했다. 주택시장이 지닌 지

---

* 소련 붕괴 이후 러시아의 경제를 장악한 특권 계층.

나친 부채의 산물이기도 한 2008년 전 지구적 금융위기는 변동성과 불안정이라는 감각을 악화시켰다. 제로 금리 시대에 자본은 매우 싸게 구할 수 있었고 항상 그러하듯이 수익은 높고 리스크는 낮은 투자처를 찾고 있었으며 정부는 이를 실현할 의지가 있었다.

영국이 적극적으로 나섰다. 소수의 호화로운 구역이 전 세계를 넘나드는 부를 위한 난공불락의 "안전한 피난처"로 등장했다.[70] 런던은 "슈퍼리치들을 위한 근접할 수 없는 전 세계 부동산 시장의 군주"로 등극했다.[71] 2009년부터 2011년까지, 영국령 버진아일랜드에서만 80억 파운드[약 13조 4000억 원] 규모의 런던 부동산을 구매했고 2015년경 정말 놀랍게도 1000억 파운드[약 167조 원] 상당의 부동산을 역외지에서 구매했다.[72] 2012년, 학자들의 연구에 따르면 "모든 고급 거주용 부동산 중 런던의 85퍼센트 뉴욕의 50퍼센트를 해외 구매자들이 사들였다".[73] 그중 다수가 '투자용' 구매였으며, 집을 비워 놓았기 때문에 주택 공급은 빈말일 뿐이었다. "우리는 전 세계에서 가장 값비싼 금고를 건설해 왔습니다"라고 2017년 어느 부동산 컨설턴트가 말했다. "귀중품을 보관한 후 다시 방문하지 않아도 됩니다."[74] 2015년, 어느 노동당 의원은 "글로벌 슈퍼리치들"이 "런던 집들을 자신들이 거주할 집이 아니라, 가치가 올라갈 자산이라는 생각으로 구매하는 금괴처럼" 사들이고 있다고 비난했다.[75]

구역은 공산품 생산지에서 사무실 공간을 거쳐 부자들을 위한 3차원 은행 계좌로 변신했다. 분명하게 확인할 수 있는 결과는 소수의 지구적 메트로폴리스에서 하늘을 향해 치솟는 스카이라인이었다. 뉴욕에서 고층 건물들은 센트럴파크 남쪽 억만장자거리에 모여 있다. 그 건물들은 1980년대에 홍콩에서 유행했던 스타일을 차용했다. 이른바 연필 탑 형태로, 작은 공간에 불가능할 정도로 좁고 높은 거주지 마천루를 짓는 방식이었다. 뉴욕이 여기에 가미한 것은 각 층에 한 가구만 들이는 것이었다. 최초의 펜트하우스 중 하나는 그곳에 이사 올 계획도 없었던 헤지펀드 관리자에게 팔렸다. 그는 부동산을 뒤집어버리기 전에 몇 번 파티를 열 생각이었다.[76] 다른 건물의 펜트하우스는 2019년 또 다른 헤지펀드 관리자가 2억 3800만 달러 [약 3160억 원]에 사들였을 때 역사상 가장 비싼 아파트로 등극했다.[77] 그도 거기에서 살 생각이 없었다.[78] 도금된 빈집이었다.

1991년, 사회학자 사스키아 사센Saskia Sassen은 자신이 "글로벌 도시"라고 부른, 세계경제의 몇몇 "지휘 통제소"에서, 다양한 하층 부류에 속하는 불안정한 저임금 노동자들에게 셔츠 다림질을 맡기고, 식전 음식을 내오게 하고, 칵테일을 만들게 하며, 헬스장 수건을 수거하게 하고, 도심으로 향하는 자동차를 운전하게 하고, 집 청소를 맡기고 있는 주로 금융업계 종사자들에 관해 비평을 남겼다. 사센은 이런 현상을 불평등의 새로운 원동력, 대도시 지역과 버려진 산업화 배후지의 분리, 미래의 정치적 문제와 경제적 단절을 예고하는 것으로 보았다.[79] 하지만 이후 10년이 지나면서 이 용어에 대한 비판은 사라졌고, 글로벌 도시는 부동산 중개인이 판매할 때 쓰는 전문용어로 탈바꿈했다.[80]

이러한 21세기판 멋진 신세계에서 볼 수 있는 '초상위층' 부동산으로 렌조 피아노Renzo Piano가 설계한 샤드Shard가 있다. 1990년대 중반에 계획안이 나왔고 리빙스턴이 건설을 이끈 샤드는 런던 최초의 '초고층 건물' 마천루로 두바이의 부르즈할리파 및 상하이의 월드파이낸셜센터와 어깨를 나란히 했다.[81] 이 건물의 이름은 마케팅 목적의 술책보다는 비방에서 나왔다. 잉글리시 헤리티지 English Heritage*는 이 건물이 "유리 조각처럼 역사적 런던을" 찢는 것 같다고 묘사했다.[82] 샤드는 또한 곤충의 껍데기를 일컫는 용어로, 구체적으로는 딱정벌레의 날개 외골격 중 딱딱한 부분을 의미하는데 이러한 정의가 잘 들어맞는다. 샤드와 같은 건물들은 껍데기로, 종종 표류하는 부의 비어 있는 보관소로, 많은 경우 이른바 페이퍼컴퍼니를 통해 전달된다.[83] 어느 비평가의 말처럼 2010년대에 "샤드와 같은", 특히 해외 구매자들을 대상으로 특별히 만들어진 건축물들이 보편적으로 등장했다. 상당수가 심지어 완공도 되기 전에 중국과 홍콩의 부동산 쇼에서 팔려 나갔다.[84] 카나리워프에 위치한 고급 건물인 메인타워 Maine Tower 판촉 행사가 두 차례 열렸는데 그중 한 번은 홍콩에서 열렸다.[85] 다섯 시간 만에 200여 채가 팔렸다.[86] 카타르투자청이 샤드의 95퍼센트를 소유했다.[87]

1997년에 대처는 중국의 "경제적 자유와 정치적 노예 상태를 결합하는 불길하면서도 지금까지는 성공적인 실험"에 관해 말했다.[88] 민주주의가 부재한 자본주의의 두 주요 사례인 중국과 카타르가, 대처의 '유산'이라고 부를 수 있는 카나리워프의 주인이 되었다는 것은 암울한 역설이었다.[89] 대처가 사망한 해, 런던 시장 보리스 존슨 Boris Johnson은 베이징을 방문하여

• 잉글랜드의 역사적 건축물을 보호하기 위해 영국 정부가 설립한 단체.

중국 개발자와, 아일오브도그스 옆 왕립부두기업지역에 그가 이름 붙인 "[영국] 수도의 세 번째 금융 구역" 건설 계약을 체결했다.[90] 중국 민간 개발자들은 35에이커[약 14만 제곱미터] 규모의 토지를 획득했고 시진핑의 해외투자 증진책에 따라 런던으로 가져온 자본으로 10억 달러 규모의 상업 구역 계획을 제시했다.[91] 존슨은 카나리워프 비디오테이프를 되감아 한 번 더 상영하고 싶었다. 그는 어느 중국 개발업자에게 "영국은 매우 작은 나라이고, 서둘러 이 기회를 낚아채지 않는다면, 남은 기회가 없을 것이다"라고 말했다.[92]

　　1980년대 초, 시장급진주의자들은 런던을 홍콩의 축소 모형으로 만들 계획을 세웠다. 30년 후, 그들의 계획은 당시에 그들이 꿈꿀 수 없을 정도로 성공을 거뒀다. 부의 절반 정도를 부동산에 두고 있는 도시의 억만장자들과 정부가 공생관계에 놓여 있는 홍콩을 학자들은 '거물 도시 tycoon city'라 불렀다.[93] 정부는 홍콩 토지에 대한 절대적인 통제권은 유지하지만, 장기 임차권을 경매에 부쳐 판매 및 수수료를 받는 방식으로, 자신들의 활동 비용을 계속해서 상승하는 부동산 가격에 기대고 있다.[94] 베스트셀러에 오른 저서에서, 앨리스 푼 Alice Poon은 홍콩 모델을 부동산이 다른 형태의 생산을 대체한 투기 위에 만든 경제 모델이라는 의미로 "부동산 헤게모니"라고 불렀다.[95] 비슷하게, 영국의 거물 국가에서는 가장 부유한 사람 중 4분의 1이 부동산을 주요 자산으로 소유하고 있다.[96] 런던, 홍콩, 뉴욕이라는 지구적 도시들은 이득 대부분이 최상층의 소수에게 돌아가는 이중노동시장을 형성하고 있다. 국가의 주요 역할은 상승하는 부동산 가격을 보호하고 국경을 넘나드는 자본이 자신의 도시를 일시적 고향이라고 부르는 데에 필요한 모든 수단과 방법을 제공하는 것이다.

'금권 도시'에서 도시정부는 엄청난 부자들의 등장을 건강한 도심의 척도라고 여긴다.[97] 그 결과 도시에는 정반대 방향으로 움직이는 두 가지 힘이 등장했다. 부자들은 부동산 가치를 부풀리면서 도시 안으로 들어오고, 빈자들은 밀려난다.[98] 제1차세계대전이 끝나 병사들이 참호에서 돌아온 후, 초기 사회주택 프로젝트는 영웅을 위한 집 Homes for Heroes이라고 불렸다. 2013년, 보리스 존슨은 슈퍼리치들을 '세금 영웅'이라 불렀고 그들 중 최상위 10퍼센트에게 자동으로 기사 작위를 수여하자고 제안했다.[99] 구역이 사회주의의 심장을 노린 단검이라면, 목표에 명중한 듯하다.

투자를 유치하는 데 어떠한 문제도 없는 기업 구역의 본래 목표가 달성된 곳은 '개발자 출신 첫 번째 미국 대통령'인 도널드 트럼프가 제공해 주었다.[100] 트럼프는 구역의 초기 지지자 중 하나였다. 개발자로서 그는 막대한 세금 혜택을 받을 수 있는 곳에서만 건물을 올렸다. 그의 돌파구는 뉴욕시 42번가의 그랜드하얏트호텔로, 1980년에 개장한, 내외부가 금빛으로 반짝이는 건물이었다. 트럼프는 카나리워프를 지휘한 런던 도클랜드개발공사와 유사한 뉴욕의 기관인 도시개발사 Urban Development Corporation를 활용했다. 주州 기관은 명목상 1달러를 주고 부동산을 구매한 뒤, 트럼프에게 값싼 가격으로 임대해 주었다. 이런 방식으로 도시는 3억 6000만 달러[약 4784억 원]가 넘는 규모의 조세수입을 놓쳤다.[101] 런던에서처럼, 회사는 토지 사용 관련 법과 건축물 규제를 미끄러지듯 지나갈 수 있었다.[102] 3년 후, 트럼프는 자신의 이름을 딴 트럼프타워라는 또 다른 웅장한 금빛 건물의 리본 커팅식을 열었다. 그는 시를 고소하여 수천만 달러에 달하는 세금 감면을 성공적으로 얻어 냈다.[103]

1990년대, 1300만 달러[약 172억 원]에 [뉴욕주] 뉴로셸New Rochelle 근처의 섬을 구매한 트럼프는 그곳에 콘도 2000개를 지어 중국 반환 이전에 도시를 떠나려는 홍콩 백만장자들을 위한 피난처를 제공할 계획을 갖고 있었다.[104] 공기 부양선을 통해 거주자들을 금융 중심가로 실어 나르고 크리스털 타워가 반짝일 트럼프의 섬은 끝내 실현되지는 않았지만, 이 구역에 대한 그의 부채는 분명했다. 어느 영국 언론인은 "그의 성공을 이끈 핵심 방식은" 대처가 영국 도시 내부에 활용했던 것과 동일하다고 보았다.[105]

대통령으로서 트럼프는 2017년 엄청난 감세 계획에, 자신이 "기회 구역"이라고 불렀던 것을 슬쩍 밀어 넣었을 때 동료 개발자들을 기억했다. 이 구역은, 대처와 마찬가지로, 해당 지역의 세금 면제를 통해 불황을 겪고 있는 지역에 투자를 유도하기 위해 기획됐다. 주식을 팔거나 다른 투자를 청산하여 자본 이득을 지정 구역에 10년 이상 묻어 둔다면 트럼프가 "매우 큰, 두툼하고, 아름다운 숫자 0" 수준으로 세금을 낮추어 줄 수 있었다.[106] 이 구역들은, 역외 영토의 호주머니라 할 수 있는 조세회피처의 축소 모형이었다.

기회 구역에서는 모든 감독, 승인 및 보고 의무를 없앴다. 그의 전임 언론 보좌관이자 사위를 포함해 트럼프의 중추 세력은 이를 곧장 활용했다. 구역들은 마이애미의 고급 주택, 반려견을 위한 스파를 갖춘 콘도를 웨스트체스터에 짓는 데 활용되었다.[107] 이 프로그램을 설계하고 구역을 선택하는 데 적극적이었던 어느 컨설턴트는 2021년 의회에 출석하여 암울한 의견을 제시했다. 매년 이 구역들에서 16억 달러[약 2조 1264억 원]의 조세수입 손실이 발생하는 것도 나쁘지만, 더욱 심각한 것은 구역들이 지역사회 발전에서 정부의 역할을 최종적으로 포기했다는 것을 보여 주고 있다는 점이었다. 세금 혜택, 이윤을 추구하는 개발자들이 주도하는 계획만 있고 미래 전망은 없었다.[108]

이러한 상황에 불만을 갖게 된 뉴욕 시의원은 "억만장자들이 하늘을 구매하고 나머지 도심을 그림자로 뒤덮어서는 안 된다"라고 말했다.[109] 하지만 21세기 첫 10년 동안 그가 말한 방식으로 상황이 흘러갔다. 2017년 아마존사(社)가 새로운 본사 건설 계획을 발표했을 때, 뉴욕시는 30억 달러 규모의 세금 혜택과 정부 지원을 제안했다. 쇼핑몰과, 샤와르마●라는 별명을 얻은 걸어 올라갈 수 있는 조각물과 주거 타워, 사무실 빌딩이 뒤섞여 있는 72만 제곱피트[약 6.7헥타르] 면적의, 미국 역사상 가장 큰 다목적 민간 부동산인 허드슨야드 Hudson Yards가 2년 뒤에 개장했을 때, 이 복합건물은 이미 60억 달러 상당의 세금 혜택과 기타 정부 지원을 받은 상태였다.[110]

《뉴욕타임스》건축 비평가는 허드슨야드를 "신자유주의적 시온"이라고 불렀지만, 동시에 이는 신자유주의적 구역의 새로운 중심축이었다.[111] 비록 세계에서 가장 높은 임대료를 자랑하는 지구에 건설되었으나 이 복합건물은 불황을 겪고 있는 지역에 투자하는 해외투자자들에게 비자를 판매하는 특별 프

●　양고기, 닭고기 등을 꼬챙이에 끼운 뒤 구워 먹는 아랍 요리.

로그램을 통해 자금을 조달했다. 이 자금 확보를 위해 개발자들은 경제적으로 어려운 할렘 지역 남쪽을 따라 센트럴파크를 지나 도시에서 가장 높은 임대료를 자랑하고 있는 지역 경계까지 구불구불한 국세 조사 단위 지역을 찾아냈다.[112] 그곳에서 《뉴욕타임스》의 표현처럼, 허드슨야드는 마치 "벽 꼭대기의 유리 조각"처럼 자라났다.[113] 기업 구역의 게리맨더링*을 통해 이 모든 것을 만들어 낼 수 있었다.

런던에서 파편화된 도시는 2017년에 훨씬 더 충격적인 대항 아이콘이 되었다. 그해 6월, 도시의 '황금 우편번호'**중 한 곳에 있는 사회주택 건물인 그렌펠타워를 휩쓴 화재가 일어났다. 그렌펠타워는 부동산의 10퍼센트가 해외 '비밀 관할권'을 통해 구입된 지역으로, 이 지역 평균 연봉은 12만 3000파운드[약 2억 400만 원]였지만 주민의 3분의 1은 2만 파운드[약 3317만 원] 미만을 벌었다.[114] 화재는 72명의 목숨을 앗아 갔다. 지역 의회는 건축물에 설치한 저가 외장재에 대한 거주자들의 불만을 무시해 왔고, 결국 이 자재가 진공상태를 만들어 외벽과 패널 사이로 불길이 치솟았다. 새로운 건물에 대한 규제를 줄여 왔기에 스프링클러와 다른 생명 보호 장치들은 설치되지 않았다. 개발자들을 끌어들이려고 자주 언급되던 "규제를 태우는 모닥불"은 직접적으로 불지옥을 가져왔다.[115] 타워는 사회계약이 작동하지 않는 까맣게 탄 묘비석처럼 서 있다.[116]

---

* 자의적인 지역 조정.
** 영국에서는 우편번호로 주소지를 구분하는데, 황금은 부촌을 비유하는 말이다.

〈롱 굿 프라이데이〉에서 샌드는 아일랜드 게릴라 덕분에 자신의 목적을 달성한 듯하다. 1996년 아일랜드공화국군*이 도클랜드에서 폭탄을 터트렸고 그 결과 두 명이 사망하고 수백만 파운드의 손실이 났다. 이에 따라 카나리워프 지역에 도로 접근을 통제하고, 폐회로 감시 카메라를 설치한 '소규모 민간 치안' 체계가 구축되었다.[117] 이후 감시 카메라 같은 설비는 영국 전역에서 쉽게 발견할 수 있었다. 2015년경, 런던에만 감시 카메라 50만 개가 설치되었다.[118] 전문용어로 피오피POP라고 불리는 민간 소유 공공부지 privately owned public space인 카나리워프에서는 일반적인 집회 및 발언의 자유를 보장하지 않았다. 일반 운수노조가 청소부들의 저임금에 항의하는 시위를 준비했으나 고등법원의 가처분 결정으로 무산되었다.[119] 이러한 배제에는 통렬한 역설이 있었다. 한때 세계에서 가장 큰 규모를 자랑하던 노조는 1889년 바로 그 부두에서 벌어진 파업으로 촉발된 일련의 사건을 통해 조직되었기 때문이다.[120]

언론인 애나 민턴Anna Minton은 카나리워프의 보안 및 감시 공간이 21세기 공공 및 민간 건물 프로젝트의 본보기가 되었음을 확인했다.[121] 대처는 한때 런던 남쪽의 빗장 도시로 이사하여, 점진적인 장벽 도시로의 귀환에 참여했다.[122] 2010년대에 들어 하늘에도 빗장 공동체가 등장했다. 어느 지리학자가 "수직적 분리"라고 부른 현상에서, 사람들은 "슈퍼리치들의 호

• 영국으로부터 완전 독립을 주장해 온 북아일랜드 과격파 무장 조직.

화로운 보호막과 요새 같은 보안 구역"을 만들어 하늘로 도피했다.[123] 캐나다 밴쿠버에서 처음 시도된 후 인기를 누렸던 "포디엄*건축" 방식을 활용하여 인공 연못과 야외 바를 비롯한 편의 시설을 갖춘 2층 안뜰을 1층 위에 배치하고 거리 위에는 대용품 거리를 배치했다.[124] 2011년 샤드가 런던에서 가장 높은 건물로 완공되었을 때, 비평가 오언 해덜리Owen Hatherley는 "스카이라인에서 공영주택 구역과 국민의료보험 병원을 중요한 대상"으로 상상하는 것이 얼마나 불가능한지 생각해 보았다.[125] 95층 펜트하우스에서 도시는 배경으로 줄어들 뿐이다.

종종 지난 40년은 자본주의가 방해받지 않거나 자유를 얻은 시기로 묘사되며 보통 금융을 통제할 수 없었다고 표현되곤 한다. 금융은 너무나 빨리 움직여서 잡을 수 없다는 말을 듣는다. 구역은 어떻게 이러한 특징이 계획에 따라 만들어지고, 누군가가 "인센티브에 따른 도시화" 혹은 "지리적 뇌물수수"라고 부르는 모델에 따라 개발자들에게 곧장 주어진 업무 개선 구역이나 다른 형태의 토지에서 증식되는지를 보여 준다.[126] 지리학자들이 계속해서 보여 주듯, 젠트리피케이션은 시장이 자유를 얻었을 때 등장하지 않는다. 국가가 이를 자신의 손으로 이끌 때 나타난다.[127]

카나리워프는 20세기 후반에 구역을 활용한 가장 유명한 사례이다.[128] 2012년경, 런던시티보다 더 많은 은행가가 이곳에 거주했다.[129] 승자에게 이곳은 속박받지 않는 진입과 실험에 대한 감동적인 비전, 즉 경제적 자유에 대한 매혹적인 이

---

* 고층 건물 기반부에 위치한 넓은 공간.

야기를 들려준다. 그러나 집중된 권력이 위와 밖으로 움직이면서 대가를 치렀다. 기업 구역과 개발 회사는 실험적인 난투극이 아니라 되레 영국의 토지를 전 세계에서 가장 부유한 올리가르히와 국부펀드의 장부에 전달하는 일방향 컨베이어벨트로 나타났다. 대처의 가장 위대한 정책적 성과 중 하나는 '구매권 Right to Buy' 프로그램으로, 대처 정부에서는 공동주택을 큰 할인가에 세입자에게 판매했다. 대처가 총리직에 취임했을 때, 영국 내 거주자 중 3분의 1은 공공주택에 거주하고 있었다. 21세기에서 몇 년이 지난 후, 약 270만 가구에 달하는 공공주택 중 절반 정도가 팔려 나갔다.[130] 공공재산을 사유재산으로 이렇게 엄청나게 변환한 목적은 자가주택 소유를 확대하려는 것이었다. 하지만 자가주택 보유율은 2003년 정점을 찍은 후 실제로 하락하기 시작했다.[131] 국가가 보유하던 것에서 시장으로 공급의 중심을 변경하자 주택은 투기 자산으로 변해 버렸다. 소주주 민주주의의 우화는 민간이 공적 재산을 포획하는 현실로 드러났다.

국가권력의 한계는 2020년대 카나리워프에서 목격할 수 있다. 이곳에서는 새로운 구역 건설이 멈췄고 보리스 존슨은 최상위 부동산 소유자들이 말을 타고 영국을 떠나 버리는 모습을 지켜봤다. 그가 시장직을 수행할 당시 주요 업적 중 하나였던 왕립부두 프로젝트는 나뭇잎이 울타리를 다시 뒤덮은 '유령도시'가 되어 버렸다.[132] 그의 또 다른 성과로 추정되는 것으로, 중국이 지원한 카나리워프 개발 사업이 있다. '첨탑'이라는 밋밋한 별명을 지닌 카나리워프는 서유럽에서 가장 높은 건물이 될 예정이었다. 첨탑 건설은 브렉시트, 코로나19 사태, 과도

한 차입 부동산 투자에 대한 중국 당국의 단속 때문에 지연되었다. 개발자들은 시 위원회 로비 활동을 통해 원래 계획에 포함되었던 저렴한 주택 95채를 제거해서 마진 확보를 시도했다.[133] 2022년 현재, 첨탑은 지상의 구멍으로 남아 있다. 러시아의 우크라이나 침략 이후에는 올리가르히들의 역외 돼지 저금통이라는 도덕적으로 곤란한 상황의 압박이 더해졌다. 아브라모비치는 첼시축구클럽을 매각했고, 정치인들은 부동산 소유자들의 정체를 가려 주었던 난잡한 백지신탁과, 이름이 밋밋한 역외 페이퍼컴퍼니로부터 벗어날 방법을 찾으면서도 그렇게 된다면 도시 경제에 어떠한 변화가 생겨날지 고민하고 있었다.[134]

정부가 자신의 역할을 산업 혹은 농업 기반을 조성하는 것에서 전 세계의 구매자들을 유혹하는 것으로 바꾸자, 도시의 파편화는 마치 자연스러운 결과인 것처럼 보였다. 자금줄이 마른 구멍 난 도시가 되었을 때도, 돈이 너무나 부패한 익명의 도시가 되었을 때도 마찬가지였다. 최근 등장한 진보적 제안들은 1980년대 런던광역시의회의 정책에서 영감을 받았다. 예방치료와 공동체의 요구에 부응하는 업무에 초점을 둔 보건비상사태Health Emergency와 런던흑인여성 보건행동 프로젝트London Black Women's Health Action Project와 더불어 "사회적으로 유용한 생산"을 위한 기술 네트워크를 확보하고 1인 차량 이용을 줄이려는 노력은 이제 현대 도시에서 위험과 기회를 조정할 수 있는 최첨단 방식처럼 보인다.[135] 지방자치제도의 부활과 공동체 토지신탁 및 도시 공유지commons•에 대한 아이디어는 파편화된 도시와

• 공동체의 공동 소유지로 영국에서는 중세 시대부터 존재했다.

는 달리 사유재산, 공동체, 그리고 국가의 역할 사이에 다른 관계를 제안한다.[136]

1994년, 지리학자 데이비드 하비David Harvey는 카나리워프가 "템스강의 조류에 떠밀려 런던시티에서 내려온 잃어버린 성궤처럼 둥둥 떠다니고 있다"라고 묘사했다.[137] 이 장에서 시작한 이야기를 역상counterimage으로 끝내고자 한다. '도클랜드를 위한 민주주의Democracy for Dockland'라는 그룹이 어떻게 이 지역 개발의 대안을 공론화할 수 있을지 고민하고 있을 때, 어느 거주자가 자신이 작은 바지선을 소유하고 운영하고 있다고 말했다. 지역 예술가들이, 템스강의 모습을 하고 부두로 들어오는 구불구불한 용을 이 운동의 로고로 만들어 주었고 바지선에 커다란 붉은색 포스터를 붙였다. 1984년 4월, 선두에 바지선을 둔 거대한 보트 행렬에서 수천 명이 국회의사당으로 향하는 첫 번째 인민의 무적함대People's Armada 행사에 참여했다. 모든 의원에게 도클랜드인민헌장이 전달되었다.[138] 매년 더 많은 무적함대가 참여할 것이었다. 국회의사당으로 향하는 그들의 경로는 런던시티에서 "잃어버린 성궤"라는 하비의 상상보다는 조금 더 많은 힘을 갖고 있다. 카나리워프와 달리 인민의 함선들은 조류를 거슬러 올라가야만 했다.

3장

싱가포르라는 해결책

1980년대에 런던에 들어온 홍콩 모델은 런던이 거물들의 도시로 탈바꿈하도록 만들었다. 하지만 1900년대 말, 전혀 다른 메트로폴리스가 시장을 둘러싼 급진적 상상을 자극했다. 지인에게 보낸 편지에서 마거릿 대처는 영국은 유럽을 벗어나 "자유무역과 비개입주의 '싱가포르'와 같은 장소"가 되어야 한다는 의견을 제시했다.[1] 25년 후, 대처의 신봉자들은 그 말을 따랐고, 브렉시트 국민투표에 성공하여 영국의 유럽연합 탈퇴를 이끌었다. 그중 누군가는 "싱가포르를 우리의 모델로 삼자"라고 밝혔다.[2] 동시에 중국 또한 "싱가포르에서 배울 것"을 고민하고 있었다. 1990년 이후, 2만 명이 넘는 중국 공무원이 싱가포르로 성지순례를 다녀갔다.[3] 2012년, 당시 부주석이던 시진핑은 중국에 필요한 싱가포르의 교훈이라는 주제로 10부작짜리 텔레비전 프로그램을 제작하라고 주문하기도 했다.[4]

　　여러모로 싱가포르는 평범한 장소라 할 수 없다. 싱가포르는 중세 시대에 전성기를 누렸던 도시국가 형태이다. 크기는 런던 광역시 정도로 중국 영토의 0.1퍼센트보다 작지만, 완전한 독립국가로 국제연합 가맹국이다. 이 작고 변칙적인 정치지리학 조각이 오랜 기간 영향력을 행사해 온 것에서 무엇을 배울 수 있을까? 싱가포르 모델을 인용한다는 것은 그곳의 어떤 특징을 살펴보는가의 문제라 할 수 있다. 싱가포르는 복지 독재 국가인가, 자유방임의 낙원인가? 정보경제의 교점 node인가, 국가 주도 산업화의 승리인가? 지속 가능한 공공주택과 녹지의 유토피아인가, 편집증적 감시 국가인가? 이 모든 것인가? 초소형 국가로서 싱가포르는, 만화경처럼 어떤 각도에서 보느냐에 따라 다르게 나타난다. 하지만 비록 이러한 모호함이 있어도, 혹은 바로 그 점 때문에, 싱가포르는 카자흐스탄에서 브라질까지, 베이징에서 영국까지 정치경제학적 재발명 프로젝트의 지침으로 남아 있다.

싱가포르와 홍콩은 경제적 자유라는 신자유주의 지수 순위에서 나란히 최상위권에 올라 있다. 멀리 떨어진 쌍둥이처럼 보일 수도 있다. 하지만 그 둘은 결코 동일하지 않다. 홍콩과 달리 싱가포르는 1959년부터 자치권을 획득했고 1965년 이후에는 주권을 완벽하게 회복했다. 적어도 밀턴 프리드먼은 대영제국의 후예들에게 동등한 애정을 갖지 않았다. 1963년 싱가포르를 처음 방문했을 때 프리드먼은 개발사업을 주도하는 정부의 적극적 역할을 비웃었다. "이 모델과 계획 등을 본다면, 아이들이 집에서 노는 것과 예술가가 작품을 빚어내는 것 사이에 있는 것 같다." "한 20년 뒤 이곳에 돌아와서 어떤 일이 일어났는지 돌이켜 보면 흥미로울 것이다."[5] 1980년에 싱가포르로 돌아온 프리드먼은 연간 10퍼센트씩 성장하고 있는 신흥도시를 보고 정직하게 자기가 한 말을 곱씹어 보았다. 그럼에도 사실을 왜곡해서 "광범위한 정부개입에도 불구하고" 이 도시국가가 성공을 거두었다고 주장했다.[6]

그의 말을 뒤집어야만 싱가포르를 이해할 수 있다. 어느 경제학자의 말처럼 "자유시장의 보이지 않는 손"보다는 "멀리까지 미치는 국가개입"이 싱가포르의 성공을 설명한다.[7] 민간 이익집단이 주도하고 정부가 보조적 역할을 맡았던 홍콩과 달리, 싱가포르에서는 국가가 핵심에 자리 잡고 있었다. 정부가 산업부지를 만들었고 엄청난 매립 사업을 통해 해안가에 수백 에이커의 새로운 땅을 추가했다. 국가가 큰 기업을 많이 소유했고, 엄청난 자본을 가진 국부펀드가 싱가포르인들의 저축을 국내 및 전 세계에 투자했다.[8]

'싱가포르 해결책'이란 정부의 권한을 통해 세계시장에서 틈새를 찾는 것이다. 외교부 장관 S. 라자라트남Rajaratnam은 1972년 이러한 전략을 다음과 같이 제시했다. [싱가포르를] 다국적기업에 "끼워 넣어서" 해외로부터 선진기술을 들여오면 싱가포르가 개발의 시대•에 도약할 수 있다는 것이다. 그러면 싱가포르에는 배후지가 필요 없게 된다. "우리의 항만은 세계를 배후지로 만든다."[9] 국내에는 공적 영역이 필요하지 않을 것이었다. "위성을 통해, 우리는 런던, 도쿄 및 자카르타에서 벌어지는 행사들을 몇 초만에 텔레비전으로 시청할 수 있다." 비행기

• 국제연합은 1960년대와 1970년대를 남반구 개발도상국의 개발의 시대로 지정했다.

여행으로 수백 마일 떨어져 있는 말레이시아의 도시보다 싱가포르에서 홍콩으로 가는 것이 더 쉬워졌다. 라자라트남이 말하길 "기술의 촉수를 통해" 소수의 메트로폴리스가 "다양한 수준에서, 오늘날 세계적 수준의 경제체제를 만들고 이끌 수 있는 도시들의 연결고리를 구성한다".[10] 한때는 국가라면 자국에서 생산된 제품으로 국민들을 먹이고 입혀야 한다는 생각을 전제로 했다. 싱가포르는 이러한 모델을 뒤집어 놓았다. 외부 세계에 대한 의존성을 대가로 지구적 시장의 기회를 잡았다. 세계 시장에서 물건을 확보할 수 있다면 뭐하러 광산을 보유하고 농장을 만들며, 무엇보다도 문제를 일으키는 노동자 계급과 함께 살아가겠는가? 작은 것이 좋은 것이었다. 경제적 수요라는 바람의 방향이 변한다면 좀 더 신속하게 대응할 수 있었다.

　　라자라트남이 빠트린 싱가포르 해결책 일부는 비시민층에 대한 처우였다. 이 도시국가는 외국인노동자를 다른 자원과 같은 방식으로 취급했다. 그들이 필요하면 수도꼭지를 열었고 필요 없으면 닫아 버렸다. 국가 공동체의 번영은 마르지 않는 노동력 공급에 의존했다. 1970년대 중반, 싱가포르에는 2만 명에 달하는 노동자가 전체 인구의 10퍼센트를 차지하고 있었다. 2008년, 그 비율은 22퍼센트로 늘어났다. 2017년에는 40퍼센트에 가까웠다.[11] '비거주자'들은 시민에게 주어지는 어떠한 권리도 누리지 못한다. 시장이 침체기에 들어서면 그들은 대량 해고를 감내해야 한다.[12] 싱가포르 시민은 연금, 의료보험 및 주택 구매에 사용할 수 있는 강제 저축 계좌를 포함해 다양한 혜택을 누릴 수 있다. 외국인노동자가 된다는 것은 고용 및 해고뿐만 아니라 해고 및 추방을 의미했다.[13]

싱가포르 해결책은 매우 낮은 수준의 민주주의를 의미했다. 싱가포르의 선거는 다당제였지만 자유롭지는 않았다. 이 나라가 생겨나면서부터 줄곧 한 정당이 권력을 잡아 왔고, 1959년부터 1991년까지 리콴유라는 지도자 한 명이 국가를 이끌었다. 최근까지 시위의 자유가 없었고, 정치인에게 반대한다면 주기적으로 고소당해서 침묵을 강요받거나, 수감될 수 있었고, 추방당할 수도 있었다.[14] 신문들은 정기적으로 발간 허가증을 갱신해야 했으며, 허락된 담론 장을 넘어선 자들은 손쉽게 시장에서 쫓겨났다.[15] 가장 잘 알려진 정치적 자유 지수 조사에서는 지속적으로 싱가포르가 단지 "부분적으로만 자유"를 누린다고 평가한다.[16] '실용주의'라는 명분뿐만 아니라 안정과 질서를 대가로 일정 수준의 가부장적 통치를 받아들이는 것으로 알려진 다수의 중국계 국가에서 발견되는 독특한 문화인 "유교 공동체주의" 가치가 중앙통제를 용인해 왔다.[17]

후쿠야마가 자유민주주의를 '역사의 종말' 앞에 남겨진 마지막 모델이라고 선언했다는 것은 이미 언급했다. 하지만 후쿠야마가 『역사의 종말』 출간 직후 발표한, 동아시아 및 남아시아 지역의 '소프트 권위주의'라고 부른, '서양 자유민주주의에 대한 잠재적 경쟁자'에 관한 글을 주목해야 한다.[18] 싱가포르야말로 아주 좋은 사례였다. 싱가포르 해결책이라는 만화경을 통해 보면 지구적 자본주의의 개혁, 회귀, 강화를 통해 사람들이 달성하고자 했던 미래의 범주를 이해하는 데에 도움이 된다. 싱가포르는 단순한 지리적 호기심의 대상을 넘어 자그마한 '스타트업 국가'로 오랫동안 모방의 대상이었기 때문이다.

싱가포르의 예외적인 성격은 지리적 위치에서부터 시작한다. 싱가포르는 인도양과 남중국해 및 자바해가 만나면서 중동, 북아프리카, 남아시아를 동아시아까지 연결해 온, 수 세기에 걸친 장거리 무역의 동맥인 말라카해협 옆에 자리 잡고 있다.[19] 크리스토퍼 콜럼버스가 신세계로 항해를 시작하기 전에 중국의 장수 정화鄭和가 니냐Niña, 핀타Pinta, 산타마리아Santa María•를 합친 것보다 네 배나 큰 배를 이끌고 싱가포르를 지나 아프리카 해안까지 탐험 및 조공 사절단을 이끌었다.

이런 먼 과거의 사건이 있긴 하나, 싱가포르의 공식 역사는 좀 더 시간이 지나 1819년 영국동인도회사 소속의 스탬퍼드 래플스Stamford Raffles가 무역항을 얻기 위해 말레이 술탄과 조약을 맺으면서 시작한다. 오늘날에도 항구에 가면 팔짱을 끼고 소유권을 주장하는 것 같은 도전적인 모습으로 머리를 들어 젖힌 래플스 동상을 발견할 수 있다. 조각상 아래쪽에는 어떻게 래플스가 "천재성과 통찰력으로 싱가포르의 운명을, 알려지지 않은 어촌에서 위대한 항구와 현대 메트로폴리스로 바꾸었는지"에 관한 공식적인 자기 진술이 새겨져 있다.[20] 래플스는 싱가포르를 관세가 없는 자유항으로 개발하여, 남중국해의 중국 상인들을 불러들였다.[21] 1859년 수에즈운하의 개통은 물동량 증가로 이어졌다. 영국 왕립 해군의 석탄 공급 항구로서 싱가포르는 홍콩에서부터 아덴, 노바스코샤Nova Scotia로 이어지는

• 콜럼버스가 신세계로 항해할 때 이끌고 간 배 세 척의 이름.

항구 연결망에 포함되어 영국 해군이 바다에서 지배력을 행사하는 데 기여했다. 이를 두고 어느 식민지 관료는 싱가포르를 "지구상의 전략지"라고 불렀다.[22]

군사 경로는 또한 마약 전달과 무기 무역 경로로도 기능했다. 싱가포르 경제는, 홍콩과 마찬가지로 아편에 기대고 있었는데 1900년 이전에는 전체 수입의 3분의 1에서 절반을 차지하기도 했다.[23] 20세기, 동남아시아는 대륙 간 해저에 매설한 전신 케이블 전열 처리용 구타페르카 수액, 타이어 생산용 고무, 캔을 만들 주석, 제1차세계대전 이전에 석탄 대신 사용해 온 해군용 석유를 포함한 새로운 생산품을 공급했다.[24] 나무에서 추출한 고무는 파이어스톤사나 굿이어Goodyear사 같은 초기 다국적기업 계열사를 통해 수출되었다. 그리고 네덜란드 식민지 섬인 수마트라섬에서 석유 굴착을 시작한 (동아시아에서 런던으로 장식용 조개를 수입해 온 초기 투자자의 이름을 딴) 로열더치셸Royal Dutch Shell은 싱가포르에 저장시설을 지었다.[25]

고무, 주석, 석유는 소비자경제뿐만 아니라 전시경제의 필수품이었다. 제국주의 세력이 이 지역 생산품에 의존하고 있음을 깨달은 1930년대 일본 파시스트 군사 전략가들은 이 지역의 영국, 미국, 네덜란드 제국주의 세력에 반감을 갖게 되었다.[26] 일본이 제2차세계대전으로 빠져들어 가면서 이 지역의 원자재 통제가 중요해졌다. 진주만공격 당시 일본은 싱가포르, 홍콩, 마닐라를 폭격했다.[27] 1942년 싱가포르를 함락했을 때, 일본은 이곳을 새로운 아시아 제국의 수도로 삼았다.

전쟁이 끝난 후, 미국이 구상한 국제질서의 주요 목표 중 하나는 식민 제국에서 벗어나는 것이었다. 1946년 미국은 동남아시아에 갖고 있던 필리핀에서 물러나 영국의 식민지로 접근했다. 1959년 싱가포르가 자치를 시작하자, 첫 번째 지도자 리콴유는 이 초소형 국가가 살아남으려면 두 가지가 중요하다고 말했다. 주변의 더 큰 나라들에 잡아먹히지 않을 "독새우poisonous shrimp"가 되어야 하며, 더 큰 나라와 가까이 지내야 한다.[28] 이 도시국가는 군대를 키웠고 탱크와 전차로 무장했다.[29] 또한 과거 제국주의 시절 모국에 기대어 1965년 완전 독립 이후에도 영국 해군을 고용했다. 싱가포르는 북쪽으로 600마일[약 966킬로미터] 떨어진 베트남에서 전쟁이 일어나자 새로운 강대국인 미국을 도왔다. 전쟁은 싱가포르에 '부수적 이득'을 안겨 주었고, 리콴유가 후에 회상했듯 더 높은 수준의 산업화를 달성한 일본을 따라잡을 기회가 되었다.[30] 어느 학자가 비관적으로 덧붙이길 "아시아의 기적"은 "아시아의 학살" 위에 만들어졌다.[31]

영국이 해군 철수를 선언했을 때, 네덜란드 출신으로 국제연합 자문이었던 알베르트 빈세미위스Albert Winsemius는 두 가지를 조언했다. 첫 번째는 공산주의자를 탄압하라는 것으로, 이미 리콴유는 반대파들을 수감하고 정당과 독립 노조를 불법화하기 시작했다. 빈세미위스는 한발 더 나아갔다. 그는 나중에 "나는 당신이 그들에게 하고 있는 것에 관심이 없다"라고 요약했다. "그들을 감옥에 집어넣고 나라 밖으로 쫓아내고 죽일 수도 있다. 경제학자인 나는 그런 일에 무관심하지만, 그래도 이 말은 남기려고 한다. 정부, 노조, 길거리에서 그들을 제거하지 않는다면 경제발전은 생각하지도 말라."[32] 두 번째 조언은 래플스 동상을 남겨 두라는 것이었다. 열도를 지배하는 과정에서 원주민들을 학살한 네덜란드 식민지 관료의 동상을 끌어내린 인도네시아 자유 투쟁의 과오를 되풀이해서는 안 된다.[33] 래플스 동상은 "우리는 영국 전통을 받아들인다"라는 증언이자 서양 기업들의 등불이 될 것이었다.[34]

싱가포르 지도자들은 두 가지 조언 모두 받아들였다. 1972년, 또 다른 조언에 따라 그들은 (일본 다음으로) 아시아에서 두 번째로 컨테이너에 맞게 항만시설을 개조했다. 이 기술은 런던 항구를 말살한 적이 있다. 거의 하룻밤 만에 싱가포르는 전 세계에서 네 번째로 붐비는 항구가 되었다.[35] 1970년대에 새롭게 설치된 케이블카를 타고 섬을 횡단하는 방문객들은 기업 구역에 커다란 흰색 상자들로 새로운 건물을 세우고 있는 크레인과, 새로운 컨테이너 항구의 갠트리기중기와 지게차를 볼 수 있었다. 더욱 인상적인 건물로는 전 세계에 건축물을 남긴 I. M. 페이가 설계한 59층 OCBC타워가 있었다. 이 타워의 저층 붉은 타일 지붕 위로 어렴풋이 브루털리즘 양식 평판, 정박해 있는 어업 바지선과 래플스 동상이 보였다. 현재 이 건물에는 합성 대리석이 추가되어 그 규모가 늘어났다.

독립 당시, 싱가포르의 모델 중 하나는 수출가공구의 선두 주자였던 미국의 자치령 섬 푸에르토리코였다. 이곳은 제2차세계대전 이후 감세를 통해 자금을 조달하고, 주로 여성들이 속옷 등을 재봉하는 단순 공장에 투자자를 유치하여 산업활동을 활발히 했다.[36] 1980년대 싱가포르는 직물에서 첨단기술로 옮겨 가서 가치사슬의 상층부로 올라섰다. 빈세미위스는 초기에 필립스 같은 전자 회사들의 환심을 사는 데 도움을 주었다.[37] 1969년, 당시 세계에서 가장 규모가 큰 반도체 생산업체인 텍사스인스트루먼츠Texas Instruments사가 공장을 지었다.
1981년에는 애플사가 들어왔다.[38]

싱가포르는 또한 런던시티를 교훈 삼아 금융산업을 발
전시켰다. 빈세미위스는 지구본을 잡고 샌프란시스코 시장이
문을 닫고 런던 시장이 문을 여는 그 중간 위치에 자리 잡은 섬
을 지목했던 어느 금융가를 떠올렸다.[39] 1968년 이후 싱가포르
는 역외 달러화를 기업에 빌려줄 수 있는 국제금융 중심지로
부상했다.• 10년 뒤 외환 구매 및 판매에 대한 통제가 철폐되었
다.[40] 수 세기 동안 무역품은 싱가포르해협을 통해 거래되었지
만 이제 키보드 터치 한 번으로 엄청난 돈을 거래할 수 있게 되
었다.

2.

1990년대까지 수십 년 동안 싱가포르 경제는 전 세계에서 비
교할 수 없을 정도로 빠르게 성장했다. 독립 당시에는 국내총
생산GDP이 식민 본국이었던 영국의 3분의 1 정도에 불과했지
만 1994년에는 처음으로 영국을 앞질렀다. 성공 비결은 뭐였을
까? 이미 1977년에 〈선택의 자유〉 제작에 영감을 주었던 미국
PBS 프로그램••에서 경제학자 존 케네스 갤브레이스John Kenneth

• 당시 미국의 국제수지 적자와 베트남전쟁 참전의 결과 동남아시아 지
역에 넘쳐 나던 달러화를 거래할 수 있는 아시아달러 시장을 의미한다. 싱가
포르는 각종 규제를 철폐하여 국제 자본이 자유롭게 활동할 수 있는 금융시
장을 건설했다.

Galbraith는 "이 시대에 인종적 혹은 종족적 기원으로 경제성장을 설명하는 것은 결코 유행에 맞지 않지만" "싱가포르의 성공은 여러 인종이 혼합된 덕택이라고 볼 수 있다"라고 혼잣말로 중얼거렸다.[41] 그는 시대를 앞서 나갔다. 1990년대에는 문화적 본질주의가 싱가포르를 좀 더 잘 설명할 수 있는 방식인 것처럼 보였다. 싱가포르는 다인종 도시국가다. 중국인 75퍼센트, 말레이인 14퍼센트, 인도인 8퍼센트로, 비교적 안정적인 비율로 구성되어 있다. 하지만 재계와 정부의 지도층은 중국인이 독점했다.[42] 그들은 이후 '유교 자본주의'라고 부르게 될 분위기를 조성했다.[43]

　　'아시아적 가치'라는 비유는 오리엔탈리즘이라는 전통적 아이디어를 차용한 뒤 이를 뒤집어 동서양의 근본적 차이를 긍정적으로 바라보았다. 오랫동안 서양 학자들이 중국식 자본주의 발전의 걸림돌이라고 여겨 온 유교는 사회평화뿐만 아니라 근면, 고용주에 대한 충성심, 작업장 내의 협력을 도모하는 강력한 추진체로 새롭게 정의되었다.[44] 이러한 주장을 가장 소리 높여 옹호한 사람이 바로 리콴유이다. 그는 1970년대에 처음으로 싱가포르에 서양식 반문화의 징후들이 등장하자 전통으로 돌아갔다. 록 음악, 남성의 장발, 동성애를 제한하고 향락주의와 개인주의가 유교적 가족 가치와 대립한다는 주장을 더했다. 이러한 전환은 리콴유가 (역설적이게도 거의 모두 미국 대

●●　　BBC가 제작한 〈불확실성의 시대(The age of uncertainty)〉를 가리킨다. 밀턴 프리드먼과는 달리 미국 민주당 지지자로 정부개입을 옹호해 온 하버드 대 교수 갤브레이스를 내세워서 역사 속 주요 정치경제학자들의 사상 속에서 자본주의의 역사를 조명했다.

학 출신인) 학자들과의 논의를 통해 1988년 『공유된 가치Shared Value』라는 백서를 발표하면서 공식화되었다.[45] 그에 따르면 아시아적 가치는 개인뿐만 아니라 "개인에게 일종의 생존의 뗏목을 제공해 온 대가족, 가문"에 주목한다.[46] 국가는 전통에 뿌리내리고 있는 유기적으로 연결된 가족들의 집합이지 서양처럼 원자화된 개인의 집합이 아니라는 것이다.

리콴유를 문화결정주의의 대변자로 보는 것은 어색하다. 싱가포르에서 태어난 그는 중국계지만 중국어를 외국어로 배웠다. 영어를 쓰면서 자라난 그는 런던정치경제대학교를 거친 후 케임브리지대학교에서 변호사 교육을 받았다. 젊은 시절 그는 "중국인 심성의 특이한 작동"에 맞서 싸운 적이 있다고 고백하기도 했다.[47] 하지만 중년이 되어서는 한국, 일본, 중국 및 베트남의 중화 문화를 강조했다. 왜일까? 아시아적 가치가 그에게 두 가지 임무를 주었기 때문이다. 아시아적 가치는 종종 "국가를 기업처럼 운영한다"라는 기존 설명을 넘어, 싱가포르 모델에는 비밀 재료 혹은 따라갈 수 없는 변수들이 존재한다는 인상을 주었다.[48] 또한 도시국가의 민권 억압에 명분을 주었다. 리콴유는 민주주의란 "어느 곳에서든 뿌리내릴 수 있으리라는 희망을 갖고 [그것을] 전 세계로 수출한" 영국의 열망 때문에 자신들을 "옥죄고 있는" 제도라고 불평했다.[49] 스스로 결정을 내릴 수 있다면 정부는 좀 더 자신감을 갖고 운영될 것이다. 몇 년 후, 그는 "한 나라가 발전하려면 민주주의보다 규율이 필요하다"라고 말했다.[50]

싱가포르 해결책은 경제적 개방과 정치적 통제를 합친, 자본주의 세계화라는 지니를 램프에 도로 넣는 것이 아니라 견고한 마구馬具로 만드는 수단이었다. 1960년대와 1970년대에 청년운동과 게릴라 반란이라는 전 지구적 혼란 속에서 세계의 엘리트들은 그런 통제를 주장할 방법을 모색하고 있었다. 아마도 그 모습은 1966년 이후 마오쩌둥이 촉발한 위대한 프롤레타리아 문화혁명이 군대부터 지방의 시장과 중학교 교장까지 모든 형태의 권위를 전복했던 중화인민공화국에서 가장 두드러졌을 것이다.[51]

1970년대 말 경제 개방은 점진적인 번영을 안겨 주었지만, 또한 지식인들의 정치적 자유주의에 대한 열망의 물결에 기름을 끼얹는, 반길 수 없는 방향으로 나아갔다. 새롭게 주어진 경제적 자유와 비등한 정치적 자유를 바라는 학생 집단의 요구는 톈안먼광장 점거로 그 정점에 도달했다. 1989년 폭력적인 진압은 이 문제를 절반만 해결했고 지도부에게 좋은 사회의 전망을 설명할 새로운 언어가 필요하다는 과제를 남겼다. 미국식 자유나 소련의 글라스노스트와는 달라야 했다. 중국공산당 집권 세력에게 이 두 가지는 똑같은 자살 행위로 보였다.

1974년 리콴유는 "분배 이전에 성장이 먼저다"라고 말했다.[52] 몇 년 후 덩샤오핑은 "우선 일부만 부자가 되게 만들자"라고 표현했다. 두 나라 모두 장기 성장을 대가로 중기 불평등을 받아들였다. 싱가포르는 이 과정의 잠재적으로 파괴적인 영향을 억제하는 방법에 대해 교훈을 얻은 것 같았다. 1992년, 덩샤오핑이 싱가포르를 방문하여 "훌륭한 공공질서"에 찬사를 보냈다. "그들의 경험에서 배워야 한다"면서 "이 지점에서 [싱가포르를] 뛰어넘어야 한다"라고 말했다.[53] 홍콩은 (선전 지역에 도입한) 공간 분할, 낮은 세금이라는 인센티브 그리고 토지의 사

유화라는 영감을 주었다. 싱가포르는 중국 지식인들이 말하는 "훌륭한 거버넌스" 그 이상이었다.[54]

홍콩이 '구역 흥분'을 가져왔다면, 싱가포르는 '문화 흥분'을 자극했다. 지식인들은 서양 문화와 중국 문화의 상대적 이점을 논의했다.[55] 1990년대의 사건들은 중국 문화 옹호자들을 들뜨게 했다. 중국은 구소련 국가들에서 미국의 조언을 따른 민영화 '충격요법'이 낳은 혼란을 목격했다.[56] 서양은 경제적 불평등, 환경 재앙, 유권자의 무관심, 엘리트의 민주적 과정 장악 등으로 시달리고 있었다.[57] 북대서양조약기구NATO는 인권을 명분으로 발칸반도에서 공중전을 펼치고 있었는데, 그 과정에서 베오그라드의 중국 대사관을 폭격했다. 이런 절망적인 상황을 고려할 때 '중화' 아시아가 자신의 길을 가는 것이 왜 문제가 된단 말인가?

싱가포르가 재빠르게 우월한 해외 모델이 되어 감에 따라 1992년에만 중국 대표단 400명이 이 도시국가를 방문했다.[58] 싱가포르의 관리와 계획은 청두의 싱가포르쓰촨하이테크혁신파크와 광저우지식도시에서부터 지린식품구역, 그리고 가장 인상적인 쑤저우시 남쪽 산업단지에 이르는 실험 구역들로 모방되었다.[59] 60만 명이 거주하고 30만 명을 고용하기로 계획한 쑤저우산업단지는 어느 학자의 말처럼, 싱가포르 주룽의 산업지구의 '복제품'으로 개발되었다.[60] 서양은 싱가포르의 스카이라인 사진을 재활용해 협소한 메트로폴리스 이미지를 투사했지만 사실 싱가포르는 홍콩이나 런던처럼 전체 면적의 절반 가까이를 녹지로 조성한, 세계에서 가장 녹지가 많은 도시이다. 중국은 싱가포르식 접근을 변형해 사람과 자연 사이의 균

형 관리를 강조했고, 쑤저우산업단지에 그린벨트를 조성해 자연 공간과 호수를 보호했다.[61]

중국에 옮겨 놓은 작은 싱가포르들은 개혁 개방 시대의 특징을 보여 주는 지방정부의 실험이라는 분위기에 맞게 고유한 법률, 규제 심지어 복지 체계까지 갖추고 있었다. 싱가포르는 다국적 투자자를 반기면서도 그들이 가져올 수 있는 덜 매력적인 가치들을 억제할 수 있는 최신식 아시아적 혼종 자본주의의 근대성을 보여 주었다. 그것은 번지르르한 부동산 사업계획서, 푸른 하늘을 배경으로 한 초현실적인 녹지, 렌즈 플레어●가 나타나는 유리창으로 이루어진 비전이었다.

중국은 유교 자본주의라는 싱가포르 모델을 차용하여 사회주의 포기가 외부로부터 수입된 것이 아니라 자생적인 것이라고 교묘하게 처리할 수 있었다. 더불어 특수경제구역을 통한 분절 전략에 문화적 광택을 더할 수 있었다. 영국 정부 직할 식민지 홍콩의 축소판이나 수출가공구의 모방이라기보다는, 전통적인 중국식 마을 지역주의의 일부이자 제국 통치의 탈중앙집권적 형태의 유산으로 제시되었다. 유교 자본주의는 전 세계가 공통의 목표를 향해 같은 방향으로만 움직이는 것이 아닐 수도 있으며, 그것이 가장 좋은 방법이라는 이른바 '복수 근대성'의 가능성을 보여 주었다.[62]

1977년, 국제관계학자 헤들리 불Hedley Bull은 『무정부 사회 The Anarchical Society』라는 저서에서 "현존하는 개념의 폭정"이라는 상황을 설명했다.[63] 그는 우리가 국가의 모습에 관해 매우

●　렌즈가 부옇게 되거나 그 위에 흰 반점이 나타나는 현상.

협소한 생각을 갖고 있는 것이 문제라고 말했다. 그에 따르면 우리는 인간에게 주어진 정치조직에 대해 소수의 가능성에 만족하면서 성장해 왔다. 세계가 굴레를 벗어나고 있음에도 여전히 우리는 세계는 제국 아니면 민족국가라는 친숙한 범주에 안주하면서 이진법적 사고에 갇혀 있다는 것이다. 국제연맹에 가입한 두 도시국가 중 하나인 싱가포르는 (다른 하나는 모나코다) 현존하는 개념의 폭정을 이겨 냈다. 덩샤오핑이 이끄는 중국으로 수입된 싱가포르는, 유연한 구역 형태를 낳으며 자본주의에 '중국적 성격'을 덧붙인 변형을 만들어 냈다.

3.

1965년, 페어차일드반도체사의 창립자 중 한 명인 고든 무어 Gordon Moore는 마이크로칩에 들어갈 트랜지스터 수는 2년마다 두 배로 늘어날 것이라고 주장했다. 무어의 법칙으로 알려진 그의 말은 매년 처리해야 할 정보량이 풍선처럼 불어나더라도 하드웨어의 크기는 줄어든다는 뜻이었다. 싱가포르는 마이크로칩의 시대에 걸맞은 완벽한 국가의 선두에 서 있었다. 스스로를 "스마트 도시"라고 처음 부른 싱가포르는 1990년대 '인텔리전트 아일랜드' 계획을 통해 온 나라에 브로드밴드를 설치하고 모든 가정에 컴퓨터를 비치하는 것을 추진했다.[64] 싱가포르는 반도체 공장에서 문자 그대로 하드웨어를 생산했을 뿐만 아니라 중국 해안 지역으로 법률을 수출했는데, 이는 "소프트웨어"라고 불렸다.[65] 싱가포르는 정부의 운영체제를 복제해 다른 곳에서 실현할 수 있다는, 복사해서 붙여 넣기라는 아이디어에 동의했다.

초소형 국가 싱가포르는 다른 경제적 추세와는 반대 방향으로 움직이고 있는 것처럼 보였다. 기술이 축소되자 경제적 영토 규모를 늘려 갔다. 북미자유무역협정으로 캐나다, 미국, 멕시코의 무역 블록이 만들어졌다. 세계무역기구는 세계경제가 새로운 제도적 현실이 되었음을 보여 주었다. 마스트리히트 조약은 유럽연합을 재화, 서비스 및 노동이 더욱 가까워진 공동시장으로 엮어 냈다. 당대인 대부분은 이런 조약들을 초국가적 자본가들의 승리로 보면서 생산 아웃소싱과 좀 더 값싼 소비재에 접근할 기회가 늘어나리라고 생각했다. 그러나 목소리 큰 소수 우파는 그들을 좌파의 트로이 목마로 여겼다. 그들이 국가의 손이 닿지 않는 곳에서 사회주의와 생태 정책을 법으로 밀반입한다는 것이다.[66] 영국 보수당의 이른바 유럽연합 회의주의자*들에게 싱가포르는, 작은 것이 더 좋으며 심지어 더욱 급진적인 자본주의적 세계를 만들 수 있다는, 행운을 가져다주는 부적이 되었다.

유럽연합 회의주의의 수호성인은 마거릿 대처로, 대처는 싱가포르의 가장 큰 지지자였다. 대처는 집권 기간 동안 꾸준히 싱가포르에 찬사를 보내며, 영국이 속해 있는 유럽의 빈사 상태와 계속 비교하곤 했다. 또 리콴유의 아시아적 가치 논의 전체를 수용하여, 중국인은 "타고난 자본주의자" 그리고 "날 때부터 트레이더"라고 언급했다.[67] 대처에게 싱가포르는 행복

* 유럽연합의 강대화에 회의적인 사람들.

한 혼종으로 "앵글로색슨 세계"의 가치로부터도 이득을 취한 곳이었다.[68] "당신이 이룬 엄청난 업적의 비결은 뭔가요?"라고 리콴유에게 물었을 때 대처는 "우리는 이 모든 것을 당신에게, 자유기업의 모든 교훈을 배웠어요" "우리가 그 교훈들을 받아들였다는 것을 당신이 잊었을 뿐이지요"라는 답변을 들었다.[69]

싱가포르는 자립과 땀 흘려 일하는 노동이라는 빅토리아적 전통을 고수하고 있는 것처럼 보였다. 어느 싱가포르인은 어렸을 때부터 "이 세상은 네게 빚진 게 하나도 없다"라는 말을 귀에 박히게 들었다고 회상했다. 의약품을 사회화하는 대신, 싱가포르인들은 영국 토리당원들이 경의를 표해 온 강제 개인 저축 계좌를 통해 의료보험, 퇴직연금, 부동산 구매 등을 처리했다. 유교적 효도라는 말로 이를 당연시한 정부는 상당한 돌봄노동을 각 가정으로 떠넘겼다.[70] 미래의 영국 총리 리즈 트러스Liz Truss를 포함한 여러 대처주의자가 공저한 어느 저서에서는 싱가포르인들이 영국인들보다 평균적으로 2시간 20분 더 노동한다고 칭송했다.[71]

토리당 지지자인 유럽연합 회의주의자들에 따르면 싱가포르는 세계경제가 요구하는 어떤 새로운 위치로라도 기꺼이 바꾸려는 의지와 함께 기존의 사회적 가치와 새로운 보수적 가치를 결합했다. 2016년 브렉시트 국민투표를 향한 추진력이 탄력을 받자, '템스강의 싱가포르'라는 아이디어는 유럽연합을 떠난 영국이 어떤 모습일지에 대한 비전을 설명하는 유행어로 자리 잡았다. 비판하는 사람과 옹호하는 사람 모두 이 용어를 사용했다. 이는 의료보험 사회화 반대와 더불어 낮은 세금, 탈규제, 노동자의 권리 약화, 역외 조세회피처와 착취 공장의 결합 또한 뜻했다. 국제금융 중심지로 싱가포르의 빠른 성장도 암시했다. 핵심은 유럽연합을 떠난 뒤 런던시티가 어떻게 더 많은 기회를 확보할 수 있을 것인가였다.《이코노미스트》는 유럽연합 밖에서 런던이 "일종의 스테로이드를 맞은 싱가포르"가 될 수 있다고 주장했다.[72] 브렉시트 지지자 몇몇은 그 용어를 반겼다. 영국에서 가장 연봉이 높은 광고기획사 중역은 "스테로이드를 맞은 싱가포르, 가벼운 규제, 가벼운 세금의 영국 경제는 이전까지 볼 수 없었던 새로운 사업 기회를 마련해 줄 것"이라며 찬사를 보냈다.[73]

브렉시트 지지자 중 전 지구적 전망을 갖고 있던 이들은 싱가포르 사례를 낙관주의에 설득력을 더하는 데 활용했다. "모기 늪에서 빛나는 도시국가로" 변모한 싱가포르는 국권과 자유무역에 대한 헌신이 결합된, 영감을 주는 이야기였다.[74] 어느 보수당 정치인은 브렉시트를 싱가포르가 독립한 순간과 비교하면서 라자라트남을 직접 인용하며 바로 이 순간이 영국 또한 자신을 "국제경제의 격자판"에 끼워 넣을 기회라고 말했다.[75] 또 다른 정치인은 싱가포르의 경우처럼 유일한 변수는 "배짱"이라고 적었다.[76] 재무부 장관은 대처 시절과 같은 수준의 탈규제인 "빅뱅2.0"을 다시 도입하겠다고 약속했다.[77]

탈출의 장점을 강조하면서, 몇몇 토리당 이념가들은 재빠르게 변하고 있는 금융 세계에서 배웠다. 금융에서는 떠나는 것만으로도 돈을 벌 수 있다. 적당한 순간에 포지션을 청산하는 것이 종종 엄청난 이윤을 안겨다 주었다.[78] 싱가포르에서 3년을 보낸 어느 브렉시트 지지자는 [독일계 국제은행] 도이치뱅크 이사로 근무하면서 매년 300만 파운드가량[약 50억 원]을 벌어들였다. 그는 성인이 된 후 에인 랜드의 소설『파운틴헤드』의 어느 장면을 2년마다 읽었다고 뽐내곤 했다.[79] 또 다른 이는 홍콩에서의 첫 경험을 바탕으로 싱가포르와 더블린 시장에서 활동하는 헤지펀드를 운용했다.[80]

그러나 토리당 지지자들이 금방 발견했듯 싱가포르 해결책은 주식 단타 거래보다는, 재료를 수십 년 동안 다듬어서 새로운 모양으로 만들어 내는 과정에 더 가깝다. 총리 취임 연설에서, 보리스 존슨은 언론이 "싱가포르 스타일 자유항구"라고 이름 붙인 것을 영국 전역에 설치하겠다고 선언했다.[81] 영국 해안가 지역들을 떼어 낸 뒤 일상적인 규제, 노동법, 세금을 철폐하여 해외투자자들을 유치할 역외 지역으로 만들겠다는 계획이었다. 자유항구들은 대처 시대 기업 구역의 선례를 따랐다. 사실 이전과 동일한 싱크 탱크들이 이번에도 개입했다.[82] 국제무역 장관으로서 트러스는 "1980년대 런던 도클랜드에서 변화를 겪은 자유와 자유항구가 영국 전역의 도시에 같은 영향을 끼칠 것이다"라고 선언했다.[83] 유럽연합에서 벗어나면 영국이 나아갈 새로운 공간이 만들어질 것처럼 보였으나, 영국 정부는 세계무역기구의 법률도 마찬가지로 제한적이라는 것을 깨달았다.[84]

정치철학자 아이제이아 벌린Isaiah Berlin은 부정적 자유와 긍정적 자유라는 유명한 구분을 제시했다. 브렉시트 캠프 내 시장급진론자들의 실수는 싱가포르를 순전히 부정적 자유의 차원에서만 바라본 것이다. 필요했던 것은 더 많은 것이 아니라 더 적은 것이었다. 하지만 싱가포르 해결책은 세금과 규제를 제거한다는 점에서 부정적 자유의 프로젝트가 아니었다(브렉시트 시점에 두 나라의 기업 세율 차는 단지 몇 퍼센트였다). 긍정적 자유의 적극적인 프로젝트로 안보, 의료 및 역량을 제공하는 것이었다. 대처에게, 싱가포르와 그 외 아시아 호랑이 경제들의 성공은 "어떤 거창한 국가 계획의 결과가 아니다. 각자 노력하는 개인 수십만 명과 기업이 결합해 멋들어지게 성공함으로써 자신의 몫을 늘린 것이었다".[85] 하지만 싱가포르 성공의 원인은 다름 아닌 거창한 국가 계획이었다. 1963년, 국제연합의 권고하에 "링 도시 싱가포르Ring City Singapore"가 구상되었는데, 이는 균일한 간격으로 고층 신도시를 만들고 섬을 둘러싸는 교통 인프라를 구축하는 것이었다.[86] 이후에 산업 공장, 휴양 시설, 주거지역 확장 등의 계획이 추가되었다.[87] 기업 구역은 "비계획"이라는 대처식 환상과는 달리, 싱가포르는 중앙의 명령과 통제를 통해 꼼꼼하게 지어졌다.

싱가포르 해결책은 단지 눈길을 사로잡는 스카이라인을 짓는 것이 아니었다. 모든 사람의 삶의 질을 향상시켜 줄 주택과 기반 시설을 제공하여 대중적 정당성을 확보해 나가는 것도 함께했다.[88] 전시 동원령에 따른 막대한 건설사업과 전후 국유화 경험을 바탕으로, 싱가포르는 독립 첫해에 국토의 거의 모든 곳을 수용해 버렸다. 토지는 인구를 가정집 겸 가게와 초가지붕 마을(영어 단어 컴파운드compound에 어원이 있는 캄퐁kampong이라고도 알려져 있다)에서 끌어내 고층 아파트 구역으로 이동하는 데에 쓰였다.[89] 1963년경, 싱가포르의 "인민을 위한 주택" 프로그램으로 매 45분마다 새로운 건물이 올라갔다.[90] 새롭게 보급된 화폐에는 주민들을 보살핀다는 증거로 빽빽하게 늘어선 근대적 건물들을 그려 넣었다.

1977년경, 싱가포르인 중 60퍼센트는 공공주택에 살았다.[91] 25년 후, 그 비율은 80퍼센트가 되었다. 심지어 90퍼센트가 장기 임차권자로 집을 소유하고 있었지만, 정부는 토지 소유를 통해 부동산 가격 상승에서 오는 이득을 취했고 마스터플랜에 필요한 경우 개입할 수 있었다.[92] 부동산은 시장에 의해서만 좌지우지되는 것이 아니었다. 주거 단지들은 (싱가포르에 대한 민족적 움직임을 완화하기 위해 고안된) 민족별 할당제와 다양한 크기의 아파트 혼합을 통해 민족적으로나 사회경제적으로나 적극적으로 통합되었다. 이러한 모습은 민간의 이해관계에 따라, 인종과 계급에 따라 갈라진 영국의 도시와는 판이하다.

브렉시트 이후 영국은 두 가지 형태의 싱가포르 사이에서 멈춰 서 있다. 하나는 리더십, 낮은 관세와 넉넉한 세제 혜택의 확고한 통제를 요구하는 (래플스가 턱을 내밀고 있는) 자유항이다. 다른 하나는 꼼꼼한 계획이다. 이 두 번째 형태의 지지자들도 존재한다. 브렉시트 캠페인의 핵심 전략가인 도미닉 커밍스Dominic Cummings는 싱가포르가 작은 국가일 뿐만 아니라 중앙 통제, 능력주의 공무원 제도, 이따금 가혹한 법과 질서 체제, 군사적 대비 태세, 국가가 나서서 연구를 지원하여 새로운 경제성장 기회를 모색하는 사례를 들어 찬사를 보냈다.[93] 그는 싱가포르를 "높은 성과를 보여 주는 스타트업 정부"라고 불렀다. 그와 다른 유권자들이 원했던, 영국의 지역적 불평등을 개선할 방법은 싱가포르처럼 국가가 기반 시설에 투자하고 다른 형태의 산업정책을 펼치는 것이었다. 즉 긍정적인, 부정적이지 않은 자유를 의미했다.[94]

싱가포르의 의미에 관한 논쟁은 자본주의의 미래에 관한 더 큰 논쟁의 일부다. 낮은 세금과 임금 그리고 규제로의 바닥 치기 경쟁이 계속될 것인가, 아니면 높은 임금과 높은 투자라는 상향식으로 교체될 것인가? 두 전망 모두 사각지대로 인해 시야가 손상된다. 우선 기후변화 문제를 고려해야 한다. 싱가포르만을 두고 본다면 지구로부터 벗어날 방법이 없다. 싱가포르는 에어컨과 외부 수원水原에 크게 의존하고 있을 뿐만 아니라 주변 빈국으로부터 모래를 끌어들여서 좀 더 많은 부동산을 제공할 인공 공간을 만든다. 이는 마치 인간의 한계를 부정하는 것처럼 보인다.[95] 적도에서 1도 정도 북쪽에 있는 싱가포르는 변화무쌍한 해류와 기상이변에 심각하게 노출되어 있어서 앞으로 다가올 기후 재난의 십자선 위에 놓여 있다.

두 번째는 인민의 문제이다. 수십 년 전, 경제학자 폴 크루그먼Paul Krugman은 경제가 다른 나라들보다 더 이상 효율적이거나 생산적이지 않다는 이유로 싱가포르 성장 모델을 크게 비판했다. 1940년대와 1950년대 잠깐 호황을 누렸던 소련처럼, 싱가포르는 자원을 좀 더 빠른 속도로 투입하고 있을 뿐이라고 보았다. 더 좋은 엔진을 만드는 것이 아니었다. 더 많은 연료를 끼얹어 불길을 치솟게 만드는 것이었다.[96] 이 연료는 단지 국가의 기금이나 원료만이 아니라 새로운 사람들을 투입하는 것을 의미했다.

싱가포르에서 이 노동자들은 주로 남아시아, 중국, 태국, 미얀마 출신으로 그중 절반 정도가 건설에 고용되었고 나머지는 가사 노동에, 좀 더 적은 수는 전문직과 경영진에 종사했다.[97] 수년간 공공주택의 혜택을 받지 못한 육체노동자들은 다른 도시와 철망으로 구분된 기숙사에서 지냈고 진출입로를 통해서만 작업장에서 집으로, 쇼핑과 여가를 위한 리틀인디아로 이동했다. 2013년 인도 건설노동자의 죽음을 계기로 리틀인디아에서 노동자들의 불만이 거세졌고, 반세기 만에 처음으로 싱가포르에서 대규모 폭동이 일어났다.[98]

노동은 세계화라는 기계의 모래와도 같다. 2010년대에 이민정책으로 영국이 들끓었듯, 싱가포르 또한 마찬가지였다. 2011년, 집권당은 도시로 이동해 오는 비시민권자 수가 급격하게 늘어나면서 역대 최저 성적의 선거 결과를 받았다. 이와 비슷하게, 브렉시트에 찬성표를 던진 사람 대부분은 이민자 수가 줄어들기를 원했다.[99] "탈퇴에 투표를Vote Leave" 운동의 첫 번째 구호는 "세계로 가자Go Global"였지만, 그들에게 승리를 가져다 준 구호는 "통제권을 되찾자Take Back Control"였다.[100] 결국 영국은 문제 해결을 할 수 있는 싱가포르가 되지 못했는데, 싱가포르 또한 비슷한 문제를 안고 있었기 때문이다. 싱가포르는 다른 선진 산업 국가들과 동일한 인구학적 덫에 걸려 있다. 체제가 제대로 돌아가는 데 필수적인 새로운 노동자가 계속 유입되고 있음에도 불구하고, 고령화 인구는 자신들이 누려 온 사회적 지원이라는 혜택을 보호하는 데에만 열중하고 있다.

크랙업 캐피털리즘 신전의 영웅으로서 싱가포르는 충분한 규율, 결단력, 세계화의 힘에 종속된다면 어떤 것이든 가능하다는 교훈을 가르치고 있는 듯하다. 하지만 동시에 자본주의의 처치 곤란한 모순의 진열장이기도 하다. 한계를 거부하는 끊임없는 성장, 더 많은 배제에 기초한 사회보장, 경제 성과가 더욱더 불균등하게 나눠지는 탓에 피통치자들의 동의를 얻기가 어려운 문제 등등. 싱가포르의 불평등 수준은 부유한 지역 중에서 홍콩에만 뒤질 뿐이다. 싱가포르에서 불티나게 팔린 책 『이것이 불평등의 모습이다This Is What Inequality Looks Like』의 제목은 이 도시국가에 대한 통명스러운 평가를 보여 주었다.[101]

싱가포르는 결국 섬 하나가 아니다. 모든 곳에 존재한다.

제2부
부족들

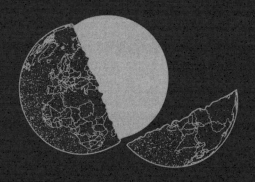

PART II.
PHYLES

인종차별 정책인 아파르트헤이트 시기 남아프리카공화국.

4장   자유지상주의 반투스탄

도시란 광산을 뒤집어 놓은 것이라는 말이 있다.[1] 홍콩, 카나리워프, 싱가포르 같은 도시를 건설하려면 정제 및 가공 자원을 탐사하고 채굴할 수 있는 멀리 떨어진 장소들이 있어야만 한다. 강철 피복제를 만들려면 철이, 전면 유리벽을 제작하려면 모래가, 파이프를 만들려면 구리가, 번들거리는 로비를 만들려면 사암과 대리석이 필요하다. 전 세계에 뻗어 있으면서 엄청난 장식 무늬를 만들어 내는 선박 항로와 거기에 포함되어 있는 갱도, 수직 통로 및 물을 퍼내는 펌프가 있어야만 글로벌 도시들이 존재할 수 있다. 한편 그곳들을 운영할 노동력을 확보하려면 엄청난 양의 식량과 강압적 체제가 필요하다.

    홍콩, 런던, 싱가포르가 1980년대 가치사슬의 한끝에 자리 잡고 있었다면, 반대편에는 남아프리카공화국이 있다. 이들만큼 물리적으로 상이한 곳도 없을 것이다. 홍콩은 수풀이 우거진 숲으로 뒤덮인 산을 기반으로 깊은 항구를 끼고 있다. 협소한 장소에 깡마른 마천루를 올릴 욕심으로 가득 찬 홍콩은 땅덩어리 한 뼘을 차지하려고 애쓴다. 카나리워프 또한 제멋대로 뻗어 나와 런던 광역시를 가로지르고 있으며, 청록색 해협 사이에 위치한 싱가포르는 선박과 석유를 실어 나르는 대형 선박들로 가득 차 있다.

　　이와 대조적으로 남아프리카공화국의 이스턴케이프주는 건축물의 중심축을 90도로 꺾어 땅으로 가져왔다. 이곳의 건물들은 환기, 장식성 및 경제성을 고려하여 모래, 석탄재를 시멘트와 섞어 만든 가벼운 저층 블록으로 지었다. 협소한 도심에서는 외장재나마 강화 콘크리트로 제작한 다층 타워를 볼 수 있다. 아스팔트 도로에 나란히 서 있는 넋 나간 듯한 가로등들은 노란빛 초원, 가시덤불, 키 작은 나무 무더기 속으로 사라져 간다. 흙길을 따라가면 초가지붕을 얹은 동그란 진흙 움막, [물결처럼 생긴] 파장 철판을 씌운 네모난 거주지로 이어진다. 그렇게 보이지 않겠지만, 1980년대에 이곳에서는 홍콩, 런던, 싱가포르에서처럼 신자유주의적 실험이 진행되었다. 조세회피처와 제트기들만큼, 이곳의 내륙 지역과 노동자들은 자본주의의 새롭고 놀라운 미래를 상징했다. 자유지상주의자들이 이 모든 것을 보고 몰려들었다. "둘, 셋, 수많은 홍콩"을 요구한 지 몇 년 뒤에《이성》은 다음과 같이 물었다. "남아프리카공화국 시민권을 얻는 것이 얼마나 힘들까?" 그리고 "지난 10여 년간 그 어떤 나라도 남아공만큼 자유지상주의 사회를 향해 나아간 곳이 없다"라며 눈이 번쩍 뜨이는 놀라운 선언을 했다.[2]

　　1976년 케이프타운대학교에 모인 2000명 청중 앞에서 밀턴 프리드먼은 민주주의가 과장되었다고 말했다. 그는 시장이야말로 자유로 향하는 훨씬 더 확실한 길이라고 주장했다. 돈에 따라 투표하는 것이 투표함보다 더 바람직하기 때문이 다.[3] 자유의 핵심은 자유선거가 아니라 국가권력의 탈중앙집권 화였다. 1980년대 남아공 자유지상주의자들은 이 노선을 따랐 다. 하지만 그들이 추구한 급진적 자본주의는 국가의 규율(과 보조금)에 의존해 왔기에 그들의 말과 모순된 것이었다. 신자유 주의를 실천에 옮긴 사례 중 간과된 사례로서, 백인이 지배하 는 남아공의 시스케이Ciskei 흑인 '자치 구역'은 어떻게 특정한 종류의 경제적 자유가 정치적 참정권 박탈에 기대고 있는지 보 여 준다.

1.

밀턴 프리드먼의 강연 당시 남아공의 아파르트헤이트는 정당 성을 의심받고 있었다. 1950년대 후반부터, 모든 대륙에서 한 국가씩 새로운 국기를 들어 올렸다. 영국 국기인 유니언잭과 파랑, 하양, 빨강의 프랑스 삼색기가 게양되어 있던 곳에는 케 냐 마사이족의 방패와, 우간다의 두루미와, 가나의 검은 별이 그려진 국기가 펄럭였다. 1970년대 후반 포르투갈이 마지막으 로 아프리카를 떠났을 때, 앙골라는 국기에 마체테 칼을 그려 넣었고, 모잠비크는 또 다른 무장투쟁의 상징인 AK-47 소총을 택했다. 1978년 짐바브웨로 새롭게 탈바꿈한 로디지아는 남아 공의 소수 백인 지배를 더욱더 충격적인 일탈로 만들었다. 광 대한 대륙 남쪽 끝에서, 아파르트헤이트 정권은 고립되었고 궁지에 몰렸다.[4] 해결책으로 정부는 민주주의 대신 탈중앙집권화라는 프리드먼의 권고를 따르기로 했다. 특정 인구 집단이 특정 영토에 합법적으로 속해 있다는 (식민주의 시기 인류학에서 차용한) 근거 없는 개념을 따라 이른바 흑인 자치 구역을 만드는 것이었다. 서로 접경하지 않은 수많은 자치 구역은 아파르트헤이트 반대 활동가들이 반투스탄bantustan•이라고 부른, 분절된 조경을 보여 주었다. 이 용어는 남아공에서 아프리카인을 지칭하는 상위개념과, 식민지 권력이 인도 건너편 지역을 서파키스탄과 동파키스탄(이후 방글라데시)으로 갈라놓은 파키스탄을 접미사로 합친 것이었다.[5]

'분할통치' 기술을 확장한 몇몇 반투스탄은 어떤 나라도 인정하지 않았지만 심지어 유사 독립국가의 지위를 부여받았다. 이러한 명목적 독립을 달성한 첫 번째 사례는 이스턴케이프의 트란스케이공화국Republic of Transkei이었다. 새로운 국가원수의 연설과, 새롭게 건설된 경기장에 드문드문 모여 있던 군중에게 선사한 축포 101발은 탈식민지화라는 무언극의 출범식이었다. 행사에 참석한 유일한 외국 사절단은 남미에서 민주주의 없는 자본주의를 대표적으로 보여 준 우루과이 군사독재 정부의 장군이었다.[6] 트란스케이는 민족자결과 제국의 종식이라는 흐름을 따라가고 있음을 보여 주고자 남아공이 만들어낸 네 가지 허상 국가 중 첫 번째였다.[7] 1977년에는 보푸타츠와나Bophuthatswana가, 1979년에는 벤다Venda가, 1981년에는 시스케이가 수립되었다. 반투스탄 정책 아래, 남아프리카공화국의 흑

• 남아프리카공화국의 인종 분리 거주지역.

인들은 시민권을 빼앗겼고 그중 다수는 발 디딘 적도 없던 자치 구역의 시민이 되었다. 350만 명에 달하는 사람이, 특히 노령층과 여성, 실업자 그리고 정권 반대 세력이 강제로 이주당했다.[8] 이 정책은 여러 작은 지역으로 분열된 영토를 떠돌던 사람들을 강제로 수용하여 그들의 노동력을 활용하면서도 점진적으로는 더욱더 백인이 주도하는 남아공을 만드는 것이었다.[9] 평론가들은 자치 구역을 정확하게 "쓰레기 하치장"이라고 묘사했다.[10] 반(反)아파르트헤이트 활동가 스티브 비코Steve Biko는 "세련된 강제수용소"이자 "백인이 여태껏 만들어 낸, 단일 사례로 가장 커다란 부정"이라고 불렀다.[11]

트란스케이처럼, 시스케이라는 허구 국가는 남아공 동남쪽 이스턴케이프Estern Cape에 자리 잡았다. 시스케이는 자체적인 항공사와 국새를 갖고 있었고 수제 카펫, 파인애플 통조림 공장과 자전거 공장을 전시하듯 보여 주었다. 암울하고도 상징적인 사건은, 1981년 12월 4일 국기 게양식에서 깃발을 올리자마자 깃대가 부러져 남아공 군인들이 시스케이 국기를 들어 올려야 했다는 것이다.[12] 1980년대 시스케이는 주로 남아공 '잉여 인구'에 열려 있는 감옥으로 알려졌지만, 이곳은 또한 의외로 신자유주의자들이 "시장의 힘, 가격과 인센티브를 믿는 경제학자들이 그려 낸 청사진의 도움으로 설계된 (……) 실험실실험"이라고 부른 곳이었다.[13] 반투스탄 모델을 교체하는 대신, 자유지상주의자들은 어떻게 하면 노골적인 인종차별주의처럼 보이지 않으면서도 그것을 잘 활용할 수 있을지 방법을 모색했다. 그들은 자치 구역이 일종의 구역으로 작동하게 하여 위로부터의 강제적인 분리가 아닌 아래로부터의 자발적인 분리를 유도하면서 해외자본 유치를 꾀했다.

　　남아프리카공화국 자유지상주의자들은 시스케이의 종신 지도자인 레녹스 세베Lennox Sebe가 새로운 자치 구역의 경제정책위원회를 구성했을 때 그 기회를 얻었다.《파이낸셜타임스》가 "시스케이의 공급 측면 경제학자들supply siders"이라고 칭한 사람들이 작성한 보고서에서는 자치 구역을 "아프리카의 홍콩"으로 바꾸어 놓을 방법들을 제시했다.[14] 작성자들은 자치 구역이 아프리카에 부족한 "은행 안식처"가 될 것이라는 낙관론을 피력했다.[15] 보고서의 권고 사항을 따른 시스케이는 기존 토지를 민영화하고 해외투자자들에게 감세 기간을 제공했다.[16]

　　위원회 수장은 레온 라우Leon Louw로 프리드리히 하이에크의 초대를 받아 홍콩 몽펠르랭협회 모임에 참석했던 남아공인이었다.[17] 라우는 1948년 크루거스도르프Krugersdorp라는 광업 도시의 보수적인 아프리카너* 가정에서 태어났다. 그가 태어난 곳의 지명은 남아공 대통령 폴 크루거Paul Kruger와 더불어 투자자들이 가장 선호하는 크루거랜드Krugerrand라는 금화의 이름에서 따왔다.[18] 1975년, 라우는 프리드먼을 그의 조국으로 초청한 싱크 탱크인 자유시장재단Free Market Foundation의 설립을 주도했다. 이 재단은 남아공 "비극"의 원인을 친자본주의 및 반공산주의 수사와, "잠행적 사회주의"** 라는 현실 사이의 괴리에서 찾았다.[19] 그들은 아파르트헤이트란 납세자의 돈으로 지나친 정

---

* 남아프리카공화국에 사는 백인 중 초기에 정착했던 네덜란드계를 주로 일컫는 말. 아프리칸스어를 제1언어로 쓴다.

** 정부의 사회 및 경제 개입이 서서히 늘어나는 현상.

부개입을 통해 노동시장에서 인종적 경계, 백인 대상 복지정책, 그리고 수많은 국영기업을 결합하는 또 다른 사회보장 프로그램일 뿐이라고 보았다.[20] 라우는 자칭 [인종 분리 정책] '폐지론자'였는데 자유시장이 아파르트헤이트가 보여 주고 있는 인종주의적 국가 주도 자본주의보다 사회질서를 보존하고 번영을 가져올 것이라고 믿었기 때문이다.[21]

라우는 시스케이로, 좀 더 개방된 형태의 자본주의가 나머지 국가영역에 영향을 미쳐 지금까지 사유재산권과 민간기업에서 배제되어 온 흑인 공동체의 참여를 이끌어 내는 사례를 보여 주고자 했다. 위원회 보고서의 주요 내용은 사유재산이 남아공의 전통적인 토지 소유 모델이라는 주장이었다.[22] 보고서에서는 억압받고 있는 흑인 공동체의 "자유시장 정신"을 높이 평가했다.[23] 하지만 그 결과물은 토착 기업가 계급 형성과는 거리가 멀었다. "아프리카의 스위스"를 자임한 자치 구역은 노조 파괴자들의 감독하에 토착 기업가를 억압해 온 기업 지원 정책의 풍자적 사례였다.

시스케이에서 활용된 도구는 수출가공구export processing zone, 혹은 이를 줄여 EPZ라 부른 것이었다. EPZ는 초청국이 법률을 제정해 영토 일부를 밖으로 떼어낸 것으로 상이한 규제, 규칙 및 감독을 통해 필연적으로 투자자들에게 유리한 조건을 제공하는, 본국에 있는 역외시장이라 할 수 있다. 패트릭 네벨링Patrick Neveling과 같은 학자들은 EPZ의 이전 사례들을 제시했다. 그중 하나는 미국의 해외무역 구역으로 면세 창고 혹은 공장 공간이었다. 1930년대에 처음 미국에 등장한 해외무역 구역은 1980년대에 특히 석유 가공과 자동차 조립 분야에서 유행했다.[24] 또 다른 선례는 아일랜드공화국의 새넌공항 면세 구역이다. 대서양 횡단 항공기 기착지였던 이 공항은 항공기의 운항 거리가 늘어나면서 변화를 꾀했고 1958년에 면세 제조업의 선두 주자로 나서면서 공항 없이도 살아남았다.[25] 세 번째는 1966년 가오슝항구에 최초의 EPZ를 설치한 대만이었다. 몇 년 후, 어느 미국 노조 지도자는 가오슝의 EPZ가 철조망과 무장 경비병으로 도시와 분리되어 있는 모습을 보았다고 증언했다. 그는 "철조망과 몇몇 법률 덕분에 우리가 지금 서 있는 이 땅은 더 이상 대만의 일부가 아니다"라고 설명하던 안내원을 회상했다. 철조망 안쪽에서 활동하는 기업들은 대만의 국내 세금을 피할 수 있었다. 그는 이 구역들을 "기업 이윤을 강화해 주는 환상의 섬"이라고 불렀다.[26]

　　자유지상주의자들은 시스케이에 이러한 환상의 섬을 만들려고 했다. 1980년대 남아공 정부는 해외로 요원들을 보내 투자자들에게 그들이 완곡하게 "탈중앙집권 지역"이라고 부르는 것을 홍보했다. 서서히 중간 소득 구역으로 임금이 상승하고 있던 과거 저임금 구역을 축소하겠다고 약속한 요원들은 대만과 홍콩에서 최적의 해외투자자들을 찾을 수 있었다.[27] 1988년경, 시스케이에서는 소규모 대만 공장 80여 개가 "인형 머리부터 낚싯대까지 모든 것"을 생산했다.[28] 어느 대만 투자자는 이런 상황을 반겼다. 그는 "경쟁이 없고 값싼 노동력은 30년 혹은 40년 전의 대만과 비슷하다"라고 말했다.[29]

　　모든 EPZ와 마찬가지로, 노동력은 주로 여성이었다. 아시아 기업들을 위한 '노다지'를 보도하면서 《보스턴글로브》는 시스케이 차이나직물China Garments사에서 머릿수건을 두르고 있는 여성의 사진을 실었다.[30] 또 다른 직물 공장은 전 직원이 여성으로, 그 여성들은 벤치나 직물 더미에 나란히 앉아 있었다.[31] 그들은 전형적인 노동력 착취 현장을 보여 주었다. 천장이 낮은 공장을 가득 메운, 머리 망을 착용한 노동자들은 형광등 아래에서 옷감 더미 옆에 앉아 재봉틀을 돌리고 있었다.[32]

언론에서는 급속한 산업화와 고용 증가라는 '경제호황'에 환호했지만, 이 현상은 1984년에만 1억 2000만 랜드(오늘날 가치로 약 2000만 달러[약 270억 원] 상당)로 늘어난 남아공 정부 지원에 기대고 있었다.[33] 남아공의 주요 수출 상품 중 하나인 금 가격이 상승하자 국고가 늘어났고 세계에서 가장 매력적인 투자자 지원책을 제공할 수 있었다.[34] 시스케이의 임금은 인위적으로 낮은 수준에 머물렀는데, 이미 영국 평균보다 25퍼센트가 낮았던 이스트런던 지역의 50퍼센트 수준이었다. 여기에다 투자자들은 원조 예산을 통해 노동자 한 명당 월 50달러의 보조금을 지원받았는데, 이를 두고 《월스트리트저널》은 "노동자에게 월 50달러 이하를 지급한다면 (……) 단지 그들을 고용하는 것만으로도 이윤을 창출할 수 있음을 쉽게 깨달을 수 있다"라고 보도했다.[35] 홍콩 자회사를 통해 운영되는 미국 의류업체를 포함한 일부 기업은 단지 보조금을 수령하기 위해 불필요한 노동자들을 고용하기도 했다.[36] 시스케이에서 벌어진 가상의 자유시장 '실험실 실험lavoratory experiment'에서 투자자들은 국가가 노동자의 임금을 지급하고 공장 임대료의 80퍼센트를 보조하며 법인세를 요구하지 않는다는, 그냥 지나칠 수 없는 좋은 조건들을 제안받았다.[37]

국가보조금이라는 당근책에 유인되던 투자자들은 동시

에 아파르트헤이트라는 채찍과 총을 자유롭게 사용하는 국가의 도움을 받았다. 자유지상주의자들의 낙원은 남아공 방위대와 결탁했다. 그들은 매일같이 민간인의 저항 행위를 처벌하고 적극적으로 노조 활동을 금지했다. 활동가 중 프리실라 맥송고Priscilla Maxongo는 어떻게 여성 노동운동가들이 주기적으로 체포되고, 심문당하며, 고문받았는지 묘사했다. 그는 노동자 권리 증진을 위한 조직에 대한 정보를 불 때까지 목에 고무줄이 묶여 공기 공급을 차단당했다고 증언했다.[38]

1983년, 경찰은 버스요금 10퍼센트 인상에 항의하는 군중에게 발포했고, 15명이 사망했다.[39] 《타임스》는 시스케이를 "추잡한 작은 경찰국가"라고 불렀다.[40] 남아공노동자연합South African Allied Workers 사무총장 토자마일 그퀘타Thozamile Gqweta의 집은 입구가 줄로 묶여 닫힌 채 불타 버렸다. 그의 어머니와 삼촌 또한 유사한 방화 사건으로 불타 죽었다. 그의 여자 친구는 어머니 장례식장을 나설 때 경찰이 쏜 총에 맞아 죽었다. 그 또한 석 달 동안 구금 상태에서 전기 고문을 받았다.[41] 《이성》이 시스케이를 "남아공 뒷마당에 있는 번영과 평화의 안식처"로 축하했던 이곳에서 벌어진 또 다른 사건은 방위군이 소웨토Soweto 항쟁 10주년 기념행사를 열고 있던 교회에 난입한 것이었다. 방위군이 코뿔소 가죽으로 만든 채찍으로, 모여 있던 신도들에게 폭력을 행사하여 35명이 병원에 입원했고 15세 소년이 죽었다.[42]

경찰국가와의 협력이라는 비극의 냉혹함은 1987년 정점에 달했다. 그해 라우는 다카르에 망명해 있는 아프리카민족회의* 구성원들을 만났다. 그는 사회주의 성향의 아프리카민족회의에 민영화가 남아공을 개혁할 더 좋은 방식이라고 설득하려 했다.[43] 몇 달 후, 그 회동을 성사시켰던 흑인 민권운동 변호사는 시스케이 방위군에게 맞아 죽은 채 자신의 자동차 뒷좌석에서 발견되었다.[44] 자유지상주의 낙원을 만들고 있던 라우의 동료들은 적극적으로 민주적인 아파르트헤이트 반대파를 숙청하고 있었다.

시스케이는 "아파르트헤이트를 전복시킬 트로이의 목마"라고, 영국 신자유주의 싱크 탱크 지도자가 《월스트리트저널》1면에서 주장했다.[45] 그러나 어느 남아공 경제학자가 솔직하게 밝혔듯 그러한 것은 존재하지 않았다. "만약 아프리카민족회의가 남아공의 권력을 잡는다면, 시스케이를 정복하고 다시 한번 남아공 일부로 통합할 것이다. 시스케이의 성공은 남아공 정부의 생존에 기대고 있다."[46] 또 다른 경제학자는 남아공에 마지막으로 필요한 것은 "나머지 아프리카 지역에 등장하고 있는 종류의 정부로, 모든 시민은 굳건하게 뿌리내린 오늘의 전통적인 정권에 더욱 만족하고 있다"라고 말하면서 그러한 정서를 지지했다.[47] 물론 여기서 "전통"이란 백인 소수자 통치라는 전통을 의미했다.

자유지상주의 반투스탄은 남아공 인민의 염원을 대변하지 않았다. 반투스탄은 아파르트헤이트 국가의 힘을 약화할 지렛대가 아니었다. 오히려 아파르트헤이트 국가 전략에 부역했고 생존을 위해 아파르트헤이트 국가가 필요했다. 자유지상

• 남아프리카공화국의 민족운동 조직. 아파르트헤이트 정부를 반대하는 운동을 펼쳐 왔다.

주의자들은 용감한 저항 세력이 아니었다. 그들은 프리토리아 정권에 유익한 얼간이였다. 폭력적 국가 억압의 진실을 언론을 통해 쉽게 접할 수 있었을 때, 한 신자유주의 싱크 탱크 지도자는 남아공 엘리트들을 제외하고는 누구도 반투스탄 독립이라는 생각을 지지하지 않았음에도 시스케이가 독자적인 국가로 프리덤하우스 순위에 추가되어야 한다고 주장했다. "시스케이를 포함하고 강조하며 거기에 관심을 가져야 한다"라고 그는 말했다. "나는 이곳이 남아공에서 우리 모두를 위한 등불이라고 생각하며, 그곳에서 벌어지고 있는 일에 매우 만족한다."[48] 그는 미국에 관해 질문을 던졌다. "과연 우리가 이곳에서 시스케이를 보유할 수 있는가?" 다른 여러 자유지상주의자처럼 그는 대의 민주주의의 부담을 걷어 낸 상태, 조세 징수와 재분배 능력을 빼앗긴, 자본도피 경험을 통해 언제나 투자자들의 요구 사항을 우선적으로 고려하는 국가에서 누릴 수 있는 경제적 자유를 확인했다.

2.

비록 시스케이의 실험이 자유를 신봉하는 자들에게는 되레 문제를 일으켰음을 보여 주지만, 레온 라우는 기업친화적인 구역을 전 국가적 개혁 모델로 도입하려고 노력했다. 그는 남아공을 방문하는 텍사스 출신 석유 백만장자를 만나 자신의 생각을 공유했다. 그 텍사스인은 자금 지원을 약속했는데, 돈은 결국 찰스 코크Charles Koch에게서 나왔고, 라우는 시스케이 수도인 비쇼Bisho에서 1986년에 출간한 『남아프리카—해결책 South Africa: The Solution』의 첫 장에서 감사를 표했다.[49] 라우가 그의 부인 프랜시스 켄들 Frances Kendall과 공저한 이 책은 당시 남아공에서 가장 성공적인 베스트셀러 정치서로 4만 부 가까이 팔렸고, 국제적으로도 폭넓게 주목받았다.[50]

　　책에서 라우 부부는 남아공을 위한 "스위스식 해결책"을 제안했다. 국가라는 현 체제를 해체하고 반투스탄을 "칸톤"의 모자이크로 분리하여 거주자들이 필요하다면 자본을 들고 떠나는, "퇴장하여 반대 의사를 드러낼" 수 있게 하는 것이다. 이 계획에 따르면 모든 남아공인은 국가, 칸톤 및 지역 단위의 복수 시민권을 얻는다. 1인 1표 제도를 스위스식 1인 다표제로 대체하는 것이다.[51] 중앙정부는 주요 국가 수익을 통제하지 못하고, 칸톤 간의 이전에 영향력을 행사하지 못할 뿐만 아니라, 헌법으로 사유재산권을 보장할 것이었다. 또한 모든 교육과 토지는 민영화되고, 국민투표를 통해서만 개헌이 가능할 것이었다.

　　라우와 켄들은 그 결과물을 "시장 정치 marketplace in politics"라고 불렀다.[52] 그들은 대다수 칸톤이 "보편주의적" 즉 다인종적 성격을 띠게 되리라 생각했지만, 제안의 핵심은 "특정 인종 혹은 이념의 인민이 자신들이 선호하는 바를 만족시켜 줄 '민족' 혹은 '인종' 단위의 칸톤으로 모여들어 그들이 부정하는 종류의 정부로부터 벗어난다"라는 것이었다.[53] 이동의 자유는 헌법에 따라 보호받지만, 결정적으로 특정 칸톤에서 시민의 권리는 그러지 못하게 될 것이었다.[54] 즉, 분리된 칸톤에서 직장을 구할 수는 있겠지만 그곳에서 영구적으로 살거나 시민권에 따른 혜택을 받지는 못할 수도 있다는 것이다. 이러한 설명은 흑인 노동자들이 일자리를 찾아 백인 구역을 드나들 수는 있지만 사유재산권 및 거주의 자유에는 제한을 두는, 당시 아파르트헤이트 남아공 노동시장이 작동하는 방식을 따랐다. 저자들이 "탈퇴의 자유"라고 부른 것, 그리고 사적으로 차별할 수 있는 자유가 그 핵심이었다.[55] 라우와 켄들은 영토를 여러 칸톤으로 나누어 재분할하고 천연자원 통제권을 분권화함으로써 인종차별적 보복 정책에서 보호받기를 바랐다. 라우는 《타임》과 한 인터뷰에서 다음과 같이 그 함의를 밝혔다. "우리는 다수의 흑인이라는 호랑이가 백인들을 덮치지 않으면서 우리cage에서 도망칠 수 있기를 바란다."[56]

위로부터의 비자발적 아파르트헤이트에 대한 자유지상주의의 해결책은 아래로부터의 자발적인 인종 분리의 문을 열어 놓았다. 이동의 자유는 보장하되 정착할 권리를 보장하지 않고 추방할 권리를 포함하는 것은 주민들을 구태의 방식으로 돌려놓는 방법을 보여 주었다.[57] 라우와 켄들은 13년 후 자신들의 스위스식 해결책이 실현되는 모습을 상상하면서 저서의 에필로그를 마무리했다. 그들은 다양한 정치 형태가 공존하는 방식을 예언했는데, 그중 노동자의 천국Workers Paradise이라 부른 칸톤에서는 "모든 사람이 마오 주석 어록을 지급받고" 흑인 및 백인 좌파 급진주의자들이 "서로가 사회적으로 섞이는 것을 거부했기" 때문에 인종적 분리가 다시 등장했다.[58] 시스보Cisbo라고 불리는 또 다른 시스케이 국경 지역 칸톤은 모든 것이 규제를 벗어나고 전통적인 토지는 민영화되는 "작은 모나코"로, 마약과 매춘과 포르노가 합법화될 것이었다. 삽화에는 골프채와

낚싯대를 든 백인 남성이 흑백 합창단 소녀들을 향해 돌진하는 모습이 그려져 있고, 마오 정장을 입은 남성과 검은 부르주아 프록코트를 입은 남성이 신중한 반대의 의미로 손가락을 흔들고 있는 모습도 담겨 있다.[59] 마지막으로 상상한 칸톤은 위트워터버그Witwaterberg로, 자동화와 백인 노동이 흑인 노동을 완벽하게 대체하고 인종주의적 계약으로 백인만이 거주자로 남게 된 "남아공 인종주의적 백인 분리주의 칸톤"이었다.[60]

현실에 등장한 것은 정작 마지막 예측뿐이었다. 1990년 아프리카너자유전선Afrikaner Freedom Front이라고 알려진 단체가 남아공 중부의 한 구역과 건물을 사들인 뒤 비공식적으로 거주하던 혼혈인들을 쫓아냈다. 그러고는 이듬해에 오라니아Orania에 보어인* 거주지를 세웠다.[61] 정착 계획은 인종문제국 책임자이자 피살되었던 아파르트헤이트 대통령 헨드릭 페르부르트Hendrick Verwoerd의 손자인 카렐 보쇼프Carel Boshoff가 이른바 백인 자치 구역 건설을 위한 '플랜 오렌지Plan Orange'를 제안한 1980년대 초로 거슬러 올라간다. 당시 보쇼프의 말에 따르면 "백인 우월주의"는 흑인이 다수를 차지하는 환경에서 장기적으로는 무너질 운명이었기 때문에, 최선의 방법은 주변 비백인 공동체와 경제적 관계를 유지하면서 백인의 보루로 물러나는 것이었다.[62] 1990년대, 보쇼프가 거주하는 오라니아는 소매를 걷어 올린 작은 백인 소년의 로고를 사용하여, 노동하려는 의지와 더불어 투쟁 의지를 확실히 보여 주었다.

* 남아프리카 지역으로 와 정착한 네덜란드계 사람들과 그 후손들을 의미한다.

오라니아가 위치한 지역은 1830년대 남아공 개척자 Voortrekkers로 알려진 보어인들이 영국령 케이프 식민지에서 남아공 내륙 지역으로 이동하면서 건설한 정착지였다. 반아파르트헤이트 자유지상주의와 문화적 보수주의를 결합하여 일반적인 정치적 구분이 틀렸음을 입증한 라우는 오랫동안 개척자들을 우상으로 여겼다. 영국의 지배로부터 벗어나고자 보어인들이 남아공 남쪽으로 이동했던 그레이트 트렉 Great Trek 을 "가장 영광스러운 고전적 자유주의의 역사 및 극렬 개인주의 중 하나"라고 불렀다.[63] 켄들과 라우는 현대 백인 거주지의 타당성을 옹호했다. 오라니아가 실제로 건설되기 이전에, 그들은 "사람들은 [거의 사막과 같은 곳에] 독자적인 자치 구역을 건설하려는 카렐 보쇼프와 같은 아프리카너 분리주의자들의 제안을 비웃는다"라고 적었다. 그러나 천연자원이 부족한 것은 문제 될 것이 없다고도 덧붙였다. "아프리카너 자치 구역"에 필요한 것은 단지 "고도 기술, 기술 집중 기업을 이 지역으로 유치할 수 있는 낮은 세금 혹은 무세금 정책"이었다.[64] 인종적으로 분리된 소규모 국가는 구역이 될 수 있다면 그것만으로 충분했다.

다른 남아공 시장급진주의자들은 오라니아의 인종 실험을 받아들였다. 남아프리카자유지상주의자협회의 연례 총회에서, 라우는 농담조로 오라니아는 "아프리카너스탄"을 만들 자치 구역 모델을 도입한 것이라고 말했다.[65] 자유지상주의자들은 민간 조직과 동일한 그곳의 구조에 매력을 느꼈다.[66] 오라니아의 지도자는 최고책임자이며, 거주자들은 모기업의 주주나 다름없었다.[67] 또한 오라ora라는 통화를 발행했다. 또 다른 남아공 자유지상주의자는 오라니아를 "다수의 폭정"으로부터 벗어나 자발적인 거래를 통해 자유가 달성되는 "보기 드문 자유 지상주의 거주지 사례"라고 묘사했다.[68] 남아프리카자유지상 주의자협회 창립자는 오라니아 사례를 온라인에서 추천하기도 했다. 그는 "당신만의 나라를 만들어 보라"라고 적으며 이렇게 덧붙였다. "남아공은 광활하다. 도심에서 멀리 떨어진 매력적인 땅덩어리를 찾아서 당신과 함께 거주할, 생각이 같은 사람들과 함께 투자해 보라. 레이더에서 벗어날 수 있을 만큼 깊은 곳으로 내려가라. 관료들과의 접촉을 최소한으로 유지하라. 경제와 정치 제도를 스스로 만들어 보라. 군대도 보유할 수 있다."[69]

오라니아는 전 세계적인 관심을 받았다. 2019년, 호주 출신의 극우 집단이 오라니아를 앞으로 다가올 인종 전쟁의 기지로 활용할 "앵글로 유럽 거주지" 견본으로 삼았다.[70] 미국 백인 우월주의 집단인 아메리칸르네상스는 오라니아를 아프리카너들이 "백인을 지키고 언어와 문화를 보존하며" 더불어 "인가 받은 아프리카너들에게만 영주권을 보장할 권한을 갖는 민간 기업이 운영하는" 장소라고 칭송했다.[71]

이러한 칸톤화 계획의 분명한 장점은 형식적으로 아파르트헤이트라는 낙인 없이도 인종화된 경제력 패턴을 유지할 수 있다는 것이었다.[72] 아래로부터 자발적인 인종 분리는 위에서 아래로 강요되어 온 분리주의 국가의 정당성 위기로부터 자유로울 것이었다. 짐 크로Jim Crow• 시대 이후 미국은 명백한 국

• 1876년부터 1965년까지 시행되었던 미국의 차별적인 주 법을 의미한다. 미국 남부 지역에서 이 법을 통해 합법적인 인종 간 분리가 가능했고, 그 결과 경제, 교육 및 사회적 지위에서 흑인들에게 불리한 불평등 구조가 등장했다.

가개입이 아닌 시장을 통해 분리가 이루어지는 훌륭한 선례를 제공했다.[73] 자유지상주의 모델에 따르면, 밀고 당기기라는 경제력의 작동에 따른 인종 분리와 불평등은 자유시장 원칙에 어떠한 위협도 가하지 않았다. 시민-소비자들은 퇴장으로 반대 의사를 드러낼 것이며 유기적으로 인구를 솎아 낼 것이다. 결과물이 처음부터 그러했다면 내버려두라. 구역의 무리로 재구성된 정치조직에서 재분배는 더 이상 정부의 역할이 아니었다.

3.

1990년 2월 11일, 27년의 수감 생활을 마친 넬슨 만델라가 빅터버스터 감옥의 정문을 나서는 모습이 전 세계 텔레비전 화면에 등장했다. 몇몇 고립된 곳에서 약탈과 폭동이 전국적으로 일어났고, 잔혹하기로 악명 높은 남아공 경찰이 군중에 발포하여 수많은 목숨을 앗아 갔다. 만델라가 소련의 적색기로 일부 뒤덮인 케이프타운 발코니에서 연설할 때, 사람들이 그를 보기 위해 서로의 어깨와 팔 위에 올라타면서 몰려들었다. 그의 메시지는 분명하고 확실했다. "일반 투표자들에게 보통선거권을 부여하는, 민주적이고 인종에 따른 구분이 없는 통합된 남아공이야말로 평화와 인종적 조화를 달성할 수 있는 유일한 길입니다."[74] 다음 달, 레눅스 세베의 시스케이 정부는 쿠데타로 무너졌고, 군중은 "아프리카민족회의 만세! 남아프리카공산당 만세!"라고 외쳤다. 현장에 세베는 없었다. 쿠데타 시도 이전에,

그는 이스라엘에서 투자자들의 환심을 사고자 시스케이 수도와 서안 지구 아리엘Ariel 정착지와 자매결연을 맺었다.[75] 이번에 그는 구역의 고향이라 할 홍콩에 있었다.[76]

1990년대 초의 사건들은 칸톤 계획과 분절이라는 환상을 부인하는 듯했다.[77] 극단적으로 국가의 경계를 다시 그리는 일은 벌어지지 않았다. 남아공이 물려받은 국경은 유지되었고, 인공적인 자치 구역들은 1994년 단일한 국가로 다시 합류했다. 만델라가 자유롭고 공정하게 치러진 선거에서 승리했을 때, 그는 남아공을 "내부적으로 그리고 전 세계와 평화로운 관계에 있는 무지개 국가"라고 불렀다.[78] 역사학자들은 이 선거를 민족국가의 승리로 제국이 세계 무대에서 사라졌다는 증거로, 20세기의 마지막 탈식민지화로 해석한다.[79] 하지만 구역이라는 꿈은 조용히 지나가지 않을 것이라는 조짐을 확인할 수 있었다. 1979년, 홍콩의 경제 주간지《극동이코노믹리뷰》는 자유무역 구역들이 "모든 개발도상국에 인공수정되고 쉽게 이식되어 (……) 시험관 아기 유행처럼 제3세계에 널리 퍼져 나갔다"라고 보도했다.[80] 이스턴케이프주 내륙 지역에 등장한 것은, 노동착취 현장들과 함께 매우 근대적이었으며, 어떤 면에서는 미래를 보여 주었다. 1986년, 전 세계에는 구역이 단지 176개만 존재했다. 2018년경, 그 수는 5400개로 늘어났다.[81]

자유지상주의 반투스탄은 보이는 것만큼 이례적인 것이 아닐 수도 있다. 국가라는 컨테이너는 독립 이후에도 침투할 수 있었다. 국경을 가로지르는 노동과 돈의 흐름은 게양대에서 펄럭이는 새로운 국기의 선명한 색과 함께 방해받지 않는 주권을 염원하는 희망을 가로막았다.[82] 국가주권의 한계는 허구적 독립국가인 시스케이와, 그로부터 불과 북쪽으로 몇백 마일 떨어진 주변국인 자치 정부 레소토를 비교하면 쉽게 알 수 있다.

　　나는 개인적으로 레소토를 잘 안다. 1985년 우리 가족이 육지에 둘러싸인 이 나라에 도착했을 때 나는 여섯 살이었다. 아버지는 레소토항공의료봉사단에 합류하여 육로로 갈 수 없는 산악지대에 미국제 경비행기 세스나를 타고 의료 봉사 활동에 나섰다. 우리는 남아공의 블룸폰테인을 거쳐 레소토에 도착했다. 우리의 마지막 집이었던 밴쿠버섬 인근의 작은 섬을 떠나오면서 우리와 친했던 태평양 북서쪽 해안 원주민 카와카와카와 어부들이 건네준 훈제 연어 통조림 48개를 실은 커다란 검정색 여행 가방 10개를 들고 왔다. 레소토는 녹색이 거의 없이 회색과 황갈색을 띠는 험준한 나라로, 해발고도가 높고 산맥에 의해 남북으로 나뉘며 인구 대부분이 서쪽 가장자리를 따라 살고 있었다. 1964년 영국 제국으로부터 독립한 뒤 아파르트헤이트 남아공 한가운데에 고립된 레소토는 내 가족 말고도 평화봉사단, 기술자, 교사 및 지리학자를 포함한 수많은 이주민을 받아들였다. 내 어린 시절 친한 친구들은 독립 이후 엘리트들의 자녀들을 비롯해 인도, 이스라엘 및 미국 출신이었다.

　　레소토는 국제 개발의 역사에서 특별한 지위를 차지했다. 관리하기 적당한 규모인 이 나라는 식민 시대 이후 버림받은 나라* 한가운데서 흑인의 통치권을 보여 줄 수 있는 이상적인 공간으로, 구역의 정반대인 것 같았다. 레소토는 성장과 근대화를 위해 애쓰는 야심 찬 국가경제였다. 전문가들과 후원자들은 다른 곳에서는 불가능하더라도 이곳에서만큼은 무언가 만들어 내야만 했다. 하지만 이곳에서도 그럴 수 없다는 것이 드러났다.

레소토를 '개발'하려는 노력이 담긴 유명한 책으로 『반정치 기계Anti-Politics Machine』가 있다. 나중에 알고 보니 우리 가족이 그곳에 있을 때 조사한 결과를 펴낸 것이었다. 저자인 미국 출신 인류학자 제임스 퍼거슨James Ferguson은 전문가 집단이 레소토를 지도 위에 색으로 구분하고 독립된 섬으로 바라본 것이 오류였다고 결론 내렸다. 사실 국경은 큰 의미가 없었다.[83] 사람들은 남아공의 금광과 다이아몬드 광산으로 출근하려고 국경을 넘나들었고, 일한 대가로 받은 임금을 현금으로 들고 왔다. 몇몇은 분란을 일으켰다. 내 아버지의 주요 업무 중 하나는 노동자들이 산악지대의 추운 밤을 이겨 내고자 묵직한 울담요와 함께 들고 다녔던 둥글고 통통한 나무 곤봉 때문에 생긴 상처를 꿰매는 것이었다.

레소토는 아파르트헤이트 국가가 필요했던 잉여노동력의 보고였다. 남아공 방위군에게 국경은 의미 없었다. 그들은 레소토로 숨어 들어와서 난민으로 살고 있던 정권 반대파들을 암살했다. 우리는 헬리콥터 소리와 총소리도 들을 수 있었다. 나는 사람들이 국경으로 이어지는 주요 도로인 킹스웨이를 행진하는 쿠데타 소리도 들었는데, 당시 나는 친구네 집에서 〈네

• 아파르트헤이트 정책으로 인해 국제사회에서 사실상 추방당한 남아공을 가리키는 표현.

버엔딩 스토리〉의 행운의 용과 록 바이터를 비디오로 보고 있었다.

레소토의 교훈이란 어떤 나라도 섬이 아니며 그렇게 여긴다면 개발은 어떠한 의미도 없다는 것이다. 국경이 공식적으로 인정된다 하더라도, 가짜 국가인 반투스탄과 정반대로 진짜 독립국가라 하더라도, 세계화 시대에도 국가가 구역으로 남는 방법이 있었다. 정치적 자율성은 경제적 생존 수단 없이는 어떠한 의미도 없었다.[84]

4.

남아공은 SF소설에서 민주주의 민족국가 이후의 정치적 전망으로 두 번째 삶을 얻었다. 마산데 은트샹가Masande Ntshanga의 2019년 소설『삼각형자리Triangulum』는 시스케이를 주요한 배경으로, 세베 정부에서 일하기 위해 반투스탄으로 이동한 주인공 부모의 이야기를 담고 있다. 이 소설에서, 라우가 계획했을 법한 프로젝트는 남아공 흑인 거주 구역을 "인구 20만 명으로 표준화된, 에너지 생산, 재활용, 가공 및 도시농업을 포함한 경제적 기능들을 간소화한 자급자족적 민간 보유 구역"으로 바꾸어 놓았다.[85] 투자자들에게 현지 기업 환경을 홍보하려는 목적으로, 외국 기업들은 요하네스버그에 대륙에서 가장 높은 건물인 "혁명타워"를 건설했다. 텔레비전에 나오는 논쟁을 지켜보면서 소설의 서술자는 "구역이란 새로운 형태의 아파르트헤이트"라고 비난하는 사회학자와, 그에 대해 "인민은 먹을 것이 필요하다"라며 체념하는 공동체 지도자를 비춘다. "일반적인 것"이라고 서술자가 말하자 한 인물이 채널을 돌려 버린다.[86]

은트샹가는 국가가 해외자본 유치 때문에 능동적 역할을 제한하고 너무나 많은 약속을 저버려야 했던 아파르트헤이트 이후 지난 25년간의 비관적인 상황을 표현했다. 만델라의 발코니 연설과 좀 더 가까운 시기에 활동한 또 다른 소설가는 칸톤 모델을 좀 더 급진적으로 그려 냈다.

1990냔대 초에 펴낸 소설 두 편에서 미국 작가 닐 스티븐슨Neal Stephenson은 자유지상주의라는 환상과 매우 유사한 세상을 불러냈다. 그는 1992년 작 『스노 크래시Snow Crash』에 등장하는 "새로운 남아공 민간 국가franchulate"•를 통해 "도시국가로 팽창한 아파르트헤이트 외부인 출입 제한 구역"을 묘사했는데, 이는 민간이 소유하고 통치하는 오라니아를 문학적으로 구현한 것이었다.[87]

다음 소설인 『다이아몬드 시대Diamond Age』에서 작가는 오라니아와 같은 "거주지"에 살고 있는 보어인들을 "보통 자식 여섯을 둔, 양복이나 가장 보수적인 옷을 입은 다부진 금발들"로 표현했다. 미래의 칸톤 중 켄들과 라우가 예측했던 "마오빌"을, 스티븐슨은 좀 더 바로크적으로, 페루의 공산주의 게릴라 운동인 '빛나는 길'(스페인어로는 센데로 루미노소Sendero Luminoso)을 차용한 "센데로 거주지"라고 이름 붙였다. 이곳에는 페루 혁명 지도자가 마오쩌둥과 나란히 "보이지 않는 다수

• 국가의 모든 기능을 대체한 민간기업을 가리키는 용어.

에게 손을 흔드는" "4층 높이와 두 블록 너비의 거대한 전광판"이 서 있다.[88]

스티븐슨은 라우와 켄들의 칸톤을 살아 있는 것으로 만들었다. 그가 제시한 아이디어 중 가장 흥미로운 것은 부족phyle으로 '종족tribe' 혹은 '씨족clan'을 뜻하는 고대 그리스어 단어에서 따왔다. 『다이아몬드 시대』에서는 혈통에 따른 종족이 등장하는데, "사람들이 난데없이 만들어 낸 부족"인 '합성' 종족 또한 존재한다.[89] 그것이 얼마나 인위적이든 간에 그들은 법률적 합의와 공동 거주를 통해 하나의 부족을 이루며 공통의 의례와 행동 양식을 지닌다. 이러한 개방성은, 저임금과 정부 제공 경품을 쫓아다니는 근본 없는 생산자 투자 자본이 만들어 냈다. 컨테이너 선박들과 원거리통신을 활용해서 미국 오하이오주의 영스타운이나 영국의 선덜랜드 지역만큼 쉽게 그리고 더 싼 가격에 이스턴케이프 농촌 지역에 구역을 만들 수 있다. 두 개의 블록, 세 개의 세계로 나누어진 세계의 종말은 분열된 세계, 파편화된 정치적 상상력을 더욱 가시화했다.

1990년대에 시장급진주의자들은 스티븐슨의 디스토피아처럼 픽셀화된 지리학을 추구했다. 분리독립으로 더욱더 많은 정치체를 상품으로 만들어 내면서, 밀턴 프리드먼과 그의 아내 로즈가 주장한 선택의 자유를 선출적 분파elective filiation라는 새로운 형태로 확장했다. 냉전이 끝난 후, 자유지상주의자들은 분리독립의 권리가 제한받지 않는 세계라는 전망을 받아들였다. 언론인 톰 베델Tom Bethell은 이렇게 말했다. "오늘날 전 세계에는 160여 개 나라가 존재한다. 베를린장벽이 무너진 후,

나는 이렇게 생각하곤 한다. 더 많으면 어떨까? 한 500개쯤은
어떨까?"[90]

국제연합 가맹국과 가입 시기

5장

국가의 훌륭한 죽음

새로운 국가를 건설하는 것은 쉬운 일이 아니다. 지구의 표면은 이미 다들 분할되었다. 새로운 국가를 세운다는 것은 기존 국가들로부터 땅을 빼앗는다는 것을 의미한다. 정당한 이유로, 국가들은 이러한 일이 일어나지 않기를 바란다. 국경 침범을 원치 않기 때문에, 국가는 그 지위를 지지하는 국제법을 수호한다. 종종 임의로 정해졌던 식민지의 경계들은 아프리카 및 아시아에서 탈식민지화가 진행되던 시절에 새로운 국가가 탄생한 뒤에도 여전히 유지되었다. 민족자결권을 주장하던 소수 집단의 요구는 무시되거나 억압받았고, 국제사회는 이에 동의했다. 지도 제작은 운명이었다.[1]

1990년대에 들어 이러한 인식이 도전받았다. 소비에트 블록의 해체로 새로운 국가와 재건된 국가가 수없이 생겨났고, 이는 유럽의 윤곽을 뒤흔들었다.[2] 내가 중학생일 무렵 지도에 있던 빨간색의 거대한 소련 끝자락에서 새로운 공화국들이 피어났다. 길쭉한 유고슬라비아는 내가 고등학교를 졸업할 무렵 여러 조각으로 나뉘었다. 체코슬로바키아는 체세포분열을 일으켰다. 사회주의 유럽의 붕괴로 판도라의 상자가 열린 것 같았다. 국가 만들기가 진행 중이었다. 스페인의 카탈루냐, 벨기에의 플란데런Vlaanderen, 스리랑카의 타밀Tamil에서처럼 새로운 운동 세력들은 분리독립권을 부르짖었다. 내 고국에서도, 퀘벡 지역은 불과 몇 퍼센트 차이로 캐나다로부터 독립을 결정하는 투표에서 패배했다.

　　내가 열다섯 살이었을 때 우리 가족은 바누아투라는, 피지와 호주 사이에 있는 작은 섬에서 살고 있었다. 이곳을 자신의 영향력 아래에 두려고 경쟁하던 중국과 미국은 지역 보건의료 사업을 지원하고 기반 시설 건설에 쓸 도요타 트럭을 기증하기도 했다. 국제연합에서 지지를 얻으려는 시도였기에 결코 인도주의적 지원이라 할 수 없었다. 바누아투는 인구가 20만명에 미치지 못했고 면적은 몇천 제곱마일 정도였으며 1980년 이후에야 독립을 달성했지만, 국제연합 총회에서 강대국과 동등한 투표권을 갖고 있었다.[3] 일본은 상업용 포경을 계속하기 위해 작은 태평양 국가들에 로비를 했고, 중국은 자국의 물질적, 전략적 이해관계를 위해 로비를 했다. 1990년대에 국제연합은 안도라, 산마리노, 모나코, 리히텐슈타인처럼 그때까지 배제되어 온 소규모 국가에 회원국 지위를 부여했다.

　　대다수 사람은 이렇게 급격하게 늘어난 국가들을 정치적 관점에서 살펴보았다. 일부는 '신민족주의'의 부활을 우려했다. 시장급진주의자들은 자본주의라는 렌즈를 통해 보며 이현상에 기뻐했다. 각 국가는 분리독립의 방식으로 도피 자본을 위한 스타트업 지역 혹은 규제로부터 자유로운 기업활동 지역이나 연구 지역으로 태어났다. 초소형 국가들은 경제적 실험을 펼칠 수 있을 만큼 작은 법적 차이를 지닌 경계 공간, 구역이었다. 또한 마음이 맞는 사람들의 자발적 모임이었다. 분리독립은 지구를 나누고, 전 지구적 경쟁이라는 북적거리는 장터로 새로운 영토들을 들여오는 방법이었다. 신민족주의는 계속해서 축소되는 관할권에 따라 정의되는 사회적 분류의 황금시대를 예고했다.

미국에서는 민주주의를 넘어선 자본주의 정치체로의 전환을 모색하던 시장급진주의자들과, 올드 사우스Old South●의 부활을 추진하던 신남부연합주의자●●라는 두 집단이 이러한 지정학적 소용돌이의 순간에 대응하고자 동맹을 맺었다. 레온 라우와 프랜시스 켄들이 제시했던 남아공의 청사진처럼, 그들은 탈중앙집권적 자본주의 경쟁과 인종적 동질성의 원칙을 함께 엮어 냈다. 이러한 우파 동맹은 아래로부터의 거대한 아파르트헤이트라는, 반투스탄이 선택한 것을 꿈꾸었다. 그들의 단기 목표는 실패했지만, 자유방임주의 분리라는 전망은 살아남았다. 그들에게 분리독립은 사회적으로는 나뉘었지만 경제적으로는 통합된, 분리되었지만 전 지구적인 세계를 향해 나아가는 길이었다.

● 남북전쟁 이전 미국 남부를 가리키는 용어.
●● 남부연합은 미국 남북전쟁 당시 미연방을 탈퇴하여 독립을 선언했던 11개 주를 말한다.

1.

분리독립 운동에서 가장 중요한 인물은 머리 로스바드Murray Rothsbard였다. 1926년 뉴욕 브롱크스에서 태어난 그는 신자유주의 싱크 탱크를 통해 성장했고, 1950년대에 몽펠르랭협회 회원이 되었다.[4] 학자로서 그는 무정부 자본주의라고 알려진 급진적 자유지상주의를 정립했다. 어떠한 정부도 용인하지 않는 그는 국가를 "조직적 강도"로, 조세제도를 "제약도 없는 거대한 절도"로 본다.[5] 그의 이상적인 세계에서 모든 정부는 제거 대상이다. 안전, 공공시설, 기반 시설, 의료의 모든 것은 지급 능력이 없는 사람을 위한 안전망 없이, 시장에서 구매해야 한다. 계약이 헌법을 대체할 것이고, 인민들은 더 이상 어느 곳의 시민이 아니라 서비스 제공자의 고객이 될 뿐이다. 반공화주의, 사적 소유와 교환이 인민주권의 흔적을 대체하는 것이다.

그러한 극단적인 목표에 어떻게 도달할 수 있을까? 여전히 근대 국가체제의 근간인 민족자결주의로부터 벗어나길 희망했지만, 로스바드는 민족자결주의의 급진화가 탈출 수단이 되리라고 보았다. 분리독립 원칙을 강화하여 분열의 연쇄반응을 일으키는 것이다. 새로운 정치체들은 대부분 무정부 자본주의를 따르지 않았지만, 붕괴가 진행되면서 국가의 가장 소중한 자산이라 할 수 있는 영속성permanence의 인상이 제거될 예정이었다. 새로운 국기를 제작하고 나라를 건설하는 과정에서 기존 국가가 누리던 정당성이 침식되고 스스로를 고쳐시켜 온 신화들이 조금씩 제거되어 간다. 복수심에 불타는 중앙정부가 짓밟지 않는다면, 새로운 영토는 상이한 모습과 형태를 갖출 것이다. 그중 일부가 로스바드가 선호하는, 국가가 존재하지 않는 형태를 취한다면? 그는 다음과 같이 적었다. "전 세계의 더 많은 국가가 분절될수록, 특정 국가가 확보할 수 있는 권력이 줄어들 것이다." 그의 첫 번째 원칙은 "어디서든 그리고 어떻게 성장하든" 분리독립 운동은 축하하고 지원을 받아야 한다는 것이다.[6] 크랙업은 인류 진보의 플라이휠이었다.

로스바드는 잠재적인 분리독립의 징후인, 현존하는 국가들에 대한 대중의 신념체계에 일어난 균열을 찾는 데 생을 바쳤고, 균열을 찾아내자마자 그것을 넓히려고 최선을 다했다. 1960년대, 그는 신좌파의 베트남전쟁 반대운동에서 새로운 희망을 보았다.[7] 미국이 자처한 세계의 경찰이라는 역할은 중앙집권적인 국가권력과 군산복합체의 정실주의, 낭비, 비효율성을 주장할 근거를 마련해 주었다.[8] 세금으로 운영되면서 현대 무기를 독점하는 상비군은 그의 원칙과 충돌했고, 징집 제도는 "대중의 노예화"나 다름없었다.[9] 비록 사회주의 성향의 신좌파는 로스바드의 무정부 자본주의를 거부했지만, 로스바드는 몇몇 국가 행위에 관한 신좌파의 반대가 국가 <u>그 자체</u>에 대한 혐오로 전환될 가능성을 타진했다. 진지하게 고려해 보면 "퇴거"는 탈출로 번역할 수 있지 않을까? 자신이 창간에 기여한《좌파와 우파Left & Right》에서 로스바드는 분리독립을 혁명적 활용praxis이라고 선전했다. 급진주의자들은 국가권력을 잡지는 못하겠지만 자신들만의 새로운 정치체를 만들어 벗어나야만 했다.

로스바드는 분리독립의 추진체로서, 민주주의를 긍정적으로 보았다. 스코틀랜드에서 크로아티아를 거쳐 비아프라Biafra로 이어지는 분리주의 운동은 특정 민족 혹은 인종에 속한 집단의 공통 감정에 근간을 두고 있었다.[10] 로스바드는 특히 미국 흑인민족주의의 잠재력에 관심을 두었다. 그는 공동체의 자급자족과 집단 방어를 목표로 자제와 비폭력을 주장한 마틴 루서 킹 주니어와 달리 분리주의를 이끈 흑인 민권운동 지도자 맬컴 엑스Malcolm X를 지지한 흑인 자유 투쟁 운동가들에게 경의를 표했다.[11] 로스바드와 그의 동료들은 미국의 흑인 분리 운동이 성공할 수 있다고 믿었다. 즉, 공동체는 인종 분리라는 원칙을 존중해야 했다.[12] 반면 그는 백인과 흑인 급진주의자들의 인종 간 협력에 좌절했다. "백인 운동을 추진하는 것이 백인의 책임"이듯 흑인도 흑인과 협력해야 한다고 생각했다.[13]

1970년대 초 신좌파 운동이 기대했던 인종적 탈출이란 각본에서 벗어나자 로스바드는 격렬하게 반대 의견을 제시했다. 신좌파의 완강한 평등주의는 개인과 집단 모두에게는 생물학적으로 타고난 재능과 능력의 위계 서열이 있다는 그의 믿음을 모욕했다.[14] 그는 적극적 우대 조치affirmative action와 불충분하게 대표된 집단에 주어진 쿼터 제도를 비난했고, 이를 "모든 소녀의 얼굴을 똑같이 아름답게" 만들기 위해 국가가 수술을 강요한다는 내용의 영국 디스토피아 소설 『얼굴 정의Facial Justice』에 비교했다.[15] 필요한 것은 인간 평등권에 반발하는 대항 운동이었다. 1976년 찰스 코크와 함께 카토연구소를 설립한 후, 그는 1982년 디프사우스 지역에서 새로운 싱크 탱크가 출범하는 것을 이끌었다. 그것은 앨라배마주 오번에 설립된 루트비히폰미제스 오스트리아경제학연구소Ludwig von Mises Institute for Austrian Economics로, 하이에크의 스승이자 로스바드가 1949년부터 1959년까지 뉴욕에서 참가했던 세미나를 관장한 오스트리

아 경제학자의 이름에서 따왔다.[16]

　　비록 미제스는 결코 무정부 자본주의를 지지하지 않았지만, 그의 이름을 사용한 연구소는 자유지상주의 중에서도 가장 급진적인 조류를 따르는 주력 싱크 탱크로 발돋움했다. 이 연구소는 미국 수도 워싱턴디시의 외곽 순환도로인 벨트웨이에서 멀리 떨어진 곳에 있었는데 이는 이 연구소가 카토연구소나 헤리티지재단처럼 좀 더 주류 집단이 벌이는 로비 정치와 거리를 두고 있음을 의미했다. 그 대신 연구소는 분리독립의 장점, 금본위제로 복귀할 필요성, 인종 통합 반대와 같은 좀 더 정치적으로 주변부에 머물렀던 입장들을 밀어붙였다. 연구소 소장은 로스바드와 마음이 맞는 측근인 루엘린 "루" 록웰 주니어 Llewellyn "Lew" Rockwell Jr.로, (미묘하게도 남부연합 장군인 로버트 E. 리 장군의 마지막 거처의 이름을 따른) 보수주의 성향의 출판사 알링턴하우스Arlington House에서 줄곧 급진적 자유지상주의자이자 인종 분리주의자를 자처했다. 편집자로서 록웰은 남아프리카에서 인종차별 폐지가 가져온 재앙적인 영향과 백인 정치의 배신에 관한 저술을 의뢰하여, 데이비드 프리드먼의『자유를 위한 조직 Machinery of Freedom』과, 공포를 퍼뜨리는 베스트셀러『어떻게 다가오는 평가절하로부터 이윤을 얻을 것인가How to Profit from the Coming Devaluation』를 출판했다.[17] 록웰은 어느 작가에게 "통합—실패한 꿈"이라는 제목을 제안하기도 했다. 그의 개인적인 의견은 "양 인종 다수를 사실상 분리하는 것"이 유일한 선택지라는 것이었다.[18]

　　로스바드처럼, 록웰은 극단적인 자유방임 정치와 인종에 대한 집착을 결합했다. 1986년, 그는 비슷한 주제를 물밑에서 논의해 온 정치인이자 주화 거래 주장자*인 론 폴Ron Paul이 발행하는 투자 소식지 편집을 맡았다.[19] 소식지는 구독료로 연간 100만 달러[약 13억 원]나 벌어들일 정도로 잘 팔려 나갔다.[20] 1992년에 '론 폴의 생존 보고서Ron Paul Survival Report'로 제목을 바꾼 이 소식지는 다가올 인종 전쟁에 대비하는 일종의 이케아 카탈로그였다. 소식지는 시사 문제를 해석하고 변주하고 소유물을 땅 밑에 숨기는 법, 재산을 금으로 바꾸거나 해외로 돌리는 법, 집을 요새로 바꾸고 가족을 지키는 법에 관한 저서와 서비스업체 목록을 제공했다.[21] "준비하시오"라고 소식지에 나와 있다. "상당한 규모의 흑인 인구가 사는 거대 도시 근처에 살고 있다면 남편과 부인 모두 총이 필요하며 [사격] 훈련을 받아야 한다"라는 것이다.[22]

남아공은 본받을 만한 사례였고, 여러 기사에서는 "탈백인화"를 아쉬워하며 칸톤화를 지지했다.[23] 소식지에서는 팔레스타인 사람들이 "자치 구역"을 가질 수 있다면 남아공 백인도 그렇게 하는 것이 어떠한지 질문했다.[24] 《론 폴의 생존 보고서》는 보편적인 인종 분리의 전망을 내놓았다. "통합은 어느 곳에서도 사랑이나 박애로 이어지지 않았고" "사람들은 자신의 것을 선호한다"라고 주장했다.[25] "사라져 가고 있는 백인 다수"는 미국이 서서히 남아공으로 변하고 있다는 것을 의미했다. 백인들은 "스스로를 대체하지 않고" 있었고, 소수자 집단은 국가 자원을 차지하고 있었다.[26] 제시된 해결책은 오래된 것이었다. "올드 사우스가 정말 옳았다. 분리독립은 자유를 의미했다"

* 법정화폐가 아닌 금은과 같은 금속 화폐 거래를 주장하는 사람.

라고 1994년 《론 폴의 생존 보고서》에 쓰여 있다.[27]

우연이 아니라, 소식지에서 다룬 주제들은 1990년부터 발행된 《로스바드 – 록웰 보고서》를 상기시켰다[28](이 소식지는 이후 《트리플 아르Triple R》로 제목을 바꾸었다. 폴이 워싱턴에서의 정치 생활을 마치고 복귀했을 때, 독자들은 구독료를 면제받았다). 록웰은 자신과 로스바드가 발전시키고 있던 이념을 "구(舊)자유지상주의"라고 불렀다.[29] '구'라는 접두사는 자유지상주의는 1960년대의 난봉꾼 기질을 "제거"하고 보수주의적 가치를 선호할 필요가 있다는 그들의 신념을 반영했다. 구자유지상주의자들은 "히피, 약물중독자와 호전적인 반기독교 무신론자들"을 좀 더 폭넓은 자유지상주의 운동으로부터 "분리"하여 유대 기독교 전통과 서양 문화를 수호하고, 국가와 다가오는 국가 없는 사회의 기본 구성 요소 모두로부터 가족, 교회 및 공동체를 보호할 진원지를 회복할 것을 기대했다.[30]

구자유지상주의자들은 자본주의적 무정부주의라는 미래를 기대했지만 무정형의 원자화된 개인 집단의 등장을 예견하지는 않았다. 오히려 사람들은 이성애 핵가족에서 더 확장된 집단, 즉 에드먼드 버크Edmund Burke가 자주 반복하는 인용문에서 "사회에서 우리가 속한 작은 소대"라고 불렀던 집단에 둥지를 틀게 될 것이었다. 구자유지상주의자들은 이 작은 소대가 인종에 따라 분류되는 것을 당연시했다. 록웰은 "자신이 속한 인종, 국적, 종교, 계급, 성性이나 정당의 구성원들과 함께하기를 바라는 것은 자연스럽고 당연한 인간의 충동"이라고 말했다. "흑인이 '흑인의 것'을 선호하는 것에는 아무 문제가 없다. 하지만 구자유지상주의자들은 백인이 '백인의 것' 혹은 아시아인이 '아시아적인 것'을 선호하는 것 또한 당연하다고 말할 것이다."[31] 냉전의 끝에 분리독립의 부활은 구자유지상주의자들에게 새로운 지정학의 전성기를 열어 준 것 같았다. 로스바드는 이렇게 적었다. "이것이야말로 프랑스혁명 시기를 살아가는 것과 다름없다." "일반적으로 역사는 빙산처럼 서서히 움직인다. (……) 그러다가 쾅!"[32] 로스바드는 "우리 눈앞에서 벌어지는 것은 특별하고 훌륭한, 국가의 죽음이다"라며 소련 해체를 묘사했다.[33] 물론 이 말은 특정 국가뿐 아니라 낙관적으로 국가 전체의 종말을 의미했다. 분리독립은 수단이었고 무정부 자본주의 사회가 목적이었다. 구자유지상주의자들은 대서양 건너편에서도 해체를 달성할 수 있기를 희망했다. 로스바드의 표현은 단호했다. "우리는 '위대한 사회 Great Society'•의 시계를 망가뜨릴 것이다. 우리는 복지국가의 시계를 망가뜨릴 것이다. (……) 우리는 20세기를 지워 버릴 것이다."[34]

구자유지상주의자들은 붕괴 이후의 준비를 자신들의 과업으로 삼았다. 소련의 운명을 지켜보면서 그들은 다음과 같이 설득력 있는 질문을 던졌다. 정권이 하룻밤 사이에 무너진다면 무슨 일이 일어날 것인가? 어떻게 집단적 삶이 지속될 수 있을 것인가? 이러한 생각은 불편하지 않았다. 수 세기 동안 이어진 돈키호테식 국가개입을 치워 버리고 무엇이든 그릴 수 있는 빈 석판을 남긴다는 감칠맛 나는 전망을 보여 주었기 때문이다. 록웰은 공기와 토지와 물의 민영화, 고속도로와 공항 매

• 1960년대 미국 대통령 린든 B. 존슨(Lyndon B. Johnson)이 펼친 사회복지 정책.

각, 복지 종료, 달러화에서 금본위제로의 복귀, 그리고 빈자들이 알아서 먹고살게 하는 충격요법에 관한 환상을 갖고 있었다.[35] 하지만 구자유지상주의자들은 또한 시작 지점의 잔해 더미에서 새로운 질서를 건설하는 방법이 필요하다는 것을 깨달았다. 그들은 집단을 하나로 묶어 내려면 전통과 문명적 가치가 필요하다는 점에서 극우파와의 공통점을 찾았다. 두 집단 모두 주류 여론의 주변부로 밀려났지만 협력할 공간을 마련해 준 인종 의식을 노골적으로 받아들였다.

로스바드는 자신들을 "구보수주의자"라고 부른 일리노이주의 록퍼드연구소Rockford Institute 소속 극우 집단과의 동맹을 주선했다. "구동맹"의 양측 모두 문화적, 인종적 차이라는 현실을 부정하지 말고, 심리학과 생물학의 기초 사실을 바탕으로 정치체를 다시 만들 때가 되었다고 결론 내렸다. 그들 모두 "전쟁 복지국가" 사업을 경멸했다. 해외 군사개입, 민권 법안, 연방정부의 빈곤 퇴치 노력은 그저 무능한 관료들을 위한 임시 프로그램이자 기생적인 정치인들을 위한 플랫폼에 불과했다.

1990년 댈러스에서 구동맹의 첫 번째 회동이 열렸다. 댈러스의 평야와 남아공의 초원은 크게 다르지 않았다. 둘 다 백인 정착의 물결이 일어났고, 19세기에는 원주민이 거주하는 공동 소유 영토를 사유재산으로 전환했다. 남아공에서는 개척자들이 내륙으로 밀고 들어왔고, 텍사스에서는 마차 행렬이 서부에서 멕시코만으로 들어왔다. 이 두 초기 이주에 관한 이야기가 여럿 남아 있다. 정치 지리의 가변성, 황무지로 여겨지는 곳에서 부를 창출한 백인의 노력, 피부가 더 어두운 실존적 적에 맞서 인종적 연대를 할 필요성 등이 그런 이야기이다. 정착자들의 이념은 세계의 인민을 반으로 갈라놓았다. 로스바드는 개척자들과 정착자들에게 "최초의" 영토 "사용자이자 변형자"라는, 자유지상주의의 궁극적 실천가로서의 특별한 지위를 부여했다.[36] 그는 노동을 통해 빼앗고 가치 있게 만든 "미개척지"의 소유권을 "새로운 자유주의 신조"의 핵심으로 두었다.[37] 정착자들은 정말로 사람이 없는 공터를 결코 발견하지 못했다는 주장에 대해, 로스바드는 다음과 같이 반박했다. 북미 원주민들은 자연법에 따라 경작한 토지에 대한 권리를 갖고 있었음에도 불구하고 이를 개인적으로 보유하지 못함으로써 이 권리를 상실했다는 것이다. 그는 원주민들이 "집단주의 체제 아래에서 살았다"라고 주장했다.[38] 원주민들은 공산주의의 원형이었기 때문에 그들의 토지 소유권은 고려할 가치가 없었다.

새로운 모임의 이름은 존랜돌프클럽John Randolph Club이었는데, 이는 "나는 자유를 사랑한다, 나는 평등을 싫어한다"라는 캐치프레이즈를 사용한 노예 소유주의 이름에서 따온 것이었다.[39] 클럽을 구성한 것은 영향력 있는 극우 인사들이었다.[40] 창립 멤버 중 하나는 재러드 테일러Jared Taylor로, 그가 이끌던 백인 민족주의 잡지 《아메리칸르네상스》에서는 비백인의 백인 "박탈"에 항의했다.[41] 또 다른 창립 멤버는 가장 유명한 비백인 이민 반대론자 피터 브리멜로Peter Brimelow로, 그는 저서 『소외된 국가Alien Nation』를 통해 "노골적인 백인 우월주의를 주요 이슈로 돌려놓았다.[42] 이 밖에도 백인이 "백인 인종 의식"을 통해 "정체성"과 "연대"[43]를 재천명해야 한다고 요구한 칼럼니스트 새뮤얼 프랜시스Samuel Francis, 비백인 이민자에 대한 이민 배척주의 논의에서 도널드 트럼프가 사용한 언어의 선례를 마련해

준 언론인 겸 정치인 팻 뷰캐넌Pat Buchanan 등이 있었다.[44]

원주민 자결론 대신, 존랜돌프클럽은 신남부연합 운동으로 더 잘 알려진 남부 백인의 자치 요구를 지지했다. 그리고 올드 사우스의 열렬한 지지자들은 가장 직접적으로 미국 정치에 전 지구적 분리독립 정신을 불러일으켰다. 신남부연합은 남부인들이 잉글랜드보다는 웨일스, 아일랜드, 스코틀랜드 출신 이민자들로 구성된 북부인들과 인종적으로 다르다는, 설득력이 낮은 연구 결과를 활용하여 자신들의 주장을 뒷받침하려고 했다.[45] 1988년에 발표된 저서 『무지렁이 백인 문화Cracker Culture』에서 주로 가져온 이른바 '켈트 남부 테제Celtic South Thesis'는 노예제의 역사와, 그것에 따른 인구론적 전통에 관한 작은 문제들을 비롯하여 분명한 오류로 가득 차 있지만, 대서양 반대편에서 벌어지고 있는 비슷한 사건을 임시변통으로 가져올 수 있었다. 신남부연합은 분명히 유럽 사례에서 영감을 받았다. 그들의 주요 조직인 남부연합Southern League(훗날 League of South)은 북부연합Lega Nord이라는, 북부 이탈리아 분리 운동을 추진했던 극우 정당의 이름을 따랐다. 《워싱턴포스트》에 발표한 남부연합의 "새로운 딕시 선언"•에서 남부연합은 "다문화, 대륙 제국"에서 벗어나 남부 주의 연방을 창설할 것을 주장했다.[46] 그들의 웹사이트에서는 '자치 구역' 웹페이지를 통해 남수단에서 오키나와와 플랑드르, 남티롤Tirol에 이르는 분리독립주의자들의 웹사이트 링크를 제공했다. 웹사이트에는 이렇게 적혀 있다. "독립. 리투아니아에서 좋은 것이라면, 딕시에서도 그러할 것이

• 딕시(Dixie)는 미국 동남부의 여러 주를 가리킨다.

다!"[47] 영국의 브렉시트 성공을 이끈 정당인 영국독립당UKIP의 웹사이트 역시 링크되어 있다.

신남부연합은 대체로 무정부 자본주의라고 볼 수는 없지만, 로스바드는 "분리독립권, 서로 다른 지역, 집단 혹은 인종적 민족주의자들이 더 큰 단체로부터 빠져나올 권리"가 필요하다는 그들의 주장을 지지했다.[48] 그는 또한 미국 남북전쟁 수정주의를 고수했다. 그는 연방군의 대의를 1990년대 미국 행정부의 모험적인 대외정책과 비교했는데, 민주주의와 인권이라는 명목으로 전 세계의 괴수들을 죽이려고 돌아다니던 미국은 스스로 제시한 어떠한 목적도 달성하지 못하고 죽음과 파괴만을 가져왔다. 그에게 "남북전쟁에서 남부의 패배라는 비극은 앞으로 이 나라에서 분리독립이라는 생각을 매장시켜 버렸다. 하지만 힘만으로는 모든 것을 바로잡을 수 없으며 분리독립의 명분은 다시 등장할 것이다."[49]

구동맹의 창립총회에서 로스바드는 자신들의 전망이 사회 보수주의와 거대 국가로부터의 탈출이라는 두 가지 쌍둥이 같은 생각이 연합된 것이라고 설명했다. 중앙정부가 존재하지 않는 세계에서 새로운 공동체들의 모습은 사유재산 소유자들 간의 "인근 계약neighborhood-contract"이 결정할 것이었다.[50] 다른 곳에서는 이러한 단위들을 닐 스티븐슨의 부족 개념과 긴밀하게 닮은 "동의에 따른 국가"라고 불렀다.[51] 해체와 분리는 정치의 기초로서 동질성을 확립하는 방법이었다.[52] 단지 새로운 이주를 중단시키는 것만으로는 충분치 않았다. 1776년에 만든 "구(舊)미 공화국"은 "유럽인에게, 그 뒤에는 아프리카인과 비스페인 출신 라틴아메리카인과 아시아인에게" 잠식당했고 밀려냈다. 미국이 "더 이상 한 민족이 아니기" 때문에, 그가 말하길 "민족 분리를 심각하게 고려해야만 한다".[53] 국가 영토의 일부라도 차지하여 작은 규모에서부터 시작할 수 있다. 그는 "우리는 우리의 고상하고 광범위한 목표를 달성하기 전에 상상할 수 없는 일을 감히 생각해야 한다"라고 말했다.[54] 그의 방식대로 간다면, 국가의 훌륭한 죽음이 미국에서 등장할 것이었다.

2.

우리는 종종 신남부연합과 같은 분리독립과 극우 운동을 순수한 정치적 혹은 문화적 관점에서 바라본다. 모든 경제적 요소를 무시하고 인종주의에 병리적으로 집착하는 것이라는 일종의 증상으로 바라보는 것이다. 하지만 이러한 이해는 잘못된 것이다. 우리는 1990년대 극우 정치 또한 자본주의의 관점에서 바라보아야 한다. 로스바드와 록웰의 논지는 경제학에서 출발했다. 1970년대에 미국이 포기한 금본위제를 옹호했던 그들은 법정 불환지폐 체제란, 다가올 초인플레이션 시대에 멸망할 운명이라고 생각했다. 거대 국가를 파괴하는 것만이 곧 다가올 통화 붕괴 이전에 탈출하여 몰락 이후 조직할 수 있는 좀 더 작은 국가를 만들어 낼 방법이다. 론 폴은 "재앙과 쾅 하는 소리와 함께" 변화가 도래할 것이라고 확신에 차서 말했다. 또한 소련과 미국을 비교하면서 "국가는 오늘날 우리가 처해 있는 조건 하에서 반드시 분열한다"라고 말했다. 그는 "소득세가 없고 건전통화를 가지고 있으며 번영하는 메트로폴리스"라는 텍사스

공화국Republic of Texas의 백일몽을 그려 보았다.[55]

　　머지않은 미래에 관한 이처럼 대단히 심각한 예측을 무시하더라도, 1990년대의 세계화로 소규모 국가들이 이전보다 더욱 잘 드러난 것은 분명하다. 싱가포르는 수출과 자유무역에 집중한다면 전 세계 수요에 따라 예측 불허의 변화에 시달릴 수는 있겠지만, 스스로 곡물을 재배하여 식량을 공급하지는 않아도 된다는 사례를 보여 주었다. 시장급진주의자들이 종종 지적하듯, 룩셈부르크나 모나코 같은 극소국가는 전 세계에서 가장 부유한 국가에 속한다.

　　구자유지상주의자들은 하나의 선택지로 분리독립이 퍼져 나간다면 사회민주주의에서 벗어난, 그리고 불필요한 것을 모두 제거한 자본주의를 향한 경제개혁을 신속하게 추진할 수 있으리라 기대했다. 이러한 주장을 가장 소리 높여 옹호한 사람으로 로스바드의 제자 격인 한스헤르만 호페Hans-Hermann Hoppe를 들 수 있는데, 그는 1995년 로스바드가 심장마비로 사망하자 스승의 뜻을 이어받았다. 프랑크푸르트에서 사회학을 연구한 그는 미국으로 이주하여 1986년 로스바드가 교원으로 재직 중이던 네바다대학교 라스베이거스경영대학원에 합류했다.[56] 존랜돌프클럽의 적극적인 회원이었던 그는 한때는 거의 잠들어 있던 동유럽의 사회주의 블록이 전 지구적 자본주의의 전위부대가 되면서 냉전 끝에 시대를 거스르는 흐름이 등장했음을 깨달았다. 자신이 읽은 유일한 경제학 저서는 밀턴 프리드먼의 『선택의 자유』라고 주장한 30대 초반인 사람이 에스토니아를 통치했다.[57] 소국가 몬테네그로는 자유지상주의 사립대학을 설립했다.[58] 이 지역 국가들은 신자유주의 싱크 탱크의 조언을 받아들여 낮은 일률 과세를 도입했다.[59] 호페가 보았듯, 소규모 개방경제들로 채워진 동유럽이 투자를 빨아들이고 생산업 일자리를 유인하면서 서양 복지 프로그램을 압박할 것이었다. 그는 "한 줌의 동유럽 '홍콩들' 혹은 '싱가포르들'의 등장은 서유럽의 자본과 재능 있는 기업가 상당 규모를 재빠르게 유치할 것이다"라고 말했다.[60]

호페는 한때 제멋대로 뻗어 나갔던 합스부르크제국과 오토만제국이 소속 국가들과 위임통치 국가로 갈라지게 되자, 제1차세계대전 이후 우드로 윌슨Woodrow Wilson이 고취한 민족자결주의의 과잉에 대한 반작용을 예견했다. 그는 미래의 국가들은 내부적으로 동질적일 것이며 "과거의 강요된 통합"이 "독특한 문화들의 자발적인 물리적 분리"로 대체될 것이라고 적었다.[61] 호페는 새로운 영토의 규모가 당시의 민족국가보다 훨씬 작아야 한다고 주장했다. "국가가 작으면 작을수록 보호주의보다는 자유무역을 택하도록 더 큰 압박을 가할 수 있기" 때문이다.[62] 극소국가와 도시국가를 사례로 들면서, 그는 "자유로운 나라와 지역과 주 수만 개, 자유도시 수십만 개로 이루어진 세계"를 주장했다. 그것은 유럽 중세의 전망과 유사한 것으로 1000년경 유럽 대륙은 상이한 정치체 수천 개가 밀집된 패턴으로 시작했다가 시간이 지나면서 20여 개로 줄어들었다. 로스바드는 20세기를 지워 버리라고 말했다. 호페의 메시지는 좀 더 극단적이었다. 지난 천년을 지워 버리라.

2005년, 호페는 부인이 소유한 터키시리비에라Turkish Riviera호텔 내 금박을 입힌 무도회장에서 사유재산과자유협회Property and Freedom Society의 첫 모임을 열었다.[63] 연례 회동에서, 협회는

(1996년에 해체한) 존랜돌프클럽 기존 회원들과 더불어 새로운 무국가주의 자유지상주의자들과 인종적 분리독립 지지자들을 받아들였다.[64] 인종 및 사회 분열 예언자들은 투자 자문가들 및 재정 컨설턴트들과 함께 무대에 나섰다. 어느 미팅에서 심리학자이자 인종 이론가 리처드 린Richard Lynn은 인종별 지적 능력에 관한 자신의 신간『지구적 벨 곡선The Global Bell Curve』을 소개했고, 다른 연사들은 "폭압의 지렛대 공공보건" "누구도 알아채지 못한 채 남들의 희생을 대가로 돈을 벌 수 있는가" "저금리정책의 신기루"● 등을 주제로 발표했다.[65] 레온 라우는 자신이 오라니아의 "실험"이라고 부른 강연을 진행한 카렐 보쇼프의 아들 카렐 보쇼프 4세와 같은 해에 연설을 했다.[66] 주최자 중 한 명은 오라니아를 평화로운 분리독립의 "보기 드문 사례"라며 칭송했다.[67] 피터 틸은, 사회 보수주의와 반민주 시장급진주의가 결합한 세력의 본진인 이 협회에서 연설할 예정이었으나 마지막에 취소해 버렸다.[68]

2010년 연례 회동에서 텍사스에서 자란, 다른 연사들보다 젊은 한 백인이 무대에 나섰다. 트위드 블레이저를 입고, 맥북을 독서대에 올려놓은 리처드 스펜서Richard Spencer는 이 자리에 오르기 전까지 그의 직업이었던 역사학과 대학원생 같았다. 그는 이제 막《대안우파The Alternative Right》라는 온라인 잡지를 창간했는데, 이 단어로 매우 악명 높은 인물로 올라섰다. 강연에서 스펜서는 구동맹의 전망과 매우 유사한, 다가올 세계에

● 자유지상주의자들은 경기침체를 반등시키기 위한 중앙은행의 저금리 통화정책을 정부의 인위적 시장개입이라고 본다.

관한 그림을 제시했다. 캘리포니아와 남서부 "라틴계 민족주의 공동체들", "도시 내부"의 흑인 공동체들, 중서부의 "기독교 재건 프로테스탄트 국가"로 만들어질 인종 분리주의가 새로운 규범으로 자리 잡을 것이었다.[69] 스펜서에게 오늘날 정치는 분열로 향하고 있었다. 《대안우파》의 목표는 그날을 기다리며 붕괴를 앞당기는 것이었다. 6년 후 스펜서는 워싱턴디시의 집회에서 나치의 경례 구호인 "승리 만세 Sieg Heil"를 "트럼프 만세! 우리의 인민 만세! 승리 만세! Hail Trump! Hail our people! Hail victory!"로 번역해 외치며 유명 인사로 떠올랐다.[70] 몇몇에게 균열의 꿈은 트럼프의 선거 승리 이후 가까워지는 듯했다. 미제스연구소 소장은 트럼프가 하나의 세계정부라는 "글로벌리스트 서사의 균열"을 보여 주었고 자유지상주의자들은 모든 형태의 분리독립을 지원하여 이 상황을 적극 활용해야 한다고 적었다.[71]

호페는 극우파의 우상으로 등극했다.[72] 특히 보통선거권은 군주제와 봉건제 아래에서 사회를 조직해 왔던 "자연적 엘리트"라는 계급제도를 무기력하게 만들었기 때문에 근대성의 원죄라고 주장한 저서 『민주주의—실패한 신 Democracy: The God That Failed』은 그의 명성을 드높였다.[73] 호페는 민주주의가 낳은 복지국가는 능력이 떨어지는 사람들의 재생산을 부추기고 재능을 갖춘 사람이 능력을 십분 발휘하지 못하게 만드는 역선택적 결과로 이어진다고 주장했다. 나아가 그는 논지를 뒷받침하고자 "탈문명화" 과정을 뒤집기 위해서는 좀 더 작은 크기의 동질한 공동체들로 분리하는 것이 필요하다는 인종주의 과학자들을 인용했다.[74] 극우파들을 가장 기쁘게 한 것은 정치적으로 탐탁지 않은 자들을 축출해야 한다는 주장을 공개적으로 옹호한 문구였다. "자유지상주의 사회질서에서는 민주주의자들과 공산주의자들에 대한 어떠한 관용도 용납할 수 없다"라고 호페는 말했다. "그들을 사회로부터 물리적으로 분리하고 추방해야 한다."[75] 호페의 얼굴은 제거를 주제로 삼은 다양한 온라인 이미지에 등장했고, 종종 반대파의 시신을 공중에서 던져버린 악명 높은 칠레 독재자 아우구스토 피노체트를 의미하는 헬리콥터와 함께했다.

애틀랜타 외곽 플랜테이션에서 진행된, 죽기 전 마지막 강연에서 로스바드는 남북전쟁 당시 북부연방군 출신 장군과 대통령의 동상들이 동베를린의 레닌 동상들처럼 "끌어내려져 녹게" 되고 남부연합 영웅들의 동상이 그 자리를 차지하게 될 미래를 그려 보았다.[76] 물론 수많은 남부연합군 영웅의 동상이 이미 세워져 있다. 그중 하나인 버지니아주 샬럿에 세워진 로버트 E. 리 장군의 동상을 지켜 내려는 운동은 2017년 10월 백인 민족주의자들에게 상징적 위치를 차지하게 되었다. 그들은 흰색 폴로셔츠와 카키색 바지를 맞춰 입고 대나무로 만든 티키 횃불을 들고 도시 전체를 행진하면서 백인 인구 감소에 대한 불안을 구호에 담아 전했다. "너희는 우리를 대신할 수 없을 것이다."[77] 집회 주최자들 중 백인 민족주의자들은 호페의 팬이었다. 그들은 **"나는 물리적 제거를 사랑한다I♥PHYSICAL REMOVAL"**라는 자동차 범퍼 스티커를 판매했다.[78]

호페는 자신에 대한 지지를 부인하기보다는 그 통찰력에 찬사를 보냈다. 2018년에 그는 『백인, 우파, 그리고 자유지상주의White, Right, and Libertarian』라는 책에 추천사를 썼다. 이 책 표지에는 머리에 공산주의, 이슬람교, 안티파antifa, 페미니즘의 로

고가 달린 시신 네 구가 헬리콥터에 매달려 있는 그림이 그려져 있다.[79] 호페는 공통의 문화, 심지어 공통의 인종을 강조하는 극우파가 어떻게 미래의 국가 없는 사회에서 사회적 결속력을 만들어 낼 수 있을지 보여 주었다. 비백인 이민자에 대한 강성 반대파는 또한 구자유지상주의자들이 1990년대 초부터 주장해 왔던 국경 봉쇄의 입장과도 양립했다.[80] 결국 그는 인터넷 게시판에 나타난 이미지와 논쟁할 이유가 없다는 것을 보여 준 듯했다. 이 게시판에서 (극우파의 아이콘 페페 더 프로그Pepe the Frog의 스타일에 맞춰 그린) 로스바드, 호페, 미제스는 검정색과 금색의 무정부 자본주의 깃발 앞에 서 있고, 호페는 돌격용 자동소총을 들고 있다. 이러한 극단적 크랙업 캐피털리즘에서 구역은 인종에 따라 결정되고 공격적인 무관용을 그 특징으로 한다.

3.

올드 사우스의 부활이라는 꿈은 비참하게 실패한 듯하다. "남부 주 연방"은 등장하지 않았다.[81] 하지만 열망을 실현할 열쇠나 동산 노예제*에 관한 꿈을 뛰어넘는 무언가가 있었다. 독자적인 남부 자유무역이라는 아이디어는 노조 관련 법률이 약하고 세금 혜택이 더 큰 지역으로 공장들이 이전하면서 변해 간 투자 및 생산 지역의 상황을 반영했다. 전 지구적 물류의 허브는 [모두 남부에 위치한] 멤피스(페덱스사)와 루이빌(UPS사)에서

* 노예를 재산시하는 제도.

운영되고 있었다. 애틀랜타의 공항은 전 세계에서 승객 운송으로 가장 붐비는 곳이었다. 노스캐롤라이나의 글로벌트랜스파크Global Trans Park는 1만 5000에이커[약 61제곱킬로미터]에 달하는 해상, 도로, 철도, 항공 연결망을 제공했다.[82]

존랜돌프클럽의 첫 모임이 열렸던 댈러스 인근 농촌 지역은 20세기에 목초지로 남아 있었지만, 지난 10여 년간은 셰일가스 추출 지역으로서 더 많은 이윤을 남겼다. 셰일 혁명이 새로운 부를 낳자, 토지의 공공 소유권은 더욱더 정치적 논쟁의 대상이 되었다. 연방정부는 텍사스 토지 중 2퍼센트 이하를 보유하고 있지만, 로스바드와 호페가 학생들을 가르쳤던 네바다에서는 84퍼센트를 보유하고 있다. 구자유지상주의자들처럼 완전히 민영화된 국가의 전망을 가진 사람들에게 이러한 상황은 계속해서 경고신호를 보내고 있었다. 1990년대와 21세기 초 몇 해 동안 소유권에 대한 욕망은 노스캐롤라이나 북부 지역 제퍼슨자유주에서부터 오리건주 멀루어야생동물국가보호구역을 점거했던 전투적 목장주들까지 분리독립 운동에 불을 붙였다. 이러한 집단들은 워싱턴디시의 집산주의자들로부터 영토를 빼앗고 자치 구역을 떼어 내고 평행한 권력구조를 만들려고 노력했다.[83] 이러한 방식은 자급자족과 같은 향수 어린 이전 방식으로 돌아가려는 것이 아니라 전 세계에서 거래되는 소고기, 석유, 목재와 같은 상품을 생산할 토지를 빼앗는 것이었다.

댈러스는 현대 자본주의가 경제적으로는 상호연결된 상태로 남아 있으면서, 국제연합에 깃발이나 의석을 갖고 있지 않더라도 다른 사람들과 거리를 둘 수 있는 다양한 방법이 존재함을 보여 주었다. 한 세기 동안, 이 도시는 구동맹이 꿈꾸던 계약, 배제, 분리의 다양한 형태를 실험해 왔다. 1920년대에 댈러스는 도시 구역에 인종 혼합을 금지하는 법을 통과시켰다. 백인들은 자경단의 폭력을 통해 분리를 감시했다. 도시가 성장하면서 백인들은 법인 거주지를 만들어 자신들을 분리해 왔다. 세금은 도시 전체가 아닌 자신들 구역의 학교에 사용될 것이었다.[84]

1990년대는 단지 유럽의 주권만 분절된 시기가 아니었다. 동일한 현상이 미국 내륙에서도 등장했다. 이 시기에 새로운 주거 단지가 폭발적으로 늘어났다. 외부인 출입 제한 거주지는 공간 분리에서 가장 최근의 혁신을 보여 주었다. 로스바드와 호페가 사는 라스베이거스는 이 시기 미국에서 가장 빨리 성장하는 도시였고 외부인 출입 제한 거주지를 가장 선호했다. 이런 주택지가 급속하게 늘어나는 것에 항의하고자 어느 흑인 시의원은 이를 "사립 유토피아"라고 불렀다.[85] 이 문구는 꽤나 잘 선택한 것이다. 기존 전망이 설득력을 잃었다고 말하는 사람에게 미국 도시의 현실과 그 주변 환경을 보여 주면서 이미 미래가 여기 존재하노라고 말할 수 있다. 공공 문화의 몰락을 걱정하는 중도 및 좌파 자유지상주의자들이 걱정스러운 눈으로 바라보며 종종 논의하고 있는 출입 제한 거주지와 정착지는, 자유지상주의자들에게는 용기를 북돋아 주는 눈부신 지점이었다. 그들은 다음과 같은 질문을 던진다. 만약 그토록 혐오받는 교외 지역 형태가 사실 좋은 것이라면? 아마도, 여기에, 축소된 형태로, 민간 정부라는 대안 프로젝트가 뿌리내리고, 점거된 영토 안에서 자유화된 구역을 만들어 낼 수 있을 것이다. 이는 국가 밖이 아니라 안에서 이루어지는 "유연한 분리독립"이 될 수 있었다. 크랙업은 집에서부터 시작할 수 있다.

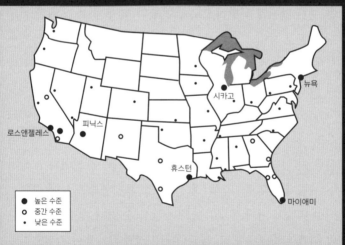

에드워드 J. 블레이클Edward J. Blakely 와 메리 스나이더Mary Snyder가 제작, 『요새화된 아메리카: 미국의 게이티드 커뮤니티Fortress America: Gated Communities in the United States』(위싱턴 D.C.: 브루킹스연구소출판소, 1997)

● 높은 수준
○ 중간 수준
· 낮은 수준

미국 외부인 출입 제한 거주지 밀집도, 1996년

6장

새로운 중세 코스프레

1990년 신자유주의의 거물들이 전 세계에서 가장 자유로운 경제로 홍콩을 선정하는 모임을 갖기로 결정했을 때, 그들은 놀라운 장소를 택했다.[1] 시랜치Sea Ranch라는, 캘리포니아 북부 해안가에 10마일[약 16킬로미터] 정도 늘어선 지역에 주민 1만여 명이 살고 있는 공동체였다. 회색과 갈색 줄무늬가 있는, 비탈진 지붕의 방갈로 단층집이 있는 곳이었다. 방갈로들은 이끼로 뒤덮인 절벽 뒤, 볼록한 황무지 위에 둥지를 틀고 있었다. 태양이 태평양 수평선 위로 떠오르면 이곳 풍경은 꿈에 잠긴 듯했다. 이 건물들은 수많은 커피 테이블용 책,《드웰Dwell》과《건축다이제스트Architectural Digest》의 특집 기사, 그리고 최근의 인스타그램 피드와 핀터레스트 보드에서 오래도록 회자되고 있다. 이러한 미학적 모습은 [건물의 활용보다 그 자체에 집착하는] 물신성을 보여 주는 듯했다.《뉴욕타임스》는 시랜치를 근대적 유토피아라고 불렀다.[2] 하지만 속세의 모습을 보자면 사유재산과 민간 규칙의 유토피아인 외부인 출입 제한 거주지이기도 했다. 1990년 모임 당시 이 지역 인구 중 97퍼센트가 백인이었다.[3] 거주 방식에서는 56쪽 분량인 『시랜치 제한 사항Sea Ranch Restrictions』을 따라야 했다.[4] 나무의 높이가 제한되었고 휘장에는 반드시 차분한 색상을 사용해야 했으며, 빨랫줄의 빨래는 밖에서 볼 수 없도록 걸어 놔야 했다. 최초의 기획자는 이곳을 사회주의가 없는 키부츠(이스라엘의 생활 공동체)라고 불렀다.[5] 당신에게는 선택의 자유가 있지만 그 자유는 더 큰 포고령을 준수할 때만 주어진다. 정해진 규칙을 따르라.

이 해안 지역에는 오랫동안 울타리와 배제의 역사가 있었다. 1840년대에는 이곳에 "푹신한 금"인 해달 모피를 구하려고 러시아 이주민들이 도착했다. 그들은 큼지막한 토지를 차지하고는 나무로 벽을 쳐 (러시아어 루스Rus에서 나온) 포트로스Fort Ross라고 불리게 될 정착지를 만들었다. 이곳에 정착한 어느 모스크바 상류층 인사는 살롱 문화를 도입했고, 무용 공연을 개최했으며, 유리 온실을 지었다.[6] 하지만 해달이 이곳을 떠나자, 러시아인들 또한 건물들을 싼값에 독일 출신 농민들에게 팔아넘기고 떠났다. 그리고 멕시코 정부가 이 영토를 차지했다. 1846년 한 달 동안, 캘리포니아공화국Bear Republic of California이 이 지역에서 주권을 주장하다가 미국에 넘겨주면서 캘리포니아주 깃발에 곰의 상징만을 남겼다. 벌목한 나무를 목재로 만들 공장을 지었지만 세기가 바뀔 즈음에 불타 버렸다. 수십 년이 지나 이 토지는 부동산 자산과 감각적 즐거움의 공간이 되었다.

1960년대에 설립된 시랜치는 벽으로 둘러싸인 주거지

부흥을 이끌었고, 한 세기 동안의 공백을 끝내고 요새를 해안으로 되돌렸다. 20세기 말, 외부인 출입 제한 거주지는 단지 새로운 종류의 부동산 이상이었다. 이는 그 순간의 은유가 되었다.[7] 그들은 두 세력이 힘을 겨루었던 냉전 이후 10년의 역설을 포착한 것 같았다. 그중 하나는 점점 더 커지는 연결감, 원활한 이동성과 의사소통의 느낌이었다. 다른 하나는 고립감, 사회적 분리, 새로운 벽, 즉 남아공에서 그 시스템이 공식적으로 사라졌음에도 불구하고 통용되는 용어를 사용하면 전 지구적 아파르트헤이트라는 느낌이었다.[8] 외부인 출입 제한 거주지는 닫혀 있지만 서로 연결되어 있으며, "도로의 띠, 광섬유케이블과 디지털 전자신호"를 통해 세계와 엮여 있다.[9] 신흥 질서를 설명하려고 애쓰며 수많은 사람은 과거를 살펴보았고 이를 새로운 중세로의 회귀라고 진단했다. "우리는 방어가 가능하고 성벽과 문으로 둘러싸인 마을이 시골 곳곳에 있는 일종의 중세 풍경을 건설하고 있다"라고 어느 건축 비평가가 탄식했다.[10]

이러한 사태로 시장급진주의자들은 우울해지지 않았다. 그들은 영감을 받았다. 그들에게 외부인 출입 제한 거주지는 함의 그 이상이었다. 런던 도클랜드와 시스케이 반투스탄처럼, 소규모-질서 구역을 만들고 천공 프로젝트를 지속적으로 추진할 공간이자 실험실이었다. 그들은 정착의 원심력과 다양한 법적 제도가 증가하는 것을 수용했다. 탈중앙집권화의 새로운 지도를 그려 내고자 그들은 중세 법과 질서로의 복귀를 계획했다.

1.

밀턴 프리드먼의 아들이자 지적 여정을 통해 20세기 후반 자유지상주의의 급진화를 잘 보여 주는 데이비드 디렉터 프리드먼 David Director Friedman만큼 중세에 집착한 사람도 없다. 1945년 뉴욕에서 태어난 데이비드는 아버지가 교편을 잡았던 시카고 대학교의 하이드파크 학자촌에서 자라났다. 비록 외부인 출입 제한 거주지는 아니었지만, 하이드파크는 사우스사이드의 빈곤층 및 흑인 거주 지역으로 둘러싸여 있는 2제곱마일[약 5제곱 킬로미터]보다 작은 아주 좁은 지역으로, 20세기 중반 미국에서 인종과 사유재산권을 두고 투쟁해 온 최전선이었다. 1940년대 에는 거주지와 외부 지역 간의 분리를 거스르려는 시도는 거주 자들의 강한 반대에 부딪혔다. 어느 팸플릿에서 주택 소유자들 은 이웃에 대한 인종적 서약racial covenant •을 "도덕적으로 정당하 며 편견에 따라 일으킨 것이 아니다"라고 설명했다. 그들은 제 한적 계약이 "사적 계약private contract"으로, 투자의 안전과 "원치 않는 이웃의 부정적 영향을 방지할 안전장치"를 마련해 준다고 주장했다.[11] 『자본주의와 자유』에서 밀턴 프리드먼은 차별에 반대하는 법을 반대했다. 그는 사람들이 주에서 제공하는 바우 처로 학비를 지불하는 완전한 사적private 교육제도를 선호했다. 만약 세금을 분리된 지역의 학교에 사용하겠다면, 그렇게 하도 록 내버려두라.[12]

1960년대 초 하버드대학교 학부생 시절, 데이비드는 자

• 백인 거주지에 흑인이 전입하는 것을 불법으로 규정한 법.

신의 아버지가 자문을 맡았던 배리 골드워터Barry Goldwater의 대
선 출마가 자극한 보수주의 부활 운동에 뛰어들었다.[13] 시카고
대학교 이론물리학 대학원에 진학하면서 하이드파크로 돌아
온 그는 《새로운 경비대New Guard》라는 젊은 보수주의 잡지에
고정 칼럼을 기고했다. 어조는 호전적이었다. 그의 칼럼은 "학
생 반란군이야말로 우리의 적이다"라며 시작한다. "반란군이
무력을 사용한다면, 가까운 가로등에 그들의 목을 매달아야 한
다."[14] 《뉴욕타임스매거진》은 그를 자유지상주의 운동에서 "가
장 뛰어나고 분명한 대변인" 중 하나로 지목했다. 데이비드는
이렇게 주장했다. "정부가 당신을 위해 무엇을 해 줄 수 있는
지를 묻지 말라. (……) 그 대신 정부가 당신에게 무엇을 하고
있는지를 물어보라."[15] 뿔테 안경을 쓰고 곱슬곱슬한 긴 머리
를 한 그는 기숙사 토론 대회 우승 자리를 즐기며 도발적인 농
담을 던졌다. 공적인 자리에서 그는 종종 금색 메달을 착용했
다. 메달에는 자유의 횃불이 그려져 있었고, 개즈던 깃발Gadsden
flag에 등장하는, '**나를 밟으려 들지 마라**DONT TREAD ON ME'라
고 말하는 뱀이 그 횃불을 감싸고 있었다. TANSTAAFL이라
는 글자도 새겨져 있었는데, 이는 그의 아버지가 만들어 널리
알린 말이었다. "**공짜 점심이란 없다**There Ain't No Such Thing as a Free
Lunch."[16]

　　데이비드 프리드먼의 정치는 그의 아버지보다도 더욱
국가 부정으로 기울어져 있다. 밀턴은 공교육에 회의적이었지
만 법과 질서에서부터 사유재산 수호, 화폐의 발행과 통제, 그
리고 심지어 때때로, 독점을 방지하고 환경을 오염시키는 자
들을 처벌하는 것과 같은 국가의 다른 기능을 인정했다.[17] 그

가 자주 언급했듯, 그는 결코 무정부주의자가 아니었다. 반면 그의 아들은 무정부주의자였다. 물리학 박사학위를 취득한 지 2년 후 데이비드는 『자유를 위한 조직 — 급진적 자본주의 가이드The Machinery of Freedom: Guide to a Radical Capitalism』라는 선언문을 출판했다.[18] 이 저서는 도로에서 법원과 경찰까지 모든 국가 기능이 민영화된 체제로 정의할 수 있는 머리 로스바드의 무정부 자본주의를 따르는 극단적 입장을 취했다. 공공 법률은 모두 존재하지 않을 것이며, 민주주의의 어떤 흔적도 남지 않을 것이라고 했다.

출발점에서부터 무정부 자본주의는 사상 실험의 성격을 띠고 있었다. 종종 이 체제에 관한 논쟁은 현존하는 국가구조의 맥락에서 완벽하게 민영화된 세계를 실제로 실현하는 어려움을 두고 벌어지곤 했다. 일반적인 반대 의견의 근거는 국방 문제였다. 어떻게 민간 공동체가 핵무기로 무장한 적으로부터 자신을 보호할 수 있는가? 현실적인 가능성 때문에 무정부 자본주의는 과거로 피난을 가야만 했다. 1970년,《새로운 경비대》편집자에게 전달된 어느 편지에서는 국방을 민영화한다면 경제적 자유가 아닌 "새로운 봉건주의"가 도래할 수 있다고 경고했다.[19] 그는 자신이 알고 있던 것보다 진실에 더 가까이 다가서 있었다.

사실, 데이비드 프리드먼의 작업은 보의 캐리어독 공작Duke Cariadoc of the Bow이라는 이름을 가진, 12세기 초 베르베르인 상류층으로서의 그의 페르소나와 분리해서 생각할 수 없다. 그는 1960년대 버클리에서 출범한 창조적시대착오협회Society for Creative Anachronism, SCA라는 단체에서 적극적으로 활동했다.[20]

캐리어독이라는 페르소나로 분했을 때 프리드먼은 안경을 벗었고, 오른손으로만 음식을 먹었으며, 말을 끝낼 때마다 항상 신에게 존경을 표하는, 종종 비무슬림교 사망자를 부르면서 덧붙였던 "믿지 않는 자에게 저주를"이라는 문구를 더했다. 그는 어떻게 중세 무슬림이 될 수 있는지 조언했고 자기 이름을 아랍어로 적기도 했다.[21] 1972년, 그는 연례 SCA 모임에서 펜실베이니아와 고대 카르타고를 뜻하는 퓨닉 Punic을 혼합한 펜식 Pennsic 전쟁을 제안했다. 첫 번째 행사에 150명이 참여했다. 1990년대 말, 2주에 걸쳐 진행된 이 중세 캠핑 행사에는 정기적으로 1만여 명이 참가했다.[22]

프리드먼의 연구에는 중세의 전통적 주제가 반영되었다. 권위 있는 학술지 《정치경제학저널 Journal of Political Economy》에 발표한 논문에서 그는 "국가의 크기와 형태에 관한 이론"을 제공하면서 중세 무역 경로 측정 방식을 제시했다.[23] 그러나 그가 신중세 관련 연구에 가장 오랫동안 영향력을 행사할 글을 발표한 것은 1978년이었다. 자신의 아버지가 카메라 앞에서 홍콩의 기적을 설명할 때, 데이비드는 바다 위의 바위인 아이슬란드에 주목했다. 그는 이곳에서 무정부 자본주의 문명의 흔적을 찾을 수 있다고 생각했다.

그는 10세기부터 13세기까지 북유럽 섬은 "시장체제가 정부의 가장 근본적인 기능을 대신할 수 있는 기간을 실험하기 위해 어느 미친 경제학자가 발명한 것과 다를 바 없다"라고 적었다.[24] 그에 따르면 중세 아이슬란드에서 법은 사적으로 집행되었다. 심지어 살인도 피해자 가족에게 벌금을 지급하는 민사 사건으로 취급되었다.[25] 이 모델의 매력은 피해자가 응징할 권한을 다른 사람에게 양도할 수 있다는 점이었다. 범죄의 피해자는 제3자에게 응징할 수 있는 계약을 판매할 수 있었다. 희생자가 사유재산을 갖는 것과 같았다. 프리드먼은 300여 년 동안 견고하게 지속된 아이슬란드 체제에 경의를 보냈고, 이것이 오늘날에도 영감을 줄 수 있다고 주장했다. 중세 아이슬란드는 "미국의 법 체제가 최첨단 법률 기술보다 1000년 정도 뒤처져 있다"라는 것을 보여 준다.[26]

다른 이들은 프리드먼이 제시한 논의의 맥락을 이어 나갔다. 그의 동료인 무정부 자본주의 경제학자 브루스 벤슨Bruce Benson이 가장 중요한 인물이었다.[27] 1990년 저서 『법이라는 산업—국가 없는 정의 The Enterprise of the Law: Justice Without the State』에서 벤슨은 또한 20세기 후반 형사 사법제도 개혁을 위해 중세의 관습을 다시 도입해야 한다고 제안했다. 벤슨의 서사에 따르면, 독일 종족은 <u>피의 돈</u>wergeld 혹은 "사람 가격"을 15세기 영국 제도에 도입했다.[28] 수감보다는 경제적 보상이 이상적인 처벌 형태였다. 중세에는 그가 "협동 보호 및 법률 집행 협회"라고 찬양한 "수백hundreds"이라고 불리는 자치 조직이 보상을 배분했다.[29] 하지만 이미 11세기의 법과 질서는 좀 더 상의하달적인 방식을 갖추기 시작했다. 왕은 보안관을 임명하여 벌금 일부를 차지했다.[30] 왕의 법률에 호소하지 않고 절도 범죄를 종결 짓는 것은 금지되었다.[31] 노르만 중앙집권주의가 색슨의 지방주의를 대신하면서, 개인 간 모욕 행위는 "범죄"가 되었다. 12세기경, 세금 징수원과 판사는 법원 소속이었으며 왕실 승인을 통해 주민으로부터 세금을 걷을 수 있는 허가를 받았다.[32] 또한 왕을 통해서만 얻을 수 있었던 감옥 운영 허가권은 수감자들에게 비용을 청구하여 수익을 남기는 사업이 되었다.[33] 벤슨은 투옥을 국가에 불필요한 기능으로 보았다. 그에게 최악의 순간은 영국에 세금으로 운영하는 공적 수감 체제가 등장한 19세기였다.[34]

법제사를 관통하는 벤슨의 질주는 민간의 법에서 권위주의 법으로 이동해 가는 궤적을 추적한다.[35] 무정부 자본주의자인 그는 정부가 부과하는 모든 형태의 조세, 벌금 및 과태료는 절도라고 믿었다. 게르만족 전쟁 수장의 자치 조직에서 멀어질수록 폭압에 더욱 가까이 다가가기 때문이다. 하지만 그는 희망을 품었다. 치안의 공적 독점이 사실은 꽤 최근에야 등장했다고 본 것이다. 19세기에도 민간 경찰력과 더불어 민간 "도둑 포획자"들이 있었다. 20세기 후반, 민영화가 법이라는 산업을 민간으로 돌려놓고 있었다. 그는 민간 보안 업무를 제공해 온 메사상인경찰Mesa Merchant Police 및 가즈마크Guardsmark와 더불어 핑커톤Pinkerton과 와켄허트Wackenhut 같은 오랜 기업들을 지목했고, 과거의 이민귀화국을 대신하여 불법 이민자들을 구금한 사우스웨스트행동체제를 강조했다.[36] 법과 질서의 민영화를 찬성하는 주요 근거는 임금 삭감이었다.[37] 민영화는 강력한 경찰 및 교도관 노조 문제를 해결할 수 있었다.

1990년대 사이버펑크 집단 내부에서는 다양한 신중세적 민간 사법 체계가 등장했다. 윌리엄 깁슨William Gibson의 소설 『가상의 빛Virtual Light』에 등장하는 "행방불명 채무자 수색원들skip-tracers"은 계약에 묶인 사람들을 추적한다.[38] 2036년을 배경으로 하는 애니메이션 미니시리즈 〈전투 천사Battle Angel〉에서는 프리랜서 사업가 집단이 이윤을 목적으로 범죄자들을 쫓는다. "한때 범죄를 방지하려는 목적에서 경찰이라고 불리는 것이 있었다"라고 어느 등장인물이 설명한다. "최근 공장은 범죄자들에게 현상금을 걸었고 나와 같은 현상금 사냥꾼들에게 더러운 일을 하도록 맡겨 두었다."[39] 당시 미국에서 벤슨은 잃어버린 전통을 회복할 다른 방법들을 제안했다. 거리의 소유권을 거주자들에게 넘긴다는 것은 주민들이 스스로 치안을 담당하고 공동체의식을 강화해 의심스러운 외부자들을 차단할 수 있음을 의미했다. 그는 자기 말을 실천에 옮겼고, 플로리다 탤러해시 Tallahassee의 외부인 출입 제한 거주지에 거주했다. 이곳에서는 민간 소유 거리와 단독 입구, 이웃에 대한 '범죄 감시 시스템 Crime Watch'을 갖추고 있었다.[40] 민영화는 앵글로색슨 '수백'의 정신을 되살리고 있었다.[41]

벤슨은 그저 밑 빠진 독에 물을 붓고 있었던 것이 아니었다. 싱크 탱크들은 그를 재정적으로 지원했고 환대했다. 1998년, 그의 주장은 캔자스주 범죄 감소 및 방지에 관한 윌리엄 I. 코크 위원회의 보고서에 반영되었다. 그가 말하길, 법과 질서의 민영화는 "새로운 것이라기보다 과거의 실천으로 돌아가는 것이다".[42] 21세기에 들어 찰스코크재단과 같은 자유지상주의 후원자들이 형무소 폐지론으로 돌아서는 것에 당혹감을 감추지 못했던 사람들은 벤슨의 주장에 귀를 기울였다. 그를 따르는 시장급진주의자들은 갱생을 유도하는 국가주의 정책보다는 민사 배상이 더욱 그 목적을 달성하기에, 감옥은 그 자체로 처벌의 왜곡이라고 여긴다.[43] 도둑 포획 용병, 민간 범죄 추적자가 바로잡는 정의, 거래 가능한 형태의 보복 계약이야말로 먼 과거로부터 영감을 받은 개혁의 구성 요소였다.

20세기의 마지막 10여 년 동안, 신자유주의 운동의 중심축은 서쪽으로 향했다. 기성 체제에 대한 저항으로 더욱 유명한 샌프란시스코만 지역에서 예상치 못했던 변화가 일고 있었다. 새로운 길을 개척한 밀턴 프리드먼과 로즈 프리드먼 부부가 1979년 이곳으로 이주했다. 그들은 시랜치에 두 번째 주택을 구입하고 로열타워스에 주 거주지를 구입했다. 로열타워스는 샌프란시스코 러시안힐에서 가장 높은 건물로, 돌출 창이 있는 테라스에 29층 높이로 솟아 있다. 언덕 맨 아래에는 찰스 코크, 에드 크레인Ed Crane과 머리 로스바드가 설립한 카토연구소가 자리 잡고 있었다. 근처에는《인콰이어리Inquiry》및《자유지상주의논평Libertarian Review》사무실이 있었다.[44] 프리드먼 부부는 과거 닭고기 업계의 거물이자 실패한 바다거북 목장주이자 싱크 탱크 기획자였던 이웃 앤터니 피셔Antony Fisher*와 종종 저녁을 함께했다. 피셔는 1979년에 태평양연구소Pacific Research Institute를, 1981년에는 아틀라스재단Atlas Foundation을 설립했다. 이 기관들은 레이건 시기 민영화 정책 추진에 커다란 영향력을 행사한 집단이 되었다.[45] 태평양연구소는 브루스 벤슨의 중세 연구에 자금을 지원했다.

　　1990년대 서부에서 가장 신나는 지역은 시랜치처럼 소분하여 통치한 곳이었다. 외부인 출입 제한 거주지 현상을 칭

---

* 영국과 미국의 신자유주의 운동을 후원했던 보수주의 성향의 기업가. 하이에크의 조언에 따라 영국의 신자유주의 운동을 이끈 싱크 탱크인 경제문제연구소(Institute of Economic Affairs)를 설립했다.

송한 카토연구소 부소장은 인민들이 "야만적인 위협에 벽을 세우는 방식으로" 합리적으로 대응하고 있다고 적었다.[46] 또 다른 자유지상주의자는 시랜치처럼 "자발적 도시들"을 만든다면 마약 중독자들을 쫓아내어 미국 도시들의 "마약 소굴" 문제를 해결할 수 있지 않겠냐고 질문하기도 했다.[47] 하지만 외부인 출입 제한 거주지들은 단순한 피난처 이상으로 실험을 진행할 수 있는 구역이었다. 경제학자들은 "헌법적 규칙을 생산하고 판매하는 기업가들이 만든 (……) 계약 정부"라고 설명했다.[48] 그들 생각에는 최적의 결과를 낳지 않는 오래된 "일인일표제" 대신, 단위 주택별로 혹은 심지어 그 크기에 따라 투표권이 배당되었다.[49] 이러한 입장으로 새로운 성벽 도시들은 민주주의 없는 자본주의의 사례를 보여 주는 전시장으로 발돋움했다.

외부인 출입 제한 거주지란 미래를 다시 설계한 사례라고 옹호한 고든 털럭Gordon Tullock이 이를 가장 면밀하게 조사했다. 법률가 출신인 그는 학계에 진출하기 전까지 미 국무부 소속으로 홍콩, 서울, 톈진에서 근무했다. 그는 광범위한 학문 분야와 지역에서 얻은 통찰을 모은 지적 까치였다. 그의 혼합주의적 접근 방식은 그가 1979년 자유지상주의 사상의 실험을 진행하기에 적합한 공간이었던 아파르트헤이트 남아공에 정착했을 때 드러났다. 라우와 켄들을 예견하면서, 그는 남아공이 보통선거권으로 통합되기보다는 더 작은 단위로 조각나야 한다고 세안했다.[50] 하나의 실례로 털럭은 예상치 못했던 중화인민공화국이라는 묘안을 꺼냈다. 그는 공산주의 혁명이 많은 것을 온전하게 남겼다고 주장했다. 지방정부는 여전히 중국 제국 체제와 유사했는데, 주민들은 1000~2000명으로 구성된 '마을 연

합'으로 나뉘어 '거리 정부'의 감독을 받았고, 지방정부는 지역을 강하게 통제했다.[51]

몇 년 후, 털럭은 오스만제국이라는 또 다른 놀라운 사례를 제시했다. 무장경찰이 상주하는 버지니아주 콘도에 머물던 그는 "소규모 민간 정부들"이 오스만제국의 밀렛millet 모델을 토대로 일반화될 수 있을지 생각해 보았다. 제1차세계대전 이후 오스만제국 해체 직전까지 유지되었던 이 제도 아래에서 인민들은 제국의 신민인 동시에 자치 종교 공동체의 구성원이었다. 털럭이 질문하길, 왜 미국에서도 유사한 방식으로 인종 공동체들을 통치할 수 없는가? 예를 들어, 교육재정은 학교의 지역에 따라 지리적으로 배당되기보다는 "시카고의 폴란드계 공동체 혹은 마이애미의 쿠바인들"에게 나눠 줄 수 있을 것이다. 그는 한 걸음 더 나아가 당시 미국 도시에서 흑인 무슬림들이 "자신의 구성원들에게 (⋯⋯) 처형을 포함한 폭력을 행사할 때" "경찰력"을 사용했다고 주장하면서 인종차별적 상상의 나래를 펼쳤다. 이것이 부정적인 의미가 아님을 독자들에게 안심시키고자 털럭은 흑인 무슬림이 달성한 질서와 번영을 긍정적으로 바라보았다. 유사한 상황에서, 자신 역시 "자발적으로 합류할 것"이었다.[52]

1990년 가을, 털럭은 탈중앙집권화와 연방주의를 주제로 유고슬라비아 지역 강연에 나섰다. 그는 발칸 지역 사회주의 공화국들이 인종적 차이에 따라 분명하게 분류되지 않았으며 소수인종이 상당수 포함되었다는 사실을 알게 되자, 이것을 치명적인 오류라고 생각했다. 이러한 그의 직감은 인종 갈등이 유고슬라비아를 찢어 놓았을 때 확인되었다. 그는 전 세계 여

제2부 부족들   6장 새로운 중세 코스모폴리

러 나라에서 폭력이 발생하는 것을 사전에 방지하고자 연방 국가 만들기에 관한 안내서를 저술하기로 결심한다.[53] 주변에 더욱 주의를 기울인 그는 애리조나주 투손Tucson 북쪽의 태양에 빛바랜, 사와로선인장으로 둘러싸인 언덕에 250여 가구가 모여 있는 외부인 출입 제한 거주지로 이주했을 때 이웃에서 이상적인 정치체의 초안을 발견했다. 그의 저술에서 선샤인마운틴리지 주택보유자협회Sunshine Mountain Ridge Homeowners Association 라고 부른 조직은 선택적 자기 분류에 기반한 연방주의의 전 지구적 청사진을 제시하려는 그의 야심 찬 노력에 부합하는 견본을 보여 주었다.[54]

계획 공동체의 장점은 그 자발성이었다. 확인 가능한 규칙들이 있으니 그것을 보고 들어오기로 결정하여 집을 구매하거나, 아니면 다른 곳에서 구매하면 그만이다. 도시, 카운티 혹은 주라는 좀 더 큰 관할구역과는 반대로, 주택보유자협회는 작은 단위의, 초소형 질서를 수립할 기회를 주었다. "이러한 작은 '정부'는 무엇을 하는가?"라고 털럭이 질문했다. 거리를 소유하고 유지하며 소화전을 설치한다. 민간기업이 화재 방지, 가스, 전기, 케이블, 쓰레기 수거 업무를 제공한다. 공동체는 지역 보안관이 지키지만 야간 근무에 필요한 경비원들을 추가한다. 또한 거리에서 보았을 때 어떻게 정원이 보여야 하는지와 집의 색상까지도 정해 놓은 구체적인 경관 규정을 갖고 있다. "만일 어떤 괴짜가 자기 집을 자주색으로 칠하려고 한다면 그를 저지할 수 있다"라고 털럭이 말했다.[55] 이러한 형태의 자유에서는 엉뚱한 취향은 받아들여질 수 없었다. 수많은 다른 사유재산 소유자들과 충돌할 가능성이 높기 때문이다.

자신이 설립한 주택보유자협회가 민간 정부의 기능을 수행하는 특이한 사례라는 것에 만족할 수 없었던 털럭은 자신이 "사회학적 연방주의"라고 부른 이론을 증명하고자 공동체를 활용했다. 그는 이 이론에서 가장 적절한 사회학적 분류 기준은 민족과 인종이라고 솔직하게 말했다. 선샤인마운틴리지 거주자들이 "좀 더 동질적"이라는 말은 그들이 거의 전적으로 백인 비히스패닉 인구로 구성되었음을 의미했다. 반면 공동체를 둘러싸고 있는 피마카운티Pima County 인구의 3분의 1은 멕시코계였다. 털럭에게 이것은 문제가 아니라 자신의 가설을 증명해 주는 것이었다. "대체로, 사람들은 자신과 비슷한 사람들과 함께 사는 것을 더 좋아하는 것 같다."[56]

왜 사람들은 외부자 출입 제한 거주지로 "분리독립하기를" 원하는가? "다른 인종을 피하려는 것인가?"라고 카토연구소의 데이비드 보애즈David Boaz가 회의적인 질문을 던졌다.[57] 털럭은 그렇다고 분석했다. 그는 자발적인 측면과 공리주의적 결과 모두를 들어 분리를 방어했다. 어떠한 국가도 분단을 강요하지 않았다. 사람들 스스로 그렇게 한 것이었다. 한번 그렇게 해 본다면 구속력 있는 계약은 개인의 표현에 제한 범위를 설정할 것이고 민간 치안 부대가 원치 않는 사람들을 배제할 것이다. 이것은 집단행동을 통해 불평등을 바로잡을 수 있는 가능성을 포기함으로써 가능해진, 인종적 동질성을 확보하기 위한 질서정연한 바둑판이었다. 남부 애리조나주 덤불 속에서 글을 쓰면서 털럭은 요새화된 백인 성채를 추측에 따른 이상이자 존재하는 현실로 그려 냈다.

3.

데이비드 프리드먼은 대안적인 제도 혹은 그가 사회 내 "무정부 자본주의의 뼈대"라고 불렀던 국가 없는 미래 건설을 성취해 낼 한 가지 길을 목격했다.[58] 그것은 다중심주의적 법률 이론에 따른 외부자 출입 제한 거주지였다. 이 이론에 따르면, 모두에게 적용될 단수의 법률 체계는 필요하지 않다. 사실 복수의 법률 체계가 존재할 때 일이 좀 더 수월하게 처리된다. 오직하나의 법률 체계가 전체 영토에 적용된다는 것은 현대사회의 단점이었다. 반대로 자유지상주의자들은 상이한 집단들이 자신들만의 법을 가진다는 생각을 반겼다. 이것이야말로 한스헤르만 호페가 중세 시대 "위계 서열적 무정부" 질서라고 불렀던 것이라 할 수 있다.[59] 시장급진주의자들은 "유럽 중세 시대에서 실마리"를 찾아서 "커다랗고, 계속해서 늘어나는 영토적으로 단절된 자유도시들로 구두점이 찍힌 미국•을 만들기 위해 노력해야 한다"라고 적었다.[60] 누가 권한을 행사할지는 문제 되지 않았다. 규칙도 문제없었다. 선택권을 보장할 수 있을 정도로 많은 당국과 규칙을 제공하는 것이 중요했다.

물론 중세에 관한 이러한 이해는 치밀한 학술 연구보다는 상상에서 출발했다. 중세 세계는 자주 간편한 몇몇 주요 항목들로 소개되곤 한다. 역사적 정확성으로 트집 잡으면 핵심을 놓치게 된다. 프리드먼이 아이슬란드에 관한 글을 쓰기 직

• 민족국가의 특징인 이차원적 영토가 아니라 자유도시의 점들을 이은 네트워크로 구성된 미국이라는 뜻이다.

전에, 그는 중세를 재현하는 것을 "합동 판타지"로 기술한 글을 발표했다.[61] 재현가들의 모임에서 그는 자신이 마법의 땅이라고 부른, 금색 줄과 **'이 경계 안에서는 20세기란 존재하지 않는다'**라고 적은 간판으로 경계를 구분한 지역을 소개했다. 이러한 재현은 또한 (라이브 액션 롤 플레잉의 약칭인) LARPing 혹은 (만화 캐릭터 팬들의 '커스팀 플레이'에서 온) 코스프레라고 알려져 있다. 정치적 논의에서 <u>코스프레</u>는 이따금 현실 세계에 개입하지 않고 도망치려는 성향의 정치를 조롱하는 용어이다. 하지만 프리드먼이 지적하듯이, 중세에 대한 그의 대응은 실제라는 점에서 특별했다. 그는 그 시기의 의상을 입고, 칼을 들다가 물집 잡히며, 중세 음식을 준비하고 먹는다. 같은 방식으로 무정부 자본주의의 역사적 LARPing은 현실적인 결과물을 낳았다. 그들은 우리에게 추측할 기회를 주었지만 이를 통해 구체적으로 현실에 개입한다.

이러한 사례는 데이비드의 아들인 패트리 프리드먼에게서 찾을 수 있다. 아버지의 시대착오적 창작물을 이어받았던 그는 하버드대학교에서 패트리 두 차 그리Patri du Chat Gris라는 이름을 사용했고 과학사로 박사학위를 취득했다. 패트리는 청소년기에 펜식 전쟁에 참가했고, 그 이후에는 네바다주 사막에서 열린 유명한 화형Burning Man 문화 축제의 팬이 되었다. 그는 "먼지로 가득 차 있더라도 우주에서 확인할 수 있을 정도로 밝은 (……) 2마일[약 3.2킬로미터] 길이의 레이저 이미지"와 "40피트[약 12미터] 높이의 불을 뿜는 용"을 한 마리도 아니고 두 마리나 만든 참가자들의 기발함과 창의성을 한껏 즐겼다.[62] 그러나 불만이 하나 있었다. 행사에서 어떠한 상업 활동도 허용되지 않았던 것이다. 그의 유토피아에서는, 이전의 무정부 자본주의자들과 마찬가지로, 상품화는 입구에서 점검되는 것이 아니라 오히려 보이는 모든 것을 지배했다.

패트리의 목표는 화형이 일어나는 마법의 땅을 다시 만들어 내는 것이 아니라 이상향을 판매하는 것이었다. 화형 문화 축제의 상징은 양팔을 들어 올린 스틱맨이었다. 해상인공도시 연구소Seasteading Institute 로고는 이 스틱맨의 양손에 화물선을 올려놓았다. "아틀라스가 수영했다"라고 어느 비평 논문에서 꼬집었듯,[63] 해상 인공 도시는 바다의 외부인 출입 제한 거주지로, 바다에 건설한 자발적 도시이자 둥둥 떠다니는 사법 구역이었다. 데이비드 프리드먼은 연구소의 두 번째 연설에서 익숙한 오스만제국에 비유하면서 그 중요성을 설명했다. "전체로서 세계는 복수 법률 체계이다"라고 그는 말했다. 일반적으로 이는 영토들이 제각각 상이한 법률 체계에 속해 있음을 의미한다. 하지만 영토가 어느 해에는 특정한 법률에 들어갔다가 다음 해에 다른 법률로 이동할 수 있다면? 혹은 선박처럼 등록국의 국기를 사용하여, 라이베리아나 파나마의 노동법이나 지적재산권 법을 좀 더 규제 수준이 높은 나라들에 가져다줄 수 있을 것이다. 해상 인공 도시는 움직이는 법적 모국이 될 수 있었다.

무정부 자본주의자들은 일련의 자체적인 운영을 통해 국가 없이도 미래 사회의 윤곽을 그려 낼 수 있다고 주장했다. 민간 사회를 계속 꾸며 낸다면 스스로 모멘텀을 만들 수 있었다. 현실은 판타지를 따라가는 듯했다. 데이비드 프리드먼이 어린 시절, 시카고대학교는 처음으로 경찰을 창설했다.『자유를 위한 조직』에서 그는 모든 치안 업무의 민영화를 제안했다.[64] 2000년경, 시카고대학교는 미국에서 가장 큰 민간 치안 병력을 보유한 단체가 되었다. 프리드먼의 열망에 부합하여, 대학은 인근 지역 관할권을 얻었고, 6만 5000여 명의 치안을 담당했다. 같은 해, 미국 서부와 남부의 새로운 개발 지역 중 절반가량이 외부인 출입 제한 혹은 계획형 거주지였고, 700만 미국 가구가 벽과 철조망 안에서 살고 있었다.[65] 홈스쿨링은 또 다른 긍정적 신호였다. 1970년대, 어린이 2만 명이 홈스쿨링을 하고 있는 것으로 추산되었다. 2016년이 되자 그 수는 180만 명으로 늘어났다.[66] 존랜돌프클럽 회원인 개리 노스Gary North 는 미국의 50개 모든 주에서 홈스쿨링 법률을 통과시키는 데 힘을 기울였다.[67]

데이비드 프리드먼은 "단일한 법률 체계를 가진 근대국 가는 중세 시대 국가들보다 다양성을 존중하지 못한다"라고 주 장했다.[68] 그러나 신중세적 섬에 비유된 외부인 출입 제한 거주 지는 정반대의 증언을 했다. 털럭은 공동체들 사이에서 "한 발 짝만 움직여도 [다른 곳에] 투표"할 수 있는 방식을 선호했지만, 여전히 작은 정부의 틈바구니에서 의미 있는 선택을 하기란 어 려웠다. 주택소유자협회 소속 주민들이 서명한 계약은 변호사 와 보험회사가 논의 끝에 결론을 내린 표준 문안을 따랐다.[69] 계약은 공동체들의 건축 스타일과 화려한 이름보다도 차이가 덜했고, 주민들은 더 큰 자유를 누리기보다 정치적인 간판이나 신문 배포를 금지당하는 등 활동반경이 좁아지곤 했다. 캘리포 니아에 사는 어느 커플은 금속이 아닌 나무 그네 세트를 가지 고 있다는 이유로 일 단위 벌금을 물었다. 플로리다에 사는 여 성은 30파운드[약 14킬로그램]가 넘는 애완견 때문에 법정으로 소환되었다.[70] 외부인 출입 제한 거주지의 민간 정부는 동질성이야말로 장기투자를 가장 잘 보호할 수 있다는 믿음에서 선택의 자유를 제약했다. 경제적 자유는 개인의 표현 공간을 적게남겨 두었다.

데이비드 프리드먼의 공격은 무정부 자본주의 사회는필연적으로 "개인이 다른 사람에게 무력을 가하지 않는 한 사유재산을 가지고 자신이 원하는 것을 자유롭게 선택할 수 있는사회"가 아니라는 점을 인정한 것이었다.[71] 법과 질서를 민간에맡기는 것은 개인의 자유를 더욱 크게 침해할 수 있었다. 가까운 과거를 돌아본다면 미국 서부 거주자들이 그 의미를 파악할수 있다. 20세기 미국에는 기업 마을이 수백여 개 들어섰다. 민간이 짓고 소유한 이 도시들은 온정주의적 질서가 지배하는 거주지였다. 기업들은 사장이 정한 모습과 색깔로 집을 지었다.상점 또한 기업이 소유했고, 이따금 노동자들은 그곳에서만 사용할 수 있는 "가증권scrip"을 지급받았다. 사회학적 연방주의는당대의 질서였고, 민족과 인종이 분리된 채 살았다. 잦은 음주금지령에, 노조 가입이나 노동쟁의가 대부분 금지되는 등 행동통제가 만연했다. 파업은 공동체로부터의 제거와 축출을 의미했다. 몇몇 광산 마을에서는 자기 집에 노조원을 초대하지 않겠다는 계약에 서명해야만 했다.[72]

구리광산 마을인 비스비Bisbee와 제롬Jerome에서는, 무장한 프리랜서 자경단이 달갑지 않은 노조원들을 한데 모아 쫓아냈다. 마을을 보유하고 운영한 워싱턴주의 광산 사장은 무정부자본주의의 이상에 부합하는 잘 알려진 표어를 갖고 있었다."좋은 왕국이 가난한 민주주의보다 더 낫다."[73] 그는 나쁜 왕국에 관해 어떤 말도 남기지 않았다. 오직 무정부 자본주의 환상 속에서만 인민들은 스스로 법률을 선택할 수 있다.

1789년경 유럽 정치체의 모자이크

7장

당신만의 민간 리히텐슈타인

고속도로를 타고 스위스에서 리히텐슈타인으로 진입할 때 담배에 불을 붙인다면 반대편 오스트리아 국경을 지날 때까지 여전히 담배를 피우고 있을 것이라고들 한다.[1] 이 공국은 맨해튼만 한 크기로, 라인 강가의 험준한 녹색 계곡에 있다. 그렇기에 21세기 정치조직의 원판을 제공할 장소로는 적합하지 않다. 그러나 아주 작은 크기에도 불구하고, 바로 그 때문에 공국의 기운은 자유지상주의자들에게 용기를 북돋아 준다. 1985년《월스트리트저널》은 리히텐슈타인을 "공급 측면의 극도로 작은 실험실"이라고 불렀다.[2] 이듬해 레온 라우와 프랜시스 켄들은 아파르트헤이트 남아공의 칸톤화 사례를 증명하려고 이 공국을 활용했다.[3] 급진적 자유지상주의자들은 이곳을 시민을 소비자로 여기고 시민에게 용역을 제공하는 국가 형태의 "초안"이라고 찬양했으며 "리히텐슈타인 수천 개로 이루어진 세계"를 꿈꾸었다.[4]

이곳의 장점 중 하나로 그곳에 살고 있는 자유지상주의자 이론가를 들 수 있다. 세계에서 네 번째로 부유한 군주로 순자산이 20억 달러[약 2조 6000억 원]가 넘는 한스아담 2세 폰 운트 추 리히텐슈타인 후작은 스스로 대의를 지키는 호민관을 자처했고 자신이 "2000년대 국가"라고 부른, 기밀 유지, 전제정치, 분리독립권을 토대로 한 대안적 글로벌리즘의 청사진을 그려 냈다. 몇몇 시장급진주의자들에게 이러한 신성로마제국의 마지막 색종이 조각은 다가올 미래의 가능성을 예고했다.[5]

1.

리히텐슈타인의 매력은 현금으로 나라를 구매한 그 기원에서부터 찾을 수 있다.[6] 1700년대 초, 빈 궁정의 한 사람이 파산한 호에넴스Hohenems 왕실로부터 두 지역의 땅을 구입해 하나의 공국으로 합쳤다. 이 영토는 새 소유자의 성(姓)을 따라 다시 명명되었다.[7] 1806년 완전한 주권국가로 인정받은 리히텐슈타인은 세기 중반에 독일연방이 해체될 때까지 그 구성국이었고 그 후에는 합스부르크제국 아래에 남았다. 공국의 첫 인수자나 그 후예 중 누구도 그곳에 살지 않았다. 1842년까지 아무도 그곳을 방문하지 않았다.[8] 그들은 400마일[약 644킬로미터] 떨어진 빈에서 외교 면책특권을 누리고 있었다. 리히텐슈타인은 중부 유럽 귀족사회에 흩어져 있던, 그들이 가진 수많은 재산의 일부였다.[9]

제1차세계대전에서 패배한 합스부르크제국이 해체되

자 리히텐슈타인은 스위스 소속으로 자리를 옮겼다. 초인플레이션 때문에 오스트리아 화폐가 종잇장이 되어 버리자 이 극소국가는 스위스 프랑을 사용하기 시작했고, 1924년에는 이를 법정통화로 삼았다.[10] 전쟁은 리히텐슈타인 가문에 큰 타격을 주었다. 그들이 뿌려 놓았던 자산은 대부분 체코슬로바키아에 있었는데, 전쟁 후 등장한 새로운 국가는 민족주의적 경제정책에 따라 외국인 소유 자산을 몰수했다. [리히텐슈타인] 대공 가문은 절반이 넘는 토지를 빼앗겼지만, 실제 가치의 일부만을 보상받는 데 그쳤다.[11]

1920년 국제연맹League of Nations이 리히텐슈타인의 가입 신청서를 반려했지만 이 극소국가는 여전히 주권을 유지했고 그것을 활용할 방법을 찾고 있었다. 글로보globo라는 국제통화 단위 도입과 더불어 복권과 경마를 운영하는 안이 논의되었지만 사라졌다.[12] 모나코처럼 산악지대의 몬테카를로가 되려던 계획도 수포로 돌아갔다. 결국 리히텐슈타인은 그 당시에는 적절한 명칭을 찾지 못했던 조세회피처가 되기로 했다.

조세회피처의 핵심 제도는 신탁이다. 잉글랜드에서 처음 만들어진 신탁의 역사는, 사람들이 참전하기 전에 자기 재산을 친한 친구에게 맡겼던 십자군전쟁까지 거슬러 올라간다. 중세 및 근세에는 친구나 생존해 있는 친척에게 토지를 신탁하면 소유자가 사망하더라도 당국이나 세금 추징원이 몰수할 수 없었다. 신탁은 성장하고 있던 조세 징수 권력에 대항하는 엘리트들의 수단이었다. 20세기에 들어와서 그들은 비슷한 역할을 맡았다. 사회학자 브룩 해링턴Brooke Harrington은 어떻게 신탁 및 사유지 전문가들이 민족국가의 영토 경계를 벗어나, 사적 관계를 따른 초기 기사들의 관례를 도입했는지 보여 주었다.[13] 수 세기 동안 런던시티가 이 직군의 중심지였지만, 제1차세계대전 당시 수많은 나라가 소득세를 도입하자 개인의 부를 비밀리에 빼돌려야 할 이유가 더해졌고, 새롭게 등장한 국가들에 사업체를 분산해 두고 있던 기업들은 법인 설립을 모색했다.[14] 리히텐슈타인과 스위스는 그 간극을 메웠다.

전근대적 봉건제도의 잔재라는 지위를 활용한 리히텐슈타인은 믿을 수 있는 비밀 문지기로 신뢰를 얻었다. 1920년, 다국적 컨소시엄이 새로운 은행을 열었다.[15] 같은 해, 첫 지주회사가 설립되었다.[16] 1926년, 이 극소국가는 외국계 기업들이 리히텐슈타인의 산골짜기에 거주하는 것으로 등록하면 그들의 활동을 허가하는 법률을 통과시켰다. 유일한 조건은 현지 변호사를 대리인으로 고용하는 것이었다. 변호사를 고용하면 세금 추징원은 외국계 기업이 거주하는 것으로 간주했다. 몇 년 사이 등록 기업의 수는 네 배나 늘어났고 1932년에는 1200여 개에 달했다. 21세기 초, 외국계 기업 수는 7500여 개였다. 은행 계좌는 익명으로 유지되었고, 모든 언어로 등록 절차를 밟을 수 있었으며, 주식 가격은 모든 통화로 표기할 수 있었고, 모기업의 모든 자회사는 전 세계 어디에서나 보호받을 수 있었다.[17] 오랫동안 지속된 특징 중 하나는 한 개인만으로도 기업을 설립할 수 있어서 그들의 정체가 법률의 블랙박스 속으로 사라져 버린다는 것이다.[18] 리히텐슈타인의 트레이드마크는 원래 오스트리아에서 자선 재단 형태로 발전해 온 영조물법인Anstalt* 이

• 독립된 법인격을 갖춘 공공단체를 의미한다.

다. 리히텐슈타인은 가문의 재산을 상속세로부터 보호할 수단으로 이 제도를 도입했다.[19]

1938년 어느 언론인이 말하길, "한 나라로 볼 때 리히텐슈타인은 독립국가라 하기에는 너무 작다. 하지만 국부로 본다면 매우 크고, 실질적으로 지금까지 만들어진 것 중 그 규모가 가장 크다".[20] 몇천 명이 살고 있는 리히텐슈타인 수도 파두츠Vaduz의 진기한 거리에는 IG파벤Farben, 티센Thyssen, 스탠더드오일Standard Oil을 포함해 전 세계에서 가장 큰 주요 기업들의 사무실이 늘어서 있다. 리히텐슈타인은 또한 슈퍼리치들이 사랑하는, 시민권 매매라는 또 다른 관행을 소개했다. 1938년, 그 가격은 5500달러[약 715만 원]였다(인플레이션을 고려할 때 이는 오늘날 약 11만 달러[약 1억 4200만 원]로 바누아투와 그레나다로 초기 "투자" 귀화할 때 필요한 수준이다).[21] 새롭게 리히텐슈타인 시민으로 합류한 사람 중 대부분은 그곳에 거주하지 않았다. 그들은 차를 몰고 와서, 시민 선언을 한 후 차를 몰고 떠났다. 리히텐슈타인은 "도피 자본의 수도"로 알려지게 되었다.[22]

1938년, 나치 독일이 오스트리아를 합병하고 프란츠요제프 2세 Franz-Josef II가 피난을 오면서 처음으로 리히텐슈타인 군주가 공국에 살게 되었다. 이유는 불분명하지만 독일군은 이 나라를 내버려두었다. 국내에 소규모 나치 운동이 등장했고 히틀러 동조자들이 15명으로 구성된 의회에 진입했지만, 보이스카우트단의 도움으로 실소를 금치 못했던 정부 전복 시도를 진압했다.[23] 이후 국제역사가위원회는 오스트리아 왕실 소유 땅에서 강제 노역이 이루어지기는 했으나, 인접 지역 스위스와는 달리 오스트리아와 리히텐슈타인은 유대인에게 빼앗은 금과

예술작품을 거래하지는 않았다고 결론 내렸다.[24]

　　전쟁 후, 리히텐슈타인은 "불안에 사로잡힌 자본가들의 에덴동산"으로 자리매김했다.[25] 1950년대에는 더 많은 기업이 그들이 활동하는 국가 밖에 지주회사를 설립해 조세회피를 시도하면서 역외 세계가 팽창했다. 1954년 리히텐슈타인에는 포드의 자회사와, 업앤드다운무역회사Up and Down Trading Corporation처럼 급조한 이름 뒤에 숨어 있던 기업들을 포함하여 6000~7000개 지주회사가 등록되어 있었다.[26] 어느 신탁관리인에 따르면, 현찰로 가득 찬 가방을 들고 나타난 사람에게는 개인 혹은 명의자 계좌를 개설할 수 있는 선택권이 주어졌다.[27] 인가증이 필요하지만 기업명, 설립일, 명의자 이름만 있으면 되었다. 연례 총회를 개최해야 했지만, 명의자 홀로 참석하는 것만으로도 충분했다.[28] 스위스의 그 유명한 비밀 계좌처럼, 비밀 유지를 하려면 권한을 늘려 가던 전후 국가가 미치지 못할 회피처를 찾아야만 했다. 어느 격언처럼 "스위스 은행가들은 입술을 꾹 다물고 있지만, 리히텐슈타인 은행가들은 혀가 없다."[29]

　　1970년대 초부터 1990년대 말까지는 조세회피처의 "황금기"였다.[30] 버뮤다, 바하마, 무엇보다도 케이맨제도가 리히텐슈타인과 어깨를 나란히 했다. 1970년대 말, 리히텐슈타인은 시민보다도 더 많은 수의 기업을 받아들였고 그 결과 국내총생산을 쿠웨이트에 이어 전 세계 2위로 끌어올렸다.[31] 단골 기업들과 함께 수상한 고객들이 있었다. 1960년대 미국 중앙정보부는 콩고 내전에 개입하는 비밀 활동 조직을 리히텐슈타인에 등록했다(지주회사의 속칭은 '서부 국제 지상 유지 관리 조직'이었다).[32]

몇십 년 후, 국제자유노동조합연합은 리히텐슈타인을 통해 자본이 아파르트헤이트 남아공으로 흘러들어 가고 있다고 비난했다.[33] 어느 오스트리아 회사가 익명의 리히텐슈타인 자회사를 통해 남아공에 공장을 건설했고, 남아공 광산에서 채취한 석면을 미국에 판매한 영국 기업은 수출 금지 조치를 피하기 위해 리히텐슈타인에 페이퍼컴퍼니를 설립했다.[34]

리히텐슈타인과 연결된 개인들을 살펴보면 나이지리아 군부 통치자 사니 아바차Sani Abacha와, 직원들의 연금을 리히텐슈타인의 비밀 계좌로 빼돌린 언론 대기업 로버트 맥스웰Robert Maxwell을 들 수 있다.[35] 정보 보고서에 따르면 콜롬비아 출신의 마약왕 파블로 에스코바르Pablo Escobar와 자이르의 독재자 모부토 세세 세코Mobuto Sese Seko가 이 극소국가의 은행과 연결되어 있다.[36] 더 유명한 인사로는 10억에서 50억 달러[약 1조 3000억에서 6조 6000억 원]에 달하는 횡령한 부를 리히텐슈타인 신탁에 넣어 둔 페르디난드 마르코스Ferdinand Marcos와 이멜다 마르코스Imelda Marcos를 들 수 있다(돈이 필요할 때 그들은 스위스 은행가에게 생일 축하 문구를 보냈다. 그러면 그 은행가는 리히텐슈타인에서 현금을 찾은 다음 홍콩에 있는 대리인에게 연락하여 마닐라로 배달했다).[37] 또 다른 유명 고객으로는 우크라이나 대통령 빅토르 야누코비치Viktor Yanukovych가 있다. 그가 휴가를 즐긴 호화 저택은 서류상으로는 런던의 작은 동네인 피츠로비아 주변에 있는 기업의 소유였고, 그 기업은 바두즈의 P&A기업서비스신탁 소유였다. 어느 언론인이 말하길 리히텐슈타인은 조세국가를 넘어 "머니랜드moneyland"였다.[38]

리히텐슈타인은 세련된 표현인 자산관리에 모든 역량

을 집중하지는 않았다. 어느 비평가에 따르면 비록 리히텐슈타인은 세금과 수수료는 매우 낮았지만, 이 작은 나라를 뒤덮을 만큼 금가루가 많았다. 조세회피처를 제공하여 얻은 부를 가지고 이 나라는 산업화를 추진할 수 있었다. 1980년대에 리히텐슈타인은 세계에서 가장 산업화된 국가로서, 틀니에서 중앙난방 기구에 이르는 다양한 생산품을 만들어 내는 공장을 갖췄다. 또한 농장 노동력을 수출하다가 공장 노동자를 수입하기에 이르렀다. 노동력의 절반 이상은 주변 국가에서 통근하는데 이들에게는 귀화의 기회가 주어지지 않는다.[39]

시민권은 급진적 공동체주의 정신에 따라 운영된다. 초기의 여권 판매 정책을 중단한 후, 리히텐슈타인은 비밀투표를 통해 공동체 구성원으로부터 동의를 구한 후 의회와 군주의 허락을 받아야만 시민권을 획득할 수 있도록 했다. 극소수만이 성공했기에 대부분은 시도조차 하지 않았다. 이 나라에 등록한 기업 수가 다섯 자리로 급증하는 와중에도, 연평균 이민자 수는 20여 명에 머물렀다. 리히텐슈타인은 자본에는 가장 개방적이지만 새로운 시민에게는 국경을 닫아 놓는 자신만의 싱가포르 해결책에 따라 운영되고 있었다. 미래의 땅인 동시에 과거의 땅이었다. 1984년까지 여성은 투표권을 갖지 못했다.

2.

일반적으로 리히텐슈타인은 구유럽의 중심에 위치한 동화 왕국으로 여겨진다. 이곳을 자유지상주의 사상의 전쟁터로 만든 것은 한스아담 2세 후작의 모험적인 이념 기획이었다. 1945년에 태어나 요하네스 아담 피우스 페르디난드 알로이스 요제프 마리아 마르코 다비아노 폰 운트 추 리히텐슈타인Johannes Adam Pius Ferdinand Alois Josef Maria Marko d'Aviano von und zu Liechtenstein이라는 이름을 얻은 그는 리히텐슈타인에서 자란 첫 번째 군주였다. 잠시 런던 은행업계와 미 의회에서 인턴 생활을 거친 그는 바두즈에서 차로 한 시간 정도 거리에 있는 장크트갈렌Saint Gallen 대학교• 경영학과에서 공부했다.[40] 1960년대에 그의 나라는 여전히 가난했기 때문에 그의 부친은 아들의 성대한 결혼식 비용을 대느라 자신이 소장하던 레오나르도 다빈치의 그림을 워싱턴디시의 내셔널갤러리에 팔았다.[41] 한스아담은 "더 큰 것이 더 좋은 것"이라던 당대의 가르침을 회상했다. 소국들은 냉전 양축의 한곳으로 빨려 들어가야만 살아남을 수 있는 운명을 맞이한 듯했다. 국제연합에 가입하지 못한 리히텐슈타인의 미래는 실패할 것처럼 보였다.

1970년 국가재정을 감독했고, 1984년 아버지로부터 섭정직을 넘겨받은 한스아담은 자신의 경영대학 사고방식을 정부 운영에 도입한 "기술 시대의 관리자-군주"로 묘사되는 인물이다.[42] 리히텐슈타인이 파나마나 [영국령] 채널제도Channel Islands와 같은 다른 조세회피처에 뒤처지게 될 것을 우려한 그는 취리히, 프랑크푸르트, 뉴욕시에 지점을 개설하고 국내 은행 수를 3개에서 15개로 늘렸다.[43] 1980년대 중반에 관리 자산

• 스위스에서 이 대학은 경영 분야 엘리트 교육으로 유명하다.

규모는 세 배나 늘어났다.[44] 그는 매력 공세에도 나섰다. [뉴욕의] 메트로폴리탄미술관에서 블록버스터급의 성대한 군주 소장품 전시회를 열었다.[45] 전시회에서 선보인 3100파운드[약 1.4톤] 무게의 금 마차는 동화 같은 공국의 분위기를 강렬하게 전달했다.

군주의 또 다른 목표는 국제연맹에서 거절당했던 치욕을 되돌리고 국제연합에 가입하는 것이었는데, 1990년 9월에 그 목표를 달성했다. 첫 총회 연설에서, 한스아담은 국제협력의 사례를 열거하는 전통을 따르지 않았다. 그 대신 모든 국가란 단명할 존재이고 곧 다가올 해체의 가능성을 인정해야 한다고 말했다. 국가는 영원하지 않으며 "[그것을] 만들어 낸 인간과 비슷한 생활주기"를 갖고 있다고 주장했다. 억지로 수명을 늘리는 것은 평화로운 죽음보다는 종종 더 많은 폭력으로 이어질 뿐이었다. 현재 상태에 지나치게 집착하는 것은 "인간의 진화를 가로막는 것이다". 국경이란 자의적이자 "식민지 팽창, 국제 조약 혹은 전쟁의 결과물이고 인민들은 자신들이 어디에 속하고 싶은지 의사를 표명할 기회를 얻지 못한다".[46]

이러한 선언은 퀘벡에서 벨기에를 거쳐 벨그라드에 이르는 지역에서 국가 분열을 위협하는 탈출 운동을 자극했다. 국제연합의 공식 입장은 독립을 반대하고 현존하는 민족국가 내 소수집단의 독립 요구를 막는 것이었다.[47] 하지만 한스아담의 연설 당시에는 분위기가 변하고 있었다. 소련의 단계적 해체는 평화로운 분열의 가능성을 보여 주는 듯했다. 연설에서 군주는 리히텐슈타인과 함께 국제연합에 가입한 발트해 국가 라트비아와 에스토니아를 환영했다. 그는 또한 동시에 가입한 북한과 남한 모두를 환영했다. 냉전이 끝나자 새로운 국가가 급증하며 개인이 다양한 소속을 주장할 수 있었다.

군주는 세계지도를 계속해서 휘저어 인간의 진화를 가로막기보다 도울 수 있는 수단을 제안했다. 그것은 국민투표였다. 이러한 재조정은 지역 문제와 세금 관련 책임 양도에서부터 출발하여 단계별로 추진할 수 있었다. 여전히 주민들이 만족하지 않는다면, 국가를 두 개 혹은 더 많은 단위로 나눌 수도 있었다.

이러한 생각은 합스부르크제국의 생존 방법을 추측해 보았던, 한스아담 가문이 집 안에서 즐겼던 게임에서 나왔다. 한스아담은 제국이 좀 더 작은 자결권을 가진 국가 단위로 분열된다면 합스부르크제국이 생존할 수 있으리라 보았다. 상호의존적인 전체를 살리기 위해 탈중앙집권적인 느슨한 연합체 형태로 가는 것이다.[48] 그는 이 모델이 한 세기 이후에도 타당하다고 생각했다. 세계화라는 거센 압박에서는 정치체들이 조각들로 나뉠 수 있는 선택권을 부여받아야만 모든 중요한 경제적 통합을 유지할 수 있을 것이었다.

한스아담은 리히텐슈타인의 건국이 가능했던, 신성로마제국의 귀족적 국가 소유 모델과, 전 세계 리히텐슈타인 은행의 고객들이 보여 준 유동적인 주권이란 아이디어를 결합했다. 해외 자회사와 명목상 회사로 뒤엉킨 기업들은 주권이 분산되고, 재배치되고, 다시 결합할 수 있음을 보여 주었다. 근대국가가 '서비스 제공업체'가 되어, 국방을 제외한 모든 기능을 민간 업자들과의 계약을 통해 제공하는 것은 어떠한가?[49] 이것은 옵트인 옵트아웃opt-in, opt-out 시민권으로, 노골적으로 시장을

따라 설계한 것이다. 그는 인민이 "국가의 주주"가 되어야 한다고 적었다.[50]

제1차세계대전의 결과 공통의 언어, 공통의 영토, 공통의 역사에 근거를 둔 것으로 이해되는 윌슨의 자결주의가 주요 원칙으로 자리 잡았다. 그 때문에 체코슬로바키아가 한스아담 가문의 재산을 몰수할 수 있었다. 한스아담은 한 국가는 형언할 수 없는 본질의 담지자 혹은 운명을 함께하는 공동체라는 초월적인 생각에 그 근거를 둘 수 없다고 반박했다. 그 대신 국가의 지위에 관해 전근대적 입장을 설교했다. 그에게 국가란 흐릿한 존재로 변화에 열려 있으며, 심지어 리히텐슈타인의 사례에서 볼 수 있듯 사고팔 수 있는 것이었다. 리히텐슈타인은 머리 로스바드 같은 사람들이 꿈꾸어 온 계약 공동체의 국제적 투사로 스스로 자리매김했다. 국제연합 연단에서 한스아담은 자신이 "2000년대 국가"라고 부른, 혹은 로스바드가 "동의에 따른 민족"이라고 지칭한 자유지상주의의 청사진을 옹호했다.[51] 그것은 알프스산맥 지역의 방식에 따른 무정부 자본주의였다.

군주는 자신이 설교한 자결론을 자국에서 실천에 옮겼다. 2000년 한스아담이 제안한 헌법 수정안이 담긴 붉은 책자가 리히텐슈타인 모든 시민의 우편함에 꽂혔다.[52] 그는 법안 제안 및 거부권, 의회 해산권 및 긴급조치 발동권 등으로 군주 권력을 크게 강화하겠다고 제안했다. 또한 주민들이 국민투표를 실시하여 왕정 자체를 폐지할 수 있는, 주목할 만한 극단적 선택권을 포함했다.[53]

한스아담의 국제연합 연설에 충실하게, 이 제안에서는

리히텐슈타인의 11개 코뮌이 (동시에 두 번째 투표를 명령할 권리를 보장하면서) 다수결 원칙에 따라 분리독립할 수 있도록 허가했다. 다만 이 조항은 개인들이 의회나 군주의 승인 없이도 분리독립할 수 있다는 군주의 원안에서 한발 물러섰다.[54] 의원들이 "왕실의 권력 장악"이라 부르며 방해했으나, 한스아담은 군주와 영토의 관계를 심각하게 재고하고 있음을 보여 주었다. 그는 개헌이 자신이 원하는 방향으로 가지 않는다면 자신의 국가를 기꺼이 빌 게이츠에게 매각하고 마이크로소프트로 국명을 바꾸겠다고 제안했다.[55] "선조들은 파산한 리히텐슈타인을 구제하여 주권을 획득했습니다"라고 군주는 《뉴욕타임스》와의 인터뷰에서 말했다. "인민들이 지배 가문의 시간이 다했다고 결정한다면 우리 자리를 차지할 수 있을 만큼 부유한 이를 찾아야만 합니다."[56]

군주는 자산을 싼값에 팔아넘길 의도가 전혀 없었지만 그만큼 부유한 이를 찾는 것은 무리한 요구였다. 리히텐슈타인 가문은 [영국의] 윈저 가문보다 더 부유했다.[57] 2003년에 그가 제안한 개헌안이 통과되면서 한스아담은 유럽에서 "유일한 절대군주"일 뿐만 아니라 군주정과 국가로부터 탈출할 수 있는 길을 헌법에 고정한 유일한 자가 되었다.[58] 이러한 조합은 시대의 흐름을 벗어난 이상한 것이었다. 리히텐슈타인이 유럽평의회에서 퇴출될지도 모른다는 논의가 있었다.[59] 하지만 국내 의회와의 대립은 한스아담 모델이 스트레스 테스트를 통과했음을 보여 주었다. 이듬해 "대기업 군주"는 아들에게 통치 업무를 넘겼다.[60]

3.

한스아담의 리히텐슈타인은 세습적 남성 전제정치와 자본의 초이동, 그리고 비밀보장에 종속된 직접민주주의를 결합했다. 《이코노미스트》는 이를 "민주적 봉건제"라 불렀다.[61] 군주가 제시한 중세와 근대 정치의 혼종은 1990년대와 2000년대 초 자유지상주의자들의 상상력을 자극했으며 유럽 통합을 비판하는 세력에게 중요한 시금석이 되었다. 리히텐슈타인은 상이한 유럽의 아바타이자 세계경제를 연결하는 대안이었다. "유럽의 고립된 거주지들은 즐거운 변칙 그 이상이 될 수 있다"라고 (이전에 시스케이 자치 구역의 옹호자로 여겨졌던) 존 블런들John Blundell이 적었다. "유럽연합을 전복할 수 있는 씨앗을 가지고 있다."[62] 구체적으로, 비평가들은 유럽연합이 연합 탈퇴를 결정할 국민투표를 허용하는 조항을 포함하여 리히텐슈타인의 사례를 따라야 한다고 주장했다.[63]

자유지상주의자들은 서로 갈라져 있던 과거 유럽 대륙을 낭만적으로 그려 내어 유럽연합에 대한 비판에 활용했다. 역사학자 폴 존슨Paul Johnson은 "종종 후진성의 동의어로 사용되어 온 이른바 봉건제도는 사실 로마제국의 멸망 이후 권력 공백을 채울 수 있는 일련의 독창적인 장치였다"라고 주장했다.[64] 그가 말하길 "서양의 로마제국이 분열하자 지속된 암흑 시대에 국가 기능은 강력한 민간인들 혹은 스스로 방어할 수 있는 도시들에 돌아갔다."[65]

어느 독일 경제학자는 이렇게 말했다. "전 세계에서 유럽 문화가 가장 성공적이었던 것은 작은 국가들로 분열되었음에도 불구하고가 아니라 바로 그 때문이었다."[66] 대서양에서 유럽 반도라는 막다른 길에 몰린, 뒤죽박죽 섞인 정치체들은 터무니없는 것이 아니라 오히려 힘의 원천이었다. 유럽의 이상은 법치를 함께 보존하고 기업가 정신으로 충만한 "국가의 자유시장"으로, 문화를 공유하지만 주권국가들로 분열된 조합이었다.[67]

　　이러한 대항 서사는 유럽 통합의 공식 역사를 뒤집었다. 진보의 조짐은 주권과 의사결정을 통합하고 법률과 규제를 더 많이 공유하여 대륙을 하나로 묶어 내는 것이 아니었다. 진보의 호는 "더욱더 가까워지는 연합"으로 휘어지지 않았다. 오히려 유럽은 정치적으로 크게 갈라졌을 때 더 많은 자유를 누렸다. 브렉시트 지지자들은 리히텐슈타인, 모나코, 룩셈부르크, 싱가포르, 홍콩, 그리고 다른 "작은 주 시대의" 소규모 영토들을 환영했다.[68] 브렉시트 선거를 승리로 이끈 어느 지도자는 중세 유럽을 찬양했다.[69] 리히텐슈타인이 유럽연합에 가입하지 않고서도 유럽자유무역지역 European Free Trade Area과 유럽경제지역 European Economic Area 가입국이라는 점은 사람의 자유로운 이동 없이도 자유무역이 가능하다는 것을 보여 주었다. 이것은 브렉시트 지지자들이 선호한 또 다른 부분적 통합 모델이었다.[70]

　　한스아담 2세는 다른 유럽 통합 회의주의자들과 함께했다. 2013년, 그는 신자유주의자들과 민족주의자들의 모임에 참석했다. 여기에는 머지않아 독일 의회에 진출할 최초의 극우 정당인 독일의 대안 Alternative für Deutschland, 혹은 AfD을 막 출범시켰던 경제학자 베른트 루케 Bernd Lucke가 참석했다.[71] 군주 또한 독일의 대안의 주요 당원이 포함된 하이에크협회Hayek Society에 가입했다.[72] 리히텐슈타인 가문의 또 다른 일원이자 자산 운영가인 미카엘 후작Prince Michael은 일률 과세에 관한 앨빈 라부슈카의 저서를 네 개 언어로 번역한 오스트리아경제학재단 유럽연구소European Center of Austrian Economics Foundation의 창립자였다.[73]

한스아담은 스위스와 유럽연합의 붕괴를 주장한 사람들과 함께 국가란 서비스 제공자라는 자신의 논지를 루트비히 폰미제스연구소 학회에서 발표했다. 군주의 제안은 또 다른 중부 유럽 출신이자 자유지상주의 우파의 상징인 연구소의 이름에 들어간 미제스의 주장과 놀랍게도 닮아 있었다. 1927년 그의 유명한 저서에서, 미제스는 국민투표를 통한 분리독립을 주장했고 개인의 분리독립 가능성을 타진했다.[74] 군주라는 지위에 걸맞게 한스아담은 자신의 글에서 미제스를 제외하고는 그 어떤 사상가도 언급하지 않았지만, 미제스의 정신을 공유한다는 점에서 그의 제안은 로스바드와 대서양 건너편 다른 구자유지상주의자들의 생각과 연결되어 있었다.

자유지상주의자들이 리히텐슈타인 모델을 지지한 이유 중 하나는 그것이 공격받고 있었기 때문이다. 오랫동안 방해받지 않고 확산되어 온 조세회피와 자금세탁은 냉전 후 다시 등장한 마약밀수, 부패, 그리고 2001년 이후에는 테러에 대한 우려 속에서 정치적 쟁점으로 부상했다. 첫 번째 징조는 "해로운 조세 경쟁"에 관해, 부유한 국가들의 정부 간 조직인 경제협력개발기구가 발표한 보고서였다.[75]

2000년 세계에서 가장 강력한 국가들이 모인 또 다른 클럽인 G8의 특별 기구는 리히텐슈타인을 자금세탁에 관한 15개 "비협조적 국가" 블랙리스트에 올렸다. 유럽 국가 중 블랙리스트에 오른 건 리히텐슈타인이 유일했다.[76] 블랙리스트 등재는 리히텐슈타인의 명성에 치명타였다. 이후 '파나마, 파라다이스 및 판도라 보고서'●의 첫 번째 사례인 2008년 폭로에서는 신탁을 통한 리히텐슈타인 계좌 보유자 중 권터라는 독일개가 있다는 것이 밝혀졌다.[77] 금융기관들은 무기명 계좌 소유자들을 차단하기 위해 규제를 변경해야만 했다.[78] 리히텐슈타인의 주요 은행은 더 이상 자신을 감출 수 없게 된 고객들이 떠나면서 10퍼센트에 가까운 자산 손실을 입었다.[79]

표적이 되었음에도 불구하고 시장급진주의자들은 여전히 리히텐슈타인에 매력을 느꼈다. 다윗인 자본가가 전 지구적 규제라는 골리앗에 맞서 투쟁하고 있다는 조세회피처에 관한 서사를 만들어 낼 수 있었기 때문이다. 역설적이게도 전세계에서 1인당 국민 소득이 가장 높은 곳들 중에서 더욱 부유한 자들을 위한 맞춤형 방어책을 제공하는 리히텐슈타인은 "금융 제국주의"의 희생양인 약자로 묘사되었다. 한스아담은 경제협력개발기구가 전 지구적 조세 카르텔과, 나아가 세계정부를 만들려고 위협한다고 주장하면서 방어 전선을 이끌었다.[80]

1960년대 스위스 은행가들이 만들어 낸 말을 인용한 그는 리히텐슈타인 비밀 계좌의 기원은 핍박받는 유대인들을 지

● 전 세계 지도자와 억만장자, 연예인 등의 조세 포탈을 폭로한 언론 보고서.

키려는 노력의 일부였다고 주장했다. 이러한 해석은 히틀러와 가장 긴밀하게 협력했던 기업인 IG파벤과 티센이 나치가 권력을 잡은 지 몇 년 후에 리히텐슈타인에 기업을 설립했다는 점에서 신빙성이 떨어진다.[81] 군주가 제시한 더욱 놀라운 주장은 그의 나라가 슈퍼리치를 위한 지하철도 조직*의 종점이라는 것이다. "세금 해적들이 있는 한, 한때 노예를 거느렸던 자들이 노예들이 불행에서 벗어날 수 있도록 도와주었던 것처럼 조세회피처 운영에 관해 어떠한 죄책감도 없다."[82] 독일 정부가 수천만 개 독일 계좌를 가지고 있는 것으로 밝혀진 리히텐슈타인 은행들의 내부 사정을 파악하려고 했을 때, 그는 독일 정부를 "제4제국"이라고 불렀다.[83]

4.

자유지상주의자들에게 리히텐슈타인은 21세기의 첫 10년 동안 비밀 관할권에 대한 올가미를 강화하는 것처럼 보이는 조약이나 국제 규정이 없는, 초기 형태의 세계 정치경제로 돌아가는 웜홀처럼 보였다. 자유지상주의자들은 통합이 사유재산의 재분배와 침해로 이어질 것을 우려했다. 리히텐슈타인은 홍콩과 싱가포르처럼 상품과 돈의 이동에 장벽이 없는, 전 세계적으로 상호 연결된 세계의 생생한 사례이자 국제금융 회로에

---

* 미국 남북전쟁 이전에 남부 노예의 탈출을 도운 비밀 조직인 지하철도 조직에 비유한 것이다.

슬그머니 진입한 작은 농촌 같았다. 거기에는 규제 국가의 확
장으로 위협받는 "깨지기 쉬운 자유의 섬" 중 하나가 될 수 있
다는 전제가 있었다.[84] 냉전이 끝나자 명백하게 모순적인 두
가지 흐름이 등장했음을 기억해 보자. 한쪽에서는 모두가 세계
화라는 유행어를 언급하면서 서로 경제적으로 더욱 긴밀하게
연결되어 갔다.

반면 정치적 지형은 국제연합이 이전에는 결코 수용하
지 않았던 소수민족의 분리독립과 민족주의 운동을 정당한 정
치활동으로 인정할 정도로 그 어느 때보다 분절적이었다. 리히
텐슈타인은 이렇게 새로운 정치 형태 위에 올라서 있다는 특징
을 보여 준다. 새로운 집단들이 독립을 주장하면서 국가 공동
체의 구성원이 아니라 서비스의 고객을 자처한다면?

리히텐슈타인이라는 신화는 조세회피처라는 세계가 내
포한 이념을 잘 보여 준다. 부정적인 의미에서 탈출이나 퇴장
이 아닌, 분리독립을 가능한 선택지로 삼는 급진적 탈중앙집권
화라는 완성된 철학이 바로 그것이다. 억만장자 군주는 프린스
턴대학교에 1200만 달러[약 160억 원]를 기부하여 설립한 리히
텐슈타인자결주의연구소Liechtenstein Institute on Self-Determination와,
리히텐슈타인 모델을 해외로 전파하려는 목적에서 세운 리히
텐슈타인자치재단Liechtenstein Foundation for Self-Governance을 통해 자
신의 전망을 홍보했다.

자유지상주의 세계가 주목했다. 2018년 루트비히폰미
제스연구소의 제프 데이스트Jeff Deist는 "정부를 서비스 제공자
로 다시 생각해야 하고, 신민 혹은 시민을 고객으로 여기는 리
히텐슈타인의 한스 후작이 구상하고 있는 종류의 탈퇴 운동"

을 칭송했다.[85] 경제협력개발기구의 조세회피처 반대 운동을 견제한 어느 자유지상주의 싱크 탱크 소속 회원은 리히텐슈타인의 헌법이 분리독립권을 중시한다고 말했다. 그는 다음과 같이 질문했다. "다른 나라 인민들도 같은 자유를 가질 수는 없는가?"[86]

이 미사여구를 말 그대로 받아들인 자가 있었으니, 포장재 산업계의 거물이자 과거 컬링 챔피언이었던 다니엘 모델Daniel Model이다. 자신이 태어난 스위스에서 리히텐슈타인으로 이주한 그는 한발 더 나아가 모든 형태의 인간 집합체에 속하는 것을 거부하고 민주주의를 조직적 절도 체제라고 비난한 "주권 선언문"을 발표했다.[87] 그리고 어느 스위스 농촌 마을에 있는 한 블록 규모의 비둘기색 저택에 본부를 두고, 자신만의 국가 아발론Avalon의 독립을 선언했다. 국명은 여성의 관점에서 아서왕의 전설을 재해석한 짐머 브래들리Zimmer Bradley의 판타지 소설 『아발론의 안개The Mists of Avalon』에서 따왔다.

아발론은 개인적으로 소유한 리히텐슈타인이 그 모델이었다. 2021년, 그는 전 세계에서 국가로부터 탈출할 수 있는 모든 장소를 찾는 '우리 생애의 자유'라는 대회를 열었다. 국민투표라는 리히텐슈타인의 분리독립 모델을 칭송하고, 계약에 따라 시민권을 부여하는 "자유 민간 도시"라는 자신만의 계획을 제시한 어느 연사는 참석자들이 한 가지 질문을 가지고 그곳에 왔다고 말했다. "옵트아웃의 가능성이 존재하는가?"[88]

이렇게 자유지상주의자들은 탈출이라는 환상을 좇아 런던에서 동아시아 및 동남아시아로, 그리고 유럽의 극소국가

까지 이동했다. 그리고 그들은 이따금 지구상에 남은 빈 땅이
라 잘못 알려진 곳으로 경제적 자유를 찾아 더 멀리 나아갔다.

제3부
프랜차이즈 국가들

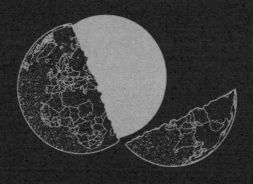

PART III.
FRANCHISE NATIONS

소말리아

8장

소말리아의 백인 기업가 씨족

브루스 스털링의 1988년 작 소설 『인터넷의 열도』에 등장하는 세계정부는 "빈"이라는 환유적 표현으로 불린다. [소설에서] 공공의 적 제1호는 국가를 등진 조너선 그레섬 Jonathan Gresham 으로, 미 특수부대 대령 출신이다. 소설의 결말에서 그레섬은 투아레그인의 "남성용 차도르"를 두르고, 알제리의 아이르 Air 산맥에 위치한 "경비가 삼엄한 초극비 산성"의 "해방 구역"에서 연설한다. 비디오에서 그는 "터번과 베일을 쓴 채, 큰 머리와 어깨를 가려 주는 고리버들로 장식한 공작 의자"에 앉아 있으며 무장한 부관들이 곁을 지키고 있다.[1]

　　그는 지난날 급진주의를 보여 준 백인 자유지상주의자 휴이 뉴턴 Huey Newton 을 풍자한 것이라 할 수 있다. 그러나 그의 터무니없는 태도는 냉전 말기의 쟁탈전 정치를 보여 준다. 그는 "나는 후기산업 종족 무정부주의자"라고 말하면서 새로운 학설에 이름을 붙였다.[2]

소설의 주인공 로라Laura는 홍보 컨설턴트이다. 로라는 그레섬과 전혀 다른 세상에서 살고 있는 듯하다. 사막에 잠복하거나 자동화기로 무장하지 않은 대신 파워슈트를 입고 이사회에 출석한다. 그러나 로라 또한 "'국가주권'에 가격을 매긴 작은 태평양 섬나라"를 두고 심사숙고하면서 신세계의 균열을 한껏 즐기고 있다. 이 섬들은 "네트워크가 깔려 있고, 전화만 연결되어 있다면 신용거래도 할 수 있다. 신용거래로 항공권도 구매할 수 있었다. 항공기가 있다면 그곳이 집이다".[3] 자유지상주의 게릴라와 컨설턴트들은 크랙업 캐피털리즘 시대의 승자들이라는 동종의 정신을 공유하고 있다.

앞서 우리는 1990년대 무정부 자본가들이 국가 분열과 주권의 상품화에 얼마나 열광했는지 살펴보았다. 피비린내 나는 내전으로 국제사회를 충격에 빠트렸고, 1991년 이후 어떠한 정부 수립도 불가능했던 아프리카 북동쪽에 있는 소말리아라는 나라는 그들에게 더욱 놀라운 영감을 주었다. 분명한 참사가 급진적 자본가 대다수에게는 마음을 뒤흔드는 희망을 안겨준 것이다. 소말리아는 인도주의의 실패가 아니라 다가올 세상을 예고했고, "후기산업 종족 무정부주의"와 주권을 결합해 판매할 수 있는 기회를 제공했다. 전쟁이 찢어 놓은 '아프리카의 뿔' 지역은 미제스연구소의 표현처럼 "국가 없는 세상과 (……) 그것을 사랑할" 희망을 보여 주었다.[4]

우리에게 미래의 대안을 보여 줄 안내원은 전 세계를 무대로 삼았던 네덜란드 출신 자유지상주의자 미카엘 판노턴Michael van Notten이다. 1000년의 세월을 간직한 네덜란드 도시 제이스트Zeist에서 1933년에 태어난 미카엘(자신의 이름을 Michiel으로 적기도 한다) 판노턴은 법률가 교육을 받았고 나중에는 브뤼셀에 있는 유럽경제공동체에서 근무했다. 경쟁집행위원회에서도 활동했는데 이 위원회는 종종 국가지출과 공공 소유에 관해 각국 단위 정부의 규칙들을 무효화할 수 있는 권한을 통해 신자유주의 사상을 실천에 옮기는 특별 기관으로 알려져 있다.[5] 브뤼셀에서 10년 정도 근무한 후 판노턴은 유럽통합의 성채를 떠나 네덜란드에 자유지상주의 센터를 설립했고, 그 후 유럽연구소Institutum Europaeum라는 자유지상주의 싱크 탱크를 차렸다. 네덜란드 주요 언론사는 이곳을 "스탠퍼드대학교의 후버연구소, 워싱턴디시의 헤리티지재단, 런던의 경제문제연구소처럼 네덜란드 보수주의의 강력한 거점"이라고 설명했다.[6] 또한 그는 1977년 몽펠르랭협회에 가입했고《리더스다이제스트》에 실렸던 하이에크의 저작『노예의 길』축약판*과 더불어 밀턴 프리드먼과 로즈 프리드먼의『선택의 자유』를 네덜란드어로 번역했다.[7]

　　신자유주의가 투쟁해 온 "사상 전쟁"에서 보병처럼 싸

---

* 1944년에 출판된『노예의 길』은 이듬해 4월 미국 잡지《리더스다이제스트》에 축약판으로 실리면서 대중에게 폭넓게 소개되었다.

위 온 판노턴은 1978년 탈규제라고 볼 수도 있는 면세 T구역이라는, 그의 트레이드마크와 같은 아이디어를 고안했다.[8] 그는 파리에서 열린 몽펠르랭협회 모임에서 처음 이 아이디어를 소개했다. 협회의 개회를 선언한 이는 당시 파리 시장 자크 시라크Jacques Chirac였는데, 시라크는 "사회정의"라는 구호 아래 등장한 병폐들을 적절하게 진단했다며 하이에크에게 찬사를 보낸바 있었다. 참석자 중 어느 경제학자는 판노턴의 생각이 현존하는 체제에 구멍을 뚫으면서 시작한다며 그 방식에 만족감을 드러냈다. 개별 지역의 과세를 해제함으로써 판노턴의 T구역은 "자극적인 질투를 불러일으킬 것"이었다. 도시와 지역이 저세율 지역을 모방하기 위해 경쟁하게 되기 때문이다. 새로운 구역들은 "주변 체제들을 불신하도록 만드는" 전시효과를 가져올 것이었다.[9]

이전에 등장한 다른 구역의 승자들처럼, 판노턴은 변칙적 관할권이 직접적인 경제적 독립체라기보다는 지금 전장에서 한창 벌어지고 있는 새로운 삶의 방식에 관한 실험이라고 여겼다. 1982년에 제작한 팸플릿에서 그는 구역이란 "정치적 지렛대"라고 언급했다.[10] 구역은 "기업가들을 위한 지구상의 천국"이었다. 변화를 두려워하는 정부, 노조, 고용주 협회, 환경주의자들은 여기에 맞서 자신들의 특수한 이해관계를 지키고 혁신을 가로막고 있었다.[11] 그에게 구역의 궁극적 목표는 "정부가 더 많은 인민의 마음을 사로잡으려고 경쟁하는" 것이었다.[12] 현대 민주주의 사회에서 시민들은 사회정의라는 생각에 사로잡혀 있기 때문에, 그들에게 "탈규제 사회의 덕목들"을 가장 빠르게 교육하는 방법은 "그들 사이에 소형 사회를 몇 개 만드는 것”이었다.[13] 그가 예상하길 [T구역의] 존재 자체만으로도, 모든 유럽 국가가 투자자를 잃지 않기 위해 T구역을 따라가야만 했다. 아래로부터 압박해 오는 희소자원 경쟁이야말로 위에서 내려오는 어떠한 방식보다 더욱 효과적일 수 있다.[14] 구역은 교사이자 교관이 될 수 있었다.

다른 사람들처럼 판노턴이 생각한 본보기는 홍콩이었다. 하지만 그는 이 모델에 약간의 변주를 가했다. 모든 사람이 전 세계가 홍콩을 따라가야 한다고 말할 때 그는 홍콩이 T구역으로 가득 차야 한다고 주장했다.[15] 그는 과연 유럽이 “중국인 수백만 명이 20여 개 유럽 국가로 흩어지는 것”을 의미하는 “탈출exodus”을 추진할 수 있을지 생각해 보았다. 홍콩 이주민들이 자본주의를 전파하는 대리인으로 활동하는 “작은 거주지 100여 개”는 3억 유럽인이 사회민주주의적 방식에서 벗어나도록 압박할 수도 있을 것이다. 하지만 이러한 꿈은 여전히 실현 가능성이 낮았다. 브뤼셀은 면세 기간을 단축하고, 여러 도시에 T구역이 들어서는 것을 가로막고, 적당치 않은 지역에서만 허가하여 일을 망칠 뿐이었다.[16] 판노턴이 희망했던 “유로-홍콩”은 민주주의 체제들이 거부했던 규율을 행사하여 유럽의 중심에 자리 잡은 정치적 카르텔을 약화시켜서 일상의 기술 단지로 변해 갈 것이었다.

모국에서 실패한 판노턴은 더 멀리 떨어진 곳으로 돌아섰다. 그가 작성한 이상적인 자유 구역 목록에서 홍콩 바로 밑에 있는 곳은 우리에게 덜 친숙한 아루바Aruba라는 영토로, 베네수엘라 북쪽 카리브해 해안가에 위치한 섬이다.[17] 1980년대 초, 그는 여전히 네덜란드로부터 독립하지 못했던 이곳에서 정치 지도자들과 함께 자유지상주의적 헌법의 초안을 작성했었다.[18] 그는 경찰과 사법부를 민영화하고 세금을 자발적 기부금으로 바꿀 수 있기를 희망했다.[19] 노력이 결실을 맺지 못하자, 판노턴은 네덜란드 제국에 남겨진 또 다른 나라인, 1975년에야 완전 독립을 얻은 남아메리카 본토의 수리남으로 눈을 돌렸다. 판노턴은 쿠데타를 계획하던 망명 야당 지도자들이나 소속이 없는 게릴라와 접촉하기도 했다.[20] 판노턴의 딸은 아버지가 네덜란드의 집에서 단파 라디오를 통해 미래의 반란군과 대화를 나누었다고 증언한 적이 있다. 그는 자유지상주의의 원칙에 따라 작성한 수리남 헌법을 금고에 보관했고 그 열쇠를 여동생 집다락에 숨겨 놓았다. 그가 죽은 후 **기밀**TOP SECRET이라고 적힌 이 문서가 공개되었는데, 모든 국가의 기능을 민영화하고 세금 또한 제거하는 꿈의 구역을 건설하려는 제안을 담고 있었다.[21]

1980년대 초, 판노턴은 잔소리로 가득 찬 브뤼셀을 떠나 국경을 넘나드는 자유지상주의 게릴라가 되었다. 베를린장벽이 무너지자, 주요 무대를 남미에서 아프리카라는 새로운 대륙으로 옮겼다. 그곳에서, 무정부 자본주의에 완벽하게 적합한 고대사회의 형태라고 생각한 소말리아 씨족을 새롭게 개념화하여 독특한 법률적 형태를 고안했다.

2.

판노턴은 이전에도 아프리카에서 활동했었다.[22] 유럽경제공동체를 나와 자유시장 싱크 탱크의 세계에 뛰어들기 전에 남아프리카에 진출하여 여러 일을 벌였다. 그의 딸이 말하길, 판노턴은 초기에 섬유 유리관 제작 사업에 뛰어들었다고 한다. 소문에 따르면 대통령이 돌아오기 전에 게릴라 훈련소 사망자 시체를 매장하려던 잠비아 부통령으로부터 계약을 따내기도 했다. 판노턴의 딸은 주문받은 관 50개를 부리나케 만든 뒤 선적을 위해 브뤼셀공항으로 옮기는 동안 페인트를 말릴 정도였다고 털어놓았다. 하지만 그 회사는 더 이상 성장하지 못했고, 칼라하리사막에서 호버크라프트•를 운행하는 사업 계획으로 돌아섰다.[23]

수리남에서 자유지상주의 혁명을 펼치려는 계획이 좌초되자, 판노턴은 반란에서 좀 더 평범한 컨설팅 분야로 넘어갔다. 아프리카의뿔 지역에 자유무역 구역 설치 가능성을 타진하는 국제연합 산업개발기구의 용역 사업을 수주했다.[24] 숫자 7과 모양이 비슷한 아프리카의뿔은 19세기부터 강대국들의 식민지로 갈라졌다. 프랑스가 아덴만과 홍해 사이, 7의 맨 왼쪽 윗부분을 차지한 프랑스령 소말릴란드는 1977년에 탈식민화를 거쳐 지부티라는 나라가 되었다. 위쪽 나머지는 영국 보호령 소말릴란드, 사선으로 그은 부분은 이탈리아령 소말릴란드였다. 해안 전체가 같은 언어를 사용하는 단일민족이었기에, 민족자결주의의 표준 원칙에 따르면 과거 영국 및 이탈리아 점령지가 한 나라가 되어야 했다. 그리하여 1960년 두 식민지는 소말리아라는 단일국가로 통합되었다.

민주주의가 존재한 지 10년도 되지 않는 소말리아에 시

• 아래로 분출하는 압축 공기를 이용하여 수면이나 지면 위를 나는 탈것.

아드 바레 Siad Barre 독재정권이 들어섰다. 하지만 1980년대 북부 지역을 중심으로 저항 세력이 등장했다. 1991년경, 소말리아는 완벽한 내전 상태로 들어섰고 당시 가장 악명 높은 "실패한 국가"가 되었다. 국제연합은 인도주의적 평화유지군을 파견했고, 1995년까지 군인과 민간 지원 인력 3만여 명을 투입했다.

판노턴은 이러한 사건들의 한가운데에 있었다. 악의 없는 비정부기구 컨설턴트를 그만둔 그는 미래 소말리 국가의 헌법을 만드는 데에 조언을 구한 반란군 지도자의 후원을 받게 되었다. 수도 모가디슈의 어느 호텔 모퉁이에 자리 잡은 그는, 전투로 분주한 거리의 망고나무 아래에서 무언가를 골똘히 생각하고 있었다.[25] 그는 여기에서 유토피아를 건설할 수 있다고 믿었고, 자신이 구상한 이상적인 대체 질서의 형태를 "판사의 질서"라는 뜻의 크리타키 kritarchy라고 불렀다. 이는 중앙 국가가 부재한 무정부 사회나 무법 상태는 아니었다. 입법기구나 의회가 존재하지 않지만 (그리하여 새로운 법률을 제정할 길이 없다) 사법부가 감독하고 관리하는 금지, 제재 및 처벌 조항들을 성문화한 체제이다. 헤르 xeer라고 알려진 소말리 전통 법률이, 극히 드물지만 지속적으로 존재해 온 크리타키의 형태를 이미 도입한 바 있다고 생각한 판노턴은 소말리아야말로 이러한 형태의 정부를 실험하기에 이상적인 장소라고 판단했다.[26]

무정부주의자들과 자유지상주의자들은 오랫동안 아프리카의뿔에 큰 관심을 보였다. 1940년대와 1950년대 영국 식민지 인류학자들은 자신들이 보기에 지역 세습 집단인 "씨족 clan"과 함께 조직된 놀라운 형태의 사회질서를 상세하게 기록했다.[27] 유목민들은 중앙집권적 정부 구조는 없지만 제각각 남성

조상에 따른 부계 관계를 유지하는 개별 씨족의 이름을 갖고 있다고 판단했다. 각각의 씨족은 결혼, 살인, 절도 및 다른 문제들에 관해 불문율과 같은 제재, 처벌 및 규칙을 보유했다. 씨족은 어느 학자의 말처럼 법을 통해 "질서 잡힌 무정부상태"를 유지했는데, 이후 자유지상주의자들이 이 용어를 차용하여 자신들의 이상적인 사회적 협의 방식을 설명했다.[28]

아프리카의뿔에 관한 민족지를 가지고 판노턴은 매우 특별한 것을 작성했는데, 바로 국가 없는 정치체를 위한 헌법이었다.[29] 그가 보기에 민주주의와 중앙정부 모두를 포기해야만 소말리아가 식민지 잔재를 청산할 수 있었다. "소말리아는 51퍼센트의 민주적 독재가 지배하는, 전 세계에서 첫 번째 나라가 될 것"이라고 딸에게 보내는 편지에 적었다.[30] 이는 식민주의의 핵심인 외국의 규칙이 아니라 정부 자체에 관한 것이었다.[31] 진정한 탈식민지화를 달성하려면 국가를 파괴해야 했다. 그는 국제사회와 소말리아의 초기 지도자들이 이 원칙을 간과했기 때문에 수많은 선거를 치렀음에도 불구하고 나라를 혼란으로 몰고 갔다고 보았다.[32] 그는 "국제연합은 민주주의를 다시 세우고자 다국적군 3만 명으로 소말리아를 침략했지만" 내전만 악화되었다고 적었다.[33]

판노턴의 저술에서 전통적인 소말리아 법률 체제와 질서는, 앞선 장에서 설명한 무정부 자본주의자들이 구성한 중세 제도와 닮아 있다. 범죄는 수감이 아니라 반환과 배상으로 처리되었다.[34] 가족은 보험 풀로 기능했다. 친척들이 소득을 공유하고, 범죄가 발생할 경우 가해자의 가족 전체가 피해자에게 배상하는 방식이었다. 그는 낙타 수로 구분한 눈, 코 혹은 발가

락 보상 규모와 더불어, 강간의 경우 피해자가 처녀라면 배상이 가장 크고 과부라면 가장 낮은 등 차등적 내용이 적힌 목록을 수록했다.[35]

소말리아는 관습법으로 국가 없이도 일관된 사회질서를 유지하는 것 같았다. 판노턴은 해외 기업가들이 이를 도입할 수 있지 않을까 생각해 보았다. 가장 분명한 장애물은 소말리아 법이 씨족에 뿌리를 둔 친족관계에서 출발한다는 것이다. 하지만 다른 길이 있지 않을까? 소말리아 노년층과 논의하던 중 그는 과감한 제안을 들었다. "당신의 기업가 친구들을 모아서 씨족 같은 새로운 무리를 만드시오." "만약 새로운 씨족이 번성한다면 다른 씨족이 뛰어난 사업 환경을 자신의 관습으로 만드는 데 주저하지 않을 것이오." 그들은 <u>소오말리아드</u>Soomaali 'Ad 혹은 "백인 소말리"라는 이름까지 지어 주었다.[36]

판노턴은 백인 소말리 기업가 씨족이라는 거친 생각을, 관세를 면제받고 투자하고 활동하는 기업에 인센티브를 부여하는 소말리아 해안 지역 자유항구라는 좀 더 평범한 아이디어에 접목했다.[37] 아마도 판노턴 자신이었을 자유항의 "관리자"는 분쟁을 해결하는 "소말리아 대가족의 가장"으로, 지배자라기보다 쇼핑몰 관리자 혹은 크루즈 선박의 선장 같았다.[38] "자유항구 씨족"의 회원들은 친족관계 대신 계약의 네트워크를 통해 연결될 것이었다.

판노턴은 "상대방으로부터 독립적인 수백 아니 수천개 소정부의 거대한 네트워크"라는 국가 없는 소말리아를 구상했다.[39] 한편으로는 가까운 미래에 대한 시운전이라 여겼기에 자신의 생각이 설득력 있다고 생각했다. 산업 세계의 통화

체제*처럼 다당제와 중앙정부 또한 붕괴할 운명이라고 믿었다. 이제 새로운 무정부상태에서 인민들은 용병, 민간기업 및 프리랜서에게 기반시설과 서비스를 구하려고 할 것이다. 그가 밝히길, "바로 이 순간에 소말리아의 경험이 우리에게 지침을 줄 수 있다".[40] 자유지상주의자들이 휴대용 홍콩의 일률 과세를 찬양했다면, 휴대용 소말리아는 더욱더 간편할 수 있었다. 판노턴이 말했듯 "유목민적 생활방식 때문에 소말리아인들은 큰 정부를 가질 수 없다. 반드시 작은, 매우 작아서 낙타 등에 싣고 다닐 수 있는 정부가 필요하다".[41] 여기서 우리는 수백 혹은 수천 개 독립 영토로 이루어진 한스헤르만 호페의 서기 1000년 유럽으로 돌아간다.[42] 소말리아는 민주주의라는 "외국으로부터 들어온 정치체제를 제거한 첫 번째 국가"의 사례였다.[43] 아프리카의뿔은 전 지구적 무정부 자본주의라는 미래의 기원이었다.

3.

1990년대 말, 판노턴은 자신처럼 비범한 삶을 살아온 한 남자와 동맹을 맺었다. 자유지상주의 성향의 경제교육재단Foundation for Economic Education에 글을 기고해 온 인류학자 스펜서 히스 맥캘럼 Spencer Heath MacCallum은 "미국에서 유럽 출신 남편과 함께 여행하고 있는 소말리아 종족 출신 여성"을 만났다. 바로 판

---

* 금속본위제가 아닌 법정화폐 제도.

제3부   프랜차이즈 국가들   8장 소말리아의 빈민 기업가 세습

노턴과 그의 새 아내 플로리 바르나바스 와르사메Flory Barnabas Warsame로, 와르사메는 소말리아 북서쪽 모퉁이의 아우달 지역 출신이었다.[44] 그녀는 맥캘럼에게 소말리아인들이 "소말리아의 무정부상태가 현대 세계에서 독특한 가치가 있는 자산으로 드러날 것"임을 깨달았다고 설명했다. 그것은 씨족이 "종족 소유지에 개발 지역을 열고, 중앙정부나 여타 강압적 기구가 없다는 이점을 십분 활용하려는 전 세계의 기업가를 초대하는 무정부상태"를 기회로 삼는 것이었다. 씨족은 토지를 빌려주고, 판노턴은 자신의 계획을 실현할 기회를 얻을 수 있었다. 맥캘럼은 "인간의 자유에 지대한 영향을 끼칠 사회적 실험"에 영감을 받았다고 선언했다.[45]

맥캘럼은 수십 년 동안 자신만의 "소형 사회"를 기획해 왔다. 그의 연구는 비행기 프로펠러를 제작하여 부를 쌓은 직업 발명가이자 아마추어 이론가인, 이름이 같은 아버지 스펜서 히스의 별난 통찰력에서 출발했다.[46] 로마제국 멸망 이후 중부 유럽의 "야만인들"이 소규모로 소유 및 자치 형태를 만들어 영국으로 가져왔다는 것이다. 권위주의적인 로마 전통의 저류와는 달리, 이념형의 "자유 봉건" 공동체들이 발전해 9세기에 정점에 도달했고, 그것은 11세기에 대륙의 사고방식을 따르던 노르만 지배자가 침입하기 전까지 유지되었다.[47] 고립된 섬에서 배양된 "튜턴족Teutonic tribes"의 유산이 문화적 진화의 주요 적재화물로 남아 있었고, 식민지 개척자들이 오늘날 미국이 될 곳으로 운송한 보물이 되었다.[48]

히스는 색슨족의 자기 소유권이 남아 있는 마지막 섬을, 20세기 중반 미국의 의외의 장소에서 발견했다. 바로 호텔과 휴양지였다. 공용시설과 경비 및 편의 물품을 제공하는 호텔은 민간 대리인이 소유하고 관리하는 공간에 사람들이 자발적으로 모이는, 그가 소유주 공동체라고 부른 것의 모범 사례였다.[49] 맥캘럼은 할아버지의 연구를 이어 나갔다. 호텔에서 쇼핑몰, 사무실 건물, 이동식 주택 공원, 정박지 등 "다중임차인 소득 자산"의 모든 경우를 살펴보았다.[50] 히스는 미래 자본주의적 무정부상태의 선례를 소개할 때 고대 멕시코와 일본의 "자발적 봉건제"는 간략하게 짚어 보는 데 그쳤다. 그 대신 압도적으로 게르만족 사례에 집중했다.[51] 맥캘럼은 좀 더 성실하게 서양 세계를 넘어 여러 사례를 살펴보았다. 쇼핑센터의 경영 모델을 세세하게 살펴보면서도, 인류학 박사과정에서 자신이 원주민 공동체의 "전통적으로 국가 없는 사회"라고 부른 것을 연구했다.[52] 서양 낭만주의자들에게서 공통으로 발견할 수 있는 반전처럼, 그는 "재산, 계약의 자유와 정의라는 개념들은 기술적으로 발전한 사회가 아니라 종족 사회에서 먼저 만들어진 것이다"라고 주장했다.[53]

1971년, 맥캘럼은 미래 소형 사회에서 쓰일 행동 규범, 권리 및 책임을 규정하는 임대 계약서의 초안 작성을 시작한다. 나치 독일 난민이자 루브리덤이라는 화장품으로 잘 알려진 가족 경영 화장품 회사 수장인 베르너 슈티펠Werner Stiefel이 의도적으로 그를 고용했다. 슈티펠은 에인 랜드의 소설 『아틀라스』에 등장하는 갈트의 걸치Galt's Gulch*를 따라 "어느 나라의 정치적 사법권 밖 공해에 떠 있는 공동체"라는 자신만의 나라를

• 랜드의 급진적 자유지상주의 이념에 따라 만들어진 유토피아.

갖고 싶었다.[54] 또한 그는 뉴욕주 북부에 호텔을 소유했다. 맥캘럼은 아버지의 이론을 따라 이곳을 실험실로 사용해 보자고 제안했다.[55]

호텔은 그들이 아틀란티스 원Atlantis I이라고 부른 대안적 사회의 원형이 되었다. 새로운 거주자들을 "이민자"라고 불렀고, "아틀란티안"이라는 자신들만의 통화를 발행했다. 두 번째 "이민자"는 주화와 비누, 범퍼 스티커 판촉에 나섰던 경험을 알려 주기도 했다. 원형에 만족한 슈티펠은 카리브해에서 장소를 찾아 나섰고 아틀란티스 투Atlantis II라고 이름 붙인 배를 측지선 돔과 콘크리트로 만드는 작업에 착수했다. 허드슨강에서 진수한 이 선박은 한쪽으로 기울어 진흙에 처박혔다. 우여곡절 끝에 바하마에 도착했지만, 그곳에서 허리케인으로 인해 침몰했다.[56]

맥캘럼은 아틀란티스 통치를 위해 작성한 임대 계약서 초안을 수정하면서 남아공 시스케이에서 가져온 혁신안을 포함했다.[57] 그는 헌법 조항들을 좀 더 기업 계약에 가깝게 만들 수 있기를 희망했다. 정치체란 쇼핑몰 같아야 한다고 생각했다. 상점 공간을 임차한 사람 중 그 누구도 건물에 대해 인민 주권을 행사하려 하지 않았다. 그것은 터무니없을 것이다. 비슷하게, 맥캘럼은 정치를 뒷전에 두는 정치적 환경을 기대했다. 집단적 삶은 행정 문제로 환원될 것이었다. 계약 조건이 당신의 마음에 든다면 들어올 것이고 그러지 않는다면 나갈 것이다. 거기에 대중과 "인민"이라는 애매한 생각의 자리는 없었다. 그와 판노턴은 국가 없는 소말리아야말로 자신들의 무정부 자본주의 체제를 보여 줄 축소 모형이라 여겼다. 그들은 지역 씨

족으로부터 작은 영토를 임대하여 뉴랜드라 이름 붙이고, 기업가 씨족의 통치를 계획했다.[58]

자유항구 씨족은 과거를 돌아보면서 미래를 향한 길을 개척했다. 맥캘럼이 말하길 "만약 '새로운 소말리아'가 등장한다면 전통적인, 식민지 이전 소말리아의 상태로 발전할 것이다. 정치적 민주주의가 유린한 세계의 항해 유도등이자, 방향을 잃은 인류의 봉화가 될 것이다".[59] 맥캘럼의 할아버지이자 멘토인 스펜서 히스는 "피로 묶인 집단"을 통합하는 데 연대감의 기초적인 중요성을 강조해 왔다.[60] 자유항구 씨족이라는 생각은 상업적 파트너들 사이에서 맺은 자발적인 합의가 가족만큼 탄탄할 것이라는 뻔뻔한 주장을 펼쳤다. 머리 로스바드는 "동의에 따른 민족"을 언급한 바 있다. 이것이, 계약이 연대감으로 변할 것이라는 "동의에 따른 씨족"으로 한 걸음 더 나아갔다.

판노턴과 맥캘럼은 일등급 무정부 자본주의 판타지를 그려 냈지만, 그들 또한 재정 지원이 필요했다. 1995년, 판노턴은 미국인 기업가 짐 데이비드슨Jim Davidson과 협력하여 민주주의 이후 자유항구 씨족의 미래를 향한 첫 발걸음인 민간 유료 도로 건설에 집중했다.[61] 몇 년 후 이 둘은 아우달도로회사Awdal Road Company를 조세회피처인 모리셔스에 등록했다. 이 기업의 웹사이트는 "아우달 근처에 토지를 찾는다"라는 뜻의 프리도니아Freedonia라는 링크를 제공했다. 이 링크를 따라가면 "안녕하세요, 프리도니아공국 대사관에 오신 것을 환영합니다"라는 화면으로 이동한다. 그리고 프리도니아는 '마르크스 형제'가 출연한 영화 〈식은 죽 먹기Duck Soup〉(1933년 작)에 등장하는 신화적 국가의 재현이 아니라 지난 8년간 전 세계에 영사관을 설치하여 시민들에게 여권을 발급해 온 국가임이 드러난다. 이전의 아틀란티스처럼, 프리도니아 또한 자국 통화를 발행했다. 통화에는 프리도니아 문장과, "승리는 우리 손에we shall overcome"라는 뜻의 라틴어 문구를 잘못 표기한 SUPERIBIMUS라는 단어를 새겨 넣었다.

겉으로 보기에 프리도니아는 존 2세 왕세자Prince John II가 지배하는 공국이었다. 세속적으로는 텍사스 출신 청년 집단이 좋아하는 사업이었다. 이 나라를 소개하는 사진에서 재무부 장관과 총리, 국방부 장관은 목재판으로 덮은 무대 위에 노란색 엑스 자형 십자와 흰색 별 여섯 개가 그려진 녹색 새틴 프리도니아 국기 앞에서 상자 모양 모자를 쓰고 미 해병대 황동 단추를 단 옷을 입고 포즈를 취하고 있다.[62] 프리도니아는 국가가 되고자 하나 영토가 없었다. "팔레스타인 같은 비영토 국가"라고 그들이 설명했다. 이 젊은이들에게는 이러한 결핍을 메울 몇 가지 수단이 있었다. 그중 하나는 "공해에 큰 섬을 짓는 것"이었다. 또 다른 방법은 "(아마도 카리브해, 라틴아메리카 혹은 태평양 지역의) 어느 나라로부터 작은 섬을 구매하고 그곳을 지배할 권리 또한 구매해 버리는 것"이었다. 가장 야심 찬 계획은 로버트 A. 하인라인Robert A. Heinlein에서부터 일론 머스크에 이르는 자유지상주의자들에게 사랑받은 "달과 화성에 영토를 주장"하는 것이었다.[63]

1999년, 이제 대학생이 된 존 2세 왕세자는 판노턴과 알고 지냈고, 그에게 아우달 지역의 땅을 약속한 데이비드슨과도 교류했다.[64] 프리도니아의 관할권은 결국 영토를 찾은 것처럼 보였다. 창립자는 "세계에서 가장 부유한 자들을 위한 임시 거처"와 더불어 자유로운 기업 설립과 선박 등록이 가능하며, 값싼 노동력을 갖춘 자원 채굴 지역을 제공하려고 노력했다.[65] 프리도니아는 20세기 후반 분리독립주의자들이 상상한 축소 모형을 제시했다. 또한 세금이 낮거나 없는 관할권에 자산을 은닉하고, 선박 등록국의 깃발 아래 해양 선박을 등록하고, 복수 여권 발급을 목적으로 거주지를 사용하는 등 역외의 현실 대부분을 따라갔다.

하지만 2001년 1월 분리독립주의자들은 주권이라는 전갈 꼬리의 따끔함을 맛보았다. 존 왕세자가 올린 길고 멋쩍어하는 편지에 따르면, 토론토에 살고 있는 소말리아 출신 이주민이 프리도니안 웹사이트 인쇄물을 팩스를 통해 고국으로 보냈다.[66] 젊은 미국인이 해안가에 띠 모양 장소를 상상 속의 나라를 위한 영토로 보장받았다는 주장을 하고 있는 것을 발견하게 된 소말리아 당국은, 즉시 계약을 취소했고 이러한 계획을 공모했다는 이유로 판노턴과 데이비드슨을 추방했다.[67] 텍사스 청소년 군주가 지배하는 역외 조세회피처는 이루어질 수 없는 것이었다.

4.

소말리아의 백인 사업가 씨족은 신식민주의를 따르는 괴짜들이 벌인 몽상처럼 보일 수도 있다. 하지만 여기에는 허황된 일 그 이상의 무언가가 존재한다. 1990년대와 2000년대에 소말리아는 사실, 국가 작동 및 경제 운영 방식에 대한 기본적인 가정에 도전했다. 내전이 가져온 인도주의적 재앙에 관한 우려와는 별개로 국가 없이 어떻게 삶이 지속될 수 있는가라는 질문은 기초적인 사회학적 수수께끼를 제시했다. 소말리아는 몇몇이 "정부 없는 통치"라고 부르는 상황을 사람들이 어떻게 적응하는지를 보여 주는 장소가 되었다.[68] 학자들은 국가의 종말이 홉스적인 만인에 대한 만인의 투쟁으로 이어지지 않았음을 관찰했다. 소말리아는 범주적 오류를 보여 주는 듯했다. "국가 없는 경제"가 정말 존재할 수 있는가? 결국 어느 학자가 말했듯이 "국가에 구성요소가 필요하다면, 소말리아 경제는 존재하지 않았을 것이다".[69] 그러나 소말리아 경제는 살아남았을 뿐만 아니라 그 어느 때보다 잘하고 있다는 더욱 놀라운 현상이 나타났다.

우선 1990년대 소말리아에서는 "국가 없는 상업"의 조짐이 보였다.[70] 정부 붕괴 후 국내총생산이 상승했고 수출 및 투자가 늘어났다.[71] 심지어 기대수명도 향상되었다.[72] 자유지상주의 학자들에게 소말리아는 국가 부재의 적절한 상태를 가늠할 수 있는 "독특한 시험지"가 되었다.[73] 누군가는 다음과 같이 말했다. "소말리아에는 중앙정부가 없지만 민간 영역이 그 공백을 채울 통치 장치를 개발했다."[74] 「국가 없는 화폐」라는 학위논문에서는 소말리아 실링이 중앙정부와 재무부가 사라진 이후에도 오랫동안 교환권과 가치 저장 수단으로 기능했다는 놀라운 사실을 설명했다.[75] 실링은 그 가치를 달러와 대비하여 안정을 되찾았고, 주변국과의 거래에도 사용되었다.[76] 어느 독일 출신 무정부 자본주의자는 루트비히 폰 미제스, 프리드리히

하이에크, 한스헤르만 호페 저작들의 소말리아어판 번역을 위한 모금에 나서면서 한 걸음 더 나아갔을지도 모른다. 이들의 저작이 "노예의 길"을 수용할 모가디슈 거주자들에게 도움을 주었을 수도 있다. 여기서 그는 중앙정부의 재건을 노예의 길이라고 보았다.[77]

널리 인용된 논문에서, 피터 리슨Peter Leeson이라는 젊은 경제학자는 소말리아가 그 이전 독재 국가들과 비교할 때 "더 유복한 국가 없는 상태"라고 주장했다.[78] 그는 사실 소말리아가 아주 다루기 힘든 상황에 도움을 줄 본보기가 될 수도 있다고 주장하기도 했다. 서아프리카 국가 시에라리온에서 "정부가 무너지고 무정부상태가 등장하도록 내버려둔다면 그곳의 발전에 도움이 될 것이다"라고 말했다.[79] 그는 19세기 앙골라와의 역사적 유사점을 발견했는데, 그가 보기에 노예를 포함한 수출 무역은 "사유재산권을 강제할 정부가 없었음에도 불구하고 광범위했으며 지속 가능했다".[80]

소말리아가 국가 없는 상태에서 생존하기에 특히 적합한 환경을 갖췄다는 것을 부정할 수 없다. 한 가지만 지적하자면, 식민지 혹은 신식민지 국가 대부분은 표준 교육, 조세 및 등록 관료제를 도입하지 않았고, 그리하여 인구 대부분을 포섭하려는 시도조차 하지 않았다.[81] 이탈리아는 그래도 근대국가의 기반시설을 조성하려는 노력을 기울였지만, 영국의 경우는 특히 빈약했다. 내륙으로 유혹할 천연자원이 없었기에, 식민지 개척자들은 해안가에만 머물렀다. 내륙을 개발할 생각도, 같은 곳에 오랫동안 머무르려는 생각도 하지 않는 현지인들을 교육하거나 개종하려는 노력 또한 없었다.

목초지나 수원을 찾아 떠돌아다니는 유목 집단은 가축 떼로 부를 유지해 왔다. 소말리아의 신식민지 정부 또한 유목민들과 관계가 거의 없었고, 도시 중심부에만 집중했다. 그렇기에 정부가 사라졌을 때, 전환은 다른 나라들만큼 갑작스러운 것이 아니었고, 정무political service와 "군벌주의 상품화" 시장이 등장했다.[82] 영토는 수많은 소형 국가로 이루어진 만큼 국가 없는 상태로 변하지는 않았다. "유동적이고 매우 지역 중심적인 정치체의 모자이크 상태로, 몇몇은 전통적인 당국에 의존하지만 다른 곳에서는 혼종 형태로 있다."[83]

유대감이야말로 그 나라를 하나로 묶어 주는 접착제였다. 가족관계 또한 다른 방식으로 국가 없는 번영이라는 역설을 설명해 준다. 좀 더 부유한 나라로 이주한 사람들은 종종 친척들에게 돈을 보낸다. 다른 곳, 특히 걸프만 국가에서 일하고 있는 수많은 소말리아인이 벌어들인 돈은 소말리아 부의 원천이 되었다.[84] 서양에서 살고 있는 난민들이 송금하는 돈의 일부는 사회보장제도를 비롯해 여러 사회부조에서 나온 것이다. 아이러니하게도 복지국가가 이른바 무정부주의의 기적에 보조금을 지원한 셈이다.[85]

하지만 자유지상주의자들이 소개한 이야기에서 빠트린 것이 있다. 그들은 국가 붕괴 이후 소말리아에서 가장 성공적인 지역은 새로운 국가가 재빠르게 재건된 곳이라는 사실을 무시하거나 주석으로 처리해 버렸다. 소말리아 중앙정부가 해체된 지 몇 달 만에 소말릴란드이슬람공화국이 과거 영국 보호령의 경계였던 북쪽 지역에서 독립을 선언했다. 여기에서 치안이 가장 빠르게 회복되었고 초기에 기본적인 국가 기능을 제공했다. "국가 없는 경제"에 관한 연구를 낳은 바로 그 학자가 자유지상주의 논문에서 "남부 소말리아와 극명하게 대조적으로" 사실상 소말릴란드 국가에 정부가 있었다고 지적했다. 그 정부는 부처들을 통해 개발계획을 실행에 옮겼고 최소한의 세금과 수수료를 징수했다.[86] 판노턴의 부인은 해외투자자들을 유혹하고자 자신의 씨족이 살고 있는 지역의 무정부상태를 홍보했지만, 이것은 예외적이었다. 사실, 그 씨족은 1991년 소말릴란드를 건국하기로 결정한 대회에 참가했다.[87] 씨족 구성원들은 소말릴란드 정부의 부통령직을 맡았다.[88]

소말릴란드의 영토는 특별하다. 비록 국가로서 기능하고 있으나, 국제연합의 인정을 받지 못해서 "존재하지 않는 나라"라고 불려 왔다.[89] 그럼에도 불구하고 정부 조직 재건은 투자자들에게 확신을 심어 주었다. 국제연합이 인정하지 않았지만 프랑스 토탈Total사는 석유 공급과 유통에 관한 독점권을 대가로 그곳의 석유 저장시설 개선 비용 350만 달러[약 45억 원]를 지출했다.[90] 인정받지 못한다고 해서 다섯 개 항공사와 다섯 개 민간 전화 통신사가 소말릴란드 수도인 하르게이사Hargeisa에 사무실을 열지 말란 법은 없었다.[91]

소말릴란드는 또한 옛날 정치 방식을 실험해 보았다. 2002년 12월, 판노턴이 사망한 지 6개월 후, 50만 명이 넘는 인민이 1960년대 이후 처음으로 치러진, 그가 "민주주의의 괴물"이라고 불렀던 다당제 선거에 참여했다.[92] 이어진 경쟁 선거에서는 야당으로 원활하게 권력을 넘겨주었다.[93] 수많은 외부인의 눈에, 소말릴란드는 질서 잡힌 무정부주의가 아닌 탈중앙집권적 갈등 이후 민주주의의 "간과된 성공 스토리"였다.[94]

소말릴란드 해안에 있는 베르베라 항구는 가장 효과적인 개발 방식을 보여 준다. 이 지역에서 경제적으로 가장 성공적인 사례였다. 1000년 동안, 아프리카 내륙 지역의 재화는 이곳으로 운반된 후 선박에 실려 중동을 거쳐 남아시아 및 동아시아로, 그리고 북쪽으로는 홍해를 거쳐 카이로, 알렉산드리아와 유럽으로 판매되었다.

영국 보호령 시기에 이곳은 식민지 수도였다. 독립 후 베르베라는 냉전의 경쟁이 벌어진 전형적인 공간이었다. 소련이 부두를 지으면 미국도 그렇게 했다.[95] 1980년대, 그때까지만 해도 온전하게 유지되었던 소말리아 외환보유고의 4분의 3은 이 항구를 통한 수출로 확보했다.[96] 1990년대 국가 붕괴 후, 항구는 10여 년 전보다 더 많은 재화를 수출했다.[97] 2021년 6월, 두바이로부터 5억 달러[약 6534억 원] 투자를 받아 세계에서 가장 큰 선박을 정박시킬 수 있는 커다란 터미널을 신축했다.[98] 이 회사는 소말릴란드와 30년 동안 항구를 관리하고 그 대가로 지분 65퍼센트를 확보하기로 합의했으며, 외국 제조업체가 공장을 설립할 수 있는 인접한 자유무역지대를 건설할 계획을 완료했다.[99]

부유한 아랍에미리트는 국가가 존재하지 않던 시절, 소말리아 경제의 생명 줄이었다. 휴대전화와 이동식 전자 지불 시스템은 두바이에 본사를 둔 기업들이 설치했다. 지역 사업가들(혹은 임대업자들)이 두바이에서 구매한 발전기를 개별 가구에 비치했고 전구 개수에 따라 비용을 청구했다.[100] 소말리아 항공사에서 임차한 전용 비행기들은 저녁에 두바이에 보관했다. 수많은 소말리아인이 걸프 지역 일대에서 노동자로 이주해 왔다.

이제 걸프 지역이 그들에게 왔다.

　　고도 세계화 시대의 성공 비결은 소말리 씨족이 아니라 두바이의 전초기지가 되는 데에 있는 것 같았다.

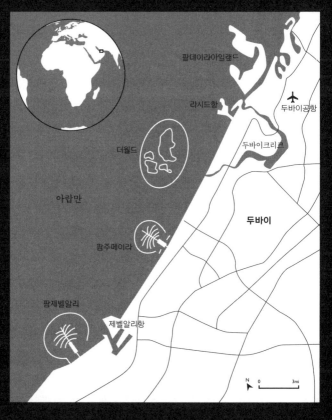

팔데이라아일랜드

라시드항

더월드

아랍만

팜주메이라

팜제벨알리

제벨알리항

두바이공항

두바이크리크

두바이

N
0   3mi

두바이

세계에 홍콩과 싱가포르라는 아시아의 거대 괴물만큼 전 지구적 구역 열풍을 불러일으킨 장소가 있다면, 바로 두바이다. 불과 몇십 년 만에, 페르시아 걸프만에 자리 잡은 아랍에미리트는 산호와 모래로 집을 지은 금 밀수 전초기지에서, 세계에서 가장 높은 호텔이 즐비하고 유일한 사막 스키 슬로프가 있는, 그리고 세계에서 가장 높은 테니스장을 갖춘 금박을 입힌 도시로 거듭났다. 2003년에는, 맨해튼보다 세 배나 큰 놀이공원을 짓겠다는 계획을 발표했다.[1] 같은 해, 세계지도 같은 모습을 한 300개 인공 열도 착공에 돌입했다. 열도가 등장했다고 표현할 수도 있겠다. 개발업자는 곧장 행성과 달의 모양을 한 '유니버스'라는 후속 프로젝트를 발표했다.[2] 2000년대 첫 10년 동안, 두바이 경제는 중국을 추월하여 연평균 13퍼센트 성장했다.[3] 고층 빌딩은 사흘에 한 층씩 올라갔다.[4] 6년 만에 도시의 인구는 두 배로, 공간은 네 배로 늘어났다.[5]

어느 영국계 건설회사 직원이 "두바이를 처음 방문한다면 현란한 고층 빌딩들을 보면서, 카나리워프 지역을 차로 몰고 있다고 생각할 것이다"라고 썼다. 그리고 두바이가 그곳보다 훨씬 더 크다는 것을 깨닫게 된다. "이곳의 규모는 상상을 초월한다." 영국에서 주요 부동산 개발 사업은 150에이커[약 0.6제곱킬로미터] 규모이다. 두바이의 중심 자유 구역은 여기보다 100배 더 크다. 작업은 금세 완수된다. "2년 만에 지하철 노선을 완성했어요"라고 그 직원이 말했다. "영국에서 역사 하나를 새로 꾸미려고 해도 이보다는 훨씬 더 오래 걸릴 거예요."[6] 두바이는 최신 공학 및 건축 기술을 활용해 건조한 환경에서 시각적으로 놀라운, 중력을 부정하는 솜씨를 부렸다. 불평등에 관한 고민 없이 당당하게 부를 과시하고 있다.

그들은 어떻게 이를 달성했는가? 권위주의를 그 비결 중 하나로 들 수 있다. 두바이는 민주주의 없는 자본주의의 연구 사례였다. 2000년대 초, 이곳은 보통선거, 표현의 자유 및 비시민의 권리 보호가 없었고, 더불어 강제노동과 경찰력의 자의적 사용 때문에 전 세계에서 정치적으로 가장 덜 자유로운 장소 중 하나였다.[7] 일찍이 1985년 미 중앙정보부는 두바이에서는 "이념을 사업과 관련이 없는 것으로 무시한다"라고 보고했다.[8] 물론 기업활동을 우선시하여 이념을 묵살시키는 것 자체가 하나의 이념이다. 하지만 어떤 종류의 이념인가? 가장 충격적인 것은 기업 거버넌스와의 유사성이다. 권력과 소유권 모두 종종 주식회사 두바이의 최고경영자라고 불리는 아랍 왕자 셰이크Sheikh라는 인물이 모두 가지고 있다. 이 도시국가의 최고 집행위원회는 선출직이 아니라 국영기업 수장들로 구성되어 있다.[9] 그 결과는 짧은 공적 숙의로, 사실상 공적 논의가 제거되었다. "지연, 분쟁, 소송 등 '님비현상'이라는 지저분한 일은 이 나라에 존재하지 않는다"라고 어느 건축 비평가가 적었다. 도시는 일종의 광고판 같았다. "계몽된, 기업 형태의, 효율적이고, 비민주적인 정부가 할 수 있는 것을 보시오."[10]

2006년 마이크 데이비스Mike Davis•는 두바이를 두고 "시카고대학교 경제학과에서 만들었을 법한 밀턴 프리드먼의 해변 클럽"이라고 불렀다.[11] 두바이는 "미국 반동분자들이 꿈에서나 그려 왔던, 소득세와 노동조합, 야당이 존재하지 않는 자유기업의 오아시스를 완성했다".[12] 그러나 두바이에 매력을 느끼지 못한 프리드먼은 이 도시를 한 번도 언급하지 않았다. 홍콩, 싱가포르와 시스케이를 스타로 주목했던, 세계의 경제적 자유지수를 산출하는 모임에서 아랍에미리트는 논의되지도 못했다. 두바이 지지자들은 정치적으로 좀 더 오른쪽에 있었다. 2000년대 초, 시카고학파보다는 무정부 자본주의자들과 가까운 시장급진주의자들이 아랍에미리트에 관심을 갖기 시작했다.

《파이낸셜타임스》가 언급한 두바이의 "자유방임과 경직된 권위주의의 역설적 결합"은 우파 자유지상주의자들에게는 결코 역설이 아니었다.[13] 독일의 어느 무정부 자본주의자는 두바이야말로, 군주들은 장기적으로 영토에 부를 가져오는 반면 선출직들은 임기 동안 약탈하기 때문에 군주제가 민주주의보다 더 우월하다는 한스헤르만 호페의 주장을 뒷받침하는 최선의 증거라고 말했다.[14] 두 네덜란드 무정부 자본주의자는 민

• 미국 출신의 비판적 도시 이론가 및 역사학자.

주주의의 부재는 도시의 문제가 아닌 성공 비결이라고 적었다. 선거는 경제적 자유를 약화시킬 뿐이다.[15] 두바이의 엄청난 성장은 여전히 민주주의와 자본주의가 함께할 필요가 없다는 것을 가장 잘 증명하는 사례였다.

아마도 아랍에미리트를 가장 열정적으로 지지한 사람은 멘시우스 몰드버그Mencius Moldbug라는 가명으로 블로그를 운영하며, 패트리 프리드먼 및 피터 틸과 같은 조직에 가입한, 스스로를 신반동주의자라고 묘사한 기술 노동자 커티스 야빈Curtis Yarvin일 것이다.[16] 그에게 싱가포르, 홍콩과 함께 두바이는 "자유롭고 안정적이며, 생산적인 근대사회에서 정치가 필요하지 않다"라는 것을 증명했다.[17] 그는 두바이는 기업처럼 운영되어야 한다고 말했다. 시민 대신, 계약서에 제시된 것 말고는 국가에 바라는 게 없는 고객들이 있기 때문이다.[18] 시민권이라는 유대감은 이득을 얻고자 국가를 갈취하려는 수단이나, 조세를 통해 다른 사람들을 갈취하는 수단에 지나지 않았다. 시민적 소속감 혹은 의무라는 추상적인 생각은 두바이에 없었다. 2000년대 초, 어느 조사에 따르면 두바이 인구 중 95퍼센트가 외국인이었다.[19]

민주주의 거부와 더불어 야빈의 관심을 끈 두바이의 매력은 그 규모였다. 호페와 로스바드처럼 그는 관할구역의 규모는 작을수록 좋다고 생각했다.[20] 두바이는 엄청난 자유무역구역이었지만 정치체 전체는 미국에서 가장 작은 주인 로드아일랜드보다 작았다. 야빈은 자신의 규범적 이상을 "주권을 가진 수십, 심지어 수백, 수천 개의 소규모 독립국가의 전 지구적 거미줄"인 "패치워크"라고 묘사했다.[21] 패치워크는 학자들이

2000년대 두바이를 묘사하기 위해 사용한 용어로, 무정부 자본주의자들에게 아랍에미리트가 가진 매력의 진짜 비밀을 담고 있었다.[22]

밖에서 보기에, 두바이는 건축 렌더링의 고화질 화면에서 곧바로 튀어나온 듯한 눈부신 거대함으로 특징지어졌다. 하지만 우파 자유지상주의자들은 여기에 매력을 느낀 것이 아니었다. 그들이 흡족해한 것은 좀 더 보기 힘든 것이었다. 바로 두바이의 급진적인 법률 다원주의와, 투자자들을 만족시킬 수 있는 맞춤형 관할권을 계획하려는 의지였다. 두바이는 단지 "도시 기업"에 머물지 않았다.[23] 수많은 체제를 갖춘, 야빈의 패치워크를 실제로 시험해 볼 수 있는 곳이었다.

1.

1979년 2월, 파업에 돌입한 런던 청소부 노조가 버리고 간 반쯤 얼어붙은 쓰레기 더미로 비둘기들이 먹이를 찾아 몰려들었을 때, 엘리자베스 여왕은 노동자들이 한 번도 가 보지 못한 장소로 떠났다. 남편 및 외무부 장관과 함께 여왕은 영국항공사의 신형 콩코드기에 몸을 싣고 쿠웨이트로 떠났다. 그리고 왕실 요트인 <u>브리타니아호</u>를 타고 3주간의 일정으로, 영국 국왕으로는 최초로 아라비아반도를 방문했다. 네 배나 폭등한 석유 가격 호황 후, 걸프만 지역은 1970년대 침체기에 영국에 희망을 안겨 줄 수 있었다. 왕실 방문 당시, 영국의 걸프 지역 수출 규모는 영연방 캐나다, 호주 및 뉴질랜드를 합친 것보다도 많았다.[24] 어느 영국 기업은 홀로 18억 파운드[약 3조 500억 원]에 달하는 사업을 수주했다. 영국 기업들은 걸프 지역의 새로운 "알짜" 건설 사업을 가져갔다.[25]

걸프 지역 지도층들의 취향은 영국 타블로이드 신문에 매력적인 기삿거리를 주기에 충분했다. 19세기 유럽 군주들이 왕실 문화를 서로 공유했듯, 제트족의 순회 경마 대회, 고급 스키 리조트, 일류 부동산은 영국과 중동의 왕실을 엮어 주었다. 걸프만 군주들은 접대에 돈을 아끼지 않았다. 모든 언론인에게 리무진이 제공되었고 영국 군주는 모든 상점에서 화려한 선물을 받았다. 두바이의 셰이크 라시드Rashid는 여왕에게 300캐럿 다이아몬드 목걸이를 선물했고, 여기에 순금 야자나무 밑에 서 있는 순금 낙타와 루비로 날짜를 박은 조각상을 더했다.[26] 여왕이 지나가는 길을 따라 걸프 지역에 살고 있는 영국인, 파키스탄인 및 인도인 수천 명이 서 있었다.

파키스탄인과 인도인 중 고령층은 과거 영국의 신민이었다지만, 아랍에미리트 사람들도 그랬는가? 꼭 그렇지만은 않다. 비록 19세기 초부터 페르시아만 지역을 "영국의 호수"라고 여겨 왔지만, 잉글랜드는 결코 아랍에미리트가 자리 잡고 있는 아라비아반도 해안가의 지배권을 주장한 적이 없다. 1820년, 영국은 이곳의 "콰와심Qawassim 해적"을 처치하려고 병력 300명을 보냈지만, 그 결과는 오히려 해적들을 정당한 지배자로 바꾸어 놓은 휴전협정이었다. 그중 알막툼Al Makhtoum 가문은 두바이의 세습 지도자로 남아 있다.

직접 행정이 이루어지지 않는 페르시아만 남쪽 연안 지역과 영국의 법적 관계를 설명하기 위해 새로운 단어가 만들

어졌다. 정전협정 truce 때문에, 셰이크 국가들은 트루셜스테이
츠Trucial States• 혹은 트루셜코스트Trucial Coast라고 불렸다.[27] 이러
한 반(半)주권국 형태는 두바이가 영국 제국 안팎에 동시에 존
재함을 의미했다. 보통 이러한 상태는 그레이트펄뱅크Great Pearl
Bank로 지도에 표시된 수역의 생산물 외에는, 강대국들이 이 지
역을 주목하지 않았음을 보여 주었다.

1960년대 런던 은행들이 웨이퍼 과자 크기만 한 금괴를
대량으로 셰이크들에게 판매하는 새로운 수익원을 발견했을
때 영국은 두바이에 좀 더 관심을 갖기 시작했다. 이 구매자들
은 금괴를 몸에 두르거나 물고기에 숨겨 고성능 소형 보트에
싣고 수천 마일 떨어진 뭄바이로 몰래 들이는 방식으로 인도
무역 제한 정책을 빠져나갈 수 있었다.[28] 셰이크는 관세장벽
을 뛰어넘는 것에 눈을 감아 버렸고, 자신의 영토로 흘러들어
온 금은 합법적이라고 주장했다. 어느 세관원이 말하길 "우리
입장에서 두바이 밖으로 물건을 내보내는 것은 밀수가 아니라
자유 사업이다".[29] 밀수 네트워크는 인도양에서부터 남중국해
에 걸친 여러 장소를 복잡하게 연결하고 있었다. 관세나 세금
이 없기 때문에 편리한 기지로 작동해 온 홍콩의 자유항에서
는 수입 수출 사업을 "고리Ring"라고 불렀다. 상품은 밀수 목적
에 맞게 특별히 제작되었다. 스위스나 런던에서 담금질한 금
비스킷을 인도에서만 사용하는 단위인 10톨라의 무게로 만들
었다. 일본 면직물은 6야드[약 5.5미터] 길이의 사리•• 단위로 제

- • 아랍에미리트연합의 옛 칭호.
- •• 인도 여성들이 입는 옷.

제3부   프렌차이즈 국가들   9장   두바이의 합법적 배불림

251

작했다. 언론인들은 밀수꾼들이 관리해 온 긴 공급망에 주목했다. 고리의 "효율성은 가장 잘 운영되는 다국적기업을 부끄럽게 만들 것"이라는 말도 있었다.[30] 인디라 간디 총리가 철퇴를 내릴 때까지 두바이로부터 오는 밀수품 무역을 지배한 뭄바이의 "밀수 왕"은 "국가 안의 국가"를 운영해 온 것으로 알려졌다.[31]

두바이에 대한 영국의 입장은 해럴드 윌슨Harold Wilson 총리가 "수에즈 동쪽"에 주둔한 영국군을 서둘러 철수하겠다고 선언한 1968년까지 내버려두면서도 균형을 잡는 것이었다. 트루셜스테이츠의 지도자들은 영국군의 철수를 아쉬워했다. 셰이크 라시드는 "해안, 인민과 통치자들 모두 걸프 지역 영국군 주둔을 지지한다"라고 말했다.[32] 어느 역사가의 말처럼, 한 세기 동안 셰이크들은 "군사력과 외교를 영국에 아웃소싱할" 수 있었다.[33] 이제 그들은 스스로 일을 처리해야 할 뿐만 아니라 가문 연줄, 중첩된 관할 지역, 그리고 오랫동안 부글부글 끓고 있던 지역 경계 분쟁을 확실한 국경과 독점적 주권이라는 베스트팔렌 모델에 따라 종결지어야 하는 과제를 떠안게 되었다. 대중의 동의에 따른 정부라는 생각만큼 민족국가의 개념이 현지의 현실과 맞지 않았기 때문에, 셰이크들은 윌슨의 표준적 민족자결 모델과는 다른 방식을 취했다.[34] 1971년, 그들은 두바이를 수도로 아랍에미리트연합UAE을 결성했다.

경제적으로 아랍에미리트연합은 행운을 타고났다. 1973~1974년 석유 수출 금지 조치로 네 배나 뛴 유가 덕분에 이 나라는 부자가 되었다. 걸프만의 오일머니는 런던시티와 같은 금융 중심지를 통해 재활용recycle•되어, 막대한 자본을 제공했다. 석유는 대부분 아부다비에 매장되어 있었지만, 두바이는 1967년 상업적으로 활용할 수 있는 석유의 존재를 확인했고, 2년 후 가득 찬 유류 탱크를 영국 정유공장으로 보냈다.[35] 1975년 말, 두바이의 석유 수입은 연간 6억 달러[약 7837억 원]에 달했다.[36] 1979년 두바이 방문 당시 엘리자베스 여왕은 석유 자본을 투자하여 완성한 아랍에미리트의 새로운 사업을 공개했다. 여왕이 버튼을 누르자 100만 톤까지 저장할 수 있는 석유 탱크를 설치한, 엠파이어스테이트빌딩보다 긴 건선거••로 물이 들어왔다. 여왕은 중동의 첫 마천루인 두바이세계무역센터의 개장을 알리는 리본 커팅식에 참여했다. 가장 중요한 것은 제벨알리Jebel Ali항만이었다. 이는 엄청나게 큰 자유무역 구역으로, 정박지 66개를 보유한 세계에서 가장 큰 인공 항구였다.[37]

영국 신문에 등장한 제벨알리항만 광고에서는 앞에 항만이 있고 그 뒤로 지평선까지 뻗어 있는, 텅 빈 넓은 사막의 항공사진이 등장했는데, 이스트런던 지역의 비좁은 공간에 살고 있던 투자자들에게는 꿈에서나 볼 수 있는 공터였다. 항만의 커다란 규모보다 더욱 중요한 것은 그 법률적 지위였다. 아부다비의 아랍에미리트연합 당국과의 복잡한 관계로부터 벗어

• 산유국들은 1973년 오일쇼크 이후 가격이 급상승한 석유를 판매한 달러화 대금을, 당시 국제금융 중심지였던 런던시티의 국제 은행들에 예치한다. 국제 은행들은 이 대금을 석유 가격 상승으로 인해 국제수지 적자를 면치 못했던 국가들에 빌려주었다. 이 과정으로 국가의 손을 벗어난 막대한 자본이 국제금융시장을 통해 전달될 수 있었다.

•• 해안에 배가 출입할 수 있을 정도로 깊게 땅을 파서 만든 구조물로, 여기에 배를 넣어 제작과 수리 등을 한다.

나고자, 두바이는 독단적으로 제벨알리자유구역을 공식 치외법권 공간으로 도려냈고, 5000에이커[약 20제곱킬로미터] 상당의 토지를 포장하고 배선을 했으며, 공사 준비까지 마쳤다.[38] 다른 특전으로는 100퍼센트 외국인 소유, 15년간 법인세 면제, 소득세 면제, 이윤과 자본 전체를 해외로 송금할 수 있는 권리, 그리고 물론 언제든지 추방할 수 있는 노동력 수입 정책에 힘입은 무無노동쟁의 보장이 포함되었다.[39]

두바이는 모국보다 더 많은 임금을 보장하지만 영주권 없이 언제든지 고용 후 해고, 추방이 가능한 정책으로 남아시아 지역의 노동력을 안정적으로 확보할 수 있었다. 법적 보호 정책이 매우 빈약했기 때문에 저항하는 노동자들에게는 임금을 한 푼도 줄 수 없다고 위협할 수 있었다.[40] (이주민보다는 국외 거주자로 알려진) 부유한 나라 출신의 외국인 거주자들은 브런치 뷔페와 서구식 편의시설을 즐긴 반면, 육체노동자들은 철조망으로 둘러싼 야영지에 수용되었다. 탈출 위험과 유지비용을 최소화하기 위해서였다.[41]

제벨알리는 두바이의 가장 중요한 혁신으로 남게 되었다. 전 세계 특수경제구역 모델을 따라 했지만 산업단지로만 머물지 않았다. 이윽고 아랍에미리트가 외국인 투자 유치라는 공통의 목적 달성을 위해 개별적으로 명확한 법률을 제정한 구역들을 만들면서 두바이 패치워크 도시화의 특징을 잘 드러내는 본보기가 되었다.

2.

우리는 국가를 단일한 법률적 공간으로 사고하는 데 익숙하다. 하나의 법률하에 시민들이 영토를 차지하고 있다. 하지만 이는 사실이 아니다. 국가와 지방은 자체 법률을 갖고 있고, 지방자치단체도 그렇다. 우리는 자치 규약과 더불어 이따금 민간 경찰력을 보유한 (공공주택 단지, 콘도 협회, 혹은 대학교 캠퍼스와 같은) 좀 더 작은 단위에서 생활한다. 두바이는 법률적 다양성이라는 현실을 수용했고 이를 전체 아랍에미리트 조직의 원칙으로 해놓았다는 점에서 특별하다. 목격자들에 따르면, 두바이의 주거지 사이를 걷는 것은 사실상 한 나라에서 다른 나라로 걸어가는 것과 마찬가지다. 언론인 대니얼 브룩Daniel Brook은 이러한 상황을 19세기 중국 조약항과 비교한다. 그곳에서 치외법권 원칙은 국적이 다른 시민에게 다른 법을 적용한다는 것을 의미했다. 두바이에서는 상이한 법을 각각의 토지 조각에 적용한다.[42] 마이크 데이비스의 인상적인 은유를 적용해 본다면, 구역들은 각자가 독자적인 법률 체계를 갖고 있는 "규제적 및 법적 버블돔bubble-domes" 아래에 놓여 있다.[43]

    새로운 관할구역이 늘어났다. 기능에 따라 기술 제조업은 '실리콘 오아시스'로, 의료 기업은 '두바이 의료 도시'로, 대학 관련 기관들은 (지금은 '지식 공원'이라고 부르는) '두바이 지식 마을' 등으로 그 기능에 따라 묶었다.[44] '미디어 시티'와 '인터넷 시티'라는, 웹 접속을 통제하지 않는 출입 제한 구역도 존재한다.[45] 2006년에는 1000억 달러 규모의 사업을 추진했는데, 여기에는 "항공 도시, 화물 마을, 원조 도시, 인도주의 자유 구역,

전시 도시 및 축제 도시, 의료 도시와 화훼 도시"가 포함된다.[46]
아마도 구역에서 가장 놀라운 실험은 2004년에 개장한 두바이
국제금융센터 DIFC라 할 수 있다. 호주 금융 산업을 관리했던
에럴 후프먼 Errol Hoopmann이 지휘했는데, 그는 자신의 목표가
110에이커[약 44만 5154제곱미터]의 땅을 골라 그곳의 법을 무효
로 만든 후 "우리만의 법을 제정하여 그 진공상태를 채우는 것"
이라고 말했다. 그는 DIFC를 바티칸과 비교했다. 이곳은 "국가
안의 국가"였다.[47]

　　2002년까지만 해도 오직 제벨알리에서만 외국인의 토
지 소유가 가능했다. 그 후, 아랍에미리트 어디에서든 외국인
이 부동산을 합법적으로 소유할 수 있게 되었다. 그 결과는 토
지 구매 열풍이었다. 새로 온 사람들을 수용할 주택지가 등장
했고 해외 거주 투자자들이 미국 남서부의 계획적인 외부인 출
입 제한 거주지와 유사한 주택지를 만들었다. 1930년대 사우
디아라비아에서 아람코석유정제사 근처에 건설한 미국인 캠
프 같은 가짜 교외 주거지가 이 지역의 선례였다. 철조망으로
둘러싸인, 수영장과 영화관을 갖춘 주둔지에 백인 가족을 위한
목장 스타일 집을 지었고, 그 주변에는 더 많은 이주노동자와
사우디인들이 살고 있는 수준 낮은 분리된 거주지를 두었다.[48]
2000년대 두바이 교외 지역은 스페인 빌라부터 전통 아라비
아식까지, 산타페에서 바우하우스까지 다양한 주택을 선보였
다.[49] 그들의 자동차 중심 교외화 모델은 휴스턴과 로스앤젤레
스의 선벨트 모델을 반복했을 뿐만 아니라 더욱 강화했다. 걸
프만 지역에서 일인당 식수, 전기 및 휘발유 소비는 지구상 어
느 곳보다도 더 많았다.[50]

출처는 불분명하지만 "땅을 사라. 더 이상 만들지 않기 때문이다"라는 말을 마크 트웨인이 남겼다고 한다. 하지만 그가 이를 언급했을 것 같은 때에도 이는 사실이 아니었다. 19세기 보스턴의 도심 절반은 간척지 모래로 만들어졌다. 남부 맨해튼, 싱가포르와 홍콩이 그 사례를 따랐다. 2000년대 초 더 이상 해안가 부동산이 남아나지 않자, 두바이는 그와 유사하게 바다로 뻗어 나가는 커다란 야자수 모양으로 모래를 매립하여 더 많은 땅을 만들었는데, 이곳의 가늘고 길게 갈라진 잎 모양 부분은 해변 접근성을 극대화했다. 모래 385톤으로 건설한 팜 주메이라Palm Jumeirah를 팜제벨알리와, 최종적으로는 인공 열도 '월드'가 뒤이었는데, 이곳의 가짜 모래 나라들은 개당 3000만 달러[약 400억 원]에 판매되었다.[51] 두바이 부동산은 전 세계 어디로든 이동할 수 있는 현금의 안식처가 되었는데, 특히 "중동, 북미, 남아시아 그리고 구소련 지역의 큰손들과 약탈형 정치가들"에게 인기 만점이었다. 특별히 눈이 휘둥그레질 사례로는 아제르바이잔의 국가원수가 "열한 살 아들 명의로" 2주 만에 두바이 대저택 아홉 채를 구매한 것을 들 수 있다.[52]

두바이는 새천년 지구적 도시의 세 가지 특징을 보여 주었다. 수직성, 참신성, 특권층만이 누릴 수 있는 고급스러움.[53] 낙힐프로퍼티스Nakheel Properties를 비롯한 국영 대기업들은 전 지구적 도시 건설 운동을 적극 수용하여 자신만의 브랜드로 삼았다. 독특하지만 이상하지 않은, 이국적이지만 과하지 않은, 즐거우나 지나치게 어색하지 않은, 투자자들의 눈길을 사로잡을 수 있지만 리스크가 너무 크지는 않은. 돈과 마찬가지로, 현대 도시는 가치의 저장고이자 교환수단 모두로 작동해야만 했다. 런던과 뉴욕의 엄청나게 고급스러운 아파트처럼 두바이 고층 빌딩의 수많은 아파트식 주거지가 팔려 나갔지만 그것은 누구도 살고 있지 않는, 비판가들이 21세기 좀비 건축물이라고 부른 것의 일부였다.[54]

비행기에서 보면 광대한 사막 평원이 담수처리 공장, 대단지, 산업 저장고로 이어지는 두바이의 구역은 "컴퓨터 주회로 기관"처럼 나타난다.[55] 이러한 모습은 또한 아랍에미리트가 투자자들에게 "다국적기업들이 지역 사업에 참여할 수 있는" 평지로 자신을 드러내는 방식이다.[56] 하지만 지상에서 두바이는 통합된 디자인의 모습을 잃어버린다. 분산된 법률은 시각적 혼란이 되어 "사각형에 가까운 타원, 둥근 사각형, 곡선미를 보여 주는 피라미드, (……) 상자 꼭대기의 구체, 기둥에 얹은 눈물방울, 골대에 콘크리트를 바르려고 고정한 구부러진 조각" 같은 거리 풍경이 되었다.[57] 그 효과는 하이 모더니즘의 깔끔한 선이라기보다, 미국 고속도로의 네온사인이 뒤죽박죽 뒤섞인 것의 초대형 버전에 가깝다. 이것이야말로 자본의 논리를 보여준다.

1968년 아랍에미리트인들이 제벨알리를 착공했을 때, 이곳을 미래의 수도로 만들 계획이었다.[58] 40년 후, 그것은 일국의 법률을 묶어 내는 공구 세트 일부가 아니라 어디에서든 들어 올리고 놓을 수 있는 패치워크 조각이 되었다. 연합이나 민족국가의 정치적 자본에 얽매이지 않고 노동, 자본, 기술을 새롭게 배치할 수 있는 유연한 컨테이너였다.

여기에 땅만 추가하시라.

3.

21세기의 제약은 한편으로는 상대방을 거스르지 않으면서 상징적이어야 한다면, 다른 한편으로는 세계경제의 모든 교점과 부드럽게 연결되어야 했다. 물류 용어로 설명한다면, 관문이자 통로로 기능해야만 했다. 21세기 초, 두바이는 자신을 해외로 복제하고, 프랜차이즈 구역들을 확보하여 이동식 제벨알리를 만들었다. 새로운 국영 회사들이 이 기획을 실행했다.

이러한 이른바 준국가조직 중 하나는 DP월드Dubai Ports World로, 이는 운송, 부동산, 유통 및 경공업을 하나로 묶고 자신의 모델을 복제하여 "법률 및 규제 버블 돔"을 해외로 수출하는 도시 속의 도시를 관장하는 기관이라 할 수 있다.[59] DP월드는 1999년에 두바이로부터 홍해의 제다이슬람항만Jeddah Islamic Port 공동 관리권을 넘겨받으면서 출범했다. 이듬해, 외국 정부에 특수경제구역 도입을 안내하는 자프자인터내셔널Jebel Ali Free Zone Authority International이 설립되어 조각 모델의 세계화를 추진했다.[60] 자프자인터내셔널은 자신의 업무를 "두바이의 전문성"을 제공하는 것이라고 설명했다.[61] 2004년, 말레이시아의 클랭 항만 관리를 맡았다.[62] 2005년 말, 아프리카 5개국과 계약을 맺고 항만 개발 사업을 감독했다.[63] 같은 해, 두바이는 전 세계에서 여섯 번째로 큰 컨테이너 항만 운영사인 미국계 기업 CSX월드터미널스를 인수했다.[64]

두바이는 맹렬한 속도로 팽창했다. 인도 대기업 타타그룹과 공동사업 파트너십을 맺어 일곱 개 물류기지를 인도에 건설하기로 했다.[65] 러시아에 특수경제구역 건설을 조언하겠다고 광고하고, 리비아와 양해각서를 체결했다.[66] 세네갈에서는 8억 달러[약 1조 452억 원] 상당의 면세 항만 건설 계획을 발표했다.[67] 루마니아 관리들은 두바이를 방문해 흑해로 뻗어 있는 짧은 해안에 "자프자 같은 플랫폼" 건설이 가능한지 타진했다.[68] 2006년, DP월드는 싱가포르와의 입찰 경쟁에서 승리하여 영국 제국의 해운 회사였던 영국 기업 P&O를 인수했다. 석탄 공급항, 해군기지, 자유항만은 모두 콜롬보에서 지브롤터에 이르는 제국을 연결했고, 정치학자 랄레 칼릴리 Laleh Khalili는 대양항로야말로 "전쟁과 무역의 힘줄"이라고 말했다.[69] 이제 전 세계에서 가장 큰 항만 운영 회사는 과거 제국의 소유지이자 보호령이었던 싱가포르, 홍콩, 그리고 두바이 소유가 되었다.

두바이는 메트로폴 앞에서 주저하지 않았다. 런던증권거래소의 지분 20퍼센트와 더불어 런던아이의 지분 또한 사들였다. 두바이를 대표하는 항공사 에미리트는 런던 축구팀 아스널의 유니폼에 회사명을 넣었고, 이 팀의 새로운 축구장 이름을 에미리트스타디움으로 지었다. 2013년, DP월드는 또한 런던게이트웨이항만을 개장했다. 아일오브도그스에서 30마일[약 48킬로미터] 정도 떨어진 하류에 위치한 런던게이트웨이는 도클랜드에 없는 물류기지와, 세계에서 가장 큰 선박들이 정박할 수 있을 정도로 수심이 깊은 선착장을 갖췄다.[70] 공사 대부분에 로봇과 자동화 크레인과 트럭을 활용했다.[71] 불과 몇십 년 전만해도 반식민지 상태에 머물러 있던 두바이는 이제 메트로폴로 향하는 가장 중요한 수로를 관리하게 되었다.

또 다른 핵심은 수에즈운하로 향하는 길목으로, 매년 선박 2만여 대가 유럽으로 향하는 총 석유의 30퍼센트를 운송하는, 예멘과 지부티를 가로지르는 바브엘만데브Bab el Mandeb 해협이었다.[72] DP월드는 2000년 지부티항만의 운영권을 확보했다. 2년 뒤에는 지부티암불리국제공항 경영권도 얻었다.[73] 두바이는 또한 지부티의 첫 5성급 호텔을 지었고 지부티 세관의 관리 권한까지도 넘겨받았다.[74] DP월드의 자회사는 지부티의 항공사를 인수했다.[75] 앞 장에서 언급했듯, 몇 년 후 DP월드는 실질적 국가인 소말릴란드의 베르베라항만 확장에 나섰다.

이렇게 매우 활동적이고 역동적이며 성공적인 두바이를, 걸프만 위쪽에 자리 잡은 두바이와 꼭 닮았지만 비뚤어진 이라크와 비교할 수는 없다. 거기에 토마호크 미사일 총열을 쥔 외국인 점령자가 민주주의를 집행하는 이라크가 있다면, 여기에는 민주주의 없이 풀 파티와 브런치, 리본 커팅식이 있고 새로운 건물을 올리는 두바이가 있다. 소규모 국가라는 패치워크를 염원하는 블로그를 운영해 온 커티스 야빈은 정반대 편에서 이들을 바라본 사람 중 한 명이었다. 이라크에는 법 없는 민주주의가 있고, 두바이에는 민주주의 없는 법이 있다. 어느 것을 선호하는가?

무엇을 선택하든 틀렸다. 주변국에 대한 미군의 군사적 개입을 떠나서 두바이의 성장을 생각할 수 없다. 1991년부터 미국은 아랍에미리트로 군사기지 장비들을 들여올 수 있었고, 2000년대 초 제벨알리는 미 해군에서 가장 바쁜 기항지였다.[76] 경제호황은 전적으로 미국의 이라크 및 아프가니스탄 침입에 따른 석유 가격 폭등 덕분이었다. 2007년 석유사 및 건설사 할리버튼Halliburton은 기업 설립지인 텍사스주에서 제벨알리자유구역으로 효과적으로 이전했다.[77] 지부티의 도랄레석유터미널

완공 기념식은 미군 유도미사일 순양함 USS빅스버그에서 열렸다. 미군은 이 터미널 준공에 무려 3000만 달러[약 392억 원]를 투자했다.[78]

두바이와 미군은 긴밀하게 협조했지만, 역설적이게도 아랍에미리트의 해외 팽창을 반대하는 가장 격렬한 목소리가 미국에서 나왔다. P&O해운회사가 운영하는 터미널 중 22개는 미국에 위치했다. DP월드가 2006년 P&O를 인수했을 당시, 미국 정책 입안자들은 그 계약을 안보 위협으로 간주하여 반대했고, 결국 두바이 회사는 터미널에 대한 관리 계약을 포기해야만 했다. 이들의 항의는 DP월드의 항만들이 최신 보안 시설을 갖췄다는 점에서 특히 이상했다. 사실, 지리학자 데버라 카우언 Deborah Cowen이 보여 주듯, 미국은 컨테이너 검사를 위해 두바이와 협력하면서 두바이처럼 부두 노동자들을 비정상적으로 높은 수준에서 감시해 왔다.[79]

몇 년 후, 두바이는 남부 지역 뒷문을 통해 미국으로 돌아왔다. 2008년 3월, 인구가 8000명 정도인 사우스캐롤라이나주 오렌지버그카운티의 관료 네 명이 열네 시간 동안 비행기를 타고 두바이로 날아와 아랍에미리트와 6억 달러[약 7846억 원] 투자를 협상했다. 두 지역의 식물군을 통합하는 것을 강조하면서, 미국인들은 팔메토 야자수와 야자수 넥타이를 가져왔다. 대표단 중 한 명은 무슬림 국가에서 주 깃발에 포함된 야자수와 초승달이 환영받을 것이라는 기대감에 차 있었다.[80] 자프자 인터내셔널은 오렌지버그에서 1300에이커[약 5.3제곱킬로미터] 상당의 토지를 구매했고 경공업, 물품 보관 및 유통 사업 단지 계획을 발표했다.[81]

하지만 두 세계의 결합은 빛날 수 없었다. 두바이 모델이 최고점에 도달했을 때, 전 지구적 금융위기가 찾아왔다. 2008년 11월, 아부다비가 DP월드를 구제해야만 했다.[82] 자프자는 오렌지버그를 떠났다. 팜주메이라의 몸통 부분인 트럼프타워 건설 계획은 취소되었다.

4.

두바이는 세계화 시대에 맞춤 정장 같은 새로운 국가였다. 선박 및 수송업 탈규제를 통해 각종 수송기관을 통합할 수 있었고 그 결과 해상무역을 엄청나게 성장시킬 수 있었다. 고가 이동기중기라는 기술 혁신으로 선박에 화물을 싣고 내리는 속도가 그 어느 때보다도 빨라졌다. 넓은 동체 항공기를 통한 장거리 이동 덕분에 대다수 사업 중심지로부터 멀리 떨어져 있더라도, 어느 언론인이 "공항 중심 도시"라고 이름 붙인, 전 지구적 네트워크의 주요 교점으로 기능할 수 있었다[83](한 교과서에는 두바이에서 환승한다면 전 세계의 거의 모든 두 지점을 연결할 수 있다고 적혀 있다).[84] 자본 통제의 종식과 유동적인 화폐는 아랍에미리트의 빛나는 고층 건물들과 저택들을 삼차원 비과세 저축 계좌로 만들었다. 두바이는 21세기 초 모습을 갖춰 가고 있던 세계경제의 완벽한 상징이었다.

2000년대 초 두바이의 성장이 국가 브랜딩 활동과 병행해서 등장했다는 점이 중요하다. 기존에는 기업 업무였던 브랜딩이 국가에도 도입되기 시작했다. 컨설팅 및 홍보 대행업체들은 쉽게 소화할 수 있는 효과적인 어구로 여러 나라의 상태와 장점을 묶어 냈다. 국가 브랜드 지수는 새로운 리그 테이블에서 다양한 국가에 대한 평균적인 사람들의 생각을 수치화했다. 이러한 지수는 직원의 거주 가능성, 사업하기 쉬운 정도, 경제적 자유의 정도, "X 나라산Made in Country X으로 설명할 수 있는 제품의 가치에 대한 무형의 부가가치를 중심으로, 관광객 유입과 부동산 투자, 기업 이전을 더 많이 유도하는 데 도움을 주었다. 널리 알려진 국가 브랜딩 초기 사례로는 영국을 들 수 있는데, '쿨 브리타니아Cool Britannia'라는 용어가 1997년 이후 토니 블레어 및 신노동당●과 밀접하게 연결되어 있다. 또 다른 사례는 홍콩으로, 2001년 홍콩은 '아시아의 세계 도시Asia's World City'를 자처한 캠페인을 출범했다.[85] '유일무이한 싱가포르Uniquely Singapore'는 2004년에, '상상 밖의 인디아Incredible India'는 2005년에 등장했다.[86] 두바이의 스카이라인과 도시가 세운 수많은 세계 기록은 아랍에미리트의 주력 브랜드인 두바이를 세계 주요 관광도시로 만들었다. 2014년, 두바이는 전 세계에서 다섯 번째로 많은 방문객이 찾은 도시였다.[87]

민주주의와 자본주의는 함께 발전한다는 1990년대의 그토록 수많은 논의에도 불구하고, 국가 브랜딩 컨설팅업계가 초기부터 깨달은 것은 민주주의가 일국의 평판에 어떠한 가치도 더해 주지 않는다는 것이다. 사실, 두바이와 싱가포르처럼 비민주적인 국가들이 투자자들과 관광객들에게 더 큰 인기

● 1990년대 초 토니 블레어가 내세운 정치 용어로 제3의 길, 새로운 중도 노선을 따르는 노동당의 새로운 방향을 의미한다.

를 끌었다. 여기에서 좀 더 중요한 교훈을 찾을 수 있다. 전 세계를 대상으로 한 자본주의 경기에서 승리하는 것은 민주적 자유라는 추상적 문제와 거의 관련이 없다는 것이다. 최고경영자 같은 국가수반에게 권력을 집중시키더라도 크게 다르지 않다는 업계의 판단은 우연이 아니었다.[88] 민주주의는 지저분하다. 모든 나라에서 다양한 전망이 충돌하고 미진한 부분을 실패로 여기는 누더기 같은 서사를 남긴다. 민주주의 없는 자본주의는 매번 목표를 달성할 수 있다. 기업을 판단하는 방식으로 국가를 판단한다면(세계시장의 모든 것이 그래야 한다고 말하고 있듯) 두바이는 모든 지표에서 승리했다. 세계에서 가장 높은 건물들과 비교했을 때 프리덤하우스 순위는 왜 이렇게 초라한가? 매년 10퍼센트씩 상승하는 토지 가치 말고, 세계 언론의 자유 순위의 맨 아래에 무엇이 있을까? 정치적 자유와 민권에 관한 걱정은 지속적인 지구적 수준의 경쟁이라는 전투에서 더 이상 감당해 낼 수 없는, 과거의 감성적인 시대착오처럼 보일 수 있다.

어느 도시계획가는 두바이가 어떻게 기념비적인 기반시설을 숨기면서 만들고 있는지 알려 준다.[89] 제벨알리항만은 철조망으로 둘러싸여 있다. 장대한 월드 및 팜주메이라의 매립지 사업은 대중이 접근할 수 없는 출입 제한 거주지이다. 두바이는 끊임없이 화려한 스카이라인과 극적인 항공사진을 재생산한다는 점에서 과도현실적이다. 동시에 길거리가 아니라 하늘에서만 본다면 알아챌 수 없는 곳으로, 창문에 창살을 설치하여 노동자들을 야영지로 실어 나르는 곳이기도 하다. 이는 아마도 두바이가 의도적으로 스스로를 프로젝션 스크린으로 제공함으로써 끊임없이 재전유할 수 있도록 하는 방식일 것이다.

주류 언론은 두바이에 관해 보도할 때 (2009년에 설립된) 홍보 부서 '브랜드 두바이'가 제공하는 원고를 지나치게 따르지 않으려고 노력한다. 언론인들은 성매매, 어린이를 기수로 내세우는 경마 대회, 착취당하고 종종 급여도 지급받지 못하는 노동자들과 함께 민주주의의 부재를 두바이의 어두운 측면으로 기록한다. 야빈처럼 반동적인 사상가들은 이러한 태도가 불필요하다고 생각한다. 그 대신, 그는 두바이의 성공을 좀 더 급진적인 결론으로 몰고 갔다. 그가 제안한 이라크 문제의 해결책은 두바이로부터 분절된 통치의 장점들을 가져오는 것이었다. 그에 따르면, 우선 해체하고 오스만 시절 지방들로 돌아가는 것이다. 그리고 각각의 영토를 이윤을 추구하려는 "주권 보안 회사"의 통제 아래에 두는 것이다. 이 기업들은 민간이 소유하고, 운영하며, 회사 주식은 두바이금융거래소에서 거래된다. "메소포타미아의 새로운 아랍에미리트"는 이중 소유 구조를 갖게 된다. 과거 이라크 지역에서 태어난 인민들은 기업의 주식을 소유하지만 투표권이 없다. 의결권을 가진 주식은 두바이에서 경매를 통해 판매될 것이다. 내부 반란은 용납되지 않고 정치 혹은 민권의 자유 또한 주어지지 않을 것이다. 야빈에 따르면 주권 보안 회사에서 "이라크의 업무는, 두바이에서처럼 사업 같을 것이다".[90]

이러한 모습은 민간 계약업자에게 사실상 이라크의 행정을 맡겨 온 것과 별반 다르지 않다. 2007년 봄 야빈 또한 계약서를 작성했다. 2008년 일사분기, 군사 관련 인력만큼 많은 수의 민간 계약자가 이라크에서 활동하고 있었다.[91] 민간기업의 전쟁 개입은 선례가 없었고 큰 수익을 냈다.《파이낸셜타임스》는 2007년까지 할리버튼의 일부였던 KBR사가 가장 많은 계약을 수주했다고 지목했다. 이 회사는 이라크로부터 적어도 395억 달러[약 52조 원]의 돈을 벌어들였다.[92] 할리버튼은 무입찰 계약을 따냈다.

비록 "두바이 주식회사"가 모형이라 할지라도, 아랍에미리트는 문자 그대로 회사는 아니었다. 두바이에는 극소수라 할지라도 인민들이 살고 있었고, 인민들에게 어떠한 의무도 없이 혈통이라는 특권에 따라 지배하긴 하나 전통적인 국가수반이 분명 존재했다. 즉, 야빈의 꿈은 단지 반쯤 달성된 것이었다. 그는 두바이가 세습군주제를 폐지하고 익명의 투자자들이 소유하게 한다면 더욱 잘 작동할 수 있을지 질문을 던져 보았다.[93] 그는 두바이가 최초 기업 공모IPO를 한다고 상상해 보라고 썼다.[94]

도발적인 주장들을 뒤로하고, 야빈은 두바이의 셰이크인 알막툼이 미국의 대도시 볼티모어를 운영하는 것이 좋은 생각일지 즐겁게 음미해 보았다.[95] 향후 몇 년 동안, 그와 같은 집단에 속한 다른 동료들은 다른 방식으로 같은 질문을 던질 것이었다. 만약 실리콘밸리가 온두라스를 관리한다면? 주권 보안회사 같은 것이 좀 더 가까이 현실에 등장할 예정이었다.

온두라스

10장

실리콘밸리 식민주의

2009년, 스탠퍼드대학교 경제학 교수 폴 로머Paul Romer는 "부활하고 있는 식민주의"라는 특강에서 이런 질문을 던졌다. 왜 몇몇 나라는 계속 가난한 반면 다른 나라들은 부유한가? 그는 적절한 위치에 있거나 천연자원을 보유하는 것은 중요하지 않다고 말했다. 무형의 적절한 일련의 규칙이 더욱 중요했다. 규칙이란 세율을 결정하고, 노동을 규제하며, 사유재산을 보호하는 법률을 의미했다. 더불어 전반적인 정부 형태를 의미했다. 좀 더 깊은 차원에서 규칙은 문화적 규범, 가치와 믿음으로 우리의 특정한 행동 방식을 구성하며 특별한 생각 없이 행동하도록 만드는 것이다. 자본주의의 역사는 규칙을 둘러싼 투쟁의 역사였다. 최선의 규칙을 가진 나라들이 승리했다.

19세기부터 본토와 다른 규칙에 따라 조직되었던 해안가 일부인 홍콩이야말로 로머에게 가장 중요한 사례였다. 1970년대 말, 중국이 주장강 삼각주 일대에 홍콩 모델을 도입했을 때, 그는 "복사 과정"이야말로 중국이 서양을 따라잡을 수 있었던 이유라고 말했다. 로머는 홍콩은 비민주적이라는 주장을 일축했다. 반환 전까지, 영국 투표자들이 선출한 의회가 식민지 총독을 임명했기 때문이다. 홍콩은 민주주의 체제를 <u>갖고 있었다.</u> "단지 현지 거주자들에게 민주주의가 없었던 것이다." 로머는 이 모든 것을 가능하게 만든 아편전쟁은 부수적인 것이라고 주장했다. 그의 이야기에서, 홍콩은 영국의 식민지가 되었던 "역사적 우연" 때문에 오늘날의 위치에 도달할 수 있었다.[1]

그러한 역사적 우연이 재현될 수 있을까? 로머가 제시한, 홍콩으로 가는 지름길은 인가 도시 charter city였다. 공식은 다음과 같다. 빈국을 설득하여 사람이 살지 않는 지역에 자본주의가 작동할 수 있는 규칙들을 이식하고 부유한 국가 출신 사람들에게 맡기는 것이다. 텅 빈 공간에 자본주의의 작동을 도운 것으로 알려진 규칙들을 수분하여 그것이 자라나는 것을 지켜보기만 하면 된다. 이는 동의에 따른 식민주의로, 초대받은 지배라 할 수 있다. 실리콘밸리의 전문용어를 활용한 그는 이것을 "스타트업 정치 관할권"이라고 불렀다.[2] 인가 도시는 어느 곳에든 만들 수 있었다. 불이 켜져 있지 않은 아프리카의 야간 지도를 보여 주면서, 그는 "지구에서 엄청난 크기의 땅이 온전하게 활용되고 있지 않다"라고 지적했다.[3] 지도자들은 지구화란 조건 아래에서 주권이란 이미 고려할 가치가 없다는 사실을 인정해야만 한다. 당신의 국가를 과감하게 외부 경영자들에게 넘겨주는 것은 어떠한가? 잃을 게 없다. 홍콩을 얻을 수 있다.

2000년대 초 기술 분야는 끈질기게 세상을 변화시킬 차세대 "죽여 주는 어플리케이션" 혹은 죽여 주는 앱 killer app을 찾고 있었다. 실리콘밸리에서 바라보는 세계는 기술적 수리가 필요한 문제들로 가득 차 있었다.[4] 에어비엔비는 호텔을 해결하고, 우버는 택시 문제 해결에 나섰다. 테라노스Theranos•는 혈액검사 문제 해결에 나섰다. 인가 도시라는 아이디어는 2000년부터 2012년 사이 그 수가 세 배나 늘어난, 민간자금으로 설립한 스타트업 교육기관인 차터 스쿨charter school 모델을 빌려 왔다.[5] 《월스트리트저널》은 로머의 인가 도시 모델을 "노조 계약과 교육행정기관으로부터 자유로운" 차터 스쿨과 비교하면서 둘 사이의 관계를 조명했다.[6] 2000년대 미국 주류사회에서 차터 스쿨은 유행에 뒤떨어진 공립학교 제도를 겨냥했다. 인가 도시들은 더 이상 쓸모없는 민족국가를 겨냥했다.

　　로머의 계획이 처음 안착한 곳은 아프리카 대륙 남동쪽 해안에 있는 마다가스카르섬이다. 그의 협력자는 마크 라발로마나나Marc Ravalomanana라는 낙농업계의 거물 출신으로, 2002년 마다가스카르의 대통령이 되었다. 그는 6년 뒤 한국 대기업에 90년 동안 무상으로 120만 헥타르의 농경지를 임대할 계획을 세웠던 것이 밝혀지면서 주요 신문의 머리기사를 장식했다.[7] 이러한 계약은 세계 곡물 가격이 폭등하자 부유한 국가들이 해

●　혈액검사 한 번으로 수많은 병을 진단할 수 있다고 주장한 스타트업 회사로, 그 주장은 거짓으로 드러났다.

외 농지 확보 차원에서 아프리카의 토지를 획득하려던 가장 두드러진 시도 중 하나였다.[8] 초청 국가들은 해당 지역 일자리 창출과 외국 투자를 통한 낙수효과를 기대하면서 무상으로 혹은 거의 아무런 대가 없이 토지를 제공했다. 로머는 논란에도 불구하고 라발로마나나가 주권을 재고할 의지를 가진 사람이라고 말했다. 그는 인가 도시 모델을 제안하려고 마다가스카르로 날아갔고 대통령이 두 개를 만들겠다고 동의하자 기뻐했다.[9] 다른 엘리트들은 국가 분열에 동의하지 않았다. 2009년 그들은 라발로마나나 정권을 전복한 쿠데타를 지원했다.[10]

쿠데타가 문을 닫아 버리자, 다른 문이 열렸다. 이번에는 온두라스였다. 온두라스는 19세기에 해외 기업들이 운영하는 플랜테이션 중심의 영지 경제였다. 1960년대부터 계속해서 미국이 지원하는 군부독재 정권이 지배해 왔다.[11] 1976년, 온두라스는 첫 번째 수출가공구 설립 흐름에 합류하여, 1526년 그곳에 상륙한 지배자의 이름을 딴 카리브해 해안 도시 푸에르토코르테스Puerto Cortés에 진출한 기업들에 세제 혜택을 제공했다. 그곳에서 구역은 더 많은 곳으로 늘어났고, 결국 1998년 법 제정을 통해 수출가공구가 모든 곳에 설치될 수 있었다.[12] 구역들은 저임금 직물 분야에서 일하는 노동자 대부분을 빨아들였다. 수출가공구의 노동 인구는 1990년 9000명에서 10여 년 뒤 10만 명으로 늘어났는데,[13] 2000년대에는 로머가 강조했던 중국 제조업 구역의 성공이 온두라스의 임금 경쟁력을 약화시켰다.[14]

국민당의 포르피리오 '페페' 로보Porfirio "Pepe" Lobo가 2009년 쿠데타를 주도했다. 그의 고문에는 미국 엘리트 대학 출신이 많이 포진했다. 로머처럼, 그들은 수출가공구의 성공을 이끌었던 해결책과 방책을 찾고 있었다. 그중 하나는 19세기 조계concession 와 유사한 것으로 수출가공구를 개선하는 것이었다. 그들은 "다른 나라의 법률을 따르는 지역"이라고 어느 관계자가 소개한 "슈퍼 대사관"이라는 상표를 붙였다.[15] 로보의 팀은 로머의 주장을 실천에 옮길 수 있도록 준비했고, 그의 인가 도시 논의가 온라인상에 게시되었을 때 그에게 연락했다. 2010년 말, 온두라스 지도부는 로머를 만나서 자신들의 나라를 "경제적 실험실"로 만들기로 합의했다.[16]

온두라스 인가 도시의 법적 형태는 특별 개발 지구Región Especial de Desarrollo 혹은 RED로, 해외 협력 국가가 관리하는 치외법권 지역이었다.[17] 온두라스 국가 의회가 개헌을 통해 만든 RED는 일국 내부의 참된 식민지가 될 것이었다. 외국 정부가 법원을 만들고 인력을 충원하며 경찰을 훈련시키고, 교육과 의료제도와 교도소를 세울 수 있었다.[18] 정책은 처음에는 온두라스 대통령이 임명한 투명성위원회 위원 9명과 총재가 만들고, 그 이후에는 내부에서 나올 것이었다.[19] RED는 19세기 조계지를 닮았지만 한편으로는 그것을 뛰어넘었다. 가장 특이한 점은 자체적인 법적 지위를 갖는다는 것이었다. RED는 다른 민족국가와 협정을 맺고, 이민정책을 세우고, 온두라스 정부와 별도로 외교 활동을 벌일 수 있었다.[20] 국제법의 관점에서 RED는 홍콩특구만큼 자율성을 갖게 되었다. 로머의 수사처럼, 이 모델은 "일국양제"였다. 국가의 감독에서 일부 영토를 해방하고 모든 국가 기능을 외국에 부여함으로써 RED는 주권을 경매에 내놓았다.

로머가 (현재 전체 인구가 800만 명인 국가에서) 1000만 명의 인가 도시 "회장"이 될 것이라고 예상한《뉴욕타임스》는 "누가 온두라스 구매를 희망하는가?"라고 물었다.[21] 《월스트리트 저널》은 로머가 담당할 "인스턴트식 도시개발"을 환영했다.[22] 《이코노미스트》는 로머의 홍보물을 활용하여 자연항 주변 "고층 건물들과 사람 수백만 명"이라는 "온두라스의 홍콩"이란 전망에 경탄을 금치 못했다.[23] 《애틀랜틱》이 묻길, "힘겨워하고 있는 나라들을 투자자들이 운영하도록 맡겨야 하는가?" 대답은 그렇다였다. "작은 영토 일부에서라도 새로 시작하는 것이 한 국가의 체계적인 거버넌스 문제를 해결하는 더 쉬운 방법이다".[24] 자유지상주의자들은 더욱 야단법석을 떨었다.《프리맨 Freeman》은 RED를 "거버넌스 혁명"이라 불렀다.[25] "시민 소비자"로 가득 찬 그곳은 다양한 형태의 거버넌스 "현장 실험실"이었다.[26] 어느 영국 자유지상주의 블로거가 토로하길 "이러한 구역들은 변경과 같다. 새로운 것으로, 모험이자 인류에게 새롭게 더해진 것이었다".[27]

로머는 초청국에서 필요한 국내 조건들을 확보할 수 있었지만, 인가 도시를 운영할 의지를 가진 부유한 후원국을 찾지 못했다. 그가 희망한 최선의 국가 중 하나는 캐나다였다. 인가 도시에 관한 초창기 프레젠테이션에서 그는 캐나다가 쿠바의 관타나모만 지역을 미국으로부터 인수하여, 이 테러와의 전쟁으로 악명 높은 교도소를 번화한 상업 중심지로 돌려놓을 수 있다는 환상을 보여 주었다.[28] 그는 온두라스에서 비슷한 역할을 캐나다에 제안했다.[29] 그리고 인도주의적 임무가 아니라 사업 제안이라고 강조했다.

2000년대 초 캐나다는 이미 미국보다 더 높은 수준으로 투자하는, 전체 해외 직접투자의 28.7퍼센트를 차지하는 온두라스의 주요 해외투자자였다. 양말과 티셔츠 및 여러 의류를 생산하는 캐나다 회사 길단Gildan은 온두라스 수출 자유 구역에서 가장 규모가 큰 단일 고용주였다.[30] 이 나라에서 인가 도시는 캐나다의 전속시장이자 용역 의뢰처였다. 캐나다는 수수료를 받고 교육, 의료, 환경 관리, 조세 행정을 제공할 수 있었다.[31] 심지어 로머는 토지 수익으로 임금을 충당하여 캐나다 기마경찰대가 구역들을 순찰하는 카리브해 파견대를 상상하기도 했다.[32] 그는 대중적 슬로건을 반복했다. "세계는 더 많은 캐나다를 원한다."[33] 그러나 캐나다는 이의를 제기했다.

인가 도시는 실리콘밸리의 꿈과 더불어 더 큰 맥락으로 지정학에 연결되었다. 로머는 마치 이것이 새로운 것처럼 "주권 재고"의 필요성을 논의했다. 하지만 미국은 2001년에 아프가니스탄을, 2003년에 이라크를 침공할 때부터 진심으로 주권을 재고해 왔다. 로머가 특강에서 인가 도시를 처음 소개했을 때, 이라크에는 여전히 미군 13만 명이 주둔 중이었다. 그의 스탠퍼드대학교 강연에는 콘돌리자 라이스Condoleezza Rice가 참석했다. 라이스는 불행했던 부시 행정부의 국무부 장관 시절에서 벗어나 몽펠르랭협회원들의 미국 서부 전초기지라 할 수 있는 후버연구소에서 새로이 소장직을 맡고 있었다.[34] 로머는 청중에 있던 라이스를 별명인 콘디로 불렀다.[35] 로머의 동료들은 진지하게 주권의 새로운 개념을 고민했다.

중동전쟁은 수많은 미국과 영국 엘리트들이 상상해 온 세계 만들기의 고삐를 풀어 주었다. 다양한 역사가들과 사회 참여 지식인들은 제국이 훼손되었으며 재건이 필요하다고 생각했다.[36] 그러한 치어리더 중 하나는 후버연구소 선임 연구원 니얼 퍼거슨Niall Ferguson으로, 그는 자신을 "회비를 완납한 신제국주의 갱단의 구성원"이라 불렀다.[37] 일간지들이 미국의 '국가 만들기'의 실패를 앞다투어 보도하자, 경제적 자유를 목표로 삼는 조금 덜 군사적인 제국주의가 언론을 통해 소개되었다.

소수의 비판적 목소리는 로머의 사상을 다루는 보도가, 그가 상대하고 있는 온두라스 정부의 성격을 은폐했다고 지적했다. 시카고학파가 칠레 피노체트 정권에 끼친 영향에 관한 기사처럼,* 로머의 경제계획의 혁신적인 내용이 보도될 때 수천 명의 불법 구금과 반대파 활동가들의 살해와 실종이 언급되지 않았기 때문이다.[38] RED 계획의 합헌성을 문제 삼은 변호사 중 한 명은 방송사와의 인터뷰에서 자치 "모델 도시"가 들어설 땅을 투자자들에게 넘겨주는 것을 비난한 지 몇 시간 후 암살로 보이는 사건으로 총에 맞아 죽었다.[39] 그러나 중동에서 보통 선거를 (다시) 가져오려는 시도로 인한 사망자 수를 감안해 볼 때, 경찰 폭력과 인권침해는 그저 별개의 사건이었을까? 미국 외교정책과 로머의 인가 도시 제안은 외부인의 통치라는 생각에 관한 오버턴 윈도Overton window**를 동시에 변화시킬 수 있었다. 세계에서 가장 명망 높은 출판물에서조차 초대된 식민주의 계획을 옹호한다면 더 이상 무엇이 어려울까? 항상 그러하듯

---

* 1973년 군사 쿠데타를 통해 칠레 살바도르 아옌데 정권을 전복시킨 아우구스토 피노체트 정권은 시카고대학교에서 교육받은 학자들을 동원하여 시장주의 경제정책을 수립한 것으로 알려져 있다.
** 대중적인 범위의 생각.

커티스 야빈은 조용한 부분을 소리 높여 말할 의지가 있었다. 그는 왜 로머가 인가 도시들이 식민주의가 아니라고 주장했는지 의문을 제기했다. 그는 인가 도시들이 "정확하게 식민주의"였고 사과할 이유가 전혀 없다고 적었다. 비유럽 주민들은 유럽인의 지배를 받을 때 더 풍족했다고 보았기 때문이다. 로머는 야빈의 "21세기 식민주의"에 새로운 길을 열었고 그것에 흥분했다.[40]

2.

로머의 온두라스 계획에 가장 흥분한 사람들은 캐나다와 같은 기존 국가가 아닌 자신들만의 소규모 국가를 갖는 것을 선호해온 기업가적 자유지상주의자들이었다. 피터 틸이 수천 개 국가라는 생각을 내놓은 학회는 어떠한가? 로머는 그곳에서 발언할 계획이었다. 인가 도시 아이디어에 대한 긍정적인 반응(중동의 군수업체 및 건설회사의 붐은 말할 것도 없고)은 영토 분할 및 재식민화에 대한 금기가 약화되고 있음을 시사했다. 왜 민간인은 지금까지 만들어진 것 중에서 가장 이윤이 남는 업무인 정부 업무에 관여할 수 없는가? 패트리 프리드먼은 정부가 제공하는 용역이 전 세계 국내총생산의 30퍼센트를 차지한다고 지적했다. "사람들은 제약산업, 에너지 혹은 교육을 방해하는 것에 관해 논한다"라고 프리드먼이 말했다. "저건 그다지 중요하지 않다. 큰 것은 이것이다." 정부야말로 전 세계에서 가장 큰 카르텔이었다. 그는 "국가가 기업이고 시민들은 소비자라고 생각해 보자"라고 제안했다. 국가 실패라는 것이 존재한다면 "우리는 기업가로서 그것을 현금화할 수 있을까?"[41] 순수한 사업의 입장에서, 스타트업 도시는 배짱 넘치는 투자자가 뛰어들길 기다리고 있는 새로운 분야였다.

프리드먼은 질문했다. "법이 소프트웨어라면, 왜 미국의 운영체제는 (……) 1787년에 작성되었나?"[42] 국내 법률을 바꾸는 것은 너무 느렸다. 차라리 처음부터 새로운 코드를 작성할 장소를 찾는 것이 훨씬 바람직해 보였다. 프리드먼은 온두라스가 이를 실현시킬 수 있는 나라가 되기를 바랐다. 그는 "실리콘밸리의 혁신 정신을 온두라스"로 가지고 오겠다는 계획을 발표한 미래도시개발Future Cities Development이라는 투자회사를 지원할 틸의 지인들을 모았다. 2011년, 그들은 온두라스와 RED를 건설하는 양해각서를 체결했다.[43]

다른 투자자 그룹들도 국가기구 속의 자유시장이라는 전망을 제시한 온두라스 사업에 끌렸다. 몇몇은 좀 더 정치적인 의도를 갖고 있었다. 정부와 양해각서를 맺은 해상인공도시연구소의 한 구성원은 구역을 "무정부 자본주의의 천국"으로 만들자고 제안했다.[44] 그는 현존하는 정치체들에 구멍을 뚫고 주변 영토가 겉껍질로 남을 때까지 사람과 자본을 밀어내는 구역을 상상했다. 그가 말하길 "궁극적으로 20, 30, 40년 안에 우리는 민족국가 체제가 위축된 지점에 도달할 것이다". 그는 민족국가를, 매일 전자우편과 민간 택배회사가 잠식하고 있는 미국 우편 사업과 비교했다. 구역의 활성화는 "민족국가 정부가 우체국처럼 한동안 존재하지만 결국 어느 순간에는" 시들게 될 것임을 의미했다.[45]

또 다른 사람은 온두라스 구역을 "어느 국가를 구매할 것인가?"라는 유일하게 유의미한 질문에 대한 답이라고 보았다.[46] 그는 이곳을 '공동선'이라는 이름으로 사유재산을 침해할 가능성 없이 '계약 시민'이 진정한 사회계약으로 함께 모일 수 있는 곳으로 보았다. "스스로가 주권자인" 원자화된 개인을 넘어선 집합적 정치란 존재하지 않을 것이다.[47] 그는 "구질서의 종말이 눈앞에 다가왔지만, 아직 새로운 것을 세우지 못했기" 때문에, 자유지상주의자들은 자유로운 영토로 후퇴할 수밖에 없다고 썼다.[48] 온두라스 구역은 뒤숭숭한 시대에 소설『아틀라스』에 등장한 백만장자 갈트가 몸을 숨기던 콜로라도주의 걸치이자, 좀 더 좋은 해변을 갖춘 보루와 요새가 되어 줄 수 있었다.

하지만 "국가 기업가"라고 자신을 소개한 또 다른 투자자 에릭 브리먼Erick Brimen은 "맨 처음부터" 새로운 사회를 만들 초기 자금을 제공하는 벤처금융사를 설립했다.[49] 패트리 프리드먼과 함께 일하던 2021년 5월 브리먼은 1750만 달러[약 233억 원]의 자본금으로 온두라스 북쪽 해안가에 있는 58에이커[약 23만 5000제곱미터] 규모의 로아탄Roatan섬에서 첫 삽을 떴다.[50] 프로스페라Próspera라고 불린 이 구역은 RED는 아니었지만, 그것을 법적으로 계승한 온두라스에 설치된 두 가지 ZEDEZona de Empleo y Desarrollo Económico(고용 및 경제개발 구역) 중 하나였다.[51] ZEDE에서는 온두라스의 국제법 및 형법을 적용했다. 더 이상 독자적으로 조약을 체결할 수 없었지만 그 대신 맨 처음부터 새로운 내부 제도들을 구축할 수 있는 백지상태가 되었다. ZEDE에는 수입 및 수출 관련 세금이 없었고 자체적으로 법원, 경비병력, 교육제도 및 법률 체제를 갖출 수 있었다.[52] "우리는 모든 관계가 기획자와 개인 기업 혹은 거주자 사이의 계약에 따라 결정되는 민간 벤처기업입니다"라고 한 자문위원이 말했다. "우리는 자유시장 원칙의 완벽한 본보기라 할 수 있어요."[53]

ZEDE에 호화 숙박 시설과 사무실, 실험실을 만들려고 계획했지만, 투자자들이 자기자본을 등록해 놓은 케이맨제도에서 살지 않듯, 프로스페라에서 살지 않아도 된다는 것은 장점이었다. 스타트업 사회의 지지자들은 21세기 도시는 콘크리트와 유리가 아니라 법으로 만들어졌다고 주장했다.[54] 로머의 전망에 부합하게, 가장 중요한 것은 특정 장소의 규칙이었다. 초기 정착자들이 금, 곡물, 철도를 통해 부를 축적했다면, 21세기 프로스페라와 같은 구역들이 가진 보물은 여러 규제 기관과 허가 조건 중에서 새로운 장소를 선택하고 고를 수 있는 잠재력이었다. 이러한 구역들은 지구적 자본주의를 실천하는 표준적인 양식을 분명히 보여 주었다. 전 세계 어느 곳에서 사업 계약을 맺든 어떤 법률을 따를지를 사전에 결정한다. 상업 계약은 대부분 뉴욕주 혹은 영국법을 따른다.[55] 어느 학자가 "이동하는 자본"이라 부른 것은 법률을 선택해 개별적으로 결합한다.[56] 예를 들어 프로스페라에 투자한 벤처금융 회사는 와이오밍주에 등록되어 있다.[57] 사업 자체는 델라웨어주에 등록되어 있다.[58] 이 관할권들은 올리버 불러Oliver Bullough가 머니랜드라고 부른, "모든 순간에 비용을 감당할 수 있을 정도로 부유한 자들에게 가장 적합한" 법률을 선택할 수 있는 관문이었다.[59]

프로스페라는 머니랜드로 향하는 새로운 관문을 건설함과 동시에 법률을 선택할 수 있는 역동성 강화를 꾀했다. 이곳의 미래는 마찰 없이 인터넷으로 통치가 가능하다는 신념을 전제로 삼는다. 그들의 견본은 스카이프Skype사가 설립된 발트해의 소형국가 에스토니아다. 이곳에서 스카이프는 2000년대 어느 언론인의 말처럼 "디지털 공화국"이 되고자 애썼는데, 실제로 온라인으로 투표하고, 주차위반 딱지에 이의를 제기하고, 심지어 형사사건에 대한 진술도 할 수 있다.[60] 2014년 이후, 에스토니아는 전자 거주권 프로그램을 출범시켰다. 이제 수수료만 약간 내면 "가상 거주자" 지위를 얻어, 그 나라에 사업체를 등록하고 다양한 온라인 서비스와 더불어 유럽연합의 '디지털 단일 시장Digital Single Market'에 진출할 수 있었다.[61] 이러한 프로그램의 설계자는 어느 자문 위원이었다.[62]

　　　　무정부 자본주의자들은 오랫동안 정치 이론가들이 논의해 온 "사회계약"의 은유를, 문자 그대로의 계약으로 만드는 꿈을 꾸어 왔다. 종이나 화면 위에 출력하여, 고객들이 특정한 규칙을 준수하겠다고 서명하는 것이다. 1979년의 사변소설 『밤과 함께Alongside Night』는 무정부 자본주의에 대한 꿈에 활기를 불어넣었다. 이 소설에서는 미국이 통화위기로 무너지고 자유시장 신봉자들이 '간부단Cadre'이라고 불리는 지하조직이 운영하는 거주지로 모여드는 것을 그려 냈다. 구성원들은 서로에게 "자유방임"이라는 구호를 붙여 인사하고 미제스, 랜드, 로스바드의 저서로 가득 찬 도서관을 이용하며 제1무정부주의 은행 신탁사, 국가 없는 보험사, 그리고 ('공짜 점심이란 없다'를 줄인) TANSTAAFL 카페를 이용한다.[63]

　　　　또 외부의 공격으로부터 몸을 피할 수 있는 보루에 들어가려면 미래에 발생할 모든 종류의 분쟁을 해결할 제3자 민간법원인 '일반증언중재소General Submission to Arbitration'에 가입해야 한다. 이러한 체제 일부는 상업 세계에 이미 존재한다. 일반적으로 사업 계약에서는 의견이 불합치할 경우 어디서 분쟁을 조정할지를 지정한다. 국경을 넘나드는 분쟁은 종종 런던, 홍콩 및 싱가포르처럼 주요 중재 지역으로 자리 잡은 국제 중심지에서 처리한다. 『밤과 함께』에서는 이러한 기능이 모든 민사법과 행위로 확장된다. 계약을 취소하는 사람은 누구도 진입할 수 없고, 판결을 거부한다면 따돌림과 같은 "사실상 적에게 나체로 넘겨지는 것과 같은 수준의 '배척'"을 당하게 된다.[64]

간부단의 요새처럼, 프로스페라에서는 사업과 관련 없는 일상의 모든 일까지 중재한다.[65] ZEDE에 가입하면서 체결하는 '공존 협정'은 위반 사항이 범죄가 아니라 계약 위반으로 간주된다는 것을 의미했다. 분쟁을 관장하는 '프로스페라 조정센터'의 고위 판사들은 애리조나주 출신인 백인 고령자 세 사람이었다.[66]

이는 인민주권은 물론이고, 권리와 의무에 기초한 정부와는 다른 정부 비전이었다. 기업 지배체제를 인류 공동체의 기초로 삼는 것은 자의적인 선택이었고, 데이비드 프리드먼을 비롯해 여러 사람이 초안한 무정부 자본주의 청사진의 성취였다.

프로스페라의 어느 자문 위원은 영토에 대한 직접 통제를 포기한 온두라스의 결정을 칭송했다. "온두라스는 주권을 내려놓고 있는데 이는 세계에서 매우 독특한 현상이다. 다른 사람이 반드시 인수하게 해야 한다는 문제를 이해하려면 영토로서 그리고 정치적 계급으로서 매우 간절해야 한다"라고 말했다.[67] 온두라스 사람들은 절박한 행위로서 ZEDE의 상징성을 잊지 않았다. 구역을 둘러싼 논쟁은 이 나라에서 국가 영토의 분절에 관한 더 큰 논의를 재점화했다. 비판가들은 바나나 거주지*에서부터 마킬라maquila,** 스타트업 구역에 이르는, 국가 주권의 역사에 구멍이 뚫린 것을 목격했다.[68] 한 언론인은 마누엘 보니야Manuel Bonilla 장군이 비슷한 특권을 미국 바나나 회사들에 제공한 지 100년째 되는 해에 구역을 합법화했다는 사실을 지적했다.[69] 또 다른 이들은 어떤 ZEDE가 19세기 미국 출신 용병으로 니카라과의 대통령을 자임한 윌리엄 워커William Walker가 결국 온두라스 정부의 심판을 받아 처형당했던 장소에 계획되었다고 지적했다.[70] 해당 지역에서는 "부자의 이득을 위해 만들어진 모델 도시의 침입"에 항의했다.[71]

온두라스에서 인가 도시라는 꿈은 폭력을 동원하여 수천 명을 불법적으로 구금한, 저항 세력과 활동가들이 살해당하고 실종된 억압적인 정부에서만 가능했다.[72] 심지어 정부는 반대파에 테러를 가하고 여성과 LGBTQI 활동가들을 주요 목표로 삼으면서도 사업을 발표했다.[73] ZEDE는 정권과 미국의 공모 그리고 다른 해외 강대국들의 인정에 대한 분노의 상징으로 떠올랐다. 2021년 6월, 인권변호사들과 교회 대표들이 조직한 'ZEDE 반대 및 국가주권 옹호 전국 운동'은 프로스페라가 원주민 주거지 관련 논의를 거치지 않고 개발을 추진하여 국제노동기구의 규정을 지키지 않았다고 항의했다.[74] 지역민들뿐만 아니라 온두라스 국제연합 대표단 역시 구역 내 차별적 관리에 대한 우려를 피력했으며 비정부기구인 국가반부패위원회도 비

- 수출 산업 단지에 고용된, 지리적으로 고립된 지역의 노동자 계급 거주지를 의미한다.
- 값싼 노동력을 활용한 조립 수출 공장.

판했다.[75]

      2020년 9월, 브리먼은 경비원이 지역 경찰과 대치하는 동안 로아탄 지역 주민들과 총격전을 벌였다.[76] 그는 갈등을 완화하고자 지역 방송국에 등장했다. 그가 말했다. "로아탄 프로스페라를 생각할 때, 플랫폼을 생각할 필요가 있습니다." 회계법인 언스트앤드영Ernst & Young에서 제공한 통계와 함께 탈린Tallinn과 두바이, 런던 자문 위원들의 얼굴 사진을 제시했을 때 브리먼은 수 세기 동안 강대국에 복종했던 역사를 가진 인민들이 자신들의 정부를 "어지럽히려는" 캠페인에 왜 그토록 민감하게 반응하는지 이해할 수 없다는 표정이었다.[77] 외국법을 따르고 외국 자문 위원들이 감독하는 조계지에서 활동하면서 해외원조를 "인간의 얼굴을 한 식민주의"라고 폄하하는 것은 브리먼에게 음산한 유머였다.[78]

3.

폴 로머는 수많은 주석 속에서, 인가 도시란 "개발도상국의 규칙 변경을 가로막는 수많은 장애물을 제거하기 위해 그것을 유도할 다양한 메타 규칙을 제안하는" 시도라고 간략하게 설명한 적이 있다.[79] 물론 "메타 규칙"은 해외 세력에 영토의 통제권을 넘겨주는 것이고, 그것이 우회하려는 "장애물"은 영토에서 혹은 그 영토에 관해 결정을 내리는 국내의 민주적 통제였다. 그러나 우리가 보았듯, 정치적 자유가 없는 경제적 자유는 자유지상주의자들에게는 역설이 아니었다. 실제로 한 자유주의 싱크 탱크에서는 경제적 자유에 대한 회고적 분석을 발표하면서, 1975년 군사독재하의 온두라스를 홍콩에 이어 세계에서 두 번째로 경제적으로 자유로운 지역으로 꼽았다.[80]

스타트업 도시는 자유지상주의자들과 신자유주의자들을 유혹한 1970년대의 홍콩, 1990년대의 싱가포르, 2000년대의 두바이처럼 민주주의 없는 자본주의라는 꿈에 대한 동일한 환상을 심어 주었다. 그들은 이것을 이따금 "국가의 축소"라고 묘사했지만, 온두라스의 어느 어부는 더 나은 은유를 제시했는데, 그가 말하길 ZEDE는 투자자들이 "국가를 유괴"하도록 내버려두었다.[81]

2021년 말, 보통선거라는 구식 지렛대가 삐걱거렸고, 민주주의가 복수에 나섰다. 온두라스에 새로운 정권이 등장했다. 2009년 페페 로보의 쿠데타로 제거된 대통령의 부인인 시오마라 카스트로Xiomara Castro가 선거에서 승리했다. 카스트로는 ZEDE를 목표 대상 1순위에 올렸다. 구역 창설을 허가한 개헌 내용을 개정하거나, 그 존재 여부를 계속해서 대중 투표에 부쳐 결정하고자 했다.[82] 한편 스타트업 도시 지지자들은 법률 변화가 투자에 부정적 영향을 끼친다면 투자자들이 초청 국가 정부를 고소할 수 있는 권한을 인정한 도미니카공화국-중앙아메리카-미국 자유무역협정과 같은 조약을 통해서 자신들의 기반을 방어하려고 했다.[83] 어느 투자자가 직설적으로 말했듯, "자유지상주의자들은 국제무역 법을 좋아하지 않지만 국제무역 법이 엄청나게 큰 도움을 준다".[84]

반대의 목소리가 커지자, 오랫동안 유지되어 온 거주지 모델을 재검토해야만 했다. 2022년 4월, ZEDE의 창설을 감독했던 로보는 코카인 수천 톤 거래와 그 수익금을 자신의 정치 활동에 사용한 혐의로 미국으로 인도되었다.[85] 같은 달, 온두라스 의회는 만장일치로 ZEDE 법을 위헌이라고 판단했다. 프로스페라처럼 기존 ZEDE는 1년 안에 폐쇄하기로 계획했다.[86]

과연 미래는 무정부 자본주의 천국으로부터 완벽하게 벗어난 것일까? 프로스페라자문위원회의 또 다른 구성원이자 인가 도시의 대부라 할 수 있는 올리버 포터Oliver Porter는, 2005년 미국 조지아주 샌디스프링스Sandy Springs를 애틀랜타시에서 분리하는 것을 추진했다. 조세 수입이 도시 내부로 들어가는 것을 끊고 모든 정부 용역을 민간에 외주로 넘기려는 움직임을 두고, 나오미 클라인Naomi Klein은 "미래 재난-아파르트헤이트의 조짐"이라고 평가했다.[87] 포터는 프로스페라를 종종 극찬해 왔다. 그러나 샌디스프링스가 2019년 정부 용역을 되돌렸다는 사실은 결코 언급하지 않았다. 공영기업체의 민영화로 더 높은 공급가격과 더 적은 선택지만 남은 수많은 다른 경우처럼, 샌디스프링스의 민간 도급업자들은 지나치게 높은 가격을 요구했다. 공영기업체라는 선택지가 더욱 저렴하다고 결론 내린 도시 지도자들은 자유시장에 등을 돌렸다.[88]

경제적 자유를 부담 없이 누릴 수 있는 환상적인 약속의 땅을 향한 분리의 길은 일방통행로가 아니었다. 2020년대에 일국의 개헌을 위해 제헌단을 소집하는 것은 국가와 인민 사이의 계약을 다시 쓰는 도구로 인기를 끌었다. 카스트로도 쿠데타로 탈선해 버린 남편의 계획들을 되살리고자 정부 차원에서 제헌단을 꾸렸다. 온두라스 남쪽의 칠레는 아우구스토 피노체트 군사독재 정권하에서 제정한 헌법의 개정을 추진하고 있었다. 페루 정부 또한 새로운 헌법 제정을 희망했다. 지구 표면을 교체 가능한 회로판으로 뒤덮으려는 전망은, 민주주의의 목소리로 말하는 성취하기 어려운 시민의 꿈 앞에 고전하고 있다.

그럼에도 구역 열풍은 여전하다. 온두라스가 이전보다 자신들을 덜 환대하자, 스타트업 도시의 열광적인 팬들은 그 주변 국가들로 눈길을 돌렸다. 2019년, 나이브 부켈레Nayib Bukele 는 엘살바도르 총리가 되자마자 국가를 또 다른 탈출구인 암호 화폐의 전 지구적 중심지로 브랜딩하려는 캠페인에 적극적으로 나섰다. 2021년 11월, 그는 화산에서 전력을 생산하고, 비트 코인 로고 모양의 커다란 중앙 광장을 갖춘 비트코인 시티 계획을 선보였다.[89] 스타트업 도시 지지자들은 모임에서 "겹겹이 싸인 모든 막으로부터 빠져나오는" 꿈을 어떻게 비트코인이 실현시킬 수 있을지 논의했다.[90] 그들은 남쪽으로 눈을 돌려 시카고대학교 출신 경제부 장관 파울루 게지스Paulo Guedes를 통해 브라질의 [제38대 대통령] 자이르 보우소나루Jair Bolsonaro에게서 기회를 모색하면서 동시에 부켈레와 이 도시를 "자유 민간 도시"로 전환시키는 협상을 진행하고 있었다.[91] 역사를 보면 수평선 위로 항상 또 다른 환상의 섬이 존재했다.

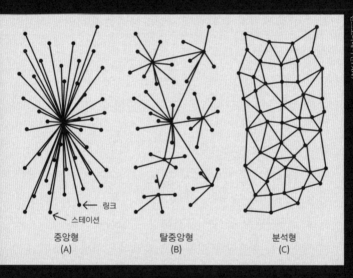

폴 배런Paul Baran 제안, 「분산 통신에 대하여」(산타모니카: 랜드코퍼레이션, 랜드코퍼레이션(1964))

중앙형
(A)

← 링크
← 스테이션

탈중앙형
(B)

분석형
(C)

네트워크 종류

11장　　　　메타버스의 클라우드 국가

1992년 닐 스티븐슨이 발표한 소설 『스노 크래시』의 주요 배경은 외부인 출입 제한 거주지, 민영교도소, 인종차별적 거주지, 임시변통으로 만든 난민선과 같은 분절된 장소였지만, 줄거리의 핵심은 메타버스라는, 현실에는 존재하지 않는 장소에서 전개된다. 주요 인물들은 고글과 이어버드를 착용하고 피자 배달이나 택배 같은 현실의 긱gig 일자리에서 벗어나 고릴라, 사무라이 혹은 용의 아바타로 분하여 가상현실을 가로지른다. 그들은 메타버스에서 부동산을 구매하고 판매하거나 개발한다. 다만 싱가포르나 홍콩 같은 대지는 임대수익을 기반 시설 확충에 재투자하는 단일 조직이 소유하고 있다. 특정 구역은 독점 지역이지만, 컴퓨터에 접속할 수 있다면 누구나 일상의 현실을 포기하고 온라인 세계로 뛰어들 수 있다. 누군가의 말처럼 "시궁창에서 살아가더라도, 항상 메타버스가 있다".[1]

　2021년, 역사상 처음으로 시가총액 1조 달러[약 1332조

원]를 넘긴 기업인 페이스북은 메타버스라고 불리는 것으로 사업을 확장하고자 기업명을 메타플랫폼Meta Platforms으로 변경하겠다고 발표했다. 이 메타버스는 사용자들에게 정체성과 겉모습(혹은 "스킨")을 부여함으로써 게임, 소셜미디어, 직장 인터넷 사용자의 세계를 융합하고자 했다. 사용자들은 지불 체제를 사용해 페이스북으로 가족과 채팅하고 줌으로 사무실 미팅을 갖고, 파이널 판타지나 월드 오브 워 크래프트 같은 온라인 롤플레잉 게임을 하면서 동료들과 공세를 취할 수 있다. 홍보 영상에서 사용자들은 만화에 나올 법한 아바타가 되어 카드 게임을 했고, 마크 저커버그는 무대 위에서 커피 테이블에 『스노 크래시』 책을 올려 둔 채 직원과 공개 대담을 나누었다.[2] 다른 기술 회사들도 이를 따라 했다. 마이크로소프트사는 월드 오브 워 크래프트 제작사를 인수했고, 경제신문들은 과학소설 독자들이나 몇 년 전에 들어 봤음 직한 용어들로 지면을 채워 나갔다.

용어 자체는 많은 사람에게 낯설었지만, 그 현상은 그렇지 않았다. 몰입형 온라인 경험은 수많은 밀레니얼세대가 태어나기 훨씬 이전에 기술 미래주의의 특징으로 자리 잡았다. 윌리엄 깁슨이 1984년 소설 『뉴로맨서』에서 사이버공간cyberspace이라는 용어를 만들었고, 일찍이 1992년 영화 〈론머 맨〉에는 헤드셋을 착용한 채 삼차원 컴퓨터 공간에서 과대망상증적 분노로 빠져들어 가는 주인공이 등장했다. 오랫동안 군인과 비행기 조종사 훈련에 사용되어 온, 가상현실 헤드셋은 1990년대 오락실에 선보였고 《와이어드》와 같은 최신기술 홍보 잡지에 고정적으로 소개되었다. 1999년 큰 인기를 누린 영화 〈매트릭스〉는 미국 인구 3분의 1이 인터넷 사용을 시작했을 무렵 대안 현실로 접속하는 사이버펑크족의 모습을 대중의 머릿속에 심어 주었다. 2000년에 출범한 온라인 커뮤니티 하보Habbo와 2003년에 문을 연 세컨드 라이프Second Life에서는 메타버스의 가장 기초적인 모습이 나타났다. 아바타가 삼차원 공간과 도시 사진을 배경으로 경쾌하게 돌아다니며 이따금 낯선 사람들과 교류했다.

　　몇몇 사람이 이 게임 공간에서 물건과 건물을 구매하려고 기꺼이 돈을 지불하려 하자 "가상 세계에서 돈을 벌고" "온라인 부동산 호황에 투자하는" 새로운 생각들에 관한 다양한 기사가 등장했다.[3] 이를 지켜보던 사람으로, 이후 트럼프의 수석 보좌관이 되는 금융인 스티븐 K. 배넌Stephen K. Bannon이 있다. 배넌은 2007년, 전 직장인 골드만삭스로부터 6000만 달러[약 781억 원]를 모아서 월드 오브 워 크래프트 게임을 할 저임금 중국인 노동자들을 채용한 홍콩 기업에 투자했다. 간단한 작업을 완료하면 이들 "금 농부"는 가상화폐와, 서양 게이머들에게 실제 돈을 받고 판매하여 수익을 얻을 수 있는 기타 아이템들을 얻었다. 이 똑똑한 차익거래 플레이에 더해서 배넌은 이 경험으로 온라인의 힘을 알게 되었다고 믿었다. 배넌은 불만을 품은 젊은 백인 남성들의 "괴물 같은 힘"을 목격했다고 설명했고, 이후 그것을 자신의 미디어 플랫폼이자 2016년 이후 대안 우파alt-right가 분출시킨 여러 포럼 중 하나인 브레이트바트Breitbart로 옮겼다.[4]

　　지난 20여 년간의 정치 이념을 논할 때 게임과 인터넷의 영향력을 논하지 않을 수 없다. 지금까지 우리는 대부분 전통적인 의미의 <u>장소</u>를 살펴보았다. 하지만 탈출이라는 최근의 급진적 자본주의 전망은 한편으로는 일상 세계를, 다른 한편으로는 가상 세계를 향하고 있다. 자본의 쓰나미가 기술 분야로, 그리고 비트코인 같은 암호 화폐로 밀려들어 오면서 자유지상주의는 지난 20여 년 동안 온라인과 오프라인이라는 두 구역 사이를 오갔다. 1990년대 말부터 무정부 자본주의자들은 인터넷을 사회적 규칙들을 벗겨 내고 사유재산과 계약의 강철 대들보를 세울 수 있는 장소로 보았다. 우리가 계속해서 보았듯, 그들의 목표는 레킹 볼wrecking ball•로 국가를 때리는 것이 아니라 민간 소유권 아래로 납치하고 해체하여 재건설하는 것이다. 그들은 현실 세계에 영향을 행사할 국가의 장난감 모델을 만들었다.

1.

1997년에 21세기 기술 자유지상주의자들의 원전이 출판되었다. 『개인 주권자—복지국가의 붕괴 속에서 살아남고 번영하는 법 The Sovereign Individual: How to Survive and Thrive During the Collapse of the Welfare State』은 돈을 버는 것에만 관심을 둔 저서 같았다.[5] 저자는 미국 출신 벤처금융가 제임스 데일 데이비드슨James Dale Davidson과, 『거리의 피—미쳐 버린 세계에서 투자 이익 내기 Blood in the Streets: Investment Profits in a World Gone Mad』(제목은 "거리에 피가 흐를 때야말로 매입할 시기이다"라는 로스차일드 남작••의 격언을 차용했다)라는

- • 건물을 철거할 때 크레인에 매달고 휘두르는 쇳덩이.
- •• 20세기 중반 영국의 대표적인 투자은행가. 유대인 금융 가문인 로스차일드가 출신이다.

저서를 포함해 여러 글을 발표해 온 영국 언론인이자 사업가인 윌리엄 리스모그William Rees-Mogg였다.[6] 리스모그는 자신과 데이비드슨을 "불안정 예보가들"이자 "중단자들"이라고 설명했다.[7] 비평가들은 그들의 장르는, 앞으로 다가올 붕괴로부터 이득을 얻는 방법에 대한 비즈니스 조언과 결합된 미래주의 장르라고 평가했다.

1991년, 그들은 이미 마이크로칩의 "전복적인 발명"과 그것이 "민족국가를 파괴할 수 있는 능력"을 선전하고 있었다.[8] 이 주장은 인터넷을 통해 견고해졌는데, 그들은 영토 정부에 대한 기존의 생각이 약화되고 있다고 주장했다. 그들은 "사이버 현찰cybercash"을 가지고, 익명 거래를 통해 사람들이 자신의 돈을 어디든 원하는 곳으로 가져갈 수 있다고 말했다. 부자들이 높은 세금을 매기는 관할권을 떠날 수 있는 이동성은 복지국가에 재정적인 곤란을 안겨 줄 것이다. 그들은 자본도피에 관한 자신들의 생각을, 인간이 좀 더 빠른 진화 단계에 접어들었다는 후생학의 주장에 근거한 추정과 결합했다. 그 결과는 자신들의 부를 욕심 많은 정부로부터 안전하게 숨겨 두면서도 아이큐가 낮은 얌전한 노동력을 원격으로 통제할 아이큐 높은 개인들이라는, 어디로든 이동할 수 있는 슈퍼 계급의 등장이라고 말했다.

데이비드슨과 리스모그는 이러한 극소수 인구를 "개인 주권자들"이라 불렀고, 전 세계적으로 그들이 1억 명 정도 되리라고 추산했다.[9] 민족국가는 열등한 형태였다. 진화론적 발전과 생존의 문법에 어긋나는 것이었다. 초이동성 시대에는, 진화론적 이해관계가 국가라는 제약에서 벗어날 수 있었다. 그들은 계층구조가 전 지구적 엘리트의 관점에서 조직될 것이라고 예견했다. 엘리트들은 더 이상 국가 정체성을 의미 있는 것으로 여기지 않을 것이며, 그들이 이른바 동료 시민들에게 빚을 지고 있다는 자만심은 우스꽝스러워질 것이다. 그들은 동료 시민들이 사실은 "기생충이자 포식자"였음을 이해할 것이고, 자신들이 타인이 어렵게 벌어들인 소득 일부를 빼앗아 가고 있다는 부채 의식에 오염되어 있음을 깨달을 것이었다.[10] 개인 주권자들은 그들이 그 누구도 아닌 자기 자신에게만 최선을 다하면 그만임을 알고 있었다.

저자들은 중세의 다양한 정치 지리로 돌아가는 것을 언급했다. 그들은 "민족국가 이전에 전 세계에 존재했던 주권국가를 정확하게 나열하는 것이 어려운 이유는 그들이 복잡한 방식으로 중첩되었고 수많은 형태의 조직으로 권력을 행사했기 때문이다. 또다시 그렇게 될 것이다. 새천년에, 주권은 어김없이 조각날 것이다"[11]라고 말했다. 소수만이 해체의 덕을 볼 것이었다. "매번 민족국가에 균열이 일어날 때마다 개인 주권자로 더 많은 권한이 원활하게 이전될 것이고, 그들의 자율성을 북돋아 줄 것이다. 국가라는 돌무더기 잔해로부터 도시국가와 유사한 거주지와 관할구역이 더욱 늘어날수록 주권을 주장하는 독립체가 증식하는 것을 확인할 것이다."[12]

이것이 민주주의 없는 자본주의의 모델이다. 다수결주의의 의사결정은 경제적 생존에 필요한 선택을 보장할 수 없기 때문에 민주주의는 점차 뒤처지게 된다. 시들게 될 것이라 전복할 필요가 없다.

『개인 주권자The Sovereign Individual』는 출간 이후 실리콘밸

리 자유지상주의자들 사이에서 큰 반향을 불러일으켰다. 유명한 벤처자본가이자 웹브라우저를 최초로 공동 제작한 마크 앤드리슨Marc Andreessen은 이 책을 "내가 읽었던, 21세기의 본성을 밝혀내는 책 중 시사하는 바가 가장 크다"라고 평가했다.[13] 발간 당시 이 책의 영향을 받은 또 다른 독자가 있는데, 페이팔이라는 온라인 지급 체제를 만들어 낸 피터 틸이다. 그는 "암호화된 사이버 현찰"이라는 책의 전망을 현실에 옮기려고 시도했다.[14] 그는 이 책을 통해 10년 혹은 20년 만에 온라인 지급 체제의 성공 가능성을 깨달았다고 말했다.[15]

『개인 주권자』의 매력 중 하나는 인터넷의 "공동체 이야기commune story"라고 부를 수 있는 것을 어떻게 막을 수 있는가를 다루었다는 점이다. 공동체 이야기에서는 1970년대 히피 정착촌의 실패로부터 실리콘밸리의 기원을 찾는다. 이 실패를 두고, 〈지구 백과Whole Earth Catalog〉*를 발행한 스튜어트 브랜드Stewart Brand와 같은 사람들은 야외의 딱딱한 흙이 아니라 깨끗한 컴퓨터 코드의 공간에 유토피아 건설을 시도했다.[16] [미국 록밴드] 그레이트풀 데드Grateful Dead 출신 작곡가 존 페리 발로John Perry Barlow가 작성하고 1996년 다보스에서 열린 세계경제포럼에서 발표된 '사이버공간 독립선언문'에서는 사이버공간을 "정신의 새로운 안식처"라고 찬양했다. 발로는 웹 공간을 일종의 사이키델릭한 환상의 세계로 묘사했다. "사유재산, 표현, 정체성, 운동, 그리고 그것들의 전후 사정은 우리에게 적용되지 않는다. 그들 모두 물질에 관한 것인데, 여기에는 물질이 없다."[17]

• 미국의 반문화 잡지 및 제품 카탈로그.

이와 대조적으로 무정부 자본주의자들은 디지털 방식으로 매개되는 세계를 창조하는 데 물질이 여전히 적용되며, 사유재산도 마찬가지라고 주장했다. 적절하게 플레이한다면, 오프라인보다 온라인에서 사유재산은 더욱더 불가침의 대상일 수 있다. 의심할 여지 없이, 틸과 같은 보수주의자들이 『개인주권자』에 주목한 이유는 온라인상에서 사유재산의 불가침성을 인정하고 공동체 이야기의 감수성에 무관심했기 때문이다. 데이비드슨과 리스모그는 솔직하게 새로운 패러다임이 가져다줄 결과물은 불균등하게 분배될 것이라고 말했다.

그들의 주장처럼, 인터넷은 1970년대에 실패한 꿈을 현실로 만들면서 차이를 제거하기보다는 장점에 따른 위계 서열을 당연하게도 강화할 것이었다. 그들의 전망은 여러 사건을 통해 증명될 것이었다. 2000년경, 아마존과 이베이를 포함해 가장 성공적인 기업들은 인터넷을 온라인 쇼핑몰이라는 민간 소유의 공적 공간들로 바꾸어 놓았다. 인터넷에서는 소유자가 구매를 포함한 행동 범위를 결정했고, 컴퓨터 화면의 커서 움직임을 통해 데이터 지대가 창출되었다.[18] 실제 존재하는 웹 공간은 사유재산을 넘어선 유토피아가 아니었다. 그보다는 사유재산의 유토피아였다. 웹이라는 새로운 변경은 오래된 변경처럼 작동할 것임이 분명했다. 새로운 땅은 먼저 온 사람이 가져갈 것이었다. 새로운 영토는 새로운 소유의 가능성을 의미했다.

2.

가상 세계라는 새로운 정치 지리에서 가장 분명하게 급진적 자본주의를 주창한 인물로『개인 주권자』의 또 다른 동조자인 발라지 스리니바산Balaji Srinivasan을 들 수 있다. 1980년 롱아일랜드주의 인도 출신 이민자 가정에서 태어난 스리니바산은 스탠퍼드대학교에서 전자공학으로 박사학위를 받은 뒤, 집에서도 유전병을 검사할 수 있는 도구를 판매하는 바이오테크 스타트업 회사를 차렸다.《MIT기술비평MIT Technology Review》이 2013년 "35세 미만 주요 혁신가"로 지목한 스리니바산은 곧장 벤처금융 세계로 뛰어들었고, 마크 앤드리슨의 회사에서 요직을 맡았다.[19]

　　의기양양했던 2010년대 초, 미국 대중은 실리콘밸리에 의료부터 교육에 이르는 모든 분야의 해결책을 요구했는데, 스리니바산은 악명 높은 연설에서 "실리콘밸리의 궁극적 탈출"이라고 부른 것을 옹호한 가장 유명한 사람 중 하나로 떠올랐다.[20] 그의 설명에 따르면, 이전까지 미국을 이끈 동북부가 영구적이고 불가역적인 몰락으로 접어들었다. 1970년대 말 러스트벨트Rust Belt가 되어 버린 중서부 철강 지역Steel Belt에 빗대어 말하자면, 북서부의 "페이퍼 벨트Paper Belt" 또한 몰락할 운명이었다. 그가 페이퍼라고 언급한 것에는 워싱턴디시에서 제정한 법률, 뉴욕시의 신문, 잡지와 광고업, 하버드대와 예일대의 졸업장이 포함되었다.

　　스리니바산은 국가가 셀 수 없이 늘어날 것이라는 앤드리슨의 말과 더불어 2013년 "아마도 우리는 사람들이 새로운

것을 시도할 (……) 세계의 일부분을 분리할 수 있을 것이다"라
고 말한 구글사의 래리 페이지Larry Page를 인용했다.[21] 틸과 함
께, 스리니바산은 사회를 기업처럼 운영하는 자신의 전망을 실
현할 새로운 인터넷 세계를 건설하고자 커티스 야빈이 설립한
회사 틀론Tlon에 투자했다.[22]

　　　스리니바산은 분리독립이라는 문자 그대로의 탈출에
동요하지 않았다. "그들에게는 우리에게 없는 항공모함이 있
다"라고 재치 있게 말했다. 하지만 그는 앞으로 10년 동안 발전
시킬 스타트업 도시의 새로운 변형을 소개했고, 이를 클라우드
국가라고 불렀다.[23] 이 아이디어는 사람들이 온라인에서 관심
사가 같은 사람들을 찾는다는 것에서 착안했다. 인터넷에서는
동호회를 만들 수 있고 물리적 연결 없이도 종종 젠더, 지역, 계
급과 국적을 가로지르는 의미 있는 유대감을 형성할 수 있다.
그는 "시민 수억 명은 이제 클라우드로 넘어와서 하루에 몇 시
간씩 일하고, 놀고, 이웃에는 누가 살고 있는지 모르면서도, 수
천 마일 떨어진 곳에 살고 있는 사람과 실시간으로 고화질 화
면을 통해 담소를 나눈다"라고 썼다. 그 결과 사람들이 아직 지
도에 그리지도 않은 새로운 지리가 탄생했다. 그는 소셜네트워
크에 새겨진 "클라우드 지도 제작"을 설명하면서 "민족국가가
아니라 마음의 상태를 매핑"했다.[24] 삼차원 공간의 거주지보다
는 온라인에서 누구와 연결되어 있는지가 더욱 중요했다.

　　　분리독립과 탈출은 감정이 실린 용어였지만, 사람들이
온라인게임, 브랜드, 서비스, 플랫폼과 기업에 대한 자발적인
애착을 통해 새로운 형태의 교제를 시작했다는 점은 분명했다.
스리니바산은 소셜미디어로 눈을 돌렸다. 뉴욕 같은 도시에 사

는 사람들은 대부분 매일 페이스북 같은 서비스를 사용하지만, 이 기업의 엔지니어나 홍보이사가 아니라면 얼마나 많은 사람이, 어디서, 얼마나 오랫동안 사용하고 있는지 알 길이 없었다. 만약 기업의 깃발이 로그인한 모든 사람의 유리창에 걸려 있다면?[25] 페이스북의 파란색이 바람을 타고 이어지고, 가끔 빌딩 전체를 감싸다가도 썰물처럼 빠지고, 태양을 지나는 구름의 그림자처럼 움직일 것이다. 매주마다 해마다 깃발이 퍼져 나가는 놀라운 모습을 본다면 마치 권력을 장악하는 모습처럼 보이기 시작할 것이다. 페이스북의 월간 실제 사용자 수는 2004년 100만 명에서, 2019년에는 전 세계 인구의 3분의 1에 가까운 24억 명으로 늘어났다. 만약 우리가 이를 [아직 태어나지 않은] 자궁 속 새로운 국가로 망명하는 것이라 생각한다면?

이처럼 민간 행위자들과 기업을 연결한다면 국가적 유대감보다 더욱 강력할 수 있다. 사람들은 언제 중앙정부와 의식적으로 소통하거나 국적에 대해 생각할까? 미국에서는 학교에 다니는 아이들이 매일 국기에 대한 맹세를 한다지만 어른들은? 야구 경기에서 마지못해 국가를 부르고, 여행을 떠날 때 국경에서 여권을 제시하고, 매년 4월 연말정산을 하고, 2년마다 투표를 한다. 반대로 미국인 대부분은 매일 자신이 선호하는 소셜미디어 플랫폼의 아이콘을 한 번, 두 번, 열댓 번, 혹은 수백 번 누른다. 50년 동안, 지식인들은 시민적 정체성이 소비주의로 옮겨 가는 현상을 비판해 왔다.[26] 스리니바산은 이를 뒤집었다. 왜 소비주의가 애국심을 삼켜 버리면 안 되는가? 궁극적으로는 기업들이 살인마와 같은 20세기 국가보다 더욱더 유순하지 않은가? 페이스북이나 구글이 마오쩌둥이나 아돌프 히틀러처럼 수많은 사람을 죽였는가? 소셜미디어 기업이 최고경영자에게 권력을 집중하는 새로운 종류의 독재라면, 누구도 이를 개의치 않을 것 같았다.

'네티즌'과 온라인 커뮤니티라는 개념은 새로운 통찰력은 아니었다. 참신했던 것은 스리니바산이 온라인 커뮤니티에서 클라우드가 다시 지상으로 내려올 수 있다는 가능성으로 도약leap한 것이다.[27] 그는 "우리는 물리학의 영역보다는, 디지털 공동체에서 출발한다"라고 썼다. "우리는 온라인에서 새로운 가상 소셜네트워크, 신도시, 그리고 최종적으로는 새로운 나라를 세우는 데 관심이 있는 사람을 모집한다. 우리는 오픈소스 프로젝트처럼 배아 상태와 같은 초기 국가를 건설하고, 멀리 떨어진 네트워크 주위에 우리들만의 내부경제를 조직하고, 개인 간 예의범절을 개척하고, 가상현실에서 건축물을 모의실험하며, 우리의 가치를 반영하는 예술 작품과 문학작품을 창작한다."[28] 회원 수와 투자액 또는 수수료는 공개된 대시보드에 등록된다. 흩어져 있는 작은 물방울이 구름으로 변하게 될 변곡점에 이르면 클라우드 마을, 그다음엔 클라우드 도시, 결국에는 클라우드 나라가 만들어진다.

스리니바산은 이러한 운명으로 이르는 두 단계 과정을 제시했다. 우선 가상 공간에서 탈출하게 된다. 사람들은 현재 사는 곳에 머무르지만, 자신의 집을 마치 미래 클라우드 국가의 대사관처럼 생각하도록 장려된다. 물리적으로, 클라우드 국가는 비인접국이지만 문제 될 것이 없었다. 스리니바산은 1만 7000개 이상의 섬으로 이루어진 열도임에도 1945년 네덜란드로부터 독립을 쟁취한 후 강력한 민족 정체성을 유지해 온 인도네시아의 사례를 들었다. 디지털 사용자들이 자신들의 열도를 만들 수는 없을까? 그는 "아파트 수천 채, 주택 수백 채, 서로 다른 도시의 간선도로에서 떨어져 나온 골목 끝에 위치한 주거지들Cul-de-sac을 연결해 클라우드에 수도를 설치한, 프랙탈 형태의 새로운 정치체를 만들 수 있다"라고 말했다.[29]

이미 이러한 것들이 존재한다. 제3자 지급 시스템을 사용하고, 온라인 은행계좌를 개설하고, 원격으로 사업체를 등록할 수 있다. 잠자는 시간을 빼고 하루 종일 포트나이트, 마인크래프트, 로블록스 같은 몰입형 게임 세계에서 시간을 보낼 수 있다. 유일한 차이점은 스리니바산이 추구한 궁극적인 목표였다. 민간기업의 깃발을 들어 상이한 정치체 소속임을 선언하는 것이었다.

단순히 온라인상에 존재하는 대신 궁극적으로 지구 어딘가에 영토를 "클라우드 펀딩"하여 정착지를 설립할 것이다.[30] 이러한 클라우드 국가가 존재할 장소에는 과거 초소형 국가 설립자가 되려고 했던 수많은 사람에게 좌절을 안겨 주었던 위험이 존재하지 않을 것이었다. 그러나 그는 "클라우드 먼저, 땅은 나중에"라는 생각을 추진하는 일반적 줄거리를 비틀어, 온라인 소비자 기지를 건설하여 새로운 구역 설립의 서곡으로 삼았다.[31] 소셜미디어 플랫폼을 통해 재빠르게 규모를 늘리는 가능성을 확인했다. 스리니바산은 다음과 같이 비교하여 자신의 프로젝트를 설명했다. 페이스북은 28억 9000만 명, 인스타그램은 10억 명이라는 월간 실제 사용자를 보유하고 있다. 반대로, 전 세계 국가 중 20퍼센트 정도는 시민이 100만 명도 되지 않는다. 그는 기술 용어를 빌려, 이들을 미약한 사용자 수라고 불렀다.[32] 그는 "전 세계의 스타트업 도시 1000곳이 거주자를 확보하려고 경쟁하는 것을 상상해 보라"라고 말했다.[33] 이러한 움직임은 개인 주권자를 "집합적 주권자"로 바꿔 놓는 것이었다.[34]

'클라우드 국가'라는 스리니바산의 탈출안은 시설이 잘 갖춰지고 무장되어 있는 배후지로 후퇴한다는 황금광 시나리오와는 매우 달랐다. 그러한 후퇴는 문학작품과 현실에 존재한다. 예를 들어, 라이오넬 슈라이버의 소설『맨디블 가족』은 엄청난 충격을 안겨 준 금융위기가 휩쓸고 간 후 설립된 네바다 자유주Free State of Nevada를 배경으로 한다.[35] 현실 세계로 눈을 돌리면, 뉴햄프셔주에서 자유지상주의자들이 "자유주" 창설을 시도하고 있으며, 1990년대부터는 백인우월주의자들이 자치 구역을 만들고자 아이다호주의 숲으로 이주하고 있다.[36] 노스다코타주에서는 폐기된 미사일 발사대를 판매하는 사람들이 있었고, 뉴질랜드에서 틸의 추종자들은 종말 이후에 도피할 호화 건물을 짓고 있었다.[37] 이 모든 시나리오에서 핵심은 고립된 공간으로, 좀 더 자급자족적이고 세계경제에 덜 의존적인 상태로 돌아가는 것이었다. 반대로 스리니바산은 자급자족이나 불편한 생활에 전혀 관심이 없었다. 그의 모델은 시어도어 카진스키Theodore Kaczynski*의 오두막이 아니라 리콴유의 싱가포르였다. 그가 가장 좋아한 책 중 하나는 리콴유의『내가 걸어온 일류 국가의 길From Third World to First』이었다.[38] 그는 자신의 모델을

* 미국의 수학자이자 폭탄 테러범. 반기술주의자로, 몬태나주의 숲으로 들어가 살면서 우편물을 통해 폭탄 테러를 벌였다.

"집합적 탈출"이라고 설명했다. "설립자는 단지 오두막집으로 이사하지 않는다"라고 말했다. "그들은 호각을 불어 도움을 얻고 그곳에 친구들을 데려와 오두막집을 작은 정착지로 만든다. 그리고 나선 마을과 도시로 만들고 그런 후에는 그들이 떠나온 도시보다 더욱 빛날 때까지 더 큰 것으로 만든다."[39]

수많은 기술 자유지상주의자들처럼, 스리니바산은 종종 자신의 국가 만들기 프로젝트를 기업들의 사업 계획 마케팅 프레젠테이션 방식으로 설명하는 데 어려움을 겪었다. 자유지상주의자들은 전통적인 공화주의적 민주주의를 거부하고 좀 더 엄격하고 경험에 근거한, 스리니바산이 "구독료와 화폐 주조세로 자금을 조달하는 사회"라고 부른 자신의 클라우드 국가를 옹호하는 것이 더욱 중요하다고 보았다.[40] 하지만 정치로부터의 탈출을 모색하는 사람들에게도 공화주의적 상상력은 여전히 설득력이 있었다. 자신의 프로젝트는 개인 주권자가 "집합적 주권"으로 이동하는 것이라는 스리니바산의 설명은 하나의 대중으로 결합하는 인민 집단이라는 고전적 개념처럼 들렸다. 그는 의도적으로 실리콘밸리의 언어를 사용했지만, 미국 혁명의 언어와는 조금 다른 의미로 클라우드 나라를 만들려는 사람들을 "창립자founder"라고 불렀다. 그의 프레젠테이션 슬라이드에는 가끔 독립선언문이 등장한다.

틸이나 프리드먼과는 달리, 스리니바산은 또한 자신만의 방식으로 민주주의라는 언어를 사용하는 것으로 잘 알려져 있다. 그는 미국 같은 곳에 존재하는 현 체제를 "51퍼센트 민주주의"라고 부르면서 자신은 적극적으로 참여하는 모델을 통해 "100퍼센트 민주주의"를 추구한다고 말했다.[41] 반드시 한 번 더 살펴보아야만 소유권 문제 뒤에 숨어 있는 차이점을 발견할 수 있다. 공화주의적 민주주의는 1인 1표를 기본 원칙으로 삼는다. 스리니바산은 클라우드 도시에 관한 청사진에서 신기하게도 의사결정 문제에 침묵했는데, 보유 주식에 비례하여 투표권을 행사하는 기업지배구조에서 그 실마리를 찾을 수 있다. 미래 클라우드 도시의 부동산 소유권에 관해 질문을 받았을 때 스리니바산은 사실 개인이 아니라 토지를 개발한 기업이 소유할 것이라고 답하여 인터뷰 진행자를 놀라게 했다. 그 대신 개인은 도시 전체에 관한 주식을 소유할 것이었다.[42] 이 모델은 소셜미디어 플랫폼과 완벽하게 들어맞는다. 우리는 페이스북 프로파일을 소유하고 있지 않다. 사용자 데이터를 제공하는 대가로 페이스북이 제공하는 서비스를 누릴 뿐이다. 심지어 스리니바산이 모델로 인용한 현실 세계의 사례가 있었다. 민간기업이 건설하고 시민-소비자들이 주식을 갖고 있는 한국의 송도 신도시가 그것이다.[43] 클라우드 국가는 권리와 의무가 아닌 조건과 규정의 세계였다. 주권 회사라는 야빈의 전망을 실현한, 주권 법인 공화국이었다.

스리니바산이 새로운 나라를 건설한다는 설득력 없는 주장에 자신감을 드러냈던 한 가지 이유는 바로 그가 이전에 비슷한 것을 해 봤기 때문이다. 그는 2009년 비트코인 발행과 함께 시작된 초기 암호 화폐 세계에 뛰어든 적극적인 트레이더였다. 민간 통화들이 경쟁한다는 생각은 프리드리히 하이에크가 1976년 「화폐의 탈국가화」라는 논문을 작성한 이후부터 자유지상주의자들 사이에서 폭넓게 논의되어 왔다.[44] 하이에크가 제시한 민간 화폐 이론을 현실에서 구현할 기술 매체를, 암호 화폐가 등장하기 이전까지는 찾을 수 없었다.

　　나카모토 사토시라는 이름의, 베일에 싸인 인물이 디자인한 비트코인은 디지털 '동전'을 참여자들에게 안전하게 이동시킬 수 있으며, 모든 거래 및 보유 내역을 블록체인이라고 불리는 공적 장부에 기록하는 독창적인 시스템이었다. 동전은 어려운 공식들을 풀어내는 컴퓨터 프로그램을 작동시켜서 "채굴" 즉 취득할 수 있고, 시스템에서는 채굴할 수 있는 비트코인의 총량을 2100만 개로 제한했다. 민주 국가의 기관이 관리하는 화폐를 불신한다면, 특히 국가가 일으키는 인플레이션이 걱정된다면, 총공급에 상한선을 두는 비트코인은 매우 매력적이다. 동시에, 공개적으로 확인 가능한 블록체인은 급진적 투명성과, 간섭에서 벗어날 수 있는 완벽한 보호책을 약속한 것 같았다. 비트코인은 중앙은행을 벗어난 화폐의 전망을 보여 주었다. 『개인 주권자』의 "사이버 현찰"을 현실에 등장시켜서 화폐의 인간적 요소를 제거했다. 또한 신뢰를 기술로 대체하는 감칠맛 나는 가능성을 통해 판사나 법원 없이도 알고리즘에 따른 '스마트 계약' 통치가 가능하다는 것을 보여 주었다. 이러한 의미에서 "블록체인에" 화폐와 법률을 넣는 것이야말로 탈출의 궁극적 형태였다.

　　2015년, 스리니바산은 앤드리슨 호로위츠 Andreessen Horowitz를 떠나 비트코인이 정상적인 화폐가 될 수 있도록 홍보하는 데 주력하는 새로운 기업의 상근직을 맡았다.[45] 그가 시작했을 때 암호 화폐 중 비트코인은 개당 258달러[약 35만 원]에 거래되고 있었다. 6년 후, 호가는 5만 8000달러[약 8000만 원]까지 치솟았고 2만 4000퍼센트의 투자수익을 기록했다. 경제적 측면에서 그는 정말 보기 어려운 마법 같은 것을 입증한 셈이었다. 암호 화폐의 탄생을 설명하면서, 스리니바산은 데이비드 프리드먼의 중세 재생산주의의 "합동 판타지"와 관련하여 우리가 앞서 살펴보았던 용어인 라이브 액션 롤플레잉 혹은 LARPing이라는 용어를 언급하기도 했다.

그는 비트코인 옹호자들이 "LARP하여" 통화를 존재하게 만들었다고 말했다. 그들은 명령행 line of code을 화폐처럼 취급했고, 수많은 사람이 그들이 제시한 모델의 품질에 확신을 갖게 되면서 그것이 통화가 <u>되었다</u>.[46] 2008년만 하더라도 한 개인이 만들어 낸 상상의 산물이었던 것이, 2021년에는 전 세계 중앙은행들이 디지털 화폐로 진입하는 것을 고려하는, 1조 달러[약 1332조 원] 규모의 세계 금융시장으로 성장했다. 만약 사회조직의 핵심 필라멘트 중 하나인 화폐를 LARP할 수 있다면, 국가를 LARP하는 것은 어떨까?[47] "지금 있는 곳에서 당신만의 통화를 시작하라"라고 스리니바산이 2017년에 말했다. "당신이 이제 가게 될 곳에서 당신만의 나라를 시작하라."[48]

다시 말하지만, 들리는 것만큼 터무니없지 않았다. 정치 사학자들은 지난 몇십 년 동안 근대 민족주의의 "전통의 발명"에 관해 저술해 왔다. 대중 의례와 화려한 행사를 치르고, 사전으로 언어를, 문집으로 민간설화를 집대성하고, 민족시를 써내고, 연극을 연출하고, 동상을 세우고, 전통의상을 공식화하여 사실상 실질적인 근대 민족을 성립시킨 과정을 논의해 왔다.[49]

전통적인 문화사에서는 사람들이 같은 신문, 소설, 전기, 시를 읽음으로써 스스로를 공동체 일부로 여기도록 만드는 출판 자본주의가, "상상된 공동체"라는 근대 민족을 만들어 낸 과정을 설명한다. 사회학자들은 이 논지를 수용하여 온라인 미디어가 종종 미래의 결과에 대한 기대를 바탕으로 전 세계 사람들을 새로운 집단으로 연결하는 유사한 효과를 낳고 있다고 주장한다. 개미 투자자들과 암호 화폐의 열성적 지지자들은 모두 이러한 "투기적 공동체"의 일부를 차지할 수 있다.[50]

스리니바산은 인터넷을 누구나 자신을 재창조할 수 있고 정체성을 재구성할 수 있는 "비경쟁 개척지"라고 찬양했다.[51] 그의 부모는 기회를 찾아 미국으로 건너왔지만, 다음 세대는 클라우드로 넘어갈 것이었다. 이를 설명하려고 그가 즐겨 사용한 문구는 "역디아스포라"였다. 그는 냉전 종식 이후 온라인에서 일어나는 실제 글로벌 사회의 재편, 즉 투기 공동체가 국경을 넘어 (적어도 허용된 방화벽 안에서) 충성심을 재배치하는 모습을 목격했다. 인터넷에서 미국의 영토는 1776년에 미국에 있던 영국과 같았다. 즉, 폐기되고 대체될 현 정권이었다.

스타트업 도시에 관한 스리니바산의 변주는 온라인과 오프라인 세계가 서로에 대한 대안이라기보다는 상호 보완적일 수 있음을 의미한다. 우선 온라인상에 만들고 땅으로 내려오면 된다. 개인 주권자를 "주권 공동체"로 대체하려는 그의 아이디어는 데이비드슨이나 리스모그와 길을 달리하는 것 같지만, 그들의 차이는 정말 의미론적일 뿐이다. 세 사람 모두 새로운 기술을 통한 탈출 가능성, 능력이라는 재능에 따른 새로운 지구적 계급제도 탄생, 그리고 조세 및 규제 국가를 포기하고 민간기업에 새롭게 가입하는 것 심지어 새롭게 영토를 조직하는 것을 목표로 삼았다.

3.

클라우드 국가를 향한 꿈에서는 수많은 결점을 찾을 수 있다. 우선, 페이퍼 벨트에 대한 스리니바산의 멸시에는 실리콘밸리가 그것에 진 빚이 사라지고 없다. 인터넷 자체가 정부와 대학교가 만든 페이퍼의 산물이다. 스리니바산의 상사였던 앤드리슨은 일리노이 주정부로부터 무상으로 토지를 불하받은 대학에서 첫 번째 웹브라우저를 개발했다. 세르게이 브린Sergey Brin과 래리 페이지는 미국 국립과학재단 연구비를 수주하여 구글을 만들었다. 국립과학재단은 1990년대에 인터넷 민영화가 허락되기 전까지 인터넷의 기반을 구축해 왔다.[52]

두 번째는 자원 문제에 대한 침묵이다. 무엇도 난데없이 나올 수는 없다. 클라우드는 온도가 올라가면 강물을 끌어와 식히고 석탄발전소에서 생산된 전력으로 돌아가는, 무질서하게 산개한 데이터센터에 정박하고 있다. 암호 화폐는 특히 자원을 잡아먹기로 유명하다. 2020년대 초, 그 가치가 상승하면서 많은 사람이 새로운 코인 채굴을 위해 밤낮을 가리지 않고 공식을 풀어내려고 컴퓨터를 작동시켰을 때 전 세계 전력망에 과부하가 걸렸다. 더 많은 사람이 공식을 풀어내려고 할수록 더 많은 컴퓨터가 필요하다. 더 많은 컴퓨터가 필요하면 더욱 심각한 전력 과부하가 걸린다. 2021년 정전과 원자로 정지를 우려해 이란 정부는 비트코인 채굴을 금지했다. 세계 주요 비트코인 생산국 중 하나인 중국 또한 이를 금지하자, 주요 채굴꾼들은 좀 더 전통적인 원자재 추출지인 캐나다, 사우스다코타, 텍사스에 굴착 장치를 재배치했다.[53] 비트코인 채굴 관련 연간 전력 소비량은 스웨덴의 전체 소비량보다 더 많다고 추산된다.[54] 스리니바산은 클라우드 국가 논의를 할 때 전력 사용 혹은 기후변화에 관해 어떠한 언급도 하지 않는다. 해수면 상승, 홍수, 화재, 더욱 잦아지는 기상이변에 적응해야 하는 부담은 다른 사람들에게 돌아갔다.

가장 두드러진 것은 "민둥 땅bare land"에 대한 생각이다. 스리니바산은 개척자 신화를 있는 그대로 받아들였다.[55] 그는 포장마차를 몰고 서쪽으로 나아가던 개척자를 주인공으로 한 1980년대 인기 롤플레잉 컴퓨터 게임을 언급하면서 스스로를 "<u>오리건 산길Oregon Trail</u>• 세대"라고 불렀다. 그가 이해한 1890년대까지 미국의 역사는 "누구나 서쪽으로 넘어가 땅을 개간하여 무언가로 만들 수 있는" 개방성을 주요 특징으로 삼았다.[56] 그는 19세기가 "기회의 평등" 시대라고 주장했다. 하지만 기회는 언제나 특정 집단에게만 주어졌다. 나 또한 학교 컴퓨터실에서 본 <u>오리건 산길</u> 게임의 녹색 그래픽을 기억한다. 하지만 동시에 나는 몬태나주에서 태어난 원주민과 유럽계의 혼혈인 메티스Métis였던 내 증조부가 불법 거주자로 몰려 미 서부 지역에서 가족과 함께 토지에서 쫓겨났다는 것을 안다. 고조부가 거래와 생존을 위해 사냥했던 들소 떼가 죽자, 고조부 가족은 뼈를 모아서 비료로 팔았다. 개척지는 그들에게 자유의 땅이 아니었다.[57]

스리니바산은 자신의 배경과 함께 [기회의 평등을 잘 활용할 수 있는] 올바른 여권을 갖고 태어나지 못한 사람들을 받아들

• 19세기 초 개척자들이 이용한 산길.

여야 할 필요성을 종종 언급했다. 하지만 그의 전망은 정착민-식민지란 환상의 이름으로 발생한 고통의 흔적에 전혀 영향을 받지 않고 작동한다. 어쨌든 민둥 땅은 대체 어디 있단 말인가? 원주민 공동체들이 수천 년 동안 살아온 영토에 대한 권리를 확보하려고 싸워 왔지만 성공하지 못했던, 인구밀도가 희박한 북부 캐나다 지역인가? 2020년 리오틴토Rio Tinto사가 철강 채굴을 위해 원주민의 신성한 장소에 다이너마이트를 터뜨렸던 호주 서쪽인가? 프랑스가 1990년대에 핵무기 실험지로 사용했던 남태평양 프랑스령 폴리네시아 지역인가? 아니면 1960년대부터 다야크Dayak 족이 금 채굴 회사들을 반대해 왔던, 하지만 스리니바산 스스로 자신의 전망에 적합하다고 인용한 인도네시아인가? 이 모든 지역은 밤에는 어둠만이 존재한다며, 로머와 같은 스타트업 도시 지지자들이 본보기로 제시해 왔다. 그러나 이는 이해를 돕는 파워포인트 슬라이드 정도로 조악하게 만든 지구의 지도에 불과하다.

스리니바산은 실제 세계 사례에 대한 흥미롭지만 비현실적인 (혹은, 텅 빈 칠판이라 할 수 있는) 추측을 선호했다. 하지만 그가 제시한 가장 성공적인 사례 중 하나인 이스라엘 국가는 강렬했다. 이는 그야말로 당대 매체를 통해 유대인 자치 구역이라는 일종의 클라우드 국가를 만들어 낸, 조직된 역디아스포라였다. 1896년 테오도르 헤르츨Theodor Herzl이 출간한 『유대인 국가Jewish State』에서부터 출발한 소규모 식민화 활동들을 통해 더디게 지상의 사실로 전환된 시온주의 계획은, 결국 당대의 주요 제국주의 세력들에 인정받았고 정당성을 부여받았다. 하지만 그 결과를 생각해 보라. 팔레스타인 땅은 세계 어느 곳보다 황무지나 다름없었고, 영토를 둘러싼 역사적 분쟁으로 인해 여전히 임차료를 지불하고 있다. 이 지역의 인구 및 정치 지리에 관한 이스라엘의 해결책은 유대인과 무슬림 거주자들을 분리하는 이중 체제였다. 카메라, 드론, 무장병, 최신 열 감지 기술로 감시되는 경계는 베를린장벽의 죽음의 지대 death strip *가 무색할 정도였다.[58]

아마도 이 사례에는 솔직한 모습도 있었을 것이다. 스리니바산과 그의 동료 기술 투자자들은 샌프란시스코의 여러 문제에 실망감을 드러냈다. 이곳에서는 만연한 불평등과 치료받지 못한 정신질환자들, 도시 설립 당시 토지 몰수에서부터 시작하여 수 세기 동안 이어진 인종차별적 빈곤, 폭력, 차별적 이민정책의 전통을 분명히 확인할 수 있다. 스리니바산은 자신의 자원을 활용해 더 나은 곳을 찾을 수 있었다. 하지만 스스로 인정하듯, 샌프란시스코는 아마도 이스라엘 국가처럼 보일 것이다. 군사화되고 편집증적이고 저항적이며 또한 기술에 많은 투자를 했다. 스리니바산이 극찬한 이스라엘 베스트셀러에서 이스라엘을 괜히 "스타트업 국가"라고 부른 것이 아니었다.[59] 여기에 견본이 있었다. 26피트[약 7.9미터] 높이의 장벽으로 둘러싸인 클라우드 국가이다.

---

* 동독 국경 경비대가 무장하고 지키던 곳으로, 많은 사람이 탈출을 시도하다 목숨을 잃었다.

4.

2021년, 스리니바산은 "대피 시점이란 집합적 탈출, 집합적 주권자, 개인 주권자 이후에 무엇이 등장할 것인지를 생각하는 흥미로운 방법이다. 국가가 실패했을 때, 화재경보기를 울리고 새로운 중심지에 당신의 공동체를 모아 놓으라"라고 말했다.[60]

스리니바산은 2020년 초, 전 세계를 휩쓴 코로나19 전염병이 클라우드 국가로 이동할 도화선에 불을 붙였다고 생각했다. 그는 바이러스를 예방하는 "녹색 구역"과 그러지 못하는 "적색 구역"으로 세계가 나눠질 것이라고 경고한 바 있다. 이 구역들은 서아프리카에서 에볼라 전염병이 처음 창궐했을 당시 공공보건 공무원들이 지정했던 곳인데, 이는 새로운 정치경제의 기반이 될 것으로 보였다. 말레이시아, 인도네시아, 북이탈리아와 프랑스에서는 코로나19 바이러스를 통제하려고 색으로 구분한 구역들을 제시했다. 백악관 또한 이 전략을 고려했다. 인도는 13억 명에 달하는 인구를 녹색, 노란색, 빨간색 구역으로 나누어 각각 자유와 제한을 다르게 적용했다. 전 세계의 투자자들이 이를 기록해 두었다. 시민권 중개회사인 헨리앤드파트너스Henley & Parnters는 "장막이 걷히면서, 인민들은 형편없이 통치하고 대비가 안 된 '적색 구역'에서 '녹색 구역' 혹은 더 나은 의료서비스를 갖춘 지역으로 이동하려고 노력할 것이다"라고 예측한 바 있다.[61]

미국 전역에서, 인명구조용 인공호흡기와 보호 장비를 구하려는 경쟁이 심화되자 갑작스럽게 지역 단위에서 '합의'가 등장했다. 분위기는 경쟁적인 연방주의였고, 각 주들은 시장에서 입찰하는 경제 단위로 재구성되었다. 주지사 개빈 뉴섬 Gavin Newsom은 캘리포니아주에 "민족국가"라는 단어를 붙였다. 메릴랜드 주지사는 부분적으로 연방 당국의 압수를 막기 위해 무장 경비원이 지키는 비공개 장소에 코로나19 테스트기를 보관했다고 고백했다.[62]

스리니바산은 "우리는 바이러스가 중앙집권적 국가를 무너트리는 프랙탈과 같은 환경으로 접어들고 있다"라고, 2020년 봄 스타트업협회재단 Startup Societies Foundation이 개최한 온라인 회담에서 말했다. 또 전염병 확산을 막으려고 지역 단위의 봉쇄가 시작되자 "국가 혹은 심지어 마을과 카운티 수준에서 드릴로 구멍을 뚫을 수 있다"라고 파악했다. 바이러스를 통제할 수 없는 모든 국가는 재능과 자본을 확보하려는 더욱 치열해진 경쟁 속에서 "망명을 상대"하게 될 것이었다. 전염병이 지나간 후에 "국가들은 실질적으로 판매자와 기업가로 변하고 상대적으로 이동할 수 있는 사람들은 지원자가 될 것이다"라고 예측했다.[63] 원격근무, 배달 서비스에 의존하는 사람들, 대면 활동의 증발로, 도시 불안과 반란에 대한 두려움이 점차 커져 갔는데, 이는 동시에 클라우드에 새로운 정착지를 건설할 비옥한 토양을 마련해 주었다.

전염병 기간 동안 '기술 탈출 techxodus'에 대한 논의가 활발하게 진행되었다. 원격근무를 하게 되면서 사람들이 점차 베이 지역을 떠나자, 전염병으로 인해 실리콘밸리의 많은 엘리트는 캘리포니아와, 그들이 본 배은망덕한 정치적 지배계급에 대한 불만이 폭발 직전까지 갔다. 2020년 스리니바산은 "샌프란시스코의 몰락은 스타트업 도시의 성장을 도울 것이다"라고 트위터에 글을 남겼다.[64] "몇몇 사람은 교외보다 더 떨어진 반(半) 전원의 고급 주택지나 농촌 같은 먼 곳으로 떠날 것이다. (……) 또 어떤 사람들은 새로운, 특정한 분위기를 살린 도시로 다시 모여들 것이다."[65] 그는 자신이 이미 투자했던 프로스페라와 더 불어 일론 머스크가 스페이스X 발사장으로 쓰기 위해 구매했 던 텍사스주의 땅이자, 또한 머스크가 미래에 우주 정착지에서 지구로 통근할 수 있는 공동체로 구상한 스타베이스Starbase를 대대적으로 홍보했다.[66]

정작 스리니바산의 동료들에게 가장 중요했던 목적지 는 화성이 아닌 마르아라고Mar-a-Lago•였다. 마이애미는 2020년 에《파이낸셜타임스》에 "미국에서 가장 중요한 도시"라며 대대 적으로 과장광고를 할 정도로 기술 분야를 적극적으로 유치했 다.[67] 틸은 마이애미비치에 있는 두바이 같은 인공섬에 1800만 달러[약 235억 원]를 들여 주택 두 채를 구매했다.[68] 틸의 벤처금 융사 파트너인 키스 라보이스Keith Rabois는 같은 섬에 2900만 달 러[약 379억 원]인 주택을 구매했다.[69] 마이애미는 단지 낮은 세 금과 가벼운 규제로 투자자들을 유혹해 온 선벨트 도시들의 낡 은 전술을 따라 했을 뿐이었지만, 스리니바산은 이를 "클라우 드 최초의 국제 수도와 스타트업 도시의 새로운 조합"이라며 대대적으로 홍보했다.[70] 그는 마이애미야말로 "라틴아메리카 의 싱가포르"라고 내세웠다. 아마도 과시적 소비의 중심지이자 이 지역의 더러운 돈 세탁소인 두바이라고 설명하는 것이 좀 더 적절했을 것이다. 싱가포르는 부패에 대한 불관용 정책으로

• 미국 플로리다주에 위치한 리조트.

유명한 반면, 플로리다는 미국에서 가장 부패한 곳 중 하나였다.[71]

건물을 짓겠다고 맨 처음 말을 할 때부터, 클라우드 국가 후원자 대부분은 군사적 보호에서부터 고분고분한 인력, 값싼 에너지원, 인피니티 풀과 바다 전망을 갖춘 객실까지 그들에게 필요한 기반 시설을 제공할 사람을 찾고 있었다. 그들은 기상학 용어로 은유했지만, 현실은 국가라는 고래상어의 측면을 공격하는 빨판상어처럼 뭔가 동물의 왕국을 보고 있는 듯했다. 특히 2017년 틸이 트럼프에게 새로운 내각 인사에 관해 조언할 때 흥미로운 순간이 드러났다. 스리니바산의 트위터 계정은 갑자기 텅 비어 버렸고 차기 미 식품의약국장 후보로 그의 이름이 모든 기사에 도배되었다.[72] 국가를 인수하는 것이 국가를 떠나는 것보다 더 나은 유일한 방법처럼 보였다.

"글로벌 자유 계급에게 다음 단계는?"이라고 2021년 스리니바산이 질문했다. 그는 자신이 무질서하다고 불평해 온 샌프란시스코와 정반대인 권위주의 도시국가 싱가포르를 택했다. 그곳에서 그는 온라인강의 시리즈와, 향후 블록체인을 기반으로 건설하게 될 도시가 직면하게 될 문제의 해결책을 제안하는 사람들에게 비트코인으로 대가를 지불하는 웹사이트를 포함하여 클라우드 국가를 향한 좀 더 진지한 캠페인을 펼쳤다.[73] 스리니바산은 자신의 글을 계속해서 『개인 주권자』에 업데이트하면서, 국가가 중요한 것이 아니고 암호방식이 정부의 문제를 이미 해결했으며 인터넷을 통해 "구체제가 경쟁하고 새로운 권력이 등장하는 클라우드가 둥둥 떠다니는 새로운 대륙인 디지털 아틀란티스"가 등장했다고 주장했다.[74]

하지만 전염병의 전개 과정은 그의 예측에 부합하지 못했다. 사람들은 집단을 이루어 국가를 떠나지 않았고, 중부의 중앙권력은 유지되었으며, 일반인들에게 국가의 역할이 더욱 더 중요해졌다. 암호 화폐는 화폐 게임의 본질을 변화시키지 못했다. 단지 또 다른 투기 대상일 뿐이었다. 단기 자산으로서 비트코인과 기타 디지털 토큰은 단기 수익을 추구하는 비생산적인 목적 외에는 유동성이 갈 곳이 없던 금융 시기의 유물로, 주식시장과 함께 상승과 하락을 반복했다. 블록체인 기술의 목적이 신뢰라는 요소를 제거하는 것이라면 현명하지 못했던 것 같다. 의학 학술지 《랜싯 Lancet》에 게재된 연구에 따르면 한 국가가 전염병으로 인한 사상자를 얼마나 잘 최소화했는지와 상관관계가 있는 것은 바로 "정부에 대한 신뢰 및 대인관계 신뢰"였다.[75]

메타버스로 탈출하려는 사람들도 그러한 것을 발견하지 못할 것이다. 우리가 접속하는 플랫폼은 민간이 보유한 것이다. 우리가 키보드를 한 번 칠 때마다 (그리고 가상현실 장치를 두른 채 씰룩거리고 숙이고 고개를 끄덕일 때마다) 분 단위로 추적되고, 분류되고, 눈금이 매겨져서 광고 회사들과 다른 개발자들에게 판매된다. 실리콘밸리에서 가장 성공적인 기업 중 하나인 우버의 택시는 텅 빈 지역에서 돌아다니거나 활동하지 않는다는 사실은 많은 것을 시사한다. 그 대신 플랫폼은 자유로운 계약자라는 허상 앞에서 운전자를 강아지 목줄로 묶어 버리고 모든 일탈을 처벌한다. 어느 비평가가 명석하게 관찰했듯, 메타버스는 아마도 좁은 방에 가장 잘 비유할 수 있을 것이다.[76] 기업이라는 민간 정부는, 자신들의 지배를 재생산하는 것 말고는 어떠한 집단적 대안도 허용하지 않는다.

　　기술 비판주의에 대한 기초적 텍스트에서 언급되듯, 실리콘밸리는 종종 헤겔의 논의를 망각하여 스스로를 위험에 몰아넣는다.[77] 이 독일 철학자는 주인은 항상 노예에 종속적이라고 가르쳤다. 하층계급 없이는 섬도, 클라우드도 존재할 수 없다. 어플리케이션이 중재하는 긱 노동 대중을 제외하더라도, 심지어 매우 뛰어난 인공지능이라 할지라도 숙련 및 비숙련 노동자들의 반복적인 루틴과 노력 덕분에 작동한다.[78] 온두라스에서 두바이까지, 임금 서비스 계급은 미래를 전망하는 자들이 가장 쉽게 망각하지만 그들이 없다면 삶은 너무나 힘들 것이다. 코로나19 전염병이 발생했을 때, 싱가포르는 대중의 시선에서 벗어나 비좁은 막사에 살고 있는 이주노동자들이 엄청나게 감염되어 피해를 입기 전까지 자신들이 전염병 확산 속도를 늦출 초기 조치를 완수했다고 생각했다. 도시국가의 지도자들은 그들의 존재 자체를 잊은 듯했다. 그들이 태도를 바꾸어 새로운 것을 만들 수 있을지는 시간이 흐르면 알게 될 것이다.

일대일로와 중국의 국제무역

뒤스부르크
로테르담
제브뤼헤
제노바
발렌시아
피레우스
이스탄불
올란바토로
테헤란
호르고스
수에즈
두바이
지부티
라고스
아디스아바바
나이로비
함반토타
싱가포르
파나마
지타공

중국의 나라별 무역상의 지위**
- 중국이 제1무역 상대
- 중국이 제2무역 상대
- 중국이 제3무역 상대
- 중국인 톱3 무역 국가가 아님
- 데이터 없음

항로
- 주요 일대일로 육로
- 주요 일대일로 해로

주요 일대일로 허브
- 항만
- 기차
- 복합

- 중국 본토의 다수 지분 확보
- 중국 본토의 소수 지분 확보
- 중국 본토가 다른 형태로 관여
- 홍콩 소재 기업 통해 개입

The Belt and Road Research Platform
is an initiative of:
LeidenAsiaCentre & Clingendael China Centre

©2020 Belt and Road Research Platform

*지부티는 중국 외 지역에 있는 유일한 중국 군사기지이다.
**2018년 IMF 무역통계 기준에 근거함: 국가별 중국과의 수출(FOB)+수입(CIF), 다른 국가 대비 비중

2021년경 중국의 일대일로

결론   물이 되어라

2022년 초, 세계적으로 유명한 건축 회사 자하하디드건축Zaha Hadid Architects의 수장인 패트릭 슈마허 Patrik Schmacher는 엄청난 건물들을 한데 묶어 내겠다는 계획을 발표하면서 전시실과 강당, 미팅 홀과 식당 이미지를 보여 주었다. 이 건물들에는 아르누보*와, 에어브러시를 사용한 H. R. 기게르H. R. Giger**의 작품 사이에 있는, 슈마허의 트레이드마크인 근육질 곡선이 나타나 있다.

　　슈마허의 회사는 베이징의 경기장과 공항, 라이프치히의 자동차 회사 BMW 공장에서, 안에서부터 녹아 나오는 얼음조각 같은 두바이의 호텔에 이르는 전 세계 초대형 건설 계획들로 명성을 얻었다. 건설 중인 건물로는 선전과학기술박물

* 나뭇잎, 꽃 등의 자연에 영감을 얻어 복잡한 곡선을 사용한 양식.
** 스위스의 초현실주의 화가로, 영화 〈에일리언〉의 괴물을 디자인한 것으로 알려져 있다.

관, 우주선 모양의 선전 OPPO* 본사, 선전 베이 슈퍼 헤드쿼터스 베이스 Shenzhen Bay Super Headquarters Base를 들 수 있다.[1] 청두에서는 복합단지인 유니콘 아일랜드 Unicorn Island를 건설 중인데, 이 명칭은 유치하고 싶은 기업들을 지칭하는, 10억 달러[약 1조 3135억 원] 가치를 상회하는 스타트업 기업을 의미한다.[2] 이 프로젝트의 광고 카피에서는 투자자들에게 제공될 인센티브를 언급하면서 이곳이 "차세대 실리콘밸리"가 될 것이라고 선언했다.[3]

자하하디드건축은 사업 대부분을 아시아, 특히 민주주의가 부재한 자본주의국가에서 수주했다. 슈마허는 그런 곳에서 작업 속도가 더 빠르다고 설명했다. 그는 아랍에미리트를 회사의 "연구개발 실험실"이라고 불렀다. "우리는 처음으로 시도하고 싶었지만 지금까지는 할 수 없었던 것들을 시도하고 있다."[4] 홍콩은 계속해서 그러한 "사회적 실험"의 또 다른 장소로 자리 잡아 가고 있었다.[5] 이 기업은 이미 홍콩 도심에 전 세계에서 가장 비싼 부동산이라고 홍보한, 부드럽게 휘어진 모습의 고층 빌딩을 선보였다.[6]

이런 프로젝트들은 이미 전 세계에 널리 알려졌지만 이 프로젝트들이 슈마허의 정치적 원칙을 가장 가까이에서 구현하고 있다는 사실은 아직 알려지지 않았다. 젊은 시절 사회주의자였던 그는 2008년 세계 금융위기를 겪으면서 변심했고, 법정 불환지폐 경제 제도는 필연적으로 실패할 운명이라고 선언한 머리 로스바드와 루트비히 폰 미제스의 글을 따르기 시작

----

* 중국 휴대폰 제조사.

했다.[7] 슈마허가 보기에 문제는 구제금융과 금융완화 정책을 통해 붕괴를 막으려는 것이었다. 위기를 막지 말고 인정해야만 했다. 그는 세계건축대회에서 정부는 모든 사회부조 및 적정가격 주택 제도를 철폐하고, 모든 생활환경 기준 정책을 없애고, 모든 거리와 광장, 공공 부지 및 공원을 민영화해야 한다는 자신의 무정부 자본주의 전망을 제시하여 건축 세계를 분노하게 만들었다.[8] 현 상태를 유지한다면 파국을 막을 수 없을 것이다. "희망은 우리가 감히 그 뒤에 건설할 것에 달려 있다."[9] 그가 제안한 새로운 도시는 "선진사회의 집합적 상상력을 자극하고, 오랫동안 지체된 정치적 혁명으로 이끄는 횃불이 될 것이다".[10] 유토피아적 건축물들은 자유시장과 자본주의의 트렌드에 어긋나는 경우가 많았다. 그 대신 그는 그 트렌드로 돌아서고 싶었다.[11]

　　슈마허의 신도시가 안고 있는 유일한 문제는 그것이 존재하지 않았다는 것이다. 그것은 비트와 픽셀로 만들어져서, 껍데기가 휜 안드로이드처럼 돌아다닐 수 있는 컴퓨터 인터페이스를 통해서만 접근할 수 있었다. 사람들은 시뮬레이션 상태였고 하늘은 비어 있었다. 동시에 그것은 비디오게임 이상이었다. 발라지 스리니바산의 전망처럼, 그곳은 실제 존재하는 영토의 조각과 좌표가 일치하는 클라우드 도시였다. 200제곱마일[약 518제곱킬로미터]이 조금 넘는 진흙투성이 땅덩어리로, 세르비아와 크로아티아를 가로지르는 다뉴브강의 팔꿈치 부분에 자리했다. 1990년대에 유고슬라비아가 해체되면서 주인 없는 곳으로 남겨졌다가, 2015년 한 진취적인 체코인이 리버랜드Liberland라는 이름을 붙이며 상징적으로 '소유권'을 획득했다.

독자적인 국기와 휘장과 더불어 리버랜드는 스타트업 국가의 모든 모습을 갖췄다. 싱가포르처럼 국가가 모든 토지를 소유할 것이었고, 1인 1표 원칙은, 외부인 출입 제한 거주지에서처럼 보유한 재산 규모에 따라 가중치를 부여하는 제도로 변경될 것이었다. 국토 일부는 기업활동을 위해, 일부는 여가 활동을 위해 따로 확보하고, "야생 구역wild zone"은 규제가 없는 지역으로 남겨 둘 예정이었다.[12]

크로아티아 국경 수비대 쾌속정은 첨단기술 거주지 건설은 커녕 리버랜드 주민이 되려는 이들이 그곳에 발을 디디는 것조차 막았다.[13] 이 계획의 성공 가능성은 거의 영에 가까웠다. 그렇다면 세계에서 가장 많은 돈을 벌어들인 건축 회사의 수장은 왜 그토록 많은 시간과 노력을 들여서 갯벌을 개척하려고 할까? 슈마허는 순진하게 카를 마르크스를 언급하며 자신의 동기를 설명했다. 그가 생각한 마르크스의 가르침이란, 정치는 자본주의 본성의 변화를 반영한다는 것이다.* 농업 기반 사회에서는 봉건주의가 이치에 맞았다. 세습 엘리트들이 토지를 대부분 소유하고 있었을 때는, 경작만 하는 농민에게 의사결정권을 줄 이유가 없었다. 산업화 시대에는 새로운 부르주아 계급이 전 세계의 자원과 새로운 혁신 기술을 창조적으로 결합해 민주주의라는 새로운 정치체제 위에 국가를 건설하는 것이 합당했다. 투표권은 노동자계급을 국가와 결속시켰다.

하지만 21세기에 상황이 다시 변했다고 슈마허가 말했

* 경제라는 하부구조에 따라서 정치라는 상부구조가 나타난다는 이론을 의미한다.

다. 제조업의 자동화 비중이 늘어나고 인공지능이 발전하면서 "인간과 기계의 공생"의 도래를 약속하게 되었고, 민주주의는 더 이상 이치에 맞지 않게 되었다. 낡은 이념이자 자본주의 역사의 순간을 지배해 온 이전 시기의 인공물로, 모든 것을 서로 다른 색깔로 구분한 세계지도를 사실로 믿는 바보 같은 자구적 해석literal reading이었다. 21세기에는 리버랜드와 같은 곳이 지도 위의 점으로 나타나는 것이 이치에 맞았다. 즉 가상의 크랙업 캐피털리즘 기업의 기준점이 될 수 있는 빈 석판과 같은 거주지, 글로벌 엘리트를 위한 휴양지 또는 금융서비스, 마케팅, 디자인, 소프트웨어 개발의 새로운 성채 같은 곳이다. 전기 콘센트와 강력한 인터넷 연결만 있으면 되었다. 슈마허는 "정치체제가 생산력의 장애물이 되었을 때 혁명이 일어난다"라고 말했다. "그리고 바로 우리가 이러한 상태에 도달했다."[14]

구역이야말로 21세기 자본주의에 적합한 정치 형태였다. 마거릿 대처와 로널드 레이건은 공적 자산 민영화, 노조 파괴, 최고 세율 삭감에 진전을 이루었다지만 그들의 개혁은 지나치게 잠정적이었다. 그들은 여전히 국가라는 형태 속에 머물러 있었다. 속도를 좀 더 낼 필요가 있었다. 유럽연합은 해체되어야 했다. 스페인, 독일, 이탈리아 또한 해체되어야만 했다. 슈마허는 크랙업을 진행 중인 사업으로 보았다. 그가 말하길, "곧 다가올 다음 위기의 시기에는" 아마도 스코틀랜드와 같은 나라들이 분리독립하여 사회주의 프로젝트에 실패하면, 그 시점에 "이 모든 것을 예견해 온" 우파 자유지상주의자들이 뛰어들 것이다.[15] 필요한 모든 것은 추락 이후를 상상할 용기였다. 그는 "위기란 촉매제"라고 말했다.[16]

1.

슈마허 같은 무정부 자본주의자들은 기존의 냉전 이후 서사를
전면에 내세웠다. 그들은 서구에서 흘러나오는 민주적 자본주
의 대신 아시아에서 완성된 더 효율적이고 비민주적인 형태의
자본주의가 서쪽으로 퍼져 "경직된 유럽 인종"을 부활시키는
쪽을 선호했다.[17] 중국과 같은 곳을 변화가 느린 거대한 단일조
직이라고 보는 대신 법률, 지위 및 접근성이 분리되어 있는 "분
절적 권위주의" 모델이라고 보았다.[18]

1970년대부터 중국 경제가 세계무역을 지향하면서, 중
국은 구역을 활용하여 국가를 나누었다. 2010년대에 중국은 먼
곳에서 구역들을 만들어 내고 있었다. 2013년에 시작한 일대일
로 계획에 따라 중국은 자국 국경에서부터 구역의 사슬을 통해
터키와 케냐를 넘어선 지역에 기반 시설 건설 자금을 지원했
다. 라오스와 캄보디아를 가로질러 말레이반도를 거쳐 싱가포
르에 이르는 고속철도를 건설했다.[19] 일대일로 계획하에 그리
스 아테네의 항구 피레우스Piraeus를 매입했고 런던 도클랜드의
전초기지에 자금을 지원했다. 중국 기업들은 두바이의 DP월드
사로부터 지부티항만을 넘겨받았고 40억 달러를 들여 지부티
와, 바로 옆나라인 인구 1억 명의 에티오피아를 잇는 철도를 건
설했다.[20] 또한 프랑스, 일본, 미군 기지와 나란히 지부티에 첫
번째 해외 군사기지를 건설했다.[21] 스리랑카에서 어느 중국 기
업은 99년 동안 심해 항구 임차권을 얻었고 인접한 곳에서 런
던 중심지 크기의 "포트 시티Port City" 사업에 투자했다.[22] 어느
중국계 대기업은 엘살바도르 영토의 6분의 1에 달하는 지역에

대한 100년 임차권이 포함된 일련의 구역 설립 계획을 제안했다.[23] 비록 종종 위험하고도 부실한 계획에 따라 진행되었지만, 중국 정부와 기업들은 150여 년 전 자신들이 경험한 조계지와 유사한 거주지를 만들고 있다.[24]

중국이 솔로몬제도의 어느 항만 장기 임차에 합의하자 한 외교관은 "중국 기업들을 오늘날의 동인도회사라고 부를 수 있다"라고 말했다. "그들이야말로 새로운 시장과 영향력을 행사할 지역을 확보하려는 자국의 선봉에 서 있다." 현지 거주자가 이렇게 물었다. "그들이 솔로몬제도를 식민지로 만들려고 하는가?" 구역으로 전환시키려 한다는 것이 더욱 적절했다. 필리핀제도 특수경제구역, 파푸아뉴기니 근처 임대 열도의 어획 구역, 캄보디아 철도와 나란한 경제개발 구역, 파나마운하와 경쟁할 운하를 니카라과에 건설하겠다는 제안들은, "탈세계화"라는 수많은 논의에도 불구하고, 중국이 지난 반세기 동안 등장한 수많은 기술을 이어받고 있음을 의미한다.[25] 중국의 비전은 바닷길, 고속도로와 철도를 통해 국경을 가로질러 자본주의의 교점들을 연결하는 것이었다.[26]

중국은 19세기 영국 제국을 유지해 온 석탄 공급소와 자유항의 네트워크를 되짚어 가는 진부한 방식을 따르고 있다. 다른 나라들 또한 탈영토성이라는 선례를 참고했다. 16세기부터 오스만의 술탄은 몇몇 서양 국가 시민들에게 현지 법률로부터 자유로운 면책권과, 서양 국가들이 문명적 열등함의 징후로 인식했던 관행인 이른바 치외법권 설정 조건을 통해 모국 법정에서 재판받을 권리를 주었다.[27] 1920년대까지 오스만의 지배를 받았던 사우디아라비아는 2017년 요르단과 이집트 근처에 전 세계에서 가장 부유한 투자자 몇몇이 지원하는 5000억 달러[약 657조 원] 상당의 메가 프로젝트인 네옴NEOM이라는 화려한 치외 구역을 설립하겠다고 선언했다.[28] 맨 처음부터 계획된 네옴은 사막과 홍해 해안가를 포함하는 1만 제곱마일[약 2만 5899제곱킬로미터]의 규모를 자랑할 예정이었다. 이 계획에는 '선형 도시'가 포함되어 있었는데 여기에는 '역사상 가장 커다란 빌딩'이라고 이름 붙인, 수평으로 20킬로미터 정도 뻗어 있는 초고층 건물 한 쌍이 포함되었다.[29] 이 도시는 건축과 공학의 위업(식수 공급을 고려할 때 분명 마법 같은 생각이었다)일 뿐만 아니라 민간 정부의 실험실이었다. 사우디아라비아보다는 주주들이 지배하는 "투자자들이 법령을 인가하는 자율적 정부"였다.[30] 주주들의 지분은 사우디 주식거래소에서 거래 가능하다. 네옴 이사진의 유일한 의무는 주주들의 투자를 보호하는 것이었다. 사우디의 왕세자 모하메드 빈 살만Mohammed bin Salman은 이를 "주식시장에 상장된 자유 구역"이자 "세계 최초의 자본주의 도시"라고 불렀다.[31]

영화 〈아라비아의 로렌스〉에는 "사막에는 아무것도 없다"라는 대사가 나오지만, 여기에서도 땅은 비어 있지 않았다. 베두인 2만 명이 이 지역에서 쫓겨나야 했다. 이에 저항한 사람 한 명은 총살당했다.[32] 2022년 현재, 노동자 1만 명이 부유식 자동화 항만 및 유통 중심지인 옥사곤Oxagon 착공에 돌입했다.[33] 네옴의 판매 전략 중 하나는 걸프 지역을 괴롭히는 노동문제를 로봇이 결국 해결할 것이라는 약속이다. 거주자 3분의 1이 외국인인 이 나라에서 휴머노이드 로봇에게 사우디 시민권을 보장하겠다는 홍보 공세를 펼쳤다. 세계 최초로 기계에 법인격의 지위를 부여하겠다는 것이다.[34] 그 로봇의 이름은 소피아로, 파워슈트를 입은 민머리였는데, 아마도 여성들이 공공장소에서 머리카락을 드러내지 않는 사우디의 관습을 피하려는 의도였을 것이다.

한편, 유럽연합을 탈퇴한 후 역동적인 아시아의 비대한 힘에 합류하는 데 관심을 보였던 영국은 아라비아반도에서 협력자를 찾아 나섰다. 해운 회사 P&O와, 런던게이트웨이항만을 인수한 DP월드사를 보유한 두바이가 특히 두드러지게 돋보였다. DP월드사 영국 법인 최고경영자는 브렉시트 이후 무역 자문위원회에서 활동했다.[35] 새로운 국가 투자기관을 통해 영국은 DP월드사가 주관하는, 소말릴란드가 포함된 세 개의 아프리카 항만 개발사업의 하급 파트너가 되었다. 브렉시트 이후 런던에 "싱가포르 스타일" 자유 항구를 만들겠다는 계획을 주도한 DP월드사는 투자를 대가로 5000만 파운드[약 828억 원]의 직접 보조금과 현재 진행 중인 세금 감면을 추천받았다.[36] 어느 경제 자문은 중동지역의 유사한 구역들에 제시하는 유도책과 경쟁할 필요가 있다고 주장했다. "우리의 자유항은 우리가 이들을 작은 역외 열도라고 생각할 때만 제대로 작동할 것이다"라고 말했다.[37]

주권의 일부를 팔아넘기는 것의 위험은 2022년 P&O를 소유한 DP월드사가 당시 지불하던 임금을 아끼려고 사전 공고 없이 800명에 달하는 전체 인력을 해고했을 때 분명해졌다. 왜 노조와 협상하려고 하지 않았느냐는 질문에 최고경영자는 노조가 결코 요구안을 받아들이지 않을 것이기 때문에 협상은 시간 낭비일 뿐이라고 답했다.[38] 노동자들은 시간당 5.15파운드[약

8520원]라는, 영국 생활임금의 절반도 되지 않는 금액을 받아들이면 업무에 복귀할 수 있었다.[39] P&O는 어떻게 이렇게 할 수 있었을까? 구역의 요령을 통해 가능했다. 선박들은 영국 항구에서 항해에 나서지만 버뮤다, 바하마, 사이프러스의 깃발을 펄럭이며 그 지역의 노동법을 적용받는다. 영국 해상에 있었지만 영국의 것이 아니었다. 이러한 참사에도 불구하고 다른 나라들은 계속해서 두바이와 거래를 유지했다. 대량 해고 몇 주 만에 퀘벡의 공공 연기금은 최초로 국영기업의 주식을 사들이는 해외직접투자로 DP월드사에 25억 달러[약 3조 2837억 원]를 투자하겠다고 선언했다.[40] 캐나다에서 두 번째로 큰 지역의 은퇴 자금은 이제 아랍에미리트의 세계적 이윤 추구 활동에 의지하게 되었다.

2.

홍콩과 싱가포르, 런던과 리히텐슈타인, 소말리아와 두바이. 우리는 자본주의와 민주주의가 연합하는 것이 아니라 갈라서는 것을 목격하고 있다. 21세기 초 여러 국가의 상대적인 성과는 스토리라인을 더욱 명확하게 만들었다. 비민주적 자본주의는 승리하고 있는 상표라 할 수 있다. 자유지상주의자들은 권위주의적 아시아 정부들에 대한 경외심을 더욱 공공연하게 드러내고 있다. 코로나19 봉쇄로부터 벗어나고자 호주에서 두바이로 이제 막 건너온 어느 젊은 비트코인 전문가와의 대화에서 미제스연구소장은 아랍에미리트와 싱가포르 같은 곳의 효율성에 박수를 보냈다. 그는 전염병 경험을 통해 자유란 모든 곳에서 일시적인 것이며 한순간에 없어질 수도 있다는 교훈을 얻었다. 그는 "싱가포르에서는 일이 잘 처리된다"라고 말했다. "서구에서 우리가 좀 더 권위주의적인 방향으로 나아간다면, 권위주의적이어서 아무것도 할 수 없을 수도 있고 권위주의적이어서 일이 잘 진행될 수도 있다."[41]

　　　　주변을 보면, 세계 도처에서 구역들을 발견할 수 있다. 전염병 기간 동안 중국은, 투자자들에게 세금 면제 기간을 부여하고, 면세점이 들어서 있으며, 제약 및 의료 분야에서 낮은 수준의 규제만을 유지하는 하이난섬 특수경제구역 계획에 착수했다.[42] 아프리카 개발 전략으로, 구역들은 "급격한 상승세에 있으며 수많은 국가가 적극 도입할 것이 예상"된다.[43] 아파르트헤이트가 끝난 남아공에는 민간이 소유하고 관리하는 수많은 거주지가 들어섰다.[44] 종종 힌두 우월주의자라고 불리는 나렌드라 모디Narendra Modi 총리가 이끄는 인도 정부는 특수경제구역 수를 늘려 왔다. "수많은 기업이 이러한 이점 때문에 싱가포르에서 두바이로 넘어갈 것이다"라고 관련 정부 대표가 말했다.[45] 헝가리는 좀 더 국가주의적으로 경제개발 방향을 변경했지만 동시에 한국의 투자를 유치할 새로운 특수경제구역을 열었다.[46] 런던시티는 20세기의 뿌리로 돌아가 소수 부유층의 돈을 관리해서 수수료를 벌어들이는, 지금껏 잘해 왔던 일을 배가하여 암호 화폐 은행업을 위한 역외시장으로 발돋움하려고 노력하고 있다.[47] 2022년 아직 개장하지 않은, 맨해튼에서 가장 높은 연필 탑pencil tower은 그 높이가 가운데 바닥 폭보다 24배나 길다. 이 건물의 아파트 가격은 800만 달러[약 105억 원]에서 6600만 달러[약 866억 원]에 달한다. "이들은 거주지가 아니다"

라고 어느 사회학자가 말했다. "어떠한 사회적 기능도 담당하고 있지 않기 때문이다. 땅에 묶인 사치품인 요트 같다."[48] 두바이 부동산 가격은 전염병 기간에 크게 올랐고, 수많은 매물이 기록을 깨며 팔렸다. 새로운 소유자에는 "아프가니스탄의 반군 지도자와 나이지리아, 시리아와 레바논 같은 국가 출신 정치지도자들로, 자신들의 돈을 보관할 안전한 장소를 찾고 있던 사람들"이 포함되었다.[49]

구역은 모든 곳에 존재하지만, 추종자들의 말과는 달리 국가로부터 벗어난 섬들을 만들어 내고 있는 것 같지 않다. 오히려 국가들은 목적을 달성하는 수단으로 구역을 활용하고 있다. 네옴이야말로 이를 잘 보여 주는 사례이다. 왕족이 경제를 쥐고 운영하는 사우디아라비아는 중국 기업 화웨이와 계약을 맺고 사막 위의 복합체 "스마트시티"에 필요한 배선 공사를 진행하고 있다.[50] 어느 컨설턴트가 인정했듯, 구역에서는 정부가 허용하는 몰수를 통해 기본적인 사유재산권 원칙을 포악하게 다루었다.[51] 예를 들어 중국 농촌지역에서 토지 시장을 만들려고, 2030년까지 1억 1000만 명에 달하는 주민이 땅을 한 평도 얻지 못한 채 마을을 떠나게 할 예정이다.[52] 구역들은 세계를 역동적으로 경쟁하는 민간 정치체 조각 1000여 개로 바꾸어 놓고 있지 않다. 한 줌의 국가 자본주의 강대국의 지위를 강화해 주고 있다.

2020년에 쓴 『개인 주권자』의 새로운 서문에서 피터 틸은 중국의 성장이야말로 이 책에서 빠트린 메가트렌드라고 지적했다. 하지만 과연 중국이 큰 차이가 있는지 질문했다. 여전히 국가 명칭에 공산주의라는 단어가 들어 있지만 집권당은 분배적 평등에 관심을 갖지 않았다. 그 대신 승자독식 자본주의라는 경기와 "관할권 경쟁"을 즐기고 있었고, 투자자들이 자신에게 가장 잘 맞는 법률을 갖춘 영토를 고를 기회를 마련해 주었다.[53] 틸은 정부에 대한 반감을 재고했다.[54] 트럼프 대통령을 지지하고 도운 후, 그의 회사 팔란티어 Palantir는 이민세관집행국과 미군의 주요 하청 계약을 수주하기 시작했다.[55] 2022년, 팔란티어는 영국 복지국가에서 가장 중요한 국민의료보험의 관리에 관한 논의를 시작했다.[56] 과학소설가이자 국제변호사인 차이나 미에빌 China Miéville은 한때 패배자들만 탈출한다고 주장했다. 좋은 자본가들에게 진짜 경기란 존재하는 국가를 포획하는 것이지, 새로운 것을 만들려고 성가신 일을 벌이는 것이 아니었다.[57] 틸은 새로운 국가 계약 1000건이 국가 1000개국보다 더 선호할 만하다는 데 동의하는 것 같다.[58]

　　게다가 미국은 항상 더욱더 구역처럼 보인다. 2022년 미국은 스위스, 싱가포르, 케이맨제도를 제치고 금융 비밀 지수에서 최상위에 올라 세계에서 불법적으로 돈을 숨기거나 세탁할 수 있는 최선의 장소로 자리 잡았다.[59] 미국에서 민주주의의 지위는 의심받고 있다. 민주정과 독재정을 섞은 형태의 체제를 평가하는 혼합 체제 anocracy 지수에서 일시적으로 순위가 떨어지기도 했다.[60] 미국인들은 완벽한 구역을 발견하려고 다른 곳으로 여행을 떠날 필요가 없었다. 어느 학자가 "부메랑 효과"라고 부른 것 덕분에 구역 정책들이 본국으로 오게 되었다.[61]

3.

분리독립의 꿈이 살아 있는 곳에서는 종종 공황의 징후를 발견할 수 있다. 부분적으로 이는 극한 정치적 대립의 문제라 할 수 있다. 미국에서는 정치적 반대파에 대한 깊은 반감과 심지어 두려움 때문에, 국가 분열 지지자들이 어느 때보다도 늘어났다.[62] "국가 이혼"이라는 논의는 상투적인 이야기가 되었다. 2021년 말, 트럼프 투표자 중 50퍼센트와 바이든 투표자 중 40퍼센트가 국가 분리에 공감했다.[63] 1990년대를 거치면서 자치를 요구하는 목소리가 커져 갔던 스코틀랜드가 유럽연합을 떠날 것이라는 전망은 브렉시트를 뒤이어 그 어느 때보다도 더욱 강력했다. 스페인에서 카탈루냐는 분리주의자들에 대한 억압을 두고 마드리드 중앙정부와 마찰을 빚고 있다.[64]

안전한 곳으로 탈출하려는 열망이 분리독립 운동을 추동한다. 전염병에서 기후변화까지, 구역은 점점 더 도피처가 되어 갔다. '해상인공도시'를 만들려는 노력이 처음 등장한 지 10여 년 동안, 거주지 건설 계획을 기후 문제의 틀로 접근하는 것이 일상이 되었다. 하룻밤 사이에, 외부인 출입 제한 거주지의 변형처럼 보였던 프로젝트들이 지속성, 해수면 상승에 대한 책임 있는 해결책, 저탄소 생활의 모범으로 소개되었다. 예를 들어 네옴은 모든 편의시설이 도보 거리 내에 있으며, 사막의 모래를 태양광발전기의 실리콘으로 변환하겠다고 약속한 탄소중립도시로 홍보되었다. 어느 억만장자가 나이지리아 라고스의 인공섬 위에 건설한, 25만 명을 수용할 수 있는 호화 공동체 에코 애틀랜틱Eko Atlantic은 자체 홍수방지 시스템을 갖추고 있다[65] (고객들을 유인할 앵커 테넌트anchor tenant•는 5억 달러[약 6562억원] 상당의 미국 영사관이다).[66] 암초를 제거하고 호주산 모래까지 수입해서 만든 두바이의 인공 열도 또한 이제는 정반대로 기후 친화적인 환경이라고 홍보하고 있다. 그것의 가장 기괴한 모습은 '유럽의 중심Heart of Europe'으로, 인공 열도 내 독일 섬 주변에 조성했다. 과거 오스트리아 경찰관이자 극우 자유당 고위 간부 출신인 요제프 클라인디엔스트Josef Kleindienst의 작품인 유럽의 중심은 무엇보다도 옥토버페스트, 독일 크리스마스 시장, 스위스 통나무 샬레chalet,•• 안달루시아 지역에서 수입해 온 올리브 나무, 바이킹 대형 보트를 모델 삼은 별장, 그리고 비가 내리거나 심지어 눈으로 뒤덮인 거리를 만들어 낼 수 있는 기술까지도 모두 한데 묶은 "세계에서 가장 지속 가능한 관광 프로젝트"를 포함할 것이다.[67]

기후 관련 논의에서 반복적으로 등장하는 또 다른 구역은 희생 구역sacrifice zone으로, 해수면 상승으로 버려진 인간 정착지를 의미한다. 전 세계적으로 좀 더 가난한 공동체들이 희생 구역으로 지정되어 '관리 후퇴'를 진행하는 동안, 부유한 지역에서는 방파제, 모래 턱, 제방을 비롯해 여러 방지책을 계획하는 새로운 형태의 불평등이 주목받고 있다.[68] 해상인공도시연구소가 남태평양 국가인 타히티와 잠깐 협력관계를 맺었을 때, 이사들은 다소간 모호한 방식으로, 해수면이 계속해서 상승하는 상황에서 어떻게 부양 구조물이 타히티 주민들에게 대체 공

• 대중을 유인하여 해당 건물 혹은 지역의 가치를 늘리고 상권 활성화에 기여하는 핵심 브랜드.

•• 산간지방의 지붕이 뾰족한 목조 주택.

간을 마련해 줄 수 있을지 이야기했다.[69] 이 구조물들을 파괴해 버릴 것 같은, 어렴풋하게나마 나타나고 있는 기상이변 패턴에 관한 분명한 문제에도 불구하고 어떻게 현지인들이 새로운 워터월드Waterworld에 적응하며 살아갈 것인지를 거의 논의하고 있지 않다. 그들은 완전한 구성원이 될 것인가 아니면 영구적인 하층계급으로 머물 것인가?

　　　이곳은 구명정, 또는 유람선 역할을 할 가능성이 더 높은 구역이었다. 이는 크루즈선이 스타트업 사회 지지자들에게 공통적인 참고점임을 시사한다. 떠다니는 리조트는 전 세계의 법 중 자신에게 유리한 법을 골라 가능한 한 노동을 무력화하려는 인종차별적 위계 서열의 소우주다.[70] 어느 스타트업 사회 옹호자는 초호화 크루즈선 더월드호를 미래의 해상 인공 도시 혹은 민간 도시의 모델이라고 적었다.[71]

　　　이 배는 휴가자들에게 빌려주는 선실이 아니다. 전 세계를 돌아다니며 정박하는 모든 곳에서 입실 및 퇴실을 할 수 있는 영구적인 소유자들을 위한 것이었다. 하지만 전염병이 창궐하자 이러한 현실도피적 선박들은 전염병 세균을 배양하는 페트리접시가 되어 버렸다. 18년 동안 바다 위에 떠 있던 끝에 2020년 3월, 더월드호 승객들이 탈출했고 선체는 카나리아제도에서 겨울잠에 들어갔다.[72] 탈국가의 꿈은 기존 국가들의 세계와 불편할 정도로 묶여 있음이 드러났다.

4.

말씀씨가 얼마나 현란하건 구역은 국가의 도구이지 그것으로 부터의 해방이 아니다. 탈출에 관한 판타지가 무엇이든 간에 구역들은 지구를 벗어날 수 없다. 구역에 관한 세 번째 진실은 구역에는 사람이 거주해야 한다는, 지극히 평범하면서도 가장 중요한 것이다. 비어 있는 판은 존재하지 않는다.

이 사실을 최초의 구역인 홍콩에서부터 분명하게 확인할 수 있다. 나는 이 글을 밀턴 프리드먼에서부터 출발했다. 프리드먼은 홍콩을 민주주의적 선거가 없기 때문에 의사결정과정을 방해받지 않고 자본주의를 실천에 옮길 완벽한 그릇이라고 상상하며 홍콩의 스카이라인을 애정 어린 눈길로 바라보았다. 2017년, 내가 이 글에 대한 초기 구상을 홍콩대학교에서 발표했을 때, 어느 법대 교수는 웃음을 터트렸다. 나는 홍콩 역사상 가장 격동적이었던, 수많은 사람이 거리로 나와 정치적 자치권을 줄기차게 요구했던 시기에, 홍콩을 조용한 도시국가라고 한 밀턴의 묘사가 터무니없게 여겨졌다. 내 강연 몇 달 전, 새롭게 선출된 의원 두 명이 의원직 선서 중 홍콩 민족주의를 드러내고 중국을 비난했다는 이유로 직위를 맡지 못하게 되었다.[73] 몇 년 전, 센트럴 점령Occupy Central 운동•은 도시의 동맥과 같은 주요 교통 요지들을 79일 동안 가로막았다.

뒤늦게 나는 기념비적인 해에 강연을 했다는 사실을 알게 되었다. 홍콩이 반환된 지 20년이 지났고, 중국에 완전히 재

• 보통선거를 요구하는 시위대가 홍콩 중심지인 센트럴을 점거한 운동.

흡수되어 '일국양제'가 종식되기까지 30년이 남았을 때였다. 버스를 타고 이 도시를 여행하면서, 나는 홍콩이공대학교를 지나쳤다. 주렁주렁 움직이는 플라스틱 피규어들이 달린 가방을 메고, 플라이니트Flyknit 스니커즈를 신은 아이 중 다수가 2년 후 바로 이 캠퍼스에서 벌어진 전투에 참여하리라는 사실을 상상할 수 없었다. 2019년 9월, 홍콩이공대학교는 성 포위 작전이 펼쳐지는 중세 시대와 다를 바 없었다. 경찰들이 외부에서 최루탄을 쏘며 호스로 파란색 잉크를 뿌리면 시위자들은 내부에서 새총과 투석기로 경찰에게 벽돌을 쐈다.[74] 홍콩 활동가들이 캐내어 현실화하려고 노력했던, 기본법에 묻힌 민주주의의 약속은 다시금 거부되고 사라져 버렸다.

2020년, 홍콩의 고무도장 정부에서 민주주의를 옹호하는 후보자들이 늘어나는 것을 우려한 [중앙정부] 베이징은 분리 독립 요구를 불법으로 만드는 본토의 국가보안법을 강요했다. 비판적인 신문들은 폐간되었고, 한때 베이징을 공개적으로 비판했던 사람들은 침묵했다. 민주화운동에 합류한 교수, 법률가, 언론인은 구속되었고, 그들의 기존 소셜미디어 게시물과 발언들은 소급 적용되어 처벌 근거로 활용되었다. 대만으로 달아나려는 민주화운동가들이 탑승하고 있던 쾌속정은 차단됐다. 한때 신자유주의자들이 "애덤 스미스의 다른 섬"이라고 극찬했던 곳은 새로운 종류의 동베를린이 되었다. 동시에, 국제 자본은 완전한 이동의 자유를 여전히 누리는 이상한 곳이었다.[75]

홍콩은 어느 저서에서 나와 유명해진 용어인 실종의 정치라는 특징을 늘 보여 준다.[76] 그 작은 규모는 놀라운 성공과 멸종 위기에 처한 아찔한 느낌을 동시에 준다. 1994년 애니메이션 시리즈 〈제노사이버Genocyber〉에서 홍콩은 첫 번째 에피소드 마지막에 파괴된다. 이런 자막이 뜬다. "그날, 홍콩은 미궁 속에서 폭발했고 지구상에서 사라졌다." 이제 이것이 정치적으로는 강압적으로, 기반 시설 면에서는 단계적으로 실현될 것으로 보인다. 선전, 광저우, 마카오를 포함하는 단일 메가 클러스터를 만들고자 홍콩을 그레이터 베이 에어리어Greater Bay Area로 흡수하려는 계획이 진행 중이다.[77] 금융업과 운송업에서 홍콩의 선도적 지위는 이미 서서히 사라지고 있다. 상하이증권거래소는 기업공개의 대안 장소로 떠오르고 있다. 2012년, 홍콩은 상하이와 싱가포르를 뒤이어 전 세계에서 세 번째로 큰 컨테이너 항만이었다. 2020년에는 중국 항만 네 곳과 한국의 부산항에 뒤처져 8위로 떨어졌다.[78] 같은 해, 미국은 [중국과] 분리된 관세 지역으로서 홍콩의 지위를 취소했다. "홍콩산"은 "중국산"이 되었다. 신자유주의자들 스스로 신념을 잃었다. 2021년, 헤리티지재단은 새로운 경제적 자유 지수를 발표하면서 홍콩을 맨 위에 올려놓지 않았다.[79] 그들에게도 마찬가지로 홍콩은 본토로 사라져 버렸다.

그러나 홍콩은 어느 토박이의 아들이 적었듯, "죽기를 거부하는 도시"이다.[80] 그러면 어떻게 살아갈 것인가? 한 가지 인기 있는 제안은 근대 초의 제국 스타일 도시국가처럼, 중국 연방 안에서 권한을 위임받고 높은 수준의 자율권을 행사하는 것이다. 일부에서는 홍콩의 즉각적인 독립을 요구하고 있다. 또 다른 사람들은 끝까지 민주화된 중국에 다시 합류해야 한다고 주장한다.[81] 몇몇은 예전처럼 식민지 상태로 돌아간 홍콩을 꿈꾼다. 프로스페라 설립자들에게 자문을 구했던 재계의 거물 아이번 고Ivan Ko는 아일랜드 해안가에 홍콩을 빠져나온 사람들을 위한 탈출 포드라는 인가 도시 설립 가능성을 타진하기도 했다.[82]

2019년 민주주의와 자결권을 요구하는 홍콩 활동가들은 경찰이 이전보다 더욱 잔혹하게 진압하자 당국과 도시 모두를 상대할 방법을 찾아 재빠르게 시위 형태를 바꿨다. 그들은 도시의 아이콘 중 하나인 이소룡의 표현을 빌렸다. 그들은 "물이 되어라Be water"라고 말하며, 1만 6000발에 달하는 최루탄에 맞섰다. 이것이 의미하는 바는 물이 되어 가는 과정을 통해서만 알게 될 것이다.

주

한국어판 서문

1   Sources for this introduction are Jamie Doucette and Seung-Ook Lee,
    "Experimental territoriality: Assembling the Kaesong Industrial Complex in
    North Korea," *Political Geography* 47 (2015); Anna Verena Eireiner, "Promises of
    Urbanism: New Songdo City and the Power of Infrastructure," *Space and Culture*
    (2021); Glen David Kuecker and Kris Hartley, "How Smart Cities Became the
    Urban Norm: Power and Knowledge in New Songdo City," *Annals of the American
    Association of Geographers* 110, no. 2 (2020); Lara Jakes, "Satellite Photos Show How
    Russia Could Be Shipping Arms From North Korea," *New York Times* (October
    16, 2023); Bridget Martin and Beth Geglia, "Korean tigers in Honduras: Urban
    economic zones as spatial ideology in international policy transfer networks,"
    Political Geography 74 (Oct 2019); Bae-Gyoon Park, "Spatially selective liberalization
    and graduated sovereignty: Politics of neo-liberalism and "special economic zones"
    in South Korea," *Political Geography* 24 (2005): 850-73; Sofia T. Shwayri, "A Model
    Korean Ubiquitous Eco-City? The Politics of Making Songdo," *Journal of Urban
    Technology* 20, no. 1 (2013); Chamee Yang, "Invisible Technologies and Loud
    Narratives A Critical Deconstruction of the Songdo 'Smart City' Project in Korea,
    in *Ideas of the City in Asian Settings*, ed. Henco Bekkering, Adèle Esposito, and
    Charles Goldblum (Amsterdam: Amsterdam University Press, 2019).
    Doucette, Jamie, and Seung-Ook Lee. "Experimental Territoriality: Assembling
    the Kaesong Industrial Complex in North Korea." *Political Geography* 47 (2015):
    53-63.

Eireiner, Anna Verena. "romises of Urbanism: New Songdo City and the Power of Infrastructure." *Space and Culture* (2021): 1-11.

Jakes, Lara. "Satellite Photos Show How Russia Could Be Shipping Arms from North Korea." *New York Times* (October 16, 2023).

Kuecker, Glen David, and Kris Hartley. "How Smart Cities Became the Urban Norm: Power and Knowledge in New Songdo City." *Annals of the American Association of Geographers* 110, no. 2 (2020): 516-24.

Martin, Bridget, and Beth Geglia. "Korean tigers in Honduras: Urban Economic Zones as Spatial Ideology in International Policy Transfer Networks." *Political Geography* 74 (Oct 2019): 1-12.

Park, Bae-Gyoon. "Spatially Selective Liberalization and Graduated Sovereignty: Politics of Neo-Liberalism and 'Special Economic Zones' in South Korea." *Political Geography* 24 (2005): 850-73.

Shwayri, Sofia T. "A Model Korean Ubiquitous Eco-City? The Politics of Making Songdo." *Journal of Urban Technology* 20, no. 1 (2013): 39-55.

Yang, Chamee. "Invisible Technologies and Loud Narratives a Critical Deconstruction of the Songdo 'Smart City' Project in Korea." *In Ideas of the City in Asian Settings,* edited by Henco Bekkering, Adèle Esposito and Charles Goldblum, 331-54. Amsterdam: Amsterdam University Press, 2019.

서론

1 Peter Thiel, "Back to the Future" (기조연설), Seasteading Institute Conference, 2009년 9월 29일, 샌프란시스코, 캘리포니아, 비디오 녹화 30분 55초, https://vimeo.com/7577391.

2 Peter Thiel, "The Education of a Libertarian," *Cato Unbound*, 2009년 4월 13일, https://www.cato-unbound.org/2009/04/13/peter-thiel/education-libertarian.

3 Thiel, "Back to the Future."

4 이 구절을 집필한 후, 우연하게도 찰스코크재단이 재정적으로 지원한 책에서 유사한 지적 실험을 발견했다. 다음을 보라. Tom Bell, *Your Next Government?:*

From the Nation State to Stateless Nations (Cambridge: Cambridge University Press, 2017), 1. 구역에 관한 선구적인 글로는 다음을 보라. Aihwa Ong, *Neoliberalism as Exception: Mutations in Citizenship and Sovereignty* (Durham, NC: Duke University Press, 2006); Keller Easterling, *Extrastatecraft: The Power of Infrastructure Space*(New York: Verso, 2014); Ronen Palan, *The Offshore World: Sovereign Marketrs, Virtual Places, and Nomad Millionaires* (Ithaca, NY: Cornell University Press, 2003); Nicholas Shaxson, *Treasure Islands: Tax Havens and the Men Who Stole the World* (New York: St. Martin's Griffin, 2011); 그리고 Patrick Neveling, "Free Trade Zones, Export Processing Zones, Special Economic Zones and Global Imperial Formations 200 BCE to 2015 CE," in *The Palgrave Encyclopedia of Imperialism and Anti-Imperialism,* ed. Immanuel Ness and Zak Cope (Basingstoke, UK: Palgrave Macmillan, 2015).

5   François Bost, "Special Economic Zones: Methodological Issues and Definition," *Transnational Corporations* 26, no. 2 (2019): 142. 어느 학자는 이 문제를 자본화된 구역이라고 언급하는 방식으로 풀어낸다. Jonathan Bach, "Modernity and the Urban Imagination in Economic Zones," *Theory, Culture & Society* 28, no. 5 (2011): 99-100.

6   Aihwa Ong, "Graduated Sovereignty in South East-Asia," *Theory, Culture & Society* 17, no. 4 (2000): 68.

7   Gabriel Zucman, *The Hidden Wealth of Nations* (Chicago: University of Chicago Press, 2015).

8   Gabriel Zucman, "How Corporations and the Wealthy Avoid Taxes (and How to Stop Them)," *New York Times,* 2017년 11월 10일, https://www.nytimes.com/interactive/2017/11/10/opinion/gabriel-zucman-paradise-papers-tax-evasion.html.

9   Oliver Bullogh, *Moneyland: Why Thieves and Crooks Now Rule the World and How to Take It Back* (London: Profile Books, 2018), 53, 79.

10   "Obama Targets Cayamn 'Tax Scam'," *PoliFact,* January 9, 2008, https://www.politifact.com/article/2008/jan/09/obama-targets-cayman-islands-tax-scam/.

11   흔히 지적하듯, 미국은 세계에서 가장 큰 조세회피처다. Ana Swanson, "How the U.S. Became One of the World's Biggest Tax Havens," *Washington Post*, April 5, 2016, https://www.washingtonpost.com/news/wonk/wp/2016/04/05/how-the-u-s-became-one-of-the-worlds-biggest-tax-havens/.

12 2019년 유엔 무역개발기구는 모든 구역을 경제특구로 칭하자고 제안했다. 하지만 이 용어는 구역과 유사한 조세회피처를 포함하지는 않는다. UNCTAD, *World Investment Report: Special Economic Zones* (Geneva: United Nations, 2019), xii.

13 미국에는 이러한 대외무역 구역이 300여 개가 있다.

14 Tim Looser, "21st Century City Form in Asia: The Private City," in *The Routledge Handbook of Anthropology and the City,* ed. Setha Low (New York: Routledge, 2018).

15 Kimberly Adams and Benjamin Payne, "Nevada Considers Bringing Back the 'Company Town' for the Tech Industry," *Marketplace,* June 30, 2021, https://www.marketplace.org/shows/marketplace-tech/nevada-considers-bringing-back-the-company-town-for-the-tech-industry/.

16 Quinn Slobodian, "Rishi Sunak's Free Ports Plan Reinvents Thatcherism for the Johnson Era," *Guardian* (UK edition), March 1, 2020, Global Newstream.

17 Grégoire Chamayou, *The Ungovernable Society* (Cambridge: Polity, 2021), 231.

18 Bost, "Special Economic Zones," 151.

19 Stuart M. Butler, "The Enterprise Zone as a Political Animal," *Cato Journal* 2, no. 2 (Fall 1982): 374.

20 Lionel Shriver, *The Mandibles: A Family,* 2029-2047 (New York: Harper Perennial, 2016), 48.

21 Jeff Deist, 'The Prospects for Soft Secession in America', *Mises Wire*, September 21, 2021, https:/mises.org/wire/prospects-soft-secession-america.

22 Jeff Deist, "Secession Begins at Home," Lew Rockwell.com, January 31, 2015, https://www.lewrockwell.com/2015/01/jeff-deist/secession-begins-at-home/.

23 Stephen Graham and Simon Marvin, *Splintering Urbanism: Networked Infrastructures, Technological Mobilities and the Urban Condition* (London: Routledge, 2001), 272.

24 Ola Uduku, "Lagos: 'Urban Gating' as the Default Condition," in Gated Communities: *Social Sustainability in Contemporary and Historical Gated Developments,* ed. Samer Bagaeen and Ola Uduku (London: Earthscan, 2010).

25 Sanjay Srivastava, *Entangled Urbanism: Slum, Gated Community, and Shopping Mall in Delhi and Gurgaon*(New York: Oxford University Press, 2014).

26 Michael P. Gibson, "The Nakamoto Consensus—How We End Bad Governance,"

Medium, 2015년 4월 3일, https://medium.com/@William_Blake/the-nakamoto-consensus-how-we-end-bad-governance-2d75b2faf65.

27   Albert O. Hirschman, *Exit, Voice and Loyalty: Responses to Decline in Firms, Organizations, and States* (Cambridge, MA: Harvard University Press, 1970).

28   Bruce Sterling, *Islands in the Net* (New York: Arbor House, 1988), 17.

29   Stéphane Rosière and Reece Jones, "Teichopolitics: Re-considering Globalisation Through the Role of Wall and Fences," *Geopolitics* 17, no. 1 (2012): 218.

30   이 두 지점과 강력한 해석에 관해서는 다음을 보라. Wendy Brown, *Walled States, Waning Sovereignty* (New York: Zone Books, 2010), 35.

31   이에 관한 문서로는 다음을 보라. International Organization on Migration's Missing Migrants Project, https://missingmigrants.iom.int/region/mediterranean.

32   Francis Fukuyama, "The End of History?," *National Interest,* no. 16 (Summer 1989): 3-18.

33   Angus Cameron and Ronen Palan, *The Imagined Economic Globalization* (London: Sage, 2003), 157; Vanessa Ogle, "Archipelago Capitalism: Tax Havens, Offshore Money, and the State, 1950s-1970s," *American Historical Review* 122, no. 5 (December 2017).

34   Thomas Piketty, *Capital in the Twenty-First Century* (Cambridge, MA:: Belknap Press of Harvard University Press, 2014); Zucman, *Hidden Wealth of Nations.*

35   Chuck Collins, *The Wealth Hoarders: How Billionaires Pay Millions to Hide Trillions* (London: Polity, 2021).

36   Raymond Plant, "Restraint and Responsibility," *Times* (London), 1990년 10월 16일, The Times Digital Archive, Gale.

37   Andrew Kaczynski and Paul LeBlanc, "Trump's Fed Pick Stephen Moore Is a Self-Described 'Radical' Who Said He's Not a 'Big Believer in Democracy," CNN.com, 2019년 4월 13일, https://www.cnn.com/2019/04/12/politics/stephen-moore-kfile/index.html.

38   Deist, 'Soft Secession in America.'

39   Hari Kunzru, *Red Pill* (New York: Knopf, 2020), 226.

주

1   Patri Friedman, "TSI Strategy & Status: The Future"(speech), Seasteading Institute Conference, September 29, 2009, San Francisco, CA, video, 26:42, https://vimeo.com/8354001.

2   Patri Friedman, "Beyond Folk Activism," *Cato Unbound,* April 6, 2009, https://www.cato-unbound.org/2009/04/06/patri-friedman/beyond-folk-activism.

3   Patri Friedman and Brad Taylor, "Seasteading: Competitive Governments on the Ocean," *Kyklos* 65 (May 2012): 225.

4   Friedman and Taylor, "Seasteading," 230.

5   Friedman, "Beyond Folk Activism."

6   Chris Ip, "Hong Kong Is Model for Ocean Utopias," *South China Morning Post,* December 4, 2011, Global Newsstream.

7   Milton Friedman, *Capitalism and Freedom* (Chicago: University of Chicago Press, 2002), ix.

8   Friedman, "TSI Strategy & Status."

9   Let a Thousand NAtions Bloom home page, (capture March 2, 2013), http://athousandnations.com.

10   Michael J. Crozier, Samuel P. Huntington, and Joji Watanuki, *The Crisis of Democracy* (New York: New York University Press, 1975), 2.

11   Peter Brimelow, "Why Liberalism Is Now Obsolete: An Interview with Nobel Laureate Milton Friedman," *Forbes,* December 12, 1988, 176.

12   "Hong-Kong," *Penny Magazine of the Society for the Diffusion of Useful Knowledge,* December 24, 1842, 500.

13   Barry Naughton, *The Chinese Economy: Transitions and Growth* (Cambridge, MA: MIT Press, 2007), 42; and John M. Carroll, *A Concise History of Hong Kong* (Lanham, MD; Rowman & Littlefield, 2007), 68.

14   Maria Adele Carrai, *Sovereignty in China: A Genealogy of a Concept Since 1840* (Cambridge: Cambridge University Press, 2019), 51.

15   Wellington Koo 다음에서 인용. Maria Adele Carrai, "China's Malleable Sovereignty Along the Belt and Road Initiative: The Case of the 99-Year Chinese

Lease of Hambantota Port," *Journal of International Law & Politics*(2019): 1078.

16   Eunice Seng, *Resistant City: Histories, Maps and the Architecture of Development* (Singapore: World Scientific, 2020), 94.

17   Lawrence Mills, *Protecting Free Trade: The Hong Kong Paradox 1947-97* (Hong Kong: Hong Kong University Press, 2012), 33.

18   Naughton, *The Chinese Economy,* 35.

19   Yin-Ping Ho, *Trade, Industrial Restructuring and Development in Hong Kong* (London: Palgrave Macmillan, 1992), 173.

20   Mills, *Protecting Free Trade,* 8.

21   Y. C. Jao, "The Rise of Hong Kong as a Financial Center," *Asian Survey* 19, no. 7 (July 1979): 686.

22   Alvin Y. So, "The Economic Success of Hong Kong: Insights from a World-System Perspective," *Sociological Perspectives* 29, no. 2 (April 1986): 249.

23   Jao, "Rise of Hong Kong," 677.

24   Jamie Peck, "Milton's Paradise: Situating Hong Kong in Neoliberal Lore," *Journal of Law and Political Economy* 1, no. 1 (2021): 192.

25   "Uncle Miltie," Time, March 10, 1980, https://content.time.com/time / subscriber/article/0,33009,950360,00.html.

26   James C. Roberts, "Milton Friedman, Superstar", *Human Events*, November 22, 1980, 40.

27   Mark Tier, "Hong Kong," *Reason*, June 1977, 60.

28   Simon Hoggart, "Where Even the Poor Are Rich," *Observer*, February 28, 1982.

29   "The Power of the Market," Free to Choose, https://www.youtube.com / watch?v=dngqR9gcDDw.

30   다음을 보라. Melinda Cooper, *Family Values: Between Neoliberalism and the New Social Conservatism* (New York: Zone, 2017).

31   Catherine Schenk, "Negotiating Positive Non-interventionism: Regulating Hong Kong's Finance Companies, 1976-1986," *China Quarterly*, no. 230 (June 2017): 350.

32   Jon Woronoff, *Hong Kong: Capitalist Paradise* (Hong Kong: Heinemann, 1980), 232.

33   Alvin Rabushka, *The Changing Face of Hong Kong: New Departures in Pub- lic Policy*

(Washington, DC: American Enterprise Institute for Public Policy Research, 1973), 2.

34   Alvin Rabushka, *Hong Kong: A Study in Economic Freedom* (Chicago: Graduate School of Business, University of Chicago, 1979), 67.

35   Rabushka, *Hong Kong*, 33, 39.

36   Rabushka, 64.

37   The Liberty Fund, "Hong Kong: A Story of Human Freedom and Progress," 1981, https://www.youtube.com/watch?v=RchkEruI1FA.

38   Rabushka, *Changing Face*, 1.

39   Carroll, *Concise History*, 171.

40   Steve Lohr, "Unabashedly, the Business of Hong Kong Is Money," *New York Times*, September 27, 1982, *ProQuest Historical Newspapers*.

41   예를 들어 다음을 보라. F. A. Hayek, "A Rebirth of Liberalism," Freeman, July 28, 1952, 731.

42   내부자의 눈으로 바라본 자유지상주의 운동에 관한 자세한 역사는 다음을 보라. Brian Doherty, *Radicals for Capitalism: A Freewheeling History of the Modern American Libertarian Movement* (New York: PublicAffairs, 2007).

43   Stanford University, Hoover Institution Archives, F. A. Hayek Papers, Box 34, Folder 10, MPS Hong Kong, List of Guests.

44   Rosemary McClure, "Hong Kong: Mandarin Celebrates Its First 50 Years and Its Next 50," *Los Angeles Times*, February 15, 2013, *ProQuest Historical Newspapers*.

45   "Film Designer Who Built the Replica of the Bridge on the River Kwai and Later Created Interiors for Luxury Hotels," *Daily Telegraph* (UK), September 1, 2004, Westlaw; and William Rees-Mogg, "When Is a Bribe Just a Friendly Gesture?", *Times* (London), November 7, 1994, The Times Digital Archive, Gale.

46   Henry Wai-chung Yeung, Transnational Corporations and Business Networks: *Hong Kong Firms* in the ASEAN Region (London: Routledge, 1998), 74.

47   Nancy Yanes Hoffman, "Clavell Can Tell Hong Kong Fortunes," *Los Angeles Times*, May 3, 1981, ProQuest Historical Newspapers.

48   Terry Teachout, "James Clavell, Storyteller," *National Review,* November 12, 1982, 1422.

49   Jennifer Burns, Goddess of the Market: Ayn Rand and the American Right (Oxford:

Oxford University Press, 2009); and Marsha Familaro Enright, "James Clavell's Asian Adventures," Atlas Society, https://www.atlassociety .org/post/james-clavells-asian-adventures.

50   Linda Ashland, "Hong Kong's New Taipans," Town & Country, May 1980, 133.

51   Carroll, *Concise History, 160-62; and Ho-Fung Hung, City on the Edge: Hong Kong Under Chinese Rule* (Cambridge: Cambridge University Press, 2022), 154.

52   Seng, *Resistant City*, 91.

53   John Chamberlain, "There'll Always Be a Hong Kong," *Human Events,* October 14, 1978, 13.

54   Michael Ng-Quinn, "Living on Borrowed Time in a Borrowed Place," *San Francisco Examiner*, September 14, 1981, Newspapers.com.

55   Tim Summers, *China's Hong Kong*, 2nd ed. (London: Agenda, 2021), 17.

56   Lorenz Langer, "Out of Joint?-Hong Kong's International Status from the Sino-British Joint Declaration to the Present," Archiv des Völkerrechts 46, no. 3 (September 2008).

57   Chamberlain, "There'll Always Be," 13.

58   Robert Poole Jr., "The China Decision," *Reason,* March 1979, 6.

59   "Hong Kong," 501.

60   Geoffrey Howe, *Conflict of Loyalty* (New York: St. Martin's, 1995), 318.

61   Margaret Thatcher, "Interview for Wall Street Journal," January 24, 1990, https://www.margaretthatcher.org/document/107876.

62   Margaret Thatcher, *The Downing Street Years* (New York: HarperCollins, 1993), 259.

63   Confidential Annex to Minutes of Full Cabinet, September 30, 1982, https://www.margaretthatcher.org/document/123921.

64   Thatcher, "Wall Street Journal."

65   포클랜드제도에도 도입하자는 제안이 있었다. Michael Frenchman, "Britain Puts Forward Four Options on Falklands," *Times* (London), November 28, 1980, The Times Digital Archive, Gale. See also Peter J. Beck, "The Future of the Falkland Islands: A Solution Made in Hong Kong?," *International Affairs* 61, no. 4 (Autumn 1985): 643-60; and Louisa Lim, *Indelible City: Dispossesion and Defiance in Hong Kong* (New York: Riverhead, 2022), 103.

66 Ezra F. Vogel, *Deng Xiaoping and the Transformation of China* (Cambridge, MA: Belknap Press of Harvard University Press, 2011), 477.

67 Barry Naughton, *Growing Out of the Plan: Chinese Economic Reform,* 1978-1993 (Cambridge: Cambridge University Press, 1995), 54.

68 Don Graff, "Hong Kong Principle," Indiana Gazette, October 5, 1982, Newspapers.com.

69 Vogel, Transformation of China, 494.

70 Steve Tsang, *A Modern History of Hong Kong* (London: I.B. Tauris, 2004), 214쪽에서 인용.

71 Brian Eads, "Murdoch, Made for Hong Kong," *Spectator*, November 15, 1986, Periodicals Archive Online.

72 Edward W. Cheng, "United Front Work and Mechanisms of Countermobilization in Hong Kong," *China Journal*, no. 83 (2019): 5-7; and Leo F. Good- stadt, *Uneasy Partners: The Conflict Between Public Interest and Private Profit in Hong Kong* (Hong Kong: Hong Kong University Press, 2005), 132.

73 Vogel, *Transformation of China*, 506.

74 Chi Kuen Lau, *Hong Kong's Colonial Legacy* (Hong Kong: Chinese University Press, 1997), 84쪽에서 인용.

75 Leo F. Goodstadt, "Business Friendly and Politically Convenient-the Historical Role of Functional Constituencies," in *Functional Constituencies: A Unique Feature of the Hong Kong Legislative Council*, ed. Christine Loh and Civic Exchange (Hong Kong: Hong Kong University Press, 2006), 53쪽에서 인용한 프랜시스 위안하오 티엔 (Francis Yuan-hao Tien).

76 Lim, *Indelible City*, 138.

77 Bart Wissink, Sin Yee Koh, and Ray Forrest, "Tycoon City: Political Economy, Real Estate and the Super-Rich in Hong Kong," in *Cities and the Super-Rich: Real Estate, Elite Practices*, and *Urban Political Economies*, ed. Ray Forrest, Sin Yee Koh, and Bart Wissink (New York: Palgrave Macmillan, 2017), 230.

78 Denis Chang, "The Basic Law of the Hong Kong Special Administrative Region: Economics and Norms of Credibility," *Journal of Chinese Law* 2, no. 1 (Spring 1988): 31.

79   Shu-hung Tang, "Fiscal Constitution, Income Distribution and the Basic Law of Hong Kong," *Economy and Society* 20, no. 3 (1991): 284-85; see also Tang Shu-hung, "The Hong Kong Fiscal Policy: Continuity or Redirection?," in *Political Order and Power Transition in Hong Kong*, ed. Li Pang-kwong (Hong Kong: Chinese University Press, 1997), 224; on the clauses, see also Gonzalo Villalta Puig, "Fiscal Constitutionalism and Fiscal Culture: A Comparative Study of the Balanced-Budget Rule in the Spanish Constitution and the Hong Kong Basic Law," *Hong Kong Law Journal* (2013); Miron Mushkat and Roda Mushkat, "The Economic Dimension of Hong Kong's Basic Law: An Analytical Overview," *New Zealand Journal of Public and International Law* 7, no. 2 (December 2008); and Hong Kong Legislative Council, Official Report of Proceedings, Wednesday, July 13, 1988, p. 1848.

80   Alvin Rabushka, "A Free-Market Constitution for Hong Kong: A Blueprint for China," *Cato Journal* 8, no. 3 (Winter 1989): 647.

81   "Record of a discussion between the Prime Minister and Premier Hua Guofeng, 1 November 1979," https://www.margaretthatcher.org/document /138424.

82   Langer, "Out of Joint?," 28.

83   Summers, China's Hong Kong, 105-6.'

84   Chien-Min Chao, "'One Country, Two Systems': A Theoretical Analysis," *Asian Affairs* 14, no. 2 (Summer 1987): 107.

85   중국 역사에 익숙한 사람이라면 이 제안을 다인종 청 제국을 하나의 민족국가로 전환하려는 지속적인 과정의 일부로 인지할 것이다. 홍콩을 흡수하려는 방식은 1950년대 티베트 흡수 방식과 상당히 닮았다. Hung, City on the Edge, 106.

86   Jun Zhang, "From Hong Kong's Capitalist Fundamentals to Singapore's Authoritarian Governance: The Policy Mobility of Neoliberalising Shenzhen, China," *Urban Studies Journal* 49, no. 13 (October 2012): 2866; for the origins of the phrase, see Isabella M. Weber, *How China Escaped Shock Therapy: The Market Reform Debate* (New York: Routledge, 2021), 118-19.

87   Weber, *How China Escaped*, 146.

88   Min Ye, "Policy Learning or Diffusion: How China Opened to Foreign Direct

Investment," *Journal of East Asian Studies* 9, no. 3 (September-December 2009): 410.

89   Dennis Bloodworth, "Awakening China Courts Hong Kong," *Observer*, April 1, 1979, ProQuest.

90   Juan Du, *The Shenzhen Experiment: The Story of China's Instant City* (Cambridge, MA: Harvard University Press, 2020), 6, 37; 후반부에 관해서는 다음을 보라. Emma Xin Ma and Adrian Blackwell, "The Political Architecture of the First and Second Lines," in *Learning from Shenzhen: China's Post-Mao Experiment from Special Zone to Model City*, ed. Mary Ann O'Donnell, Winnie Wong, and Jonathan Bach (Chicago: University of Chicago Press, 2016), 135.

91   Mary Ann O'Donnell, "Heroes of the Special Zone: Modeling Reform and Its Limits," in Learning from Shenzhen, 44.

92   O'Donnell, "Heroes of the Special Zone," 45.

93   Zhang, "Hong Kong's Capitalist Fundamentals," 2858.

94   Daniel You-Ren Yang and Hung-Kai Wang, "Dilemmas of Local Governance Under the Development Zone Fever in China: A Case Study of the Suzhou Region," *Urban Studies* 45, no. 5-6 (May 2008): 1042.

95   Zhang, "Hong Kong's Capitalist Fundamentals," 2860.

96   Yehua Dennis Wei, "Zone Fever, Project Fever: Development Policy, Economic Transition, and Urban Expansion in China," *Geographical Review* 105, no. 2 (April 2015): 159.

97   Carolyn Cartier, *Globalizing South China* (Malden, MA: Wiley-Blackwell 2002), x.

98   Du, *The Shenzhen Experiment,* 56.

99   Mihai Cracuin, "Ideology: Shenzhen," in *Great Leap Forward*, ed. Chuihua Judy Chung et al. (Cologne: Taschen, 2001), 83; 두 번째 용어에 관해서는 다음을 보라. Jonathan Bach, "Shenzhen: From Exception to Rule," in *Learning from Shenzhen*, 30; 토지정책 발전 관련 세부 사항은 다음을 보라. Meg Rithmire, *Land Bargains and Chinese Capitalism: The Politics of Property Rights Under Reform* (Cambridge: Cambridge University Press, 2015).

100   Vogel, *Transformation of China*, 403.

101   Zhang, "Hong Kong's Capitalist Fundamentals," 2860.

102   Vogel, *Transformation of China,* 403.

103   Jin Wang, "The Economic Impact of Special Economic Zones: Evidence from Chinese Municipalities," *Journal of Development Economics* 101 (2013): 137.

104   다음을 보라. Naughton, *Growing Out of the Plan*, chap. 4.

105   Shaohua Zhan, "The Land Question in 21st Century China," *New Left Review*, no. 122 (March/April 2020): 118.

106   Milton Friedman, "A Welfare State Syllogism" (speech), Commonwealth Club of California, June 1, 1990, San Francisco, CA, transcript in Common-wealth, July 2, 1990, 386.

107   중국 개혁가들이 프리드먼의 모델을 도입했다는 것을 의미하지 않는다. 자세한 내용은 다음을 보라. Isabella M. Weber, "Origins of China's Contested Relation with Neoliberalism: Economics, the World Bank, and Milton Friedman at the Dawn of Reform," *Global Perspectives* 1, no. 1 (2020): 1-14; and Julian Gewirtz, *Unlikely Partners: Chinese Reformers, Western Economists, and the Making of Global China* (Cambridge, MA: Harvard University Press, 2017).

108   Milton Friedman, "The Real Lesson of Hong Kong" (lecture), *Mandel Hall*, University of Chicago, May 14, 1997, transcript, https://miltonfriedman.hoover.org/objects/57006/the-real-lesson-of-hong-kong.

109   Simon Xiaobin Zhao, Yingming Chan, and Carola B. Ramón-Berjano, "Industrial Structural Changes in Hong Kong, China Under One Country, Two Systems Framework," *Chinese Geographical Science* 22, no. 3 (2012): 308.

110   Vogel, *Transformation of China*, 397; see also Ye, "Policy Learning or Dif- fusion," 409.

111   Taomo Zhou, "Leveraging Liminality: The Border Town of Bao'an (Shenzhen) and the Origins of China's Reform and Opening," *Journal of Asian Studies* 80, no. 2 (2021): 337-61.

112   Milton Friedman, "Questions and Answers with Milton Friedman," HKCER Letters 23, November 1993, https://hkcer.hku.hk/Letters/v23/rq&a.htm.

113   다음을 보라. Maurice Adams et al., eds., *The Constitutionalization of European Budgetary Constraints* (Portland, OR: Hart, 2014); and Hilary Appel and Mitchell A. Orenstein, *From Triumph to Crisis: Neoliberal Economic Reform in Postcommunist Countries* (New York: Cambridge University Press, 2018), 100.

114 독일은 2009년, 오스트리아는 2011년, 이탈리아는 2012년에 도입했다.

115 Milton Friedman, *Capitalism and Freedom*, rev. ed. (Chicago: Chicago University Press, 1982), 9.

116 Walter Block in Milton Friedman, "A Statistical Note on the Gastil-Wright Survey of Freedom," in *Freedom, Democracy and Economic Welfare*, ed. Michael Walker (Vancouver, BC: Fraser Institute, 1988), 134.

117 James Gwartney, Walter Block, and Robert Lawson, "Measuring Economic Freedom," in *Rating Global Economic Freedom,* ed. Stephen T. Easton and Michael A. Walker (Vancouver, BC: Fraser Institute, 1992), 156.

118 Gwartney, Block, and Lawson, "Measuring Economic Freedom," 160.

119 James Gwartney and Robert Lawson, Economic Freedom of the World: 1997 Annual Report (Vancouver, BC: Fraser Institute, 1997), 27.

120 James Gwartney, Robert Lawson, and Walter Block, Economic Freedom of the World: 1975-1995 (Vancouver, BC: Fraser Institute, 1995), 64.

121 Richard B. McKenzie and Dwight R. Lee, Quicksilver Capital: How the Rapid Movement of Wealth Has Changed the World (New York: Free Press, 1991).

122 Ian Vásquez and Tanja Porcnik, The Human Freedom Index 2016 (Washington, DC: Cato Institute, 2016), 5-7.

123 Goodstadt, "Business Friendly and Politically Convenient-the Historical Role of Functional Constituencies," 53, https://www.basiclaw.gov.hk.

124 Ngok Ma, "Reinventing the Hong Kong State or Rediscovering It? From Low Interventionism to Eclectic Corporatism," *Economy and Society* 38, no. 3 (2009): 510, 516; and Jeffrey Wasserstrom, *Vigil: Hong Kong on the rink* (New York: Columbia Global Reports, 2020), 45.

125 Keith Bradsher and Chris Buckley, "Hong Kong Leader Reaffirms Unbending Stance on Elections," *New York Times*, October 20, 2014, https://www.nytimes.com/2014/10/21/world/asia/leung-chun-ying-hong-kong-china-protests.html.

126 Samuel P. Huntington, "Democracy's Third Wave," *Journal of Democracy* 2, no. 2 (Spring 1991): 12-35.

127 Brian Fong, "In-between Liberal Authoritarianism and Electoral Authoritarianism: Hong Kong's Democratization Under Chinese Sovereignty, 1997-2016,"

Democratization 24, no. 4 (2017): 724-25.

128   다음을 보라. Jane Burbank and Frederick Cooper, *Empires in World History: Power and the Politics of Difference* (Princeton, NJ: Princeton University Press, 2010), 2.

129   Lauren A. Benton, *A Search for Sovereignty: Law and Geography in Euro- pean Empires*, 1400-1900 (New York: Cambridge University Press, 2010), 290.

130   Ogle, "Archipelago Capitalism," 1432.

131   James Ferguson, *Global Shadows: Africa in the Neoliberal World Order* (Durham, NC: Duke University Press, 2006), 48.

132   Vogel, *Transformation of China*, 415.

133   Bach, "Shenzhen," 24.

134   Carolyn Cartier, "Zone Analog: The State-Market Problematic and Territorial Economies in China," *Critical Sociology* 44, no. 3 (2018): 465.

135   Andrew Mertha, "'Fragmented Authoritarianism 2.0': Political Pluralization in the Chinese Policy Process," *China Quarterly*, no. 200 (December 2009): 995.

136   Wasserstrom, *Vigil*, 42.

137   Carroll, *History of Hong Kong*, 229.

138   Thomas K. Cheng, "Sherman vs. Goliath?: Tackling the Conglomerate Dominance Problem in Emerging and Small Economies-Hong Kong as a Case Study," *Northwestern Journal of International Law & Business* 37, no. 1 (2017): 89.

139   Cheng, "Sherman vs. Goliath," 90.

140   Thomas Piketty and Li Yang, "Income and Wealth Inequality in Hong Kong, 1981-2020: The Rise of Pluto-Communism?," *World Inequality Lab Working Paper*, no. 18 (June 2021): 2.

2장

1   Yair Mintzker, "What Is Defortification? Military Functions, Police Roles, and Symbolism in the Demolition of German City Walls in the Eighteenth and Nineteenth Centuries," *German Historical Institute Bulletin*, no. 48 (Spring 2011): 46.

2   Fernand Braudel, *Civilization and Capitalism, 15th-18th Century,* vol. 1, *The*

Structures of Everyday Life: The Limits of the Possible (London: William Collins Sons, 1979), 510.

3   Maria Kaika, "Architecture and Crisis: Re-Inventing the Icon, Re-Imag(in)ing London and Re-Branding the City," *Transactions of the Institute of British Geographers* 35, no. 4 (October 2010): 459. 2006년, 런던회사는 사명을 런던시티회사로 변경했다.

4   Shaxson, *Treasure Islands*, 71.

5   Shaxson, 71.

6   Matthew Eagleton-Pierce, "Uncovering the City of London Corporation: Territory and Temporalities in the New State Capitalism," *Environment & Planning A: Economy and Space* (2022): 5, https://doi.org/10.1177/0308518 X221083986.

7   Kaika, "Architecture and Crisis," 459.

8   Nicholas Shaxson, *The Finance Curse: How Global Finance Is Making Us All Poorer* (New York: Grove, 2019), 59. 식민지 경험이라는 배경이 중요한데, 영국 보통법 전통을 따르고 있기 때문이다. Manuel B. Aalbers, "Financial Geography I: Geographies of Tax," *Progress in Human Geography* 42, no. 6 (2018): 920.

9   Lewis Mumford, *The Culture of Cities* (New York: Harcourt Brace Jovanovich, 1938), 22.

10   도클랜드 재개발은 피터 홀(Peter Hall)이 쓴 대중적 교과서에 한 꼭지로 제시되었다. Peter Hall, *Cities of Tomorrow: An Intellectual History of Urban Planning and Design Since 1880*, 4th ed. (Malden, MA: Wiley Blackwell, 2014), 423-35. 기업 구역이 등장하자 학계는 적극적으로 비판적 검토를 진행하고 있다. 최근에 발표된 홀륭한 두 가지 논의로는 다음을 보라. Timothy P. R. Weaver, *Blazing the Neoliberal Trail: Urban Political Development in the United States and the United Kingdom* (Philadelphia: University of Pennsylvania Press, 2016), chap. 6; and Sam Wetherell, "Freedom Planned: Enterprise Zones and Urban Non-Planning in Post-War Britain," *Twentieth Century British History 27*, no. 2 (2016): 266-89. For "Hong Kong on Thames," see Martin Pawley, "Electric City of Our Dreams," *New Society*, June 13, 1986, 12.

11   Hall, *Cities of Tomorrow*, 390.

12   Geoffrey Howe, "A Zone of Enterprise to Make All Systems 'Go,'" Conservative Central Office News Service, June 26, 1978, https://www.margaretthatcher.org/

document/111842.

13   Ezra Vogel, *Japan Is Number One: Lessons for America* (Cambridge, MA: Harvard University Press, 1979).

14   James Anderson, "The 'New Right,' Enterprise Zones and Urban Development Corporations," *International Journal of Urban and Regional Research* 14, no. 3 (September 1990): 474.

15   John Hoskyns and Norman Strauss, "Stepping Stones" Report (final text), Centre for Policy Studies, November 14, 1977, https://www.margaretthatcher .org/document/111771.

16   Schenk, "Negotiating Positive Non-interventionism," 352.

17   국내총생산 자료는 세계은행에서 제공한다. https://data.worldbank.org.

18   Howe, Conflict of Loyalty, 361.

19   Peter Hall, "Enterprise Zones and Freeports Revisited," *New Society*, March 24, 1983, 460. On the non-plan, see Anthony Fontenot, *Non-Design: Archi- tecture, Liberalism, and the Market* (Chicago: University of Chicago Press, 2021), 243-51; and Wetherell, "Freedom Planned: Enterprise Zones and Urban Non-Planning in Post-War Britain," 275.

20   Madsen Pirie, "A Short History of Enterprise Zones," *National Review*, Janu- ary 23, 1981, 26.

21   Harvey D. Shapiro, "Now, Hong Kong on the Hudson?," *New York*, April 26, 1982, 35-37.

22   Stuart M. Butler, "The Enterprise Zone as a Political Animal," *Cato Journal* 2, no. 2 (Fall 1982): 373.

23   Butler, "Political Animal," 376.

24   Butler, 377.

25   Butler, "Political Animal", 374쪽에서 폴 존슨(Paul Johnson).

26   Jonathan Potter and Barry Moore, "UK Enterprise Zones and the Attraction of Inward Investment," *Urban Studies* 37, no. 8 (2000): 1280.

27   Sue Brownill and Glen O'Hara, "From Planning to Opportunism? Re- Examining the Creation of the London Docklands Development Corporation," *Planning Perspectives* 30, no. 4 (2015): 549.

28   Wetherell, "Freedom Planned," 287.

29   Barry M. Rubin and Craig M. Richards, "A Transatlantic Comparison of Enterprise Zone Impacts: The British and American Experience," *Economic Development Quarterly* 6, no. 4 (1992): 435; and "Enterprise Zones: Do They Go Too Far or Not Far Enough?," *Sunday Times* (London), August 12, 1984, The Sunday Times Historical Archive, Gale.

30   Chris Tighe, "Slow Go in Go-Go Areas," *Sunday Times* (London), August 1, 1982, The Sunday Times Historical Archive, Gale.

31   John Harrison, "Buy a Building for Free," *Sunday Times* (London), Febru- ary 8, 1987, The Sunday Times Historical Archive, Gale.

32   Peter Shearlock, "How to Build a Tax Haven," *Sunday Times* (London), Feb- ruary 3, 1985, The Sunday Times Historical Archive, Gale.

33   Alan Walters to Margaret Thatcher, July5, 1982, https://www.margaretthatcher .org/document/218360.

34   Anderson, "The 'New Right,' Enterprise Zones and Urban Development Corporations," 479쪽에서 인용.

35   Anderson, "The 'New Right'," 468.

36   Doreen Massey, "Enterprise Zones: A Political Issue," *International Journal of Urban and Regional Research* 6, no. 3 (1982): 429.

37   David Harvey, "The Invisible Political Economy of Architectural Production," in *The Invisible in Architecture*, ed. Ole Bouman and Roemer van Toorn (New York: Academy Editions, 1994), 426.

38   Perry Anderson, 저자에게 보낸 서신, 2018년 9월 11일.

39   Anderson, "The 'New Right'," 483.

40   Göran Therborn, Cities of Power: *The Urban, the National, the Popular, the Global* (New York: Verso, 2017), 50.

41   Pawley, "Electric City," 12.

42   Jo Thomas, "London Financial District Going to the Isle of Dogs," *New York Times*, January 7, 1986, ProQuest Historical Newspapers.

43   Sara Stevens, "'Visually Stunning 'While Financially Safe: Neoliberalism and Financialization at Canary Wharf," *Ardeth* (2020): 87-89, http://journals.

openedition.org/ardeth/1153.

44   Pawley, "Electric City."

45   Sue Brownill, Developing London's Docklands: Another Great Planning Disaster? (London: Paul Chapman, 1990), 50; Thomas, "Going to the Isle of Dogs"; and Roy Porter, *London: A Social History* (London: Penguin Books, 1994), 381.

46   Weaver, Blazing the Neoliberal Trail, 262쪽에 인용된 나이절 브룩스(Nigel Broackes).

47   Anderson, "The 'New Right'," 483.

48   E. J. Hobsbawm, *The Age of Empire*, 1875-1914 (New York: Pantheon Books, 1987), 38.

49   David Edgerton, *The Rise and Fall of the British Nation: A Twentieth Century History* (London: Penguin, 2018), 290.

50   Edgerton, *Rise and Fall*, 310-11.

51   Rob Harris, *London's Global Office Economy: From Clerical Factory to Digital Hub* (London: Routledge, 2021), 6.

52   Edgerton, *Rise and Fall*, 472.

53   Maureen Mackintosh and Hillary Wainwright, eds., *A Taste of Power: The Politics of Local Economics* (London: Verso, 1987), 354.

54   Jo Littler and Hillary Wainwright, "Municipalism and Feminism Then and Now: Hilary Wainwright Talks to Jo Littler," *Soundings*, no. 74 (Spring 2020): 12.

55   Hillary Wainwright, "Bye Bye GLC," *New Statesman*, March 21, 1986, 10, ProQuest Periodical Archives Online; Cutler to Thatcher, March 26, 1981, https://www.margaretthatcher.org/document/126349.

56   Mackintosh and Wainwright, *A Taste of Power*, 303, 310.

57   Jade Spencer, "A Plan for a People's London," *Tribune*, May 16, 2022, https://tribunemag.co.uk/2022/05/peoples-plan-royal-docks-london-thatcherism-glc-neoliberalism. See also Owen Hatherley, "Going Back to NAM," *Tribune*, September 16, 2021, https://tribunemag.co.uk/2021/09 /going-back-to-nam.

58   Charles Moore, *Margaret Thatcher: The Authorized Biography*, vol. 3, Her-self Alone (New York: Knopf, 2019), 55.

59   Muhammet Kösecik and Naim Kapucu, "Conservative Reform of Metropolitan Counties: Abolition of the GLC and MCCs in Retrospect," *Contemporary British*

History 17, no. 3 (2003): 89쪽에서 인용.

60   Kösecik and Kapucu, "Conservative Reform," 89쪽에서 인용한 매리언 로(Marion Roe).

61   Sylvia Bashevkin, *Tales of Two Cities: Women and Municipal Restructuring in London and Toronto* (Vancouver: University of British Columbia Press, 2006), 57-58.

62   Leo Panitch, Colin Leys, and David Coates, *The End of Parliamentary Socialism: From New Left to New Labour* (London: Verso, 2001), 171-72.

63   Chris Toulouse, "Thatcherism, Class Politics, and Urban Development in London," *Critical Sociology* 18, no. 1 (1991): 70.

64   A. Merrifield, "The Canary Wharf Debacle: From 'TINA'-There Is No Alternative-to 'THE MBA' - There Must Be an Alternative," *Environment & Planning A* 25 (1993): 1256

65   Warren Hoge, "Blair's 'Rebranded' Britain Is No Museum," *New York Times,* November 12, 1997, https://www.nytimes.com/1997/11/12/world/london -journal-blair-s-rebranded-britain-is-no-museum.html.

66   Desiree Fields, "Constructing a New Asset Class: Property-Led Financial Accumulation After the Crisis," *Economic Geography* 94, no. 2 (2016); and Manuel B. Aalbers, "Financial Geography III: The Financialization of the City," *Progress in Human Geography* 44, no. 3 (2020): 599.

67   Joshua K. Leon, "Global Cities at Any Cost: Resisting Municipal Mercantilism," *City* 21, no. 1 (2017): 7-8.

68   Leon, "Global Cities," 16.

69   Michael Freedman, "Welcome to Londongrad," *Forbes*, May 23, 2005, https:// www.forbes.com/forbes/2005/0523/158.html. See Oliver Bullough, *Butler to the World: How Britain Helps the World's Worst People Launder Money, Commit Crimes, and Get Away with Anything* (London: Profile, 2022).

70   Jae-Yong Chung and Kevin Carpenter, "Safe Havens: Overseas Housing Speculation and Opportunity Zones," *Housing Studies* (2020): 1, https://doi .org/ doi.org/10.1080/02673037.2020.1844156.

71   Joe Beswick et al., "Speculating on London's Housing Future," *City* 20, no. 2 (2016): 321.

72 Chung and Carpenter, "Safe Havens," 7.

73 Rodrigo Fernandez, Annelore Hofman, and Manuel B. Aalbers, "London and New York as a Safe Deposit Box for the Transnational Wealth Elite," *Environment & Planning A* 48, no. 12 (2016): 2444.

74 Judith Evans, "The Gilded Glut," FT.com, June 8, 2017, ProQuest.

75 Brett Christophers, *The New Enclosure: The Appropriation of Public Land in Neoliberal Britain* (London: Verso, 2018), 172쪽에서 인용.

76 Alexandra Stevenson and Julie Creswell, "Bill Ackman and His Hedge Fund, Betting Big," *New York Times*, October 25. 2014, https://www.nytimes.com/2014/10/26/business/bill-ackman-and-his-hedge-fund-betting-big.html.

77 Matthew Soules, *Icebergs, Zombies, and the Ultra-Thin: Architecture and Capitalism in the 21st Century* (New York: Princeton Architectural Press, 2021), 99.

78 Nikita Stewart and David Gelles, "The $238 Million Penthouse, and the Hedge Fund Billionaire Who May Rarely Live There," *New York Times*, January 24, 2019, https://www.nytimes.com/2019/01/24/nyregion/238-million-penthouse-sale.html.

79 Saskia Sassen, *The Global City* (Princeton, NJ: Princeton University Press, 1991).

80 Leon, "Global Cities."

81 Owen Hatherley, "Renzo Piano's Shard," Artforum, Summer 2011, https://www.artforum.com/print/201106/renzo-piano-s-shard-28344.

82 Paul C. Cheshire and Gerard H. Dericks, "'Trophy Architects' and Design as Rent-Seeking: Quantifying Deadweight Losses in a Tightly Regulated Office Market," *Economica*, no. 87 (2020): 1081.

83 Luna Glucksberg, "A View from the Top: Unpacking Capital Flows and Foreign Investment in Prime London," *City* 20, no. 2 (2016): 251.

84 Glucksberg, "A View from the Top," 246.

85 Fernandez, Hofman, and Aalbers, "Safe Deposit," 2450.

86 Anna White, "The 200 Home Tower Block That Sold Out in Under Five Hours," *Daily Telegraph* (UK), July 12, 2015, Westlaw.

87 Rowland Atkinson, Simon Parker, and Roger Burrows, "Elite Formation, Power and Space in Contemporary London," *Theory, Culture & Society* 34, no. 5-6 (2017):

184.

88   Margaret Thatcher, Speech to the First International Conservative Congress, September 28, 1997, https://www.margaretthatcher.org/document/108374.

89   Julia Kollewe, "Canary Wharf Owner Rescued by China and Qatar," *Guardian*, August 28, 2009, https://www.theguardian.com/business/2009 /aug/28/ songbird-canary-wharf-china-qatar; and Guy Faulconbridge and Andrew Osborn, "Thatcher's Legacy: A Citadel of Finance atop Once- Derelict Docks," Reuters, April 16, 2013, https://www.reuters.com/article /uk-britain-thatcher-wharf/thatchers legacy-a-citadel-of-finance-atop -once-derelict-docks-idUKBRE93F0S920130416.

90   Brenda Goh, "Chinese Developer to Revamp London Docks for Asian Firms," Reuters, May 29, 2013, https://www.reuters.com/article/cbusiness -us-abp-londondocks-idCABRE94S0W720130529.

91   Matt Kennard, "Selling the Silverware: How London's Historic Dock Was Sold to the Chinese," *International Business Times*, June 7, 2016, https://legacy .pulitzercenter.org/reporting/selling-silverware-how-londons-historic -dock-was-sold-chinese.

92   Art Patnaude, "Chinese Investors Bet on U.K. Land," *Wall Street Journal*, September 19, 2014, ProQuest.

93   Wissink, Koh, and Forrest, "Tycoon City," 235.

94   Cheng, "Sherman vs. Goliath?," 91.

95   Alice Poon, *Land and the Ruling Class in Hong Kong* (Hong Kong: Enrich, 2011), 51.

96   Christophers, *The New Enclosure,* 310.

97   Atkinson, Parker, and Burrows, "Elite Formation," 193.

98   Atkinson, Parker, and Burrows, 194.

99   Boris Johnson, "We Should Be Humbly Thanking the Super-Rich, Not Bashing Them," *Daily Telegraph* (UK), November 18, 2013, Westlaw.

100   Samuel Stein, *Capital City: Gentrification and the Real Estate State* (New York: Verso, 2019), 150.

101   Thomas J. Sugrue, "America's Real Estate Developer in Chief," *Public Books*, November 27, 2017, https://www.publicbooks.org/the-big-picture-americas-real-

estate-developer-in-chief/.

102   Stein, *Capital City: Gentrification and the Real Estate State*, 137쪽을 보라.

103   Charles V. Bagli, "A Trump Empire Built on Inside Connections and $885 Million in Tax Breaks," *New York Times*, September 17, 2016, https:// www.nytimes. com/2016/09/18/nyregion/donald-trump-tax-breaks-real-estate.html.

104   Garth Alexander, "Donald Trump Dreams Up a New City in Manhattan," *Times* (London), July 24, 1994, The Times Digital Archive, Gale.

105   Nick Davies, "The Towering Ego," *Sunday Times Magazine*, April 17, 1988, The Sunday Times Digital Archive, Gale.

106   Donald Trump, "Remarks at an Opportunity Zones Conference with State, Local, Tribal, and Community Leaders," April 17, 2019, https://www.govinfo.gov/app/ details/DCPD-201900229.

107   Jesse Drucker and Eric Lipton, "How a Trump Tax Break to Help Poor Communities Became a Windfall for the Rich," *New York Times*, August 31, 2019, https://www.nytimes.com/2019/08/31/business/tax-opportunity-zones.html.

108   Brett Theodos, "The Opportunity Zone Program and Who It Left Behind," *Statement Before the Oversight Committee, Ways and Means Committee, U.S. House of Representatives*, November 16, 2021, https://waysandmeans .house.gov/sites/ democrats.waysandmeans.house.gov/files/documents/B .%20Theodos%20 Testimony.pdf.

109   Ray Forrest, Sin Yee Koh, and Bart Wissink, "Hyper-Divided Cities and the 'Immoral' Super-Rich: Five Parting Questions," in *Cities and the Super-Rich: Real Estate, Elite Practices, and Urban Political Economies*, ed. Ray Forrest, Sin Yee Koh, and Bart Wissink (New York: Palgrave Mac- millan, 2017), 274쪽에서 인용.

110   Matthew Haag, "Amazon's Tax Breaks and Incentives Were Big. Hudson Yards' Are Bigger," *New York Times*, March 9, 2019, https://www.nytimes .com/2019/03/09/ nyregion/hudson-yards-new-york-tax-breaks.html.

111   Michael Kimmelman, "Hudson Yards Is Manhattan's Biggest, Newest, Slickest Gated Community. Is This the Neighborhood New York Deserves?," *New York Times*, March 14, 2019, https://www.nytimes.com/interactive /2019/03/14/arts/ design/hudson-yards-nyc.html.

주

112 Kriston Capps, "The Hidden Horror of Hudson Yards Is How It Was Financed," *Bloomberg CityLab*, April 12, 2019, https://www.bloomberg .com/news/ articles/2019-04-12/the-visa-program-that-helped-pay-for -hudson-yards.

113 Kimmelman, "Slickest Gated Community."

114 Rowland Atkinson, "London, Whose City?," *Le Monde Diplomatique*, July 2017, https://mondediplo.com/2017/07/06london; and Gordon MacLeod, "The Grenfell Tower Atrocity: Exposing Urban Worlds of Inequality, Injustice, and an Impaired Democracy," *City* 22, no. 4 (2018): 464.

115 George Monbiot, "With Grenfell Tower, We've Seen What 'Ripping Up Red Tape' Really Looks Like," *Guardian* (UK Edition), June 15, 2017, https:// www. theguardian.com/commentisfree/2017/jun/15/grenfell-tower-red -tape-safety-deregulation.

116 David Madden, "A Catastrophic Event" (editorial), *City* 21, no. 1 (2017): 3.

117 Graham and Marvin, *Splintering Urbanism*, 325.

118 James Vernon, *Modern Britain, 1750 to the Present* (Cambridge: Cambridge University Press, 2017), 501.

119 Jacob Rowbottom, "Protest: No Banners on My Land!," *New Statesman*, November 1, 2004, Gale OneFile.

120 Paul Mason, "New Dawn for the Workers," *New Statesman*, April 16, 2007, Gale OneFile.

121 Anna Minton, "The Paradox of Safety and Fear: Security in Public Space," *Architectural Design* 88, no. 3 (May 2018): 89.

122 Anna Minton, *Ground Control: Fear and Happiness in the Twenty-First Century City* (London: Penguin, 2009), 61.

123 Stephen Graham, "Luxified Skies: How Vertical Urban Housing Became an Elite Preserve," *City* 19, no. 5 (2015): 620, 638.

124 Soules, Icebergs, *Zombies, and the Ultra-Thin: Architecture and Capitalism in the 21st Century*, 93.

125 Hatherley, "Renzo Piano's Shard."

126 Alan Wiig, "Incentivized Urbanization in Philadelphia: The Local Politics of Globalized Zones," *Journal of Urban Technology* 26, no. 3 (2019); and *Stein, Capital*

City: Gentrification and the Real Estate State, 57.

127   Paul Watt, "'It's Not for Us': Regeneration, the 2012 Olympics and the Gen-
         trification of East London," *City* 17, no. 1 (2013): 101. For a pioneering analysis,
         see Neil Smith, *The New Urban Frontier: Gentrification and the Revanchist City* (New
         York: Routledge, 1996).

128   Wiig, "Incentivized Urbanization in Philadelphia," 112.

129   Jack Brown, "If You Build It, They Will Come: The Role of Individuals in the
         Emergence of Canary Wharf, 1985-1987," *London Journal* 42, no. 1 (2017): 71.

130   Richard Disney and Guannan Luo, "The Right to Buy Public Housing in Britain:
         A Welfare Analysis," *Journal of Housing Economics*, no. 35 (2017): 51-53.

131   Stuart Hodkinson, "The New Urban Enclosures," *City* 16, no. 5 (2012): 510-
         14; and Christian Hilber and Olivier Schöni, "In the United Kingdom, Home-
         ownership Has Fallen While Renting Is on the Rise," *Brookings Institution*, April 20,
         2021, https://www.brookings.edu/essay/uk-rental-housing-markets/.

132   Ella Jessel, "Behind the Story: How Did Boris's Business Park Become a Ghost
         Town?," *Architects Journal,* February 11, 2022, https://www .architectsjournal.
         co.uk/news/behind-the-story-how-did-boriss-business-park-become-a-ghost-town.

133   Alastair Lockhart, "Big Changes Announced for London Skyscraper That's as Tall
         as the Shard," *MyLondon*, January 26, 2022, https://www.mylondon.news /news/
         east-london-news/big-changes-announced-london- skyscraper-22883066.

134   Patrick Radden Keefe, "How Putin's Oligarchs Bought London," *New Yorker*,
         March 28, 2022, https://www.newyorker.com/magazine/2022/03 /28/how-
         putins-oligarchs-bought-london.

135   Mackintosh and Wainwright, A Taste of Power; and Adrian Smith, "Tech- nology
         Networks for Socially Useful Production," *Journal of Peer Production* (2014). See
         Ben Tarnoff, Internet for the People: The Fight for Our Digital Future (New York:
         Verso, 2022), 167-70. See also Spencer, "A Plan for a People's London."

136   Alan Lockey and Ben Glover, *The "Preston Model" and the New Municipalism*
         (London: Demos, May 2019), https://demos.co.uk/wp-content/uploads/2019/06/
         June-Final-Web.pdf; Matthew Brown, "Preston Is Putting Socialist Policies
         into Practice," Tribune, January 20, 2022, https://tribunemag.co.uk/2022/01/

community-wealth-building-preston-trade-unions-labour-party; Bertie Russell, "Beyond the Local Trap: New Municipalism and the Rise of the Fearless Cities," *Antipode* 51, no. 3 (2019); and Susannah Bunce, "Pursuing Urban Commons: Politics and Alliances in Community Land Trust Activism in East London," *Antipode* 48, no. 1 (2016).

137   Harvey, "The Invisible Political Economy," 421.

138   Loraine Leeson, "Our Land: Creative Approaches to the Redevelopment of London's Docklands," *International Journal of Heritage Studies* 25, no. 4 (2019): 371-72.

3장

1   Moore, *Margaret Thatcher: The Authorized Biography*, vol. 3, Herself Alone, 802.

2   Owen Paterson, "Don't Listen to the Terrified Europeans. The Singapore Model Is Our Brexit Opportunity," *Telegraph.co.uk*, November 21, 2017, Westlaw.

3   Mark R. Thompson, "East Asian Authoritarian Modernism: From Meiji Japan's 'Prussian Path' to China's 'Singapore Model,'" *Asian International Studies Review* 17, no. 2 (December 2016): 131.

4   Benjamin Tze Ern Ho, "Power and Populism: What the Singapore Model Means for the Chinese Dream," *China Quarterly* 236 (2018): 968.

5   Milton Friedman and Rose D. Friedman, *Two Lucky People: Memoirs* (Chicago: University of Chicago Press, 1998), 327.

6   Milton Friedman, "The Invisible Hand in Economics and Politics," *Inaugural Singapore Lecture, Sponsored by the Monetary Authority of Singapore and Organized by the Institute of Southeast Asian Studies*, October 14, 1980, https://miltonfriedman. hoover.org/internal/media/dispatcher/271090/full.

7   Linda Y. C. Lim, "Singapore's Success: The Myth of the Free Market Econ- omy," *Asian Survey* 23, no. 6 (June 1983): 761.

8   가장 큰 국부펀드는 1981년에 설립된 싱가포르투자청과 1974년에 설립된 테마섹(Temasek) 지주회사다. 2021년을 기준으로, 이 둘은 전 세계에서 각각 첫

번째와 다섯 번째로 활발한 국영 투자자다. Rae Wee, "GIC Retains Position as Most Active State-Owned Investor: Report," Business Times (Singapore), January 13, 2021, https://www.businesstimes.com.sg/companies-markets /gic-retains-position-as-most-active-state-owned-investor-report. 국영기업은 정부 연계 기업 (Government-Linked Corporation, GLCs)으로 불린다. 1998년, 매출 규모 기준 싱가포르 100대 기업 중 3분의 2가 정부 연계 기업이었다. Linda Low, "Rethinking Singapore Inc. and GLCs," South-east Asian Affairs (2002): 288. 국가 주도 자본주의에 관해서는 다음을 보라. Adam D. Dixon, "The Strategic Logics of State Investment Funds in Asia: Beyond Financialisation," Journal of Contemporary Asia 52, no. 1 (2022): 127-51.

9   S. Rajaratnam, "Singapore: Global City (1972)," in S. Rajaratnam on Singapore: From Ideas to Reality, ed. Kwa Chong Guan (Singapore: World Scientific Publishing, 2006), 233

10 Rajaratnam, "Singapore," 231.

11 Michael D. Barr, Singapore: A Modern History (London: I.B. Tauris, 2019), 161.

12 W. G. Huff, "What Is the Singapore Model of Economic Development?," Cambridge Journal of Economics 19, no. 6 (December 1995): 753.

13 Alexis Mitchell and Deborah Cowen, "The Labour of Global City Building," in Digital Lives in the Global City: Contesting Infrastructures, ed. Deborah Cowen et al. (Vancouver: University of British Columbia Press, 2020), 213.

14 Gordon P. Means, "Soft Authoritarianism in Malaysia and Singapore," Journal of Democracy 7, no. 4 (October 1996): 106-9. 2000년부터 소규모 '발언자 코너 (Speaker's Corner)'를 만들어서 중앙 도시공원 집회 및 항의 지정 공간으로 활용하고 있다.

15 Beng Huat Chua, Liberalism Disavowed: Communitarianism and State Capitalism in Singapore (Ithaca, NY: Cornell University Press, 2017), 40.

16 최근 상황에 관해서는 다음을 보라. Chong Ja Ian, "Democracy, Singapore-Style? Biden's Summit Spotlights Questions of How to Categorize Regimes," Academia SG, December 20, 2021, https://www.academia.sg/explainer /democracy-singapore-style/.

17 실용주의에 관해서는 다음을 보라. Kenneth Paul Tan, "The Ideology of

Pragmatism: Neoliberal Globalisation and Political Authoritarianism in Singapore," *Journal of Contemporary Asia* 42, no. 1 (February 2012); Chua, Liberalism Disavowed: Communitarianism and State Capitalism in Singapore, 6-7; and Denny Roy, "Singapore, China, and the 'Soft Authoritarian' Challenge," *Asian Survey* 34, no. 3 (1994): 234.

18   Francis Fukuyama, "Asia's Soft-Authoritarian Alternative," *New Perspectives Quarterly* (Spring 1992): 60.

19   Janet Lippman Abu-Lughod, "The World System in the Thirteenth Century: Dead-End or Precursor?," in *Islamic and European Expansion: The Forging of a Global Order*, ed. Michael Adas (Philadelphia: Temple University Press, 1993), 83.

20   여기서 언급되지 않은 것은 섬 전역의 도로와 다리 건설에 투입되었던 남아시아 출신 죄수 노동자, 정부 주거지(Government House), 군용 숙소와 교회 등이다. Anand A. Yang, "Indian Convict Workers in Southeast Asia in the Late Eighteenth and Early Nineteenth Centuries," *Journal of World History* 14, no. 2 (2003): 201.

21   Carl A. Trocki, Singapore: Wealth, Power and the Culture of Control (London: Routledge, 2006), 13.

22   Paul H. Kratoska, "Singapore, Hong Kong and the End of Empire," *International Journal of Asian Studies* 3, no. 1 (2006): 2쪽에서 인용.

23   Jeevan Vasagar, *Lion City: Singapore and the Invention of Modern Asia* (New York: Pegasus, 2022), 32.

24   Barr, *Singapore*, 147.

25   Vasagar, *Lion City*, 36.

26   Daniel Immerwahr, *How to Hide an Empire: A History of the Greater United States* (New York: Farrar, Straus and Giroux 2019), 197.

27   Immerwahr, *How to Hide an Empire*, 4.

28   Vasagar, *Lion City*, 225.

29   Lee Kuan Yew, *From Third World to First: The Singapore Story*, 1965-2000 (New York: Harper Collins, 2000), 14-15.

30   Ang Cheng Guan, *Lee Kuan Yew's Strategic Thought* (New York: Routledge, 2013), 96.

31   Chris Meulbroek and Majed Akhter, "The Prose of Passive Revolution: Mobile Experts, Economic Planning and the Developmental State in Singapore,"

Environment & Planning A 51, no. 6 (2019): 6쪽에서 인용한 짐 글래스먼(Jim Glassman)의 발언.

32 인용문의 출처는 다음과 같다. UNDP, *UNDP and the Making of Singapore's Public Service: Lessons from Albert Winsemius* (Singapore: UNDP Global Centre for Public Service Excellence, 2015), 11쪽에 발표된 1982년 구술사 내용이다.

33 그 관료는 얀 피터르스존 코언(Jan Pieterszoon Coen, 전 네덜란드령 동인도 총독)이다. 그의 고향에 세워져 있는 그의 동상 제거를 둘러싼 논쟁은 네덜란드의 식민지 과거를 두고 대치하면서 다시 불거졌다. Olivia Tasevski, "The Dutch Are Uncomfortable with Being History's Villains, Not Victims," *Foreign Policy*, August 10, 2020, https://foreignpolicy.com/2020/08/10/dutch-colonial-history-indonesia-villains-victims/.

34 Barr, *Singapore*, 162; and UNDP, *UNDP and the Making of Singapore's Public Service: Lessons from Albert Winsemius*, 11.

35 "Singapore's Successful Drive to Become Brain Centre of Southeast Asia," *Financial Post*, October 7, 1972, Newspapers.com.

36 UNDP, *UNDP and the Making of Singapore's Public Service: Lessons from Albert Winsemius*, 8. 푸에르토리코에 관해서는 다음을 보라. César J. Ayala and Rafael Bernabe, *Puerto Rico in the American Century: A History Since 1898* (Chapel Hill: University of North Carolina Press, 2009), chap. 9.

37 Kees Tamboer, "Albert Winsemius: 'Founding Father' of Singapore," IIAS Newsletter, no. 9 (Summer 1996): 29.

38 Vasagar, *Lion City*, 71.

39 Catherine Schenk, "The Origins of the Asia Dollar Market 1968-1986: Regulatory Competition and Complementarity in Singapore and Hong Kong," *Financial History Review* 27, no. 1 (2020): 22.

40 Vasagar, *Lion City*, 76.

41 J. K. Galbraith, "Age of Uncertainty" (1977), ep. 10, https://www.youtube.com/watch?v=Rv8b_ou-NQM.

42 Daniel P. S. Goh, "Super-Diversity and the Bio-Politics of Migrant Worker Exclusion in Singapore,"" *Identities* 26, no. 3 (2019): 359.

43 Arif Dirlik, "Confucius in the Borderlands: Global Capitalism and the

Reinvention of Confucianism," *boundary 2* 22, no. 3 (Autumn 1995): 239.

44   Dirlik, "Confucius in the Borderlands: Global Capitalism and the Reinven- tion of Confucianism," 232-36; and Roy, " 'Soft Authoritarian' Challenge," 232.

45   Dirlik, "Confucius in the Borderlands: Global Capitalism and the Reinvention of Confucianism," 239. 미국의 입장에 관해서는 다음을 보라. Jennifer M. Miller, "Neoconservatives and Neo-Confucians: East Asian Growth and the Celebration of Tradition," *Modern Intellectual History* (2020), 1-27.

46   Fareed Zakaria, "Culture Is Destiny: A Conversation with Lee Kuan Yew," *Foreign Affairs* 73, no. 2 (1994): 115.

47   Wen-Qing Ngoei, *Arc of Containment: Britain, the United States, and Anticommunism in Southeast Asia* (Ithaca, NY: Cornell University Press, 2019), 126.

48   Mario Rossi, "Singapore Run Like Corporation," *Santa Cruz Sentinel*, October 5, 1980, Newspapers.com.

49   Chua, *Liberalism Disavowed: Communitarianism and State Capitalism in Singapore*, 50쪽에서 인용.

50   Yew, *From Third World to First: The Singapore Story*, 1965-2000, 304.

51   Maurice Meisner, *Mao's China and After*, 3rd ed. (New York: Free Press, 1999), 291-412쪽을 보라.

52   Pang Eng Fong, "Growth, Inequality and Race in Singapore," *International Labour Review* 111, no. 1 (1975): 16.

53   Deng Xiaoping, "Excerpts from Talks Given in Wuchang, Shenzhen, Zhuhai and Shanghai (January 18-February 21, 1992)," http://www.china.org.cn/english/features/dengxiaoping/103331.htm.

54   그들은 이 용어를 세계은행에서 가져왔다. He Li, "The Chinese Discourse on Good Governance: Content and Implications," *Journal of Contemporary China* 29, no. 126 (2020): 831.

55   Elsa van Dongen, Realistic Revolution: Contesting Chinese History, Culture, and Politics After 1989 (New York: Cambridge University Press, 2019), 6; and Carolyn Cartier, "'Zone Fever,' the Arable Land Debate, and Real Estate Speculation: China's Evolving Land Use Regime and Its Geographical Contradictions," *Journal of Contemporary China* 10, no. 28 (2001).

56   Wang Hui, *The End of the Revolution: China and the Limits of Modernity* (New York: Verso, 2011), 51.

57   Hui, *End of the Revolution*, 57. 1991년 미국을 여행한 중국 지식인 왕 후닝(Wang Huning)은 『미국에 대항하는 미국America Against America』이라는 책을 발표했다. 2022년, 그는 중국공산당 서열 4위에 올랐다. Chang Che, "How a Book About America's History Foretold China's Future," *New Yorker*, March 21, 2022 ,https://www.newyorker.com/books/second-read/how-a-book-about-americas-history-foretold-chinas-future.

58   Lye Liang Fook, "Suzhou Industrial Park: Going Beyond a Commercial Project," in *Advancing Singapore-China Economic Relations*, ed. Swee-Hock Saw and John Wong (Singapore: Institute of Southeast Asian Studies, 2014), 68; and Yang Kai and Stephan Ortmann, "The Origins of the 'Singapore Fever' in China 1978-92," in *China's "Singapore Model" and Authoritarian Learning*, ed. Stephan Ortmann and Mark R. Thompson (London: Routledge, 2020).

59   Kean Fan Lim and Niv Horesh, "The 'Singapore Fever' in China: Policy Mobility and Mutation," *China Quarterly* 228 (2016): 995, 1006.

60   Connie Carter, "The Clonability of the Singapore Model of Law and Development: The Case of Suzhou, China," in *Law and Development in East and South-East Asia*, ed. Christoph Antons (London: Routledge Curzon, 2003), 212.

61   Mary G. Padua, *Hybrid Modernity: The Public Park in Late 20th Century China* (London: Taylor & Francis, 2020), 5장을 보라.

62   Tu Weiming, "Multiple Modernities: A Preliminary Inquiry into the Implications of the East Asian Modernity," *Globalistics and Globalization Studies* (2014).

63   Hedley Bull, *The Anarchical Society: A Study of Order in World Politics* (New York: Columbia University Press, 1977), 258.

64   Margaret Tan, "Plugging into the Wired World: Perspectives from Singapore," *Information Communication & Society* 1, no. 3 (1998). 어느 영리한 관찰자는 "아시아적 가치"를 보호할 검열을 이유로 선진기술을 도입하여 섬을 포위하는 디지털 울타리를 만들려고 하는 것은 아닌지 질문을 던졌는데 그것은 사실로 드러났다. Warwick Neville, "Managing the Smart City-State: Singapore Approaches the 21st Century," *New Zealand Geographer* 55, no. 1 (1999): 39.

주

65   당시 법과 개발의 영역에서 관련 논의가 등장했다. Carter, "The Clonability of the Singapore Model of Law and Development: The Case of Suzhou, China," 208-20.

66   다음을 보라. Chris Gifford, *The Making of Eurosceptic Britain* (Aldershot: Ashgate, 2008); Quinn Slobodian and Dieter Plehwe, "Neoliberals Against Europe," n *utant Neoliberalism: Market Rule and Political Ruptures* ed. William Callison and Zachary Manfredi (New York: Fordham University Press, 2019), 89-111; Quinn Slobodian, "Demos Veto and Demos Exit: The Neoliberals Who Embraced Direct Democracy and Secession," *ournal of Australian Political Economy* no. 86 (2020): 19-36; Roberto Ventresca, "Neoliberal Thinkers and European Integration in the 1980s and the Early 1990s," *Contemporary European History* 31, no. 1 (2022): 31-46.

67   Margaret Thatcher, "Speech in Korea," September 3, 1992, https://www.margaretthatcher.org/document/108302.

68   예를 들어 다음을 보라. Margaret Thatcher, "Speech to the International Free Enterprise Dinner," April 20, 1999, https://www.margaretthatcher.org/document/108381.

69   Margaret Thatcher, "Speech Receiving Aims of Industry National Free Enterprise Award," October 17, 1984, https://www.margaretthatcher.org /document/105766.

70   Youyenn Teo, "Interrogating the Limits of Welfare Reforms in Singapore," *Development and Change* 46, no. 1 (January 2015): 99. 다음을 보라. Cooper, *Family Values: Between Neoliberalism and the New Social Conservatism.* 초창기의 또 다른 유산은 인종 과학과 우생학으로, 리콴유가 고학력 여성들의 출산율을 높이고 저학력 여성들은 낮추려는 목적으로 공공연하게 받아들였다. 다음을 보라. Michael D. Barr, "Lee Kuan Yew: Race, Culture and Genes" "*Journal of Contemporary Asia* 29, no. 2 (1999).

71   Kwasi Kwarteng et al., *Britannia Unchained: Global Lessons for Growth and Prosperity* (Houndmills, UK: Palgrave Macmillan, 2012), 57.

72   "Making the Break," *Economist*, December 8, 2012, Gale.

73   Tony Rennell, "Brexit Bloodletting," *Daily Mail*, October 31, 2016, Gale One File; and Ben Chapman, "'Singapore on Steroids,'" *Independent*, November 13, 2019, Gale In Context: Global Issues.

74   Daniel Hannan, "Free Trade: Have We Lost the Argument?," *Initiative for Free Trade*, https://ifreetrade.org/?/article/free-trade-have-we-lost-the-argument.

75   Jeremy Hunt, "Why I'm Looking East for My Vision of Post-Brexit Prosperity," *Daily Mail*, December 29, 2018, https://www.dailymail.co.uk/debate/article-6539165/Why-Im-looking-east-vision-post-Brexit-prosperity-writes-JEREMY-HUNT.html.

76   Paterson, "Don't Listen to the Terrified Europeans. The Singapore Model Is Our Brexit Opportunity."

77   Glen Owen, "Let's Make Britain the Singapore of Europe!," *Mail on Sunday*, January 17, 2021, https://www.pressreader.com/uk/the-mail-on-sunday/20210117/281719797231656.

78   이 논의에 관해서는 다음을 보라. William Davies, "Leave, and Leave Again," *London Review of Books*, February 7, 2019, https://www.lrb.co.uk/the-paper/v41/n03 /william-davies/leave-and-leave-again.

79   그의 이름은 사지드 자비드(Sajid Javid)다. Fraser Nelson, "Javid's Home Truths," *Spectator*, February 11, 2017, https://www.spectator.co.uk/article/javid-s-home-truths; and Jamie Grierson, "Going Up: Sajid Javid, the Tory from 'Britain's Worst Street', Is Back," *Guardian* (UK Edition), June 27, 2021, https://www.theguardian.com/politics/2021/jun/27/going-up-sajid-javid-the-tory-from-britains-worst-street-is-back.

80   그는 제이컵 리스모그다. Alan Livsey, "Brexiter Jacob Rees-Mogg's Lack- lustre Record as a Fund Manager," *Financial Times*, October 15, 2017, Pro-Quest; and James Meek, "The Two Jacobs," *London Review of Books*, August 1, 2019, https://www.lrb.co.uk/the-paper/v41/n15/james-meek/the-two -jacobs.

81   Boris Johnson, "Boris Johnson's First Speech as Prime Minister,# Gov.uk, July 24, 2019, https://www.gov.uk/government/speeches/boris-johnsons -first-speech-as-prime-minister-24-july-2019; and Arj Singh, "Liz Truss Plan for Singapore-Style Freeports 'Will Create Tax Havens' in Britain," *Huffpost* (UK Edition), August 1, 2019, https://www.huffingtonpost.co.uk/entry/freeports-brexit-liz-truss-tax-havens-money-laundering_uk _5d431469e4b0ca604e2eb8f4.

82   좋은 예로는 대처 행정부와 존슨 행정부 모두에 자유무역항을 제안한 애덤

스미스연구소의 이몬 버틀러(Eamonn Butler)를 들 수 있다. Eamonn Butler and Madsen Pirie, eds., *Freeports* (London: Adam Smith Institute, 1983); and Eamonn Butler, "Now's the Time to Finally Get Freeports Right and Reinvigorate the British Economy," Telegraph.co.uk, August 2, 2019, Westlaw.

83   "Post-Brexit Plans Unveiled for 10 Free Ports," *BBC News*, August 2, 2019, https://www.bbc.com/news/49198825.

84   Martina Bet, "EU Could Tear Up Rishi Sunak's Freeport Plan with Measure Agreed in Brexit Trade Deal," Express Online, March 4, 2021, https://www.express.co.uk/news/uk/1405449/eu-news-rishi-sunak-freeports-brexit-trade-deal-exports-spt. 브렉시트 이후 23개국의 무역협정 결과 자유항구에서 생산하는 것이 그러지 않는 것보다 덜 유리했다. Jim Pickard, "UK Freeports Blow as Exporters Face Tariffs to 23 Countries," *Financial Times*, May 9, 2021, https://www.ft.com/content/625d1913-9242-4d97-9d0b-9cd6925c4e0e.

85   Margaret Thatcher, "Speech to Australian Institute of Directors," October 2, 1981, https://www.margaretthatcher.org/document/104711.

86   Gavin Shatkin, "Reinterpreting the Meaning of the 'Singapore Model': State Capitalism and Urban Planning," *International Journal of Urban and Regional Research* 38, no. 1 (January 2014): 124.

87   Tan, "The Ideology of Pragmatism: Neo-liberal Globalisation and Political Authoritarianism in Singapore," 76.

88   Shatkin, "Reinterpreting the Meaning of the 'Singapore Model': State Capitalism and Urban Planning," 135.

89   Seth S. King, "Modern Building Changes Face of Romantic Singapore," *New York Times*, August 12, 1963, https://www.nytimes.com/1963/08/12/archives/modern-building-changes-face-of-romantic-singapore-tide-of.html.

90   "Apartments Rising Fast in Singapore," *Los Angeles Times*, July 12, 1963, Newspapers.com.

91   Michael A. H. B. Walter, "The Territorial and the Social: Perspectives on the Lack of Community in High-Rise/High-Density Living in Singapore," *Ekistics* 45, no. 270 (June 1978): 237.

92   Susan S. Fainstein, "State Domination in Singapore's Public-Private Partnerships,"

Journal of Urban Affairs 43, no. 2 (2021): 283.

93   도미닉 커밍스를 비롯한 여러 인사의 일곱 개 기고문 시리즈를 참고하라.
      Dominic Cummings, "High Performance Startup Government & Systems Politics:
      Some Notes on Lee Kuan Yew's Book," *Dominic Cummings Substack*, August 2, 2021,
      https://dominiccummings.substack.com/p/high-performance-startup-government?s=r.

94   어느 학자는 이 프로그램이 "트렌트(Trent)의 대만과 좀 더 유사하다. 기술집
      약적 산업을 지지하고 세계경제에서 경쟁하기 위해 서비스업 수출에 의존하
      는 활동가, 기업가 국가"라고 말했다. Adrian Pabst, "Power Without Purpose,"
      New Statesman, February 14-20, 2020, https://www.newstatesman.com/magazine/
      power-without-purpose. 이러한 해석에 따르면 브렉시트는 유럽연합의 국가보
      조금 금지라는 원칙에서 벗어나려는 행동이라 할 수 있다. "Opening the Taps,"
      Economist (September 19, 2020): 26.

95   Charmaine Chua, "Sunny Island Set in the Sea," in *Digital Lives in the Global City:
      Contesting Infrastructures*, ed. Deborah Cowen et al. (Vancouver: University of British
      Columbia Press, 2020), 238-47.

96   Paul R. Krugman, "The Myth of Asia's Miracle," *Foreign Affairs* (November- December
      1994): 71.

97   Goh, "Migrant Worker Exclusion," 360.

98   Goh, 358.

99   투표 이전에, 유럽연합 탈퇴 찬성표를 던질 계획이었던 사람 중 93퍼센트는 높
      은 이민율을 걱정하지 않았다. Harold D. Clarke, Matthew Goodwin, and Paul
      Whitely, *Brexit: Why Britain Voted to Leave the European Union* (New York: Cambridge
      University Press, 2017), 12.

100   Dominic Cummings, "How the Brexit Referendum Was Won," *Spectator*, January
      8, 2017, https://www.spectator.co.uk/article/dominic-cummings -how-the-brexit-
      referendum-was-won.

101   Youyenn Teo, *This Is What Inequality Looks Like* (Singapore: Ethos, 2018).

4장

1   Martín Arboleda, *Planetary Mine: Territories of Extraction Under Late Capitalism* (Brooklyn: Verso, 2020), 61.

2   Patrick Cox, "Spotlight: South African Individualist," *Reason*, December 1, 1980, 61.

3   Milton Friedman, "The Fragility of Freedom," in *Friedman in South Africa*, ed. Meyer Feldberg, Kate Jowell, and Stephen Mulholland (Cape Town: Graduate School of Business, 1976), 8.

4   Kogila Moodley, "The Legitimation Crisis of the South African State," *Journal of Modern African Studies* 24, no. 2 (1986): 187-201.

5   Laura Phillips, "History of South Africa's Bantustans," in *Oxford Research Encyclopedia of African History* (2017), n.p.

6   Henry Kamm, "Transkei, a South African Black Area, Is Independent," *New York Times*, October 26, 1976, https://www.nytimes.com/1976/10/26/archives/transkei-a-south-african-black-area-is-independent-transkei-becomes.html.

7   이에 관한 자세한 내용은 다음을 보라. Jamie Miller, *An African Volk: The Apartheid Regime and Its Search for Survival* (New York: Oxford University Press, 2016).

8   Laura Evans, "Contextualising Apartheid at the End of Empire: Repression, 'Development' and the Bantustans,' *Journal of Imperial and Commonwealth History* 47, no. 2 (2019): 373.

9   Miller, *An African Volk*, 22.

10   "Say No to Ciskei Independence," South African History Online, https://www.sahistory.org.za/archive/say-no-ciskei-independence.

11   Ferguson, *Global Shadows: Africa in the Neoliberal World Order*, 59쪽에서 인용.

12   Les Switzer, Power and Resistance in *an African Society: The Ciskei Xhosa and the Making of South Africa* (Madison: University of Wisconsin Press, 1993), 334.

13   Herbert Grubel, "Discussion," in *Freedom, Democracy and Economic Welfare*, ed. Michael Walker (Vancouver, BC: Fraser Institute, 1988), 240.

14   Anthony Robinson, "The Supply-Siders of Ciskei," *Financial Times*, November 19, 1986, Financial Times Historical Archive, Gale; and n.a., "The Sunday Times

Reports That Ciskei, the Small Self-Governing Territory Within South Africa, Is Enjoying an Economic Boom," *Sunday Times* (London), June 2, 1985, Sunday Times Historical Archive, Gale.

15 Andre Jordaan, "Ciskei's Tax Reform Benefits Explained," *Daily Dispatch* (East London, South Africa), March 23, 1985, https://archive.org/stream /DTIC_ ADA337700/DTIC_ADA337700_djvu.txt.

16 n.a., "The Sunday Times Reports That Ciskei." "For details see John Blundell, "Ciskei's Independent Way," *Reason*, April 1, 1985, https://reason.com/1985 /04/01/ciskeis-independent-way/.

17 George Stigler to Max Thurn, April 7, 1978. Hoover Institution Archives, Mont Pelerin Society Papers, Box 20, Folder 5.

18 Claire Badenhorst, "Meet Leon Louw of the FMF; Marxist Turned Free Marketeer: The Alec Hogg Show," *Biz News*, September 23, 2020, https:// www.biznews.com/ thought-leaders/2020/09/23/leon-louw-free-market.

19 "Introducing the South African Free Market Foundation," *Die Individualist-The Individualist*, no. 1 (December 1975): 1.

20 Walter E. Williams, "After Apartheid: An Interview with Leon Louw and Frances Kendall," *Reason*, July 1, 1988, https://reason.com/1988/07/01/afterapartheid1; and Deborah Posel, "The Apartheid Project, 1948-1970," in *The Cambridge History of South Africa*, ed. Robert Ross, Anne Kelk Mager, and Bill Nasson (Cambridge: Cambridge University Press, 2011), 330-31.

21 Cox, "Spotlight: South African Individualist," 61; Dan O'Meara, *Volkskapitalisme: Class, Capital and Ideology in the Development of Afrikaner Nationalism*, 1934-1948 (Cambridge: Cambridge University Press, 1983). 몽펠르랭협회의 다른 구성원들이 관여한 경제적 자유주의와 보수주의 논쟁에 관해서는 다음을 보라. Antina von Schnitzler, "Disciplining Freedom: Apartheid, Counterinsurgency, and the Political Histories of Neoliberalism," in *Market Civilizations: Neoliberals East and South*, ed. Quinn Slobodian and Dieter Plehwe (New York: Zone Books, 2022), 163-88.

22 Republic of Ciskei, *Report of the Commission of Inquiry into the Economic Development of the Republic of Ciskei* (Bisho: Government of the Republic of Ciskei, 1983), 14. 아프리카 원주민의 소유권 전통 회복은 1980년대와 1990년대에 일부 자유

주의 집단의 수정된(때때로 역전된) 문명 담론의 일부였으며, 이에 따라 종족의 실체가 진정한 자유시장으로 재정의되었다. 이는 서고트족의 "게르만룸"과 비교할 수 있다. 그들은 로마의 법적 전통에 의해 파괴된 재산권 존중 전통을 보존했는데, 그들은 그것을 페르시아에서 유래한 것으로 보았다. 이 서사에서 계몽주의 합리화 모델은 그 자체로, "진정한" 서구 전통으로 코드화된 분산형 중세 모델에 대한 동양의 침입이 된다. 이러한 새로운 서사에서 흑인은 교육을 통해 시장에 진입할 필요가 없다. 그 대신 자신 안에 있는 시장 본성을 해방시키기만 하면 된다. 유력 신자유주의자이자 몽펠르랭협회원인 마이클 오다우드(Michael O'Dowd)는 1992년 자유시장재단(Free Market Foundation)의 출판물에 다음과 같이 적었다. "중세까지 살아남은 소유권을 보호해 온 독일 종족과 오늘날까지 살아남은 아프리카 종족들 사이에 수많은 공통점을 발견할 수 있다." Introduction to Leonard Liggio, *The Importance of Political Traditions* (Johannesburg: Free Market Foundation, 1992), 4.

23   Republic of Ciskei, *Report of the Commission of Inquiry*, 13.

24   수출가공구에 관해서는 다음을 보라. Dara Orenstein, *Out of Stock: The Warehouse in the History of Capitalism* (Chicago: University of Chicago Press, 2019).

25   Cameron and Palan, *The Imagined Economies of Globalization*.

26   의장 노엘 비즐리(Noel Beasley)의 입장문. Indiana Save-Our-Jobs Campaign, Business agent, Indiana/Kentucky Joint Board, Amalgamated Clothing & Textile Workers Union, AFL-CIO, CLC. 97th Congress, second session, March 22, 1982, 51-52. For work by the authoritative scholar on EPZs see Patrick Neveling, "Export Processing Zones, Special Economic Zones and the Long March of Capitalist Development Policies During the Cold War," in *Decolonization and the Cold War: Negotiating Independence, ed. Leslie James and Elisabeth Leake* (London: Bloomsbury, 2015), 63-84.

27   Allister Sparks, "Foreign Companies Profit from Apartheid in S. Africa," *Washington Post*, April 10, 1987, Gale OneFile: Business.

28   Colin Nickerson, "Asian Companies Find Bonanza in S. African Marketplace," *Boston Globe* (May 22, 1988), ProQuest Historical Newspapers; Askold Krushelnycky, "Intelligence File," *Sunday Times* (London), August 2, 1987, The Sunday Times Historical Archive, Gale.

29   Roger Thurow, "Ciskei Makes Offer Firms 'Can't Refuse,'" *Wall Street Journal*, March 5, 1987, ProQuest Historical Newspapers.

30   Nickerson, "Asian Companies Find Bonanza in S. African Marketplace."

31   Alan Hirsch, "Industrialising the Ciskey: A Costly Experiment," *Indicator South Africa* 3, no. 4 (1986): 16.

32   Melanie Yap and Dianne Leong Man, *Colour, Confusion and Concessions: The History of the Chinese in South Africa* (Hong Kong: Hong Kong University Press, 1996), 422.

33   n.a., "The Sunday Times Reports"; and Brian Stuart, "Financial Aid for Black States Detailed," *Citizen* (Johannesburg), April 11, 1985, https://archive.org/stream/DTIC_ADA337700/DTIC_ADA337700_djvu.txt. 기업들이 정부가 제공하는 인센티브를 포기한다면 면세 지위만을 부여받지만 여전히 "운송, 환급, 주거 및 전기 공급 등과 같은 할인 혜택"을 누릴 수 있었고 지금까지 받아 온 혜택들을 탕감할 수 있었다. 이렇게 관대한 남아공의 인센티브 정책은 세금 감면 후 몇 년 동안 유지되었다. Jordaan, "Ciskei's tax reform."

34   Gillian Hart, *Disabling Globalization: Places of Power in Post-apartheid South Africa* (Berkeley: University of California Press, 2002), 144.

35   Thurow, "Ciskei Makes Offer."

36   Hirsch, "Industrialising the Ciskey," 17.

37   n.a., "The Sunday Times Reports"; and Thurow, "Ciskei Makes Offer."

38   Truth and Reconciliation Commission, June 13, 1997, Name: Priscilla Maxongo, Case: Mdantsane, https://www.justice.gov.za/trc/hrvtrans/hrvel2/maxongo.htm.

39   "Commuters Shot Dead in Ciskei," *Times* (London), August 5, 1983, Times Digital Archive, Gale.

40   Michael Hornsby, "Black Union Chief Challenges Ciskei Self-Rule," *Times* (London), December 17, 1981, The Times Digital Archive, Gale.

41   Michael Hornsby, "South Africa Releases Black Union Leader," *Times* (London), March 5, 1982, The Times Digital Archive, Gale; and "Unionist 'Was Tortured,'" *Times* (London), March 24, 1983, The Times Digital Archive, Gale.

42   Paul Vallely, "Amnesty Reports Priest Whipped in Church Raid," *Times* (London), June 30, 1986, The Times Digital Archive, Gale; and Robert W. Poole Jr. et al.,

"Havens of Prosperity and Peace in South Africa's Back Yard," *Reason*, January 1, 1986, https://reason.com/1986/01/01/trends-203/.

43   Hermann Giliomee, "True Confessions, End Papers and the Dakar Conference: A Review of the Political Arguments," Tydskrif vir Letterkunde 46, no. 2 (2009): 37.

44   Ray Kennedy, "Lawyers Seek Retrial for 'Death-Squad Hitman,'" *Times* (London), November 20, 1989, The Times Digital Archive, Gale.

45   존 블런들은 몽펠르랭협회원이자 인간문제연구소(Institute of Humane Studies) 소장이었으며, 이후 아틀라스경제연구재단(Atlas Economic Research Foundation)과 찰스코크재단의 기관장을 맡았다. John Blundell, "Africa: Ciskei: A Trojan Horse to Topple Apartheid?," *Wall Street Journal*, March 18, 1985, ProQuest; Blundell, "Ciskei's Independent Way."

46   Brian Kantor, comment in P. T. Bauer, "Black Africa: Free or Oppressed?," in *Freedom, Democracy and Economic Welfare*, ed. Michael Walker (Vancouver, BC: Fraser Institute, 1988), 239.

47   고든 털럭(Gordon Tullock)의 말. Bauer, "Black Africa: Free or Oppressed?," 239.

48   월터 블록(Walter Block)의 말. Bauer, "Black Africa: Free or Oppressed?," 239.

49   Leon Louw and Frances Kendall, *South Africa: The Solution* (Bisho: Amagi, 1986), xii.

50   Michael Johns, "Swiss Family Buthelezi," *Policy Review* (Spring 1988): 84.

51   Louw and Kendall, *South Africa*, 126.

52   Williams, "After Apartheid: An Interview with Leon Louw and France Kendall."

53   Leon Louw, "A Non-Left Anti-Apartheid Program," December 5, 1986, Stanford University, Hoover Institution Archives, Heartland Institute Papers, Box 87.

54   Louw and Kendall, *South Africa*, 136.

55   Louw and Kendall, 103.

56   Bruce W. Nelan, "306 Solutions to a Baffling Problem," *Time*, March 23, 1987, Academic Search Premier.

57   만출권에 대해서는 다음을 보라. Louw and Kendall, *South Africa*, 138.

58   Louw and Kendall, 215.

59   Louw and Kendall, 221. 여기서 모델은 솔 케르즈너(Sol Kerzner)의 카지노 리조트와 유사한데 몇몇은 반투스탄에 건설되었다. Alan Cowell, "Sol Kerzner, South African Casino Tycoon, Is Dead at 84," *New York Times*, March 27, 2020, https://

www.nytimes.com/2020/03/27/business/sol-kerzner-dead.html.

60   Louw and Kendall, *South Africa*, 217.

61   James Kirchick, "In Whitest Africa: The Afrikaner Homeland of Orania," *Virginia Quarterly Review* 84, no. 3 (2008): 78.

62   Stanley Uys, "Is Partition the Answer?," *Africa Report* (September-October 1981): 45.

63   라우는 특히 트란스발 북동쪽 모서리에 있는 클라인 브리스타트(Klein Vrystaat, 작은 자유국가)를 칭송했는데, 이 나라는 1880년대에 5년 동안 인구가 300명도 안 되었다. 라우는 투표권이 사유재산 소유자에게만 주어지고 정부는 추가로 법을 제정할 수 없다는 유일한 원칙으로 운영되어 온 이곳을 "헌법적 무정부 상태"라고 불렀다. Leon Louw, "The Solution 1 of 6," [1985?], https://www.youtube.com /watch?v=46E-rdMDxY4.

64   Frances Kendall and Leon Louw, *Let the People Govern* (Bisho: Amagi Publications, 1989), 210.

65   Leon Louw, "Why People Do Not Want Orania to Secede," Libertarian Seminar, Orania, 2015, https://www.youtube.com/watch?v=iBVgyeON53o

66   Andrew Kenny, "Welkom in Orania," politicsweb, October 29, 2015, https:// www.politicsweb.co.za/news-and-analysis/welkom-in-orania.

67   Erwin Schweitzer, *The Making of Griqua, Inc.: Indigenous Struggles for Land and Autonomy in South Africa* (Münster: Lit Verlag, 2015), 37.

68   Ivo Vegter, "The Elusive Libertarian Enclave," *Daily Maverick*, December 11 2012, https://www.dailymaverick.co.za/opinionista/2012-12-11-the-elusive-libertarian-enclave/.

69   Trevor Watkins, "The Future in South Africa," LibertarianSA Google Group (March 17, 2016), https://groups.google.com/forum/print/msg/libsa/edXGhAbGG -w/OS qaFaUAEgAJ?ctz=4404831_72_76_104100_72_446760.

70   Michael McGowan, "Australian White Nationalists Reveal Plans to Recruit 'Disgruntled, White Male Population,'" *Guardian* (UK Edition), November 11, 2019, https://www.theguardian.com/australia-news/2019/nov/12/australian-white-nationalists-reveal-plans-to-recruit-disgruntled-white-male-population.

71   "The New South Africa," *American Renaissance* (January 2003); and "Keep Hope Alive?," *American Renaissance* (February 2001).

72 여러 증거 중 하나만 제시하자면 다음과 같다. 하이에크의 초대를 받아 몽펠르랭협회에 가입하고 홍콩 총회에 참석했던 자유시장재단 창립자 겸 소장인 프레드 매캐스킬(Fred Macaskill)은 1979년 다음과 같이 썼다. "자유 사회에서 완벽하게 인종주의적 사회를 만들 수 있다. (······) 개인은 자신의 사유재산에 관해 자신이 선택하는 모든 종류의 차별을 실천에 옮길 권한이 있다." Frederick Macaskill, *In Search of Liberty: Incorporating a Solution to the South African Problem* (New York: Books in Focus, 1979), 91. 또 다른 1978년 몽펠르랭협회 홍콩 총회 참석자인 얀 롬바르드(Jan Lombard)는 같은 해에 자기 계획의 핵심 메커니즘은 "복수의 사법권이 존재하는 체제 아래서 국가 전체에 퍼져 있는 수많은 소규모 정치체제를 선택할 수 있다는 의미에서 인민들은 투표를 통해 '박차고 나갈' 수 있다"라고 적었다. 또한 그는 "자발적인 배타성은 이러한 접근의 핵심 요소다. (······) 남아공 어느 지역의 특정한 집단이 순수한 백인 자치 구역을 조직한다면 그것이 자유법 정신에 어긋난다고 볼 수 없다"라고 덧붙였다. J. A. Lombard, *On Economic Liberalism in South Africa*, BEPA Economic Papers, (Pretoria: Bureau for Economic Policy and Analysis, 1979), 23.

73 이와 관련하여 롬바르드를 보라. "이 새로운 질서에서 사람들은 가까운 미래에 그들의 생활방식과 집단적 수요 선호의 동질성에 따라 결정되는 별도의 도시 지역에서 계속해서 살게 될 것이다. 피부색과 언어가 모두 생활양식에 관한 합리적인 지표가 되는 한 문제는 집단지역법(Group Area Act)의 제약에 따라 발전해 온 남아공 도시들의 물리적 외관 변화 여부다." Lombard, *On Economic Liberalism in South Africa*, 24.

74 "Transcript of Mandela's Speech at Cape Town City Hall," *New York Times*, February 12, 1990, https://www.nytimes.com/1990/02/12/world/south-africa-s-new-era-transcript-mandela-s-speech-cape-town-city-hall-africa-it.html.

75 Eric Marsden, "Inside Johannesburg," *Sunday Times* (London), December 7, 1986, The Sunday Times Historical Archive, Gale; and Robinson, "Supply-siders of Ciskei."

76 "'Homeland' Leader Deposed in Ciskei," *New York Times*, March 5, 1990, https://www.nytimes.com/1990/03/05/world/homeland-leader-deposed-in-ciskei.html.

77 좀 더 느슨한 연방 제도로부터 이득을 얻어 온 일부 고위직들과 반투스탄 지도자들 또한 이러한 입장을 공유했다. 흑인 자치 구역 해체 협상에 관해서는

다음을 보라. Hilary Lynd, "The Peace Deal: The Formation of the Ingonyama Trust and the IFP Decision to Join South Africa's 1994 Elections," *South African Historical Journal* 73, no. 2 (2021): 318-60.

78   다음에서 인용. Saul Dubow, *Apartheid*, 1948-1994 (New York: Oxford University Press, 2014), 268.

79   예를 들어 다음을 보라. Frederick Cooper, *Africa Since 1940: The Past of the Present* (New York: Cambridge University Press, 2002), 1. 일부 정치학자는 남아공이 이미 형식적으로 독립 상태였기 때문에 탈식민지화가 부적절한 표현이라고 트집을 잡는다. Timothy William Waters, *Boxing Pandora: Rethinking Borders, States, and Secession in a Democratic World* (New Haven, CT: Yale University Press, 2020), 59.

80   Orenstein, *Out of Stock: The Warehouse in the History of Capitalism*, 216.

81   UNCTAD, *World Investment Report: Special Economic Zones*, xii.

82   이러한 탈주술화 과정에 관해서는 다음을 보라. Patrick Bond, *Elite Transition: From Apartheid to Neoliberalism in South Africa* (London: Pluto Press, 2000).

83   James Ferguson, *The Anti-Politics Machine: "Development," Depoliticization, and Bureaucratic Power in Lesotho* (New York: Cambridge University Press, 1990).

84   퍼거슨은 레소토와 트란스케이를 비교하면서 이를 주장한다. Ferguson, *Global Shadows: Africa in the Neoliberal World Order*, 55-65. 또한 다음을 보라. Laura Evans, "South Africa's Bantustans and the Dynamics of 'Decolonisation': Reflections on Writing Histories of the Homelands," *South African Historical Journal* 64, no. 1 (March 2012): 122-23.

85   Masande Ntshanga, *Triangulum* (Columbus, OH: Two Dollar Radio, 2019), 210.

86   Ntshanga, *Triangulum*, 211.

87   Neal Stephenson, *Snow Crash* (New York: Del Rey, 1992), 40. 아파르트헤이트 거주자는 그가 민간 조직 준국가체(Franchise-Organized Quasi-National Entities)라고 부르는 것 중 한 종류이다.

88   Neal Stephenson, *The Diamond Age: or, A Young Lady's Illustrated Primer* (New York: Bantam Spectra, 1995), 31.

89   Stephenson, *The Diamond Age*, 30.

90   Tom Bethell, "Let 500 Countries Bloom," *Washington Times*, May 8, 1990, Newsbank.

5장

1 　법률적으로는 점유물 유보의 원칙(uti possidetis)으로 라틴어 uti possidetis ita
　　possideatis("이미 가진 것을 갖는다")에서 나왔다. 이 장은 다음의 내용에서부터
　　시작한다. Waters, *Boxing Pandora: Rethinking Borders, States, and Secession in a
　　Democratic World.* 분리독립 반대 의견은 1970년 10월 24일 국제연합 총회에서
　　통과시킨 '국가 간 친선 관계와 협력에 관한 국제법 원칙 선언문'(Declaration on
　　Principles of International Law Concerning Friendly Relations and Co-operation Among States)
　　의 보호 조항에 근거를 두고 있다. 또한 다음을 보라. Umut Özsu, *Completing
　　Humanity: The International Law of Decolonization, 1960-82* (Cambridge: Cambridge
　　University Press, Forthcoming).

2 　발트해 국가인 라트비아, 리투아니아 및 에스토니아는 1940년 이후 사회주의
　　공화국으로 소련에 사실상 통합되었을 때에도 법률상으로는 독립국가로 남아
　　있었기 때문에 기술적으로는 새로운 국가라 할 수 없었다.

3 　바누아투 독립 당시 자유지상주의 국가를 건설하려던 기상천외한 사건에
　　관해서는 다음을 보라. Raymond B. Craib, *Adventure Capitalism: A History of
　　Libertarian Exit from Decolonization to the Digital Age* (Oakland, CA: PM Press, 2022),
　　chap. 4.

4 　Justin Raimondo, *An Enemy of the State: The Life of Murray N. Rothbard* (Amherst,
　　NY: Prometheus Books, 2000), 46-54.

5 　Murray N. Rothbard, "Free Market Police, Courts, and Law," *Reason* (March 1973),
　　https://reason.com/1973/03/01/free-market-police-courts-and/.

6 　Murray N. Rothbard, *Never a Dull Moment: A Libertarian Look at the Sixties* (Auburn,
　　AL: Ludwig von Mises Institute, 2016), 48.

7 　Daniel Bessner, "Murray Rothbard, Political Strategy, and the Making of Modern
　　Libertarianism," *Intellectual History Review* 24, no. 4 (2014): 445.

8 　Murray Newton Rothbard, *For a New Liberty: The Libertarian Manifesto* (1973)
　　(Auburn, AL: Ludwig von Mises Institute, 2006), 350.

9 　Rothbard, *Never a Dull Moment*, 48; Rothbard, *For a New Liberty*, 102.

10 Murray N. Rothbard, "For Bengal," *Libertarian Forum* 3, no. 5 (May 1971); Murray
　　N. Rothbard, "For Croatia," *Libertarian Forum* 4, no. 2 (February 1972). 전체 권호

정보는 다음에서 확인할 수 있다. https://mises.org/library/complete -libertarian-forum-1969-1984.

11 Rothbard, *Never a Dull Moment*, 102.

12 Murray N. Rothbard, Leonard Liggio, and H. George Resch, "Editorial: The Black Revolution," *Left and Right* 3, no. 3 (Autumn 1967): 13; Murray N. Rothbard, Leonard Liggio, and H. George Resch, "Editorial: The Cry for Power: Black, White, and 'Polish,' *Left and Right* 2, no. 3 (Autumn 1966): 12-13. 여기에 관한 역사로는 다음을 보라. Edward Onaci, *Free the Land: The Republic of New Afrika and the Pursuit of a Black Nation-State* (Chapel Hill: University of North Carolina Press, 2020).

13 Murray N. Rothbard, "Editor's Comment: The Panthers and Black Liberation," *Libertarian* 1, no. 4 (May 15, 1969), https://www.rothbard.it/articles /libertarian-forum/lf-1-4.pdf.

14 Murray N. Rothbard, *Egalitarianism as a Revolt Against Nature and Other Essays*, 2nd ed. (Auburn, AL: Ludwig von Mises Institute, 2000), 16.

15 Rothbard, *Egalitarianism as a Revolt Against Nature*, 7.

16 Janek Wasserman, *Marginal Revolutionaries: How Austrian Economics Fought the War of Ideas* (New Haven, CT: Yale University Press, 2019), 257. 카토연구소와 미제스연구소 간 마찰에 관해서는 다음을 보라. Doherty, *Radicals for Capitalism: A Freewheeling History of the Modern American Libertarian Movement*, 607-13.

17 Nathaniel Weyl, *Traitors' End: The Rise and Fall of the Communist Movement in Southern Africa* (New Rochelle, NY: Arlington House, 1970); Harry Browne, *How to Profit from the Coming Devaluation* (New Rochelle, NY: Arlington House, 1970); David Friedman, *The Machinery of Freedom: Guide to a Radical Capitalism* (New Rochelle, NY: Arlington House, 1978).

18 Rockwell to Weyl, February 11, 1970, Stanford University, Hoover Institution Archives, Nathaniel Weyl Papers Box 34, Folder 8 (이후에는 Weyl 34.8).

19 폴은 1976-1977, 1979-1985, 1997-2013년에 연방 하원의원직을 세 차례 연임했다.

20 Julian Sanchez and David Weigel, "Who Wrote Ron Paul's Newsletters?," *Reason*, January 16, 2008, https://reason.com/2008/01/16/who-wrote-ron-pauls-newsletter/.

21 "We Will Survive, and Prosper!," *Ron Paul Investment Letter* 8, no. 12 (December 15, 1992): 2; and "How to Store Your Gold at Home," *Ron Paul Investment Letter* 4, no. 2 (March 15, 1988): 8.

22 "Annie Get Your Gun (......) and Susie, Millie, and Marcia Too," *Ron Paul Investment Letter* 8, no. 6 (June 15, 1992): 2.

23 "Gold and South Africa," *Ron Paul Survival Report* 9, no. 1 (January 15, 1993): 2.

24 "There Goes South Africa," *Ron Paul Survival Report* 10, no. 6 (June 15, 1994): 5.

25 "Ethnic Hatreds May Raise the Gold Price," *Ron Paul Investment Letter* 6, no. 6 (June 15, 1990): 3; and "People Prefer Their Own," *Ron Paul Survival Report* 9, no. 1 (January 15, 1993): 3.

26 "The Disappearing White Majority," *Ron Paul Survival Report* 9, no. 1 (January 15, 1993): 7.

27 "Ron Paul's Bookstore," *Ron Paul Survival Report* 10, no. 2 (February 15, 1994): 8.

28 Murray N. Rothbard and Llewellyn H. Rockwell, "Why the Report?," *Rothbard-Rockwell Report* 1, no. 1 (April 1990): 1.

29 다음을 보라. "The Alt-Right: Neoliberalism, Libertarianism and the Fascist Temptation," *Theory, Culture & Society* 38, no. 6 (2021): 29-50; Quinn Slobodian, "Anti-68ers and the Racist-Libertarian Alliance: How a Schism Among Austrian School Neoliberals Helped Spawn the Alt Right," *Cultural Politics* 15, no. 3 (2019): 372-86.

30 Llewellyn H. Rockwell, "A New Right," *Rothbard-Rockwell Report* 1, no. 1 (April 1990): 11; Llewellyn H. Rockwell, "The Case for Paleo-Libertarianism," *Liberty* 3, no. 3 (January 1990): 35.

31 Rockwell, "The Case for Paleo-Libertarianism," 37.

32 Murray N. Rothbard, "The Freedom Revolution," *Free Market* 7, no. 8 (August 1989): 1.

33 Murray N. Rothbard, "A Strategy for the Right," Rothbard-Rockwell Report (March 1992): 6.

34 Rothbard, "A Strategy for the Right," 16. See also John Ganz, "The Year the Clock Broke," *Baffler* (November 2018), https://thebaffler.com/salvos /the-year-the-clock-broke-ganz.

35   Lew Rockwell, "Rockwell's Thirty-Day Plan," *Free Market* 9, no. 3 (March 1991): 1-5.

36   Rothbard, *Egalitarianism as a Revolt Against Nature*, 11, 103.

37   Murray N. Rothbard, "The New Libertarian Creed," *New York Times*, February 9, 1971.

38   Murray N. Rothbard, *Conceived in Liberty* (Auburn, AL: Ludwig von Mises Institute, 2011), 177.

39   Thomas Fleming, Opening Remarks, JRC Meeting, December 1, 1990, The Howard Center for Family Religion and Society, Rockford Illinois Records in the Regional History Center, Northern Illinois University, RC 238, Allan Carlson Papers, Box 173, Folder 12 (이후 Carlson 173.12).

40   회원 명부와 참석자 명단은 칼슨(Carlson) 173.12에서 확인할 수 있다. 또한 저자를 통해서도 가능하다. 구보수주의자들에 관해서는 다음을 보라. George Hawley, *Right-Wing Critics of American Conservatism* (Lawrence: University Press of Kansas, 2016); Nicole Hemmer, *Partisans: The Conservative Revolutionaries Who Remade American Politics in the 1990s* (New York: Basic Books, 2022).

41   n.a., "Who Speaks for Us?," *American Renaissance* 1, no.1 (November1990), https://www.amren.com/archives/back-issues/november-1990/#cover.

42   Aristide R. Zolberg, *A Nation by Design: Immigration Policy in the Fashioning of America* (Cambridge, MA: Harvard University Press, 2008), 396.

43   Samuel Francis, "Why Race Matters," *American Renaissance* (September 1994), https://www.amren.com/archives/back-issues/september-1994/#cover.

44   John Ganz, "The Forgotten Man," *Baffler* (December 15, 2017), https:// thebaffler.com/latest/the-forgotten-man-ganz; Daniel Denvir, All-American Nativism (New York: Verso, 2020), 64; Joseph E. Lowndes, "From Pat Buchanan to Donald Trump: The Nativist Turn in Right-Wing Populism," in *A Field Guide to White Supremacy*, ed. Kathleen Belew and Ramón A. Gutiérrez (Berkeley: University of California Press, 2021).

45   Euan Hague, Heidi Beirich, and Edward H. *Sebesta, Neo-Confederacy: A Critical Introduction* (Austin: University of Texas Press, 2008), 104-18.

46   Hague, Beirich, and Sebesta, *Neo-Confederacy: A Critical Introduction, 1; Michael*

Hill and Thomas Fleming, "New Dixie Manifesto," *Washington Post,* October 29, 1995, *ProQuest; and Carlson to Antony Sullivan,* "Report on 'The New Politics' Conference," funded by a grant from the Earhart Foundation, n.d.

47   Dixienet: The Southern League Website, https://web.archive.org/web /19961102130200/http://www.dixienet.org/slhomepg/foreign.html.

48   Murray N. Rothbard, "The Nationalities Question (August 1990)," in *The Irrepressible Rothbard,* ed. Llewellyn H. Rockwell (Burlingame, CA: The Center for Libertarian Studies, 2000), 231.

49   Rothbard, *Never a Dull Moment,* 48.

50   Murray N. Rothbard, "The 'New Fusionism': A Movement for Our Time," *Rothbard-Rockwell Report* 2, no. 1 (January 1991): 8.

51   이 논문에서 제시되었듯, 1993년 9월 리우데자네이루에서 열린 몽펠르랭협 회의 지역 모임 강연에서 처음 소개되었다. Murray N. Rothbard, "Nations by Consent: Decomposing the Nation-State," *Journal of Libertarian Studies* 11, no. 1 (Fall 1994): 1.

52   그는 "소수를 제외하고는 국가 내 동질성은 작동하지 않는다"라고 적었다. "'국가'는 하나 이상의 국가로 해체되고 분리의 필요성이 더욱 극심해진다." 남 아공에 대하여 그는 아파르트헤이트를 줄이는 것이 아니라 분리된 민족 집단 으로 "칸막이"를 하여 더욱 강화해야 한다고 주장했다. Murray N. Rothbard, "The Vital Importance of Separation," *Rothbard-Rockwell Report* 5, no. 4 (April 1994): 5, 7.

53   Rothbard, "Importance of Separation," 10.

54   Rothbard, 10.

55   Ron Paul, "The Moral Promise of Political Independence," Secession, State and Economy Conference, April 7-9, 1995, https://mises.org/library/moral-promise-political-independence.

56   전기에 관한 구체적인 내용은 다음을 참고하라. Hoover Institution Archives, Center for Libertarian Studies Papers, Box 4, folder 4.

57   Richard Rahn, "Why Estonia Is a Country for the Future," Cato Institute, September 22, 2015, https://www.cato.org/commentary/why-estonia-country-future.

58   Mila Jonjić and Nenad Pantelić, "The Mediterranean Tiger: How Montene-gro Became a Neoliberal Role Model," in Market Civilizations: Neoliberals East and South, ed. Slobodian and Plehwe. 또한 다음을 보라. Torben Niehr, "Viva Montenegro! Lasst tausend Monacos blühen!," Eigentümlich Frei 9, no. 63 (June 2006): 13.

59   Appel and Orenstein, From *Triumph to Crisis: Neoliberal Economic Reform in Postcommunist Countries*, 91.

60   Hans-Hermann Hoppe, "The Economic and Political Rationale for European Secessionism," in *Secession, State & Liberty*, ed. David Gordon (New Bruns- wick, NJ: Transaction, 1998), 222.

61   Hoppe, "The Economic and Political Rationale for European Secessionism," 218.

62   Hans-Hermann Hoppe, "The Political Economy of Centralization and Secession," *Secession, State and Economy Conference*, April 7-9, 1995, https: //mises.org/library/ political-economy-centralization-and-secession.

63   Hans-Hermann Hoppe, "The Property and Freedom Society-Reflections After Five Years," *Libertarian Standard* (2010), 2017년 9월 1일에 접속. http:// libertarianstandard.com/articles/hans-hermann-hoppe/the -property-and-freedom-society-reflections-after-5-years/.

64   Hawley, *Right-wing Critics of American Conservatism*, 200. 보드럼(Bodrum)에서 열린 행사에 참석한 기존 존랜돌프클럽 회원들로는 조지프 살레르노(Joseph Salerno)와 토머스 디로렌조(Thomas DiLorenzo)가 있다. 살레르노는 로스바드의 방식으로 맬컴 X와 미제스의 관련성을 제시했다. Joseph T. Salerno, "Mises on Nationalism, the Right of Self- Determination, and the Problem of Immigration," Mises Institute, March 28, 2017, https://mises.org/wire/mises-nationalism-right-self-determination -and-problem-immigration.

65   "PFS 2010 Annual Meeting-Speakers and Presentations," https:// propertyandfreedom.org/2018/02/pfs-2010-annual-meeting-speakers-and-presentations/.

66   "PFS 2014 Annual Meeting-Speakers and Schedule," https://propertyand freedom. org/2013/11/pfs-2014-annual-meeting-speakers-and-schedule/.

67   Robert Grözinger, "Freie Stadt in Südafrika," *Eigentümlich Frei* (May 2013), 18.

68 Agenda, Wayback Machine capture, June 4, 2016, https://propertyand freedom. org/; and Brandon Thorp and Penn Bullock, "Peter Thiel Cancels Appearance at Fascist Conference," *Towleroad*, July 29, 2016.

69 Richard Spencer, "The 'Alternative Right' in America," *Property and Freedom Society*, June 3-7, 2010, https://vimeo.com/12598049.

70 Joseph Goldstein, "Alt-Right Gathering Exults in Trump Election with Nazi-Era Salute," *New York Times*, November 20, 2016, https://www .nytimes. com/2016/11/21/us/alt-right-salutes-donald-trump.html.

71 Jeff Deist, "Self-Determination, Not Universalism, Is the Goal," *Mises Institute*, May 29, 2017, https://mises.org/blog/self-determination-not-universalism-goal.

72 John Ganz, "Libertarians Have More in Common with the Alt-Right Than They Want You to Think," *Washington Post*, (September 19, 2017), Gale Academic OneFile; Quinn Slobodian, "A Brief History of Neoliberal Problems: How Race Theory Spawned the Alt Right," Harvard University New Directions in European History Colloquium (September 21, 2017); Slobodian, "Anti-68ers and the Racist-Libertarian Alliance," 378-82.

73 Hans-Hermann Hoppe, *Democracy: The God That Failed* (New Brunswick, NJ: Transaction, 2001), 73.

74 예를 들어 인종 과학자 필리프 러시턴(Philippe Rushton)의 인용문을 보라. Hoppe, *Democracy*, 141.

75 Hoppe, *Democracy*, 218.

76 Murray N. Rothbard, "America's Two Just Wars: 1775 and 1861," in *The Costs of War: America's Pyrrhic Victories*, ed. John V. Denson (New Brunswick, NJ: Transaction, 1999), 133.

77 다음을 보라. Nicole Hemmer, "The Alt-Right in Charlottesville: How an Online Movement Became a Real-World Presence," in *A Field Guide to White Supremacy*, 287-303.

78 "Christopher Cantwell Radical Agenda," accessed September 16, 2017, https:// christophercantwell.com/product/i/.

79 Chase Rachels, White, *Right, and Libertarian* (Createspace Independent Publishing, 2018).

80 Hans-Hermann Hoppe, "Libertarianism and the Alt-Right: In Search of a Libertarian Strategy for Social Change," The Ludwig von Mises Centre (UK), October 20, 2017, https://misesuk.org/2017/10/20/libertarianism-and-the-alt-right-hoppe-speech-2017/. 예를 들어 다음을 보라. Hans-Hermann Hoppe, "The Case for Free Trade and Restricted Immigration," *Journal of Libertarian Studies* 13, no. 2 (1998): 221-33; and Rothbard, "Nations by Consent: Decomposing the Nation-State," 7.

81 오늘날까지 자립적인 백인 민족주의 공동체를 만들려는 노력은 이 나라의 다른 쪽인 태평양 북서부에서 가장 성공적이었다. 다음을 보라. Kathleen Belew, *Bring the War Home: The White Power Movement and Paramilitary America* (Cambridge, MA: Harvard University Press, 2018).

82 Graham and Marvin, *Splintering Urbanism: Networked Infrastructures, Technological Mobilities and the Urban Condition*, 360.

83 Jim Surowiecki, "Bundynomics," *New Yorker*, January 25, 2016, https://www.newyorker.com/magazine/2016/01/25/bundynomics. 이 주제에 관한 훌륭한 연구로는 다음을 들 수 있다. Phil A. Neel, *Hinterland: America's New Landscape of Class and Conflict* (London: Reaktion, 2018); Daniel Martinez HoSang and Joseph E. Lowndes, *Producers, Parasites, Patriots: Race and the New Right-Wing Politics of Precarity* (Minneapolis: University of Minnesota Press, 2019), chap. 5; James R. Skillen, *This Land Is My Land: Rebel- lion in the West* (New York: Oxford University Press, 2020). 민병대의 "주권 시민"과 "상환주의" 운동에 관해서는 다음을 보라. Posse Comitatus, "sovereign citizen," and "redemptionist" movements see Anna Merlan, *Republic of Lies: Conspiracy Theorists and Their Surprising Rise to Power* (New York: Metropolitan, 2019), chap. 7.

84 Michael Phillips, *White Metropolis: Race, Ethnicity, and Religion in Dallas,* 1841-2001 (Austin: University of Texas Press, 2006), 64. 이에 관한 평가로는 다음을 들 수 있다. Spencer and Dallas see Michael Phillips, "The Elite Roots of Richard Spencer's Racism," *Jacobin*, December 29, 2016, https://jacobin.com/2016 /12/ richard-spencer-alt-right-dallas-texas.

85 David Dillon, "Safe Havens: Gated Communities Are Appealing to Today's Yearning for Security (June 19, 1994)," in *The Open-Ended City: David Dillon on*

Texas Architecture, ed. Kathryn Holliday and Robert Decherd (Austin: University of Texas Press, 2019), 141-46.

6장

1   이 행사는 자유기금프레이저연구소(Liberty Fund-Fraser Institute)가 주최하는 네 번째 경제적자유산출학회(Conference Rating Economic Freedom)였다. Stephen T. Easton and Michael A. Walker, eds., *Rating Global Economic Freedom* (Vancouver, BC: Fraser Institute, 1992), vi.

2   Diana Ketcham, "Sea Ranch, California's Modernist Utopia, Gets an Update," *New York Times*, June 11, 2019, https://www.nytimes.com/2019/06/11/arts / design/sea-ranch-california.html.

3   Martha Tyler, "Sea Ranch Races Toward Build Out: Information from the 2000 U.S. Census," *Soundings* (Spring 2002), https://www.tsra.org/wp -content/ uploads/2019/11/Soundings_2002_Census-ID_3595.pdf.

4   Friedman and Friedman, *Two Lucky People: Memoirs*, 562; and "The Sea Ranch Restrictions: A Declaration of Restrictions, Covenants and Conditions," May 10, 1965, https://www.tsra.org/wp-content/uploads/2019/11/Restrictions.pdf.

5   Lawrence Halprin and Bill Platt, "The Sea Ranch as an Intentional Community," *Ridge Review* 3, no. 3 (Fall 1983), http://s3.amazonaws.com/arena-attachments/21 49774/71f003a25682dd4abc2c7aa0b93720b6.pdf?1525789191.

6   Hadley Meares, "From Russia with Love: Fort Ross and Russia's Failed Attempt to Conquer California," KCET, August 2, 2017, https://www.kcet .org/shows/ california-coastal-trail/from-russia-with-love-fort-ross-and -russias-failed-attempt-to-conquer-california.

7   Edward J. Blakely and Mary Gail Snyder, *Fortress America: Gated Communities in the United States* (Washington, DC: Brookings Institution Press, 1997), 7. 수많은 사람에게 그렇게 남아 있다. Geoff Eley writes about "gatedness" as an "emerging societal paradigm." Geoff Eley, "Liberalism in Crisis: What Is Fascism and Where Does It Come From?," in *Fascism in America: Past and Present*, ed. Gavriel Rosenfeld and

Janet Ward (New York: Cambridge University Press, forthcoming).

8 Gernot Köhler, "The Three Meanings of Global Apartheid: Empirical, Normative, Existential," *Alternatives: Global, Local, Political* 20, no. 3 (July-September 1995): 403-13.

9 Roger K. Lewis, "'Gated' Areas: Start of New Middle Ages," *Washington Post*, September 9, 1995, ProQuest Historical Newspapers. 다음을 보라. Graham and Marvin, *Splintering Urbanism: Networked Infrastructures, Technological Mobilities and the Urban Condition*, 228.

10 Lewis, "Start of New Middle Ages."

11 Natalie Y. Moore, *The South Side: A Portrait of Chicago and American Segregation* (New York: St. Martin's, 2016), 46쪽에서 인용.

12 Friedman, *Capitalism and Freedom*, 118. 낸시 맥린(Nancy MacLean)의 다음 글도 보라. "How Milton Friedman Aided and Abetted Segregationists in His Quest to Privatize Public Education," *Institute for New Economic Thinking*, September 27, 2021, https://www.ineteconomics.org/perspectives/blog/how -milton-friedman-aided-and-abetted-segregationists-in-his-quest-to -privatize-public-education.

13 그는《하버드보수주의Harvard Conservative》에 기고했고 편집을 도왔으며 자신의 아버지가 프리드리히 하이에크와 함께 편집진에 포진해 있던《신개인주의자 회보New Individualist Review》에서 대학 대표직을 맡았다. *New Individualist Review* 2, no. 2 (Summer 1962); and Friedman and Friedman, *Two Lucky People: Memoirs*, 372.

14 David Friedman, "The Radical: Figs from Thistles," *New Guard* (Summer 1969): 19.

15 Stan Lehr and Louis Rossetto Jr., "The New Right Credo-Libertarianism," *New York Times Magazine*, January 10, 1971, https://www.nytimes.com /1971/01/10/ archives/the-new-right-credo-libertarianism.html.

16 David Friedman, "Problems with Libertarianism" (1981), http://www .daviddfriedman.com/Ideas%20I/Libertarianism/Problems.pdf.

17 Friedman, *Capitalism and Freedom*, 32.

18 David Friedman, *The Machinery of Freedom: Guide to a Radical Capitalism* (New York: Harper Colophon, 1973).

19 Patrick M. Flynn, Letter to the Editor, *New Guard*, April 1970, 25.

20 Michael A. Cramer, *Medieval Fantasy as Performance: The Society for Creative*

Anachronism and the Current Middle Ages (Lanham, MD: Scarecrow Press, 2010), 1.

21   "Some Tricks," 185, http://www.daviddfriedman.com/Medieval/miscellany _pdf/ Articles_about_Persona.pdf.

22   "Pennsic War History," http://www.pennsicwar.org/History.

23   David Friedman, "A Theory of the Size and Shape of Nations," *Journal of Political Economy* 85, no. 1 (February 1977): 59-77. 데이비드는 정규 경제학 수업을 듣지 않은 전문 경제학자라고 자랑했다. Friedman, "Problems with Libertarianism."

24   David Friedman, "Private Creation and Enforcement of Law: A Historical Case," *Journal of Legal Studies* 8, no. 2 (March 1979): 400.

25   프리드먼은 이전 시기 개리 베커(Gary Becker)와 조지 스티글러(George Stigler)가 제안한 집행자들의 "자유경쟁"에서 영감을 받았다며 공을 돌렸다. Gary Becker and George J. Stigler, "Law Enforcement, Malfeasance, and Compensation of Enforcers," *Journal of Legal Studies* 3, no. 1 (January 1974): 14; Friedman, "Private Creation and Enforcement of Law: A Historical Case," 400.

26   David Friedman, "Legal Systems Very Different from Ours" (2nd Seastead- ing Institute Conference, 2009), https://www.seasteading.org/david-d-friedman-legal-systems-very-different-from-ours/. For a recent reprisal of the theme see Vincent Geloso and Peter T. Leeson, "Are Anarcho-Capitalists Insane? Medieval Icelandic Conflict Institutions in Comparative Perspective," *Revue d'économie politique* 6, no. 130 (2020): 957-74.

27   벤슨의 개인 누리집. 2021년 1월에 접속. https://myweb.fsu.edu /bbenson/.

28   Bruce L. Benson, *The Enterprise of Law: Justice Without the State* (Oakland, CA: Independent Institute, 2011), 22.

29   Benson, *Enterprise of Law*, 23.

30   Benson, 28, 46.

31   Benson, 62.

32   Benson, 51.

33   Benson, 71.

34   Benson, 73.

35   Benson, 45.

36   Benson, 182.

37 Benson, 186.

38 William Gibson, *Virtual Light* (New York: Bantam Spectra, 1993).

39 후쿠토미 히로시 감독, 엔도 아키노리 각본의 <배틀 에인절*Battle Angel*>, 제1부, 초기 애니메이션 비디오, 1993년 작.

40 Bruce Benson, *To Serve and Protect: Privatization and Community in Criminal Justice* (New York: New York University Press, 1998), 91.

41 Benson, *The Enterprise of Law*, 211.

42 Benson, *To Serve and Protect: Privatization and Community in Criminal Justice*, 5.

43 또한 다음을 보라. Rothbard, *For a New Liberty: The Libertarian Manifesto* (1973), 108; Murray N. Rothbard, *The Ethics of Liberty,* 2nd ed. (New York: New York University Press, 1998), 87.

44 자유지상주의포럼의 사무실 주소는 다음과 같았다. 1620 Montgomery St. *Libertarian Review*, April 1979, 3; Doherty, Radicals for Capitalism, 413.

45 Gerald Frost, *Antony Fisher: Champion of Liberty*, condensed and ed. David Moller (London: Institute of Economic Affairs, 2008).

46 David Boaz, "Gates of Wrath," *Washington Post*, January 7, 1996, ProQuest Historical Newspapers.

47 Alexander Tabarrok, "Market Challenges and Government Failure: Lessons from the Voluntary City," in *The Voluntary City: Choice, Community, and Civil Society*, ed. David T. Beito, Peter Gordon, and Alexander Tabarrok (Ann Arbor: University of Michigan Press, 2002), 428.

48 Donald J. Boudreaux and Randall G. Holcombe, "Government by Con- tract," Public Finance Quarterly 17, no. 3 (1989): 266.

49 Boudreaux and Holcombe, "Government by Contract," 276.

50 Gordon Tullock, *Efficient Government Through Decentralization, BEPA Economic Papers* (Pretoria: Bureau for Economic Policy and Analysis, 5 September 1979), 1.

51 Tullock, *Efficient Government Through Decentralization*, 12.

52 Gordon Tullock, "A New Proposal for Decentralizing Government Activity," in *Rationale Wirtschaftspolitik in komplexen Gesellschaften: Gérard Gäfgen zum 60. Geburtstag*, ed. Hellmuth Milde and Hans G. Monissen (Stuttgart: W. Kohlhammer, 1985), 146.

53   Gordon Tullock, The New Federalist (Vancouver, BC: Fraser Institute, 1994), xvi.

54   1987년 조지메이슨대학교에서 은퇴한 그는 다시 돌아갈 때까지 1999년에서 2008년까지, GMU의 애리조나대학교에서 새로운 직책을 맡았다. 선샤인마운틴리지 주택보유자협회에 관해 털럭이 저술한 것은 오늘날에도 활동하고 있는 카탈리나 풋힐스(Catalina Foothills) 지역 선라이즈마운틴리지(Sunrise Mountain Ridge) 주택보유자협회임이 분명하다.

55   Tullock, The New Federalist, 11.

56   Tullock, 14.

57   David Boaz, "Opting Out of Government Failure," Washington Post, September 10, 1996, ProQuest Historical Newspapers.

58   Friedman, The Machinery of Freedom: Guide to a Radical Capitalism, 219.

59   Hans-Hermann Hoppe, "The Libertarian Quest for a Grand Historical Narrative," Mises Institute, November 5, 2018, https://mises.org/print/44602.

60   Hoppe, Democracy: The God That Failed, 291.

61   David Friedman, "Concerning a Dream," Tournaments Illuminated, no. 42 (1977), http://www.daviddfriedman.com/Medieval/miscellany_pdf/Articles_about_Persona.pdf.

62   Patri Friedman, "Ephemerisle," Seasteading Institute Conference, September 29, 2009, San Francisco, CA, video, 31:46, https://vimeo.com/10912197.

63   Philip E. Steinberg, Elizabeth Nyman, and Mauro J. Caraccioli, "Atlas Swam: Freedom, Capital, and Floating Sovereignties in the Seasteading Vision," Antipode 44, no. 4 (2012): 1532-50.

64   Friedman, The Machinery of Freedom: Guide to a Radical Capitalism, 156.

65   Graham and Marvin, Splintering Urbanism: Networked Infrastructures, Technological Mobilities and the Urban Condition, 272; Keith C. Veal, "The Gating of America: The Political and Social Consequences of Gated Communities on the Body Politic" (PhD diss., Michigan, 2013), 8.

66   Heath Brown, Homeschooling the Right: How Conservative Education Activism Erodes the State (New York: Columbia University Press, 2021), 5.

67   Brown, Homeschooling the Right: How Conservative Education Activism Erodes the State, 72.

68   David Friedman, "Secession," Daviddfriedman.com, April 9, 2013, http:// www. daviddfriedman.com/Academic/Secession.html.

69   이러한 주장들을 다음에서 인용. *Evan McKenzie, Beyond Privatopia: Rethinking Residential Private Government* (Washington, DC: Urban Institute, 2012), 55.

70   Evan McKenzie, *Privatopia: Homeowners Associations and the Rise of Residential Private Government* (New Haven, CT: Yale University Press, 1994), 15-17.

71   Friedman, *The Machinery of Freedom: Guide to a Radical Capitalism*, 173.

72   Linda Carlson, *Company Towns of the Pacific Northwest* (Seattle: University of Washington Press, 2003), 193.

73   Carlson, *Company Towns of the Pacific Northwest*, 12.

7장

1   Peggy Durdin, "Life in Shangri-Liechtenstein," *New York Times*, October 17, 1954, https://www.nytimes.com/1954/10/17/archives/life-in-shangriliechtenstein-the -tiny-nation-has-the-lowest-taxes.html.

2   William McGurn, "Liechtenstein, the Supply-Siders' Lilliputian Lab," *Wall Street Journal*, July 10, 1985, ProQuest Historical Newspapers.

3   Louw and Kendall, *South Africa: The Solution*, 141.

4   "Aufruf zur sofortigen Abschaffung aller Sozialleistungen für Migranten," Eigentümlich Frei, April 21, 2017, https://ef-magazin.de/2017/04/21/10876 -massenmigration-wohlfahrtsstaat-und-grenzsicherung-aufruf-zur -sofortigen- abschaffung-aller-sozialleistungen-fuer-migranten; Titus Gebel, "What We Can Learn from Liechtenstein," *Mises Wire*, September 3, 2019, https://mises.org/wire/ what-we-can-learn-liechtenstein.

5   "Sorry, Savers, We've Gone Legit," *Economist*, April 13, 2002, Economist Historical Archive.

6   Andrew Young, "Freedom and Prosperity in Liechtenstein: A Hoppean Analysis," *Journal of Libertarian Studies* 22 (2010): 278.

7   오늘날 리히텐슈타인과 사우디아라비아는 국가 이름에 군주의 성을 포함한 단

두 나라이다.

8   Rudolf Bachthold et al., *Eine Adresse in Liechtenstein: Finanzdrehscheibe und Steuerparadies* (Wiesbaden: Gabler, 1979), 13.

9   David Beattie, *Liechtenstein: A Modern History*, 2nd ed. (Triesen: Van Eck, 2012), 37.

10   George E. Glos, "The Analysis of a Tax Haven: The Liechtenstein Anstalt," *International Lawyer* 18, no. 4 (Fall 1984): 929.

11   Beattie, *Liechtenstein*, 68.

12   Beattie, 75.

13   Brooke Harrington, *Capital Without Borders: Wealth Managers and the One Percent* (Cambridge, MA: Harvard University Press, 2016), 37-39.

14   Vanessa Ogle, "'Funk Money': The End of Empires, the Expansion of Tax Havens, and Decolonization as an Economic and Financial Event," *Past & Present* 249, no. 1 (2020): 218.

15   Beattie, *Liechtenstein*, 75.

16   Bachthold et al., *Eine Adresse in Liechtenstein*, 15.

17   Ferdinand Tuohy, "Booming Capital for Capital in Flight," *New York Times*, January 15, 1933, ProQuest Historical Newspapers.

18   Glos, "The Analysis of a Tax Haven: The Liechtenstein Anstalt," 954.

19   Ronen Palan, *Richard Murphy, and Christian Chavagneux, Tax Havens: How Globalization Really Works* (Ithaca, NY: Cornell University Press, 2010), 117.

20   Vladimir Pozner, "Liechtenstein, the World's Biggest Safe,"" *Harper's*, October 31, 1938): 604.

21   "A Well-Fixed State," *New York Times*, March 21, 1938, ProQuest Historical Newspapers; and "Citizenship by Investment," https://nomadcapitalist .com/ citizenship-by-investment/. See also Atossa Abrahamian, *The Cosmopolites: The Coming of the Global Citizen* (New York: Columbia Global Reports, 2015).

22   "A Well-Fixed State"; Tuohy, "Booming Capital for Capital in Flight."

23   "Nazis in Cabinet in Liechtenstein," *New York Times*, April 1, 1938, ProQuest Historical Newspapers.

24   "Nazi Crimes Taint Liechtenstein," BBC News, April 14, 2005, http://news .bbc. co.uk/2/hi/europe/4443809.stm.

25   "Liechtenstein Mecca for Nervous Capital," *New York Times*, July 10, 1932, ProQuest Historical Newspapers.

26   Mitchell Gordon, "Tax Haven: Little Liechtenstein Lures Army of U.S. and Foreign Subsidiaries," *Wall Street Journal*, July 7, 1954, ProQuest Historical Newspapers.

27   Felix Kessler, "Little Liechtenstein Still Draws Tourists and a Lot of Money," *Wall Street Journal*, October 3, 1975, ProQuest Historical Newspapers.

28   Gordon, "Tax Haven."

29   Matthew Engel, "Lying Low Is Risky for Liechtenstein," *Financial Times*, February 7, 2009, Financial Times Historical Archive, Gale.

30   Palan, Murphy, and Chavagneux, *Tax Havens: How Globalization Really Works*, 108.

31   Paul Hofmann, "For Little Liechtenstein (Population: 25,000) This Is the Golden Age," *New York Times*, August 7, 1978, ProQuest Historical Newspapers.

32   Georges Nzongola-Ntalaja, *The Congo from Leopold to Kabila: A People's History* (London: Zed Books, 2002), 137.

33   "South African Firms Avoid Sanctions, Union Charges," *Wall Street Journal*, June 23, 1989, ProQuest Historical Newspapers.

34   Gordon, "Tax Haven"; and Geoffrey Tweedale and Laurie Flynn, "Piercing the Corporate Veil: Cape Industries and Multinational Corporate Liability for a Toxic Hazard, 1950-2004," *Enterprise and Society* 8, no. 2 (June 2007): 286. See also Jocelyn A. Bell, "The Influence on the South African Economy of the Gold Mining Industry 1925-2000," South African Journal of Economic History 16, no. 1-2 (2001): 43.

35   Camillus Eboh, "Nigeria to Recover $228 Million of Abacha Loot After 16-Year Fight," Reuters, June 19, 2014, https://www.reuters.com/article/us-nigeria -liechtenstein-idUSKBN0EU1ZQ20140619; Edward Luce, "The Prince Knows Everyone," *Gazette* (Montreal), December 4, 1994, Newspapers.com.

36   Andrew Osborn, "Country for Hire: Low Rates, All Amenities," *Guardian* (UK Version), February 14, 2003, ProQuest Historical Newspapers.

37   Walter Wright, "Marcos Used Code to Juggle Fortune, Documents Show," *Toronto Star*, August 23, 1986, Newspapers.com; William C. Rempel, "U.S. Officials

Weighing Indictment of Marcos Inquiry in Final Stages," *Los Angeles Times*, June 16, 1988 ProQuest Historical Newspapers.

38   Bullough, *Moneyland: Why Thieves and Crooks Now Rule the World and How to Take it Back*, 10.

39   Beattie, *Liechtenstein*, 151, 157.

40   Beattie, 191.

41   Geoffrey Atkins, "Europe's Blue Bloods Flock to Wedding of Fairy-Tale Prince," *Sacramento Bee*, July 30, 1967.

42   Margaret Studer, "Tiny Medieval Principality Melds Past with the Future," *Calgary Herald*, July 3, 1984, Newspapers.com; and Hans-Adam II, *The State in the Third Millennium* (Schan: van Eck, 2009), 84.

43   Hans-Adam II, *Third Millennium*, 142.

44   Marcia Berss, "The Prince That Roared," *Forbes*, April 29, 1985, Gale Academic OneFile.

45   John Russell, "Royal Treasures Glow at the Met," *New York Times*, October 6, 1985, *ProQuest Historical Newspapers.*

46   Head of State of the Principality of Liechtenstein, Forty-Sixth Session, General Assembly, Provisional Verbatim Record of the 10th Meeting, September 26, 1991, UN Documents A/46/PV.10, October 1, 1991, 6.

47   Barry Bartmann, "From the Wings to the Footlights: The International Relations of Europe's Smallest States," *Commonwealth & Comparative Politics* 50, no. 4 (November 2012): 536.

48   Hans-Adam II, *Third Millennium*, 7.

49   Hans-Adam II, 117.

50   Hans-Adam II, 81.

51   Rothbard, "Nations by Consent: Decomposing the Nation-State."

52   Beattie, *Liechtenstein*, 222.

53   Eric Gwinn, "Liechtenstein's Prince Gains Power, Absolutely," *Chicago Tribune*, March 28, 2003.

54   Beattie, *Liechtenstein*, 289.

55   Fiona Fleck, "Prince to People: 'I'll Sell Up to Bill Gates,'" *Sunday Telegraph*,

February 11, 2001, Westlaw. 그는 이후 자신의 말은 농담이었다고 주장했다. Sarah Lyall, "In Liechtenstein, a Princely Power Grab," *New York Times*, March 15, 2003, ProQuest Historical Newspapers.

56 "Q&A / Prince Hans-AdamII: Liechtenstein's Futurea sa 'Clean Tax Haven,'" *New York Times,* August 31, 2000, ProQuest Historical Newspapers.

57 Audrey Gillan, "Liechtenstein Monarchy Tops List of Richest Royals," *Guardian*, June 4, 1999, ProQuest Historical Newspapers.

58 Gwinn, "Liechtenstein's Prince Gains Power, Absolutely."

59 "다른 것들로는, 군주는 독단적으로 정부를 해체할 권한을 가지며 리히텐슈타인 헌법재판소의 결정에 영향받지 않는다는 제안을 들 수 있다." Lyall, "In Liechtenstein, a Princely Power Grab."

60 "Sorry, Savers, We've Gone Legit."

61 "Democratic Feudalism," *Economist,* March 22, 2003, Gale in Context: Global Issues.

62 John Blundell, "Enclaves Punch Above Their Weight with the EU," *Sunday Business* (London, UK), September 24, 2006, ProQuest.

63 여기에는 독일과 스위스의 주요 경제학자들이 소속된 유럽헌법그룹이 포함된다. Slobodian and Plehwe, "Neoliberals Against Europe," 97; Detmar Doering, *Friedlicher Austritt: Braucht die Europäische Union ein Sezessionsrecht?* (Brussels: Centre for the New Europe, June 2002), 41.

64 Paul Johnson, "Foreword," in *The Voluntary City: Choice, Community, and Civil Society*, ed. David T. Beito, Peter Gordon, and Alexander Tabarrok (Ann Arbor: University of Michigan Press, 2002), viii.

65 Johnson, "Foreword," viii.

66 1989년 볼프람 엥겔스(Wolfram Engels)의 말로 다음에서 인용. Roland Baader, *Die Euro-Katastrophe* (Böblingen: Antia Tykve Verlag, 2017), 31.

67 Gerard Radnitzky, "Towards a Europe of Free Societies: Evolutionary Competition or Constructivistic Design," *Ordo* 42 (1991): 162.

68 Daniel Hannan, "Successful Countries Think Small," *Telegraph Online*, April 11, 2007, Westlaw.

69 그는 앨런 스케드(Alan Sked)로, 영국독립당(UK Independent Party)을 창당했다.

Alan Sked, "Myths of European Unity," *National Interest* (Winter 1990/1): 73. 이 러한 시각은 다음의 저작에 큰 영향을 받았다. Eric Jones, *The European Miracle: Environments, Economies and Geopolitics in the History of Europe and Asia* (New York: Cambridge University Press, 1981).

70 Beattie, *Lichtenstein*, 182. 이러한 입장을 취한 다른 국가로는 아이슬란드와 노 르웨이를 들 수 있는데, 브렉시트 지지자들과 비교할 만한 긍정적 주장들을 보 여 준다. Daniel Hannan, "Blue-Eyed Sheikhs," *Spectator*, October 9, 2004, Gale.

71 Göttingen *Hayek-Tage*, June 21-22, 2013, program.

72 Katja Riedel and Sebastian Pittelkow, "Die Hayek-Gesellschaft-'Mistbeet der AfD?,'" *Süddeutsche Zeitung*, July 14, 2017, https://www.sueddeutsche .de/ wirtschaft/hayek-gesellschaft-mistbeet-der-afd-1.3589049.

73 오스트리아경제학재단 유럽연구소 출판물, 2022년 3월 22일에 접속. https://ecaef.org/epublications/. 미카엘 후작은 또한 국제장수연구소(International Institute of Longevity)와 장수센터(Longevity Center)의 공동 창립자다. https:// l-institute.com/.

74 Ludwig Mises, *Liberalism* (1927), 3 ed. (Irvington-on-Hudson, NY: Foundation for Economic Education, 1985), 109.

75 다음을 보라. J. C. Sharman, *Havens in a Storm: The Struggle for Global Tax Regulation* (Ithaca, NY: Cornell University Press, 2006).

76 Beattie, *Liechtenstein*, 355.

77 Palan, Murphy, and Chavagneux, *Tax Havens: How Globalization Really Work*s, 5.

78 Lynnley Browning, "Liechtenstein to Share Some Secrets of Its Bank," *New York Times*, December 4, 2008, ProQuest.

79 Conal Walsh, "Trouble in Banking Paradise as Uncle Sam's Sheriffs Ride In," *Observer*, October 27, 2002, Gale OneFile.

80 다음에 요약되어 있다. Beattie, *Liechtenstein*, 372.

81 Palan, Murphy, and Chavagneux, *Tax Havens: How Globalization Really Works*, 107; and "Is Liechtenstein a Libertarian Utopia?," ReasonTV, March 21, 2016, https:// www.youtube.com/watch?v=RGeOGnsSayc.

82 Peter Ford, "Trouble in Fairy-Tale Kingdom: Liechtenstein Bows to Inter- national Pressure, Moves to Curb Money Laundering," *Christian Science Monitor*, July 3,

2000, Gale In Context: Global Issues.

83   Haig Simonian and Gerrit Wiesmann, "'Fourth Reich' Remarks Take Relations to New Low," *Financial Times*, September 12, 2008, Financial Times Historical Archive, Gale.

84   Richard Rahn, "Attack on the Free," *Washington Times*, February 12, 2013, https://m.washingtontimes.com/news/2013/feb/12/attack-on-the-free/.

85   "Discussion Q&A-Salin, Stone, Malice, Kinsella, Deist (PFS2018)," https:// www.youtube.com/watch?v=ZptziXSxpx0.

86   Daniel Mitchell, "Is Secession a Good Idea?," *Cato at Liberty*, October 17, 2011, https://www.cato.org/blog/secession-good-idea.

87   Stephanie Hess, "The Swiss Village That's Home to an Imaginary State," swissinfo. ch, April 13, 2018, https://www.swissinfo.ch/eng/fantasy-democracy _the-swiss-village-that-s-home-to-an-imaginary-state/44040380; and https: //modelhof.com/uploads/1/3/5/0/135061344/ich_als_souver%C3%A4n_en.pdf.

88   Titus Gebel, "Is Liberty in Our Lifetime Achievable?," *Free Private Cities*, November 1, 2021, https://www.youtube.com/watch?v=m0gQKvPOIJ8.

8장

1   Bruce Sterling, *Islands in the Net* (New York: Arbor House, 1988), 386.

2   Sterling, *Islands in the Net*, 388.

3   Sterling, 261.

4   Yumi Kim, "Stateless in Somalia, and Loving It," *Mises Institute*, February 21, 2006, https://mises.org/library/stateless-somalia-and-loving-it.

5   그의 약력에 관한 자세한 내용은 다음을 보라. Michael van Notten, *The Law of the Somalis* (Trenton, NJ: Red Sea Press, 2005), 239-40. 주요 질서 자유주의자들은 유럽사법재판소(European Court of Justice)의 권한이 일국보다 상위에 위치하는 법률의 도출 및 시행에 개입했다. 경쟁 정책에 관해서는 다음을 보라. Antoine Vauchez, *Brokering Europe: Euro-Laywers and the Making of a Transnational Policy* (New York: Cambridge University Press, 2015); David J. Gerber, "Constitutionalizing

the Economy: German Neoliberalism, Competition Law and the 'New' Europe,"
American Journal of Comparative Law 42, no. 1 (Winter 1994): 25-84.

6   다음에서 인용. NRC. Rudie Kagie, "Bemiddelaar in staatsgrepen," *Argus* 1, no. 7
    (May 30, 2017): 14.

7   New member list, 1977, Stanford University, Hoover Institution Archives, Mont
    Pelerin Society Papers, Box 19, folder 4. 같은 해, 그는 암스테르담에서 몽펠르
    랭협회의 특별 모임을 개최했는데 여기에는 전 독일 총리이자 협회원이기도
    한 루트비히 에르하르트(Ludwig Erhard)가 참석했고 F. A. 하이에크가 화폐 탈국
    가화를 제안했다. Van Notten to Hayek, February 19, 1977, Hoover Institution
    Archives, Hayek Papers, Box 78, Folder 19; F. A. Hayek, *De weg naar moderne
    slavernij*, trans. Michael van Notten and Boudewijin Bouckaert (Brussels: Acropolis,
    1980); Milton Friedman and Rose Friedman, *Aan ons de keus*, trans. Michael van
    Notten (Brussels: Acropolis, 1981).

8   Michael van Notten, "Europe: Free-Market Ideas Sprout in Brussels," *Wall Street
    Journal*, February 29, 1984, ProQuest Historical Newspapers.

9   Alain Siaens, "Les zones franches," Hoover Institution Archives, Mont Pelerin
    Society Papers, Box 25, Folder 7.

10 Michale van Notten, De tewerkstellingzone als politiek breekijzer (Sint Genesius
    Rode: Institutum Europaeum, 1982).

11 "Wie gelooft in het Wonder van de Dereguleringszone?," *Provinciale Zeeuwse
    Courant*, July 30, 1983, Krantenbank Zeeland.

12 Michael van Notten, "Make Governments Compete for People," *Economic Affairs*
    (April-June 1984): 13-17.

13 Michael van Notten, "Politische Beweggründe für Freizonen in Europa," *Zeitschrift
    für Wirtschaftspolitik*, no. 32 (1983): 199.

14 Van Notten, "Politische Beweggründe für Freizonen in Europa," 205.

15 Van Notten, "Make Governments Compete for People," 13-17.

16 Michael van Notten, "Encouraging Enterprise-the Belgian Experience," *Economic
    Affairs* (July 1983): 282-85.

17 Van Notten, "Politische Beweggründe für Freizonen in Europa," 206.

18 Aurelia van Maalen, Dag, ik ga vrijheid halen (Amsterdam: Prometheus, 2016), 144;

and M. M. Notten, *De Arubaanse grondwet: vriend of vijand van de samenleving?* (Brussels: Institutum Europaeum, 1984). 본 장의 일부는 판노턴의 딸이 가명으로 작성한 회고록을 활용했다.

19   Kagie, "Bemiddelaar in staatsgrepen," 15.

20   앙골라 지역 게릴라들이 군사정변을 지원하고 나중에 무기로 그 대가를 보상 받을 계획이었던 것으로 추정된다. 자신의 주장을 좀 더 그럴싸하게 만들려고, 판노턴은 공공연하게 리비아가 수리남을 이 지역에서 작전을 펼칠 발판으로 삼고 있다고 주장했다. Kagie, "Bemiddelaar in staatsgrepen," 16; Vicki Rivera, "Libya Reported Drilling Terrorists in Suriname," *Washington Times*, Ocotber 24, 1985, Newsbank.

21   Van Maalen, *Dag, ik ga vrijheid halen*, 47.

22   n.a., "Free Trade Zone in the Yukon," *Whitehorse Star*, July 4, 1984, Newspapers. com.

23   Van Maalen, *Dag, ik ga vrijheid halen*, 130.

24   Van Maalen, 155.

25   Van Maalen, 43.

26   판노턴은 벨기에 철학자 프랑크 판던(Frank van Dun)이 제시한 자연법 및 자연권의 영향을 받았다. 판던은 판노턴의 저작 『소말리아의 법The Law of the Somalis』에 후기를 써 주었다. 다음을 보라. Frank Van Dun, "Against Libertarian Legalism: A Comment on Kinsella and Block," *Journal of Libertarian Studies*, 17, no. 3 (2003): 63-90.

27   예를 들어 다음을 보라. E. E. Evans-Prichard, *The Nuer: A Description of the Modes of Livelihood and Political Institutions of a Nilotic People* (Oxford: Clarendon, 1940). 그의 제자인 I. M. 루이스(Lewis)는 어느 학자가 유목민 무정부주의가 더 적절한 것 같다고 지적한 저서 『유목민 민주주의A Pastoral Democracy』에서 소말리아의 씨족 체제를 처음으로 성문화했다. Gérard Prunier, *The Country That Does Not Exist: A History of Somaliland* (London: Hurst, 2021), 219. 다음을 보라. I. M. Lewis, *A Pastoral Democracy: A Study of Pastoralism and Politics Among the Northern Somali of the Horn of Africa* (Oxford: Oxford University Press, 1961). 씨족 체제의 학술 용어는 "부계 환절 혈통(patrilineal segmentary lineage)"이다. Alex de Wall, *The Real Politics of the Horn of Africa: Money, War and the Business of Power* (Cambridge: Polity, 2015), 110.

28　Hans-Hermann Hoppe, "Reply to Benegas Lynch," in *Values and the Social Orde*, ed. Gerard Radnitzky (Aldershot: Avebury, 1997); Günther Schlee, "Customary Law and the Joys of Statelessness: Idealised Traditions Versus Somali Realities," *Journal of Eastern African Studies* 7, no. 2 (2013): 258.

29　"Somalië toneel van Afrika's gruwelijkste geweld," NRC Handelsblad, December 14, 1991, https://www.nrc.nl/nieuws/1991/12/14/somalie-toneel -van-afrikas-gruwelijkste-geweld-6990603-a1042137.

30　Van Maalen, *Dag, ik ga vrijheid halen*, 36.

31　Van Notten, *The Law of the Somalis*, 121.

32　M. M. Notten, "Somalische Xeer is het meest geschikt voor Somalia," de *Vrijbrief*, no. 166 (March 1992): 11, 16.

33　Van Notten, *From Nation-State to Stateless Nation: The Somali Experience* (2000), 초고, Wayback Machine 2020년 8월 16일, http://www.awdal .com/awdalp13.html.

34　Van Notten, *Law of the Somalis*, 56.

35　Van Notten, 70.

36　Van Notten, 116.

37　Michael van Notten, "From Nation-State to Stateless Nation: The Somali Experience," *Africa* 58, no. 2 (June 2003): 150.

38　Van Notten, *Law of the Somalis*, 117-18.

39　Van Notten, 137.

40　Van Notten, *Nation-State to Stateless Nation*, (2000), 화면 캡처, 2000년 8월 16일, http://www.awdal.com/awdalp13.html.

41　Van Notten, *Law of the Somalis*, 138.

42　Hoppe, "The Economic and Political Rationale for European Secession ism," 212.

43　Van Notten, *Law of the Somalis*, 143.

44　Spencer Heath MacCallum, "A Peaceful Ferment in Somalia," *Foundation for Economic Education*, June 1, 1998, https://fee.org/articles/a-peaceful -ferment-in-somalia/.

45　MacCallum, "A Peaceful Ferment in Somalia."

46　Spencer Heath MacCallum, "Looking Back and Forward," in *I Chose Liberty: Autobiographies of Contemporary Libertarians*, ed. Walter Block (Auburn, AL: Ludwig von Mises Institute, 2010), 206.

47 Spencer Heath, *Citadel, Market and Altar: Emerging Society* (Baltimore: Science of Society Foundation, 1957), 79.

48 Heath, *Citadel, Market and Altar*, 91.

49 Heath, 82.

50 MacCallum, "Looking Back and Forward," 208.

51 Heath, *Citadel, Market and Altar*, 94.

52 MacCallum, "Looking Back and Forward," 208.

53 Van Notten, *Law of the Somalis* 서문, xii.

54 Spencer Heath MacCallum, "Werner K. Stiefel's Pursuit of a Practicum of Freedom," LewRockwell.com, June 19, 2006, https://www.lewrockwell .com/2006/06/spencer-heath-maccallum/werner-k-stiefels-pursuit-of-a-practicumoffreedom/. 가장 뛰어난 논의로는 다음을 보라. Isabelle Simpson, "Operation Atlantis: A Case-Study in Libertarian Island Micronationality," *Shima* 10, no. 2 (2016): 18-35.

55 MacCallum, "Looking Back and Forward," 211.

56 Roy Halliday, "Operation Atlantis and the Radical Libertarian Alliance: Observations of a Fly on the Wall," (2002), https://ad-store.sgp1.digitaloceanspaces .com/LUA/Documents/royhalliday%20operation%20atlantis.pdf.

57 Spencer Heath MacCallum, "A Model Lease for Orbis," October 15, 1995, http:// freenation.org/a/f33m1.html.

58 MacCallum, "Werner K. Stiefel's Pursuit of a Practicum of Freedom"; MacCallum, "The Freeport-Clan."

59 MacCallum, "The Freeport-Clan," 170.

60 Heath, Citadel, *Market and Altar: Emerging Society*, 85.

61 이름이 같은 윌리엄 리스모그의 공저자와 혼동하지 말 것.

62 "Freedonia-The Cabinet," 2000년 8월 29일 캡처, http://www.freedonia .org/ cabinet.html.

63 "What Is the Principality of Freedonia?," 1999년 5월 7일 캡처, http://www. freedonia.org/whatis.html.

64 "Kyle to Ryan, 3 October 1999," 2000년 4월 8일 캡처, http://www .freedonia.

org/dialogue.html.

65   "Principality of Freedonia Sovereignty Plans," 2000년 10월 28일 캡처, http://www.freedonia.org/sovereignty2.html.

66   "Recent events have complicated our situation in Awdal," 2001년 2월 11일 캡처, http://www.freedonia.org/sovereignty2.html.

67   "Somaliland Protest Leaves 25 in Jail," *BBC Monitoring Newsfile*, 2001년 1월 12일, ProQuest.

68   Ken Menkhaus, "Governance Without Government in Somalia: Spoilers, State Building, and the Politics of Coping," *International Security* 31, no. 3 (Winter 2006/2007): 74-106; Nicole Stremlau, "Governance Without Government in the Somali Territories," *Journal of International Affairs* 71, no. 2 (Spring/Summer 2018): 73-89.

69   Peter D. Little, *Somalia: Economy Without State* (Bloomington: Indiana University Press, 2003), 13.

70   De Waal, *The Real Politics of the Horn of Africa: Money, War and the Business of Power*, 115.

71   Ersun N. Kurtulus, "Exploring the Paradoxical Consequences of State Col- lapse: The Cases of Somalia 1991-2006 and Lebanon 1975-82," *Third World Quarterly* 33, no. 7 (2012): 1287.

72   Benjamin Powell, Ryan Ford, and Alex Nowrasteh, "Somalia After State Collapse: Chaos or Improvement?," *Journal of Economic Behavior & Organization*, no. 67 (2008): 662.

73   Alex Tabarrok, "Somalia and the Theory of Anarchy," *Marginal Revolution*, April 21, 2004, https://marginalrevolution.com/marginalrevolution/2004 /04/somalia_and_the.html.

74   .Christopher J. Coyne, "Reconstructing Weak and Failed States: Foreign Intervention and the Nirvana Fallacy," *Foreign Policy Analysis*, no. 2 (2006): 345.

75   William J. Luther, "Money Without a State" (PhD diss., George Mason University, 2012). See also William J. Luther, "The Monetary Mechanism of Stateless Somalia," *Public Choice*, no. 165 (2015): 45-58. 대학에서의 직위와 더불어 루터는 아메리칸경제연구소(American Institute of Economic Research)의 건전통화 프로젝트를 이끌

고 카토연구소의 통화및재정대안센터의 겸임 연구원으로 일했다. https://www.cato.org/people/william-j-luther, 2022년 3월 31일 접속.

76 수많은 자유지상주의자에게 영감을 준 초기 연구로는 다음을 보라. Little, *Somalia: Economy Without State*, 139-46.

77 Björn Tscheridse, "Der gescheiterte Staat," *Eigentümlich Frei*, no. 60 (March 2006): 23. 덜 급진적인 자유지상주의는 이에 동의하지 않는다. "미국에서는 '우리 나라를 소말리아처럼 만들자'라고 말하는 사람을 상상할 수 없다"라고 썼다. Randall Holcombe, "Is Government Inevitable? Reply to Leeson and Stringham," *Independent Review* 9, no. 4 (Spring 2005): 551.

78 Peter T. Leeson, "Better Off Stateless: Somalia Before and After Government Collapse," *Journal of Comparative Economics* 35 (2007): 689-710.

79 Peter T. Leeson and Claudia R. Williamson, "Anarchy and Development: An Application of the Theory of Second Best," *Law and Development Review* 2, no. 1 (2009): 91.

80 Peter T. Leeson, "Coordination Without Command: Stretching the Scope of Spontaneous Order," *Public Choice*, no. 135 (2008): 73-74.

81 D. K. Leonard and M. S. Samantar, "What Does the Somali Experience Teach Us About the Social Contract and the State?," *Development and Change* 42, no. 2 (2011): 564.

82 Alex de Waal, "Somalia's Disassembled State: Clan Unit Formation and the Political Marketplace," *Conflict, Security & Development* 20, no. 5 (2020): 562.

83 Ken Menkhaus and John Prendergast, "The Stateless State," *Africa Report* (May 1995): 232. 또한 다음을 보라. Rebecca Richards, "Fragility Within Stability: The State, the Clan and Political Resilience in Somaliland," *Third World Quarterly* 41, no. 6 (2020): 1067-83.

84 De Waal, *The Real Politics of the Horn of Africa: Money, War and the Business of Power,* 113.

85 Schlee, "Customary Law and the Joys of Statelessness: Idealised Traditions Versus Somali Realities," 270.

86 Little, *Somalia: Economy Without State*, 132.

87 Henry Srebrnik, "Can Clans Form Nations?: Somaliland in the Making," in *De*

Facto States: The Quest for Sovereignty, ed. Tozun Bahcheli, Barry Bartmann, and Henry Srebrnik (London: Routledge, 2004), 214.

88   Srebrnik, "Can Clans Form Nations?" 219.

89   Prunier, *The Country That Does Not Exist: A History of Somaliland.*

90   Harvey Morris, "'Republic' Wants Recognition on the World Stage," *Financial Times*, August 15, 2000, Financial Times Historical Archive, Gale.

91   Srebrnik, "Can Clans Form Nations?," 222.

92   Mark Bradbury, Adan Yusuf Abokor, and Haroon Ahmed Yusuf, "Somaliland: Choosing Politics over Violence," *Review of African Political Economy* 30, no. 97 (September 2003): 455; Van Notten, *Law of the Somalis*, 142.

93   De Waal, *The Real Politics of the Horn of Africa*, 130.

94   Jeffrey Gettleman, "Somaliland Is an Overlooked African Success Story," *New York Times*, March 7, 2007, https://www.nytimes.com/2007/03/06 /world/africa/06iht-somalia.4818753.html. 2012년 전국 단위 소말리아 연방정부 수립 이후, 소말릴란드는 "반자치 지역"으로 남아서 적극적으로 완전 독립을 추구했다. Robbie Gramer and Mary Yang, "Somaliland Courts U.S. for Independence Recognition," *Foreign Policy*, March 21, 2022, https://foreignpolicy.com /2022/03/21/ somaliland-united-states-independence-recognition/.

95   Finn Stepputat and Tobias Hagmann, "Politics of Circulation: The Makings of the Berbera Corridor in Somali East Africa," *Environment & Planning D: Society and Space* 37, no. 5 (2019): 798-99.

96   Markus Virgil Hoehne, "The Rupture of Territoriality and the Diminishing Relevance of Cross-cutting Ties in Somalia After 1990," *Development and Change* 47, no. 6 (2016): 1390.

97   Jamil A. Mubarak, "The 'Hidden Hand' Behind the Resilience of the Stateless Economy of Somalia," *World Development* 25, no. 12 (1997): 2032.

98   Andres Schipani, "Somaliland Gears Up for 'Healthy' Battle of Ports," *Financial Times*, September 3, 2021, Global Newsstream.

99   Robert Clyde Mogielnicki, *A Political Economy of Free Zones in Gulf Arab States* (Cham, Switzerland: Springer, 2021), 218.

100   Tatiana Nenova and Tim Harford, "Anarchy and Invention," *World Bank Public*

Policy Note, no. 280 (November 2004): 2, http://documents.worldbank .org/curated/
en/774771468781541848/Anarchy-and-invention.

9장

1   Anthony Shadid, "The Towering Dream of Dubai," *Washington Post*, April 30,
    2006, Global Newsstream.

2   Rory Miller, *Desert Kingdoms to Global Powers: The Rise of the Arab Gulf* (New Haven,
    CT: Yale University Press, 2016), 173.

3   Miller, *Desert Kingdoms to Global Powers: The Rise of the Arab Gulf*, 172.

4   Ellen Knickmeyer, "In U.A.E., Weakened Dollar Slows Dubai Tower's Race to the
    Skies," *Washington Post*, December 7, 2007, Global Newsstream.

5   Daniel Brook, *A History of Future Cities* (New York: Norton, 2013), 357.

6   Nick Cook, "Gazeley's Guy in Dubai," *Property Week* (February 2010), https:// www.
    propertyweek.com/industrial/gazeleys-guy-in-dubai/3158663.article.

7   Arch Puddington et al., eds., *Freedom in the World* (Lanham, MD: Rowman& Littlefield,
    2007), 845-49.

8   Directorate of Intelligence, *Near East and South Asia Review*, March 29, 1985,
    https://www.cia.gov/readingroom/docs/CIA-RDP85T01184R 000301390002-9.
    pdf.

9   Brook, *A History of Future Cities*, 372.

10 Philip Kennicott, "Arabian Heights," *Washington Post*, October 28, 2007, Global
    Newsstream.

11 Mike Davis, "Fear and Money in Dubai," *New Left Review*, no. 41 (September/
    October 2006): 60.

12 Davis, "Fear and Money in Dubai," 60.

13 Steve Negus, "An American Style Emirate? Dubai Sees a Future as Ally," *Financial
    Times*, March 8, 2006, Financial Times Historical Archive, Gale.

14 Björn Tscheridse, "Der kapitalistische Flaschengeist," *Eigentümlich Frei* 8, no. 54
    (August 2005): 24.

15 Frank Karsten and Karel Beckman, *Beyond Democracy* (n.p.: CreateSpace Independent Publishing, 2012), 54.

16 비록 야빈이 자신을 자유지상주의자라고 주장하지는 않았으나, 그의 다양한 글은 이 책에서 제시하고 있는 우파 무정부 자본주의 전통과 매우 닮았다. Curtis Yarvin, "Why I Am Not a Libertarian," *Unqualified Reservations*, December 13, 2007, https://www.unqualified-reservations.org/2007 /12/why-i-am-not-libertarian/.

17 강조는 원문에 따른 것이다. "Mediocracy: Definition, Etiology and Treatment," September 8, 2007, https://www.unqualified-reservations.org/2007/09 / mediocracy-definition-etiology-and/.

18 사실 많은 이주노동자가 계약된 금액을 받지 못했다.

19 Brook, *A History of Future Cities*, 370.

20 Curtis Yarvin, "Neocameralism and the Escalator of Massarchy," *Unqualified Reservations*, December 20, 2007, https://www.unqualified-reservations. org/2007/12/neocameralism-and-escalator-of/.

21 Curtis Yarvin, "Patchwork: A Political System for the 21st Century," *Unqualified Reservations*, November 13, 2008, https://www.unqualified -reservations. org/2008/11/patchwork-positive-vision-part-1/.

22 Laleh Khalili, *Sinews of War and Trade: Shipping and Capitalism in the Arabian Peninsula* (New York: Verso, 2020), 110.

23 다음에서 인용한 압둘 칼렉 압둘라(Abdul Khaleq Abdulla)의 말. Ahmed Kanna, *Dubai: The City as Corporation* (Minneapolis: University of Minnesota Press, 2011), 34.

24 John Andrews, "Oasis of Royal Diplomacy in a Troubled Region," *Guardian,* March 3, 1979, ProQuest Historical Newspapers.

25 이 기업은 할크로(Halcrow)다. Rafiq Zakaria, "British Queen's Visit to Gulf," *Times of India*, February 24, 1979, ProQuest Historical Newspapers.

26 "Rivals in Splendour of Gifts," *Guardian*, February 26, 1979, ProQuest Historical Newspapers.

27 Todd Reisz, *Showpiece City: How Architecture Made Dubai* (Stanford, CA: Stanford University Press, 2021), 22.

28 William Tuohy, "Dubai: Where Gold Smuggling Is a Way of Life," *Los Angeles*

Times, January 13, 1971, ProQuest Historical Newspapers.

29 William Tuohy, "Dubai's Golden Fleece," *Guardian*, January 13, 1971, ProQuest Historical Newspapers.

30 "India Hacks at Smugglers' Tentacles," *Los Angeles Times*, November 18, 1976, ProQuest Historical Newspapers.

31 Walter Schwarz and Inder Malhotra, "Dethronement of the Kings of Smuggling," *Guardian*, September 19, 1974, ProQuest Historical Newspapers.

32 The Economist Intelligence Unit, "The Arabian Peninsula and Jordan," *Quarterly Economic Review*, no. 3 (1970): 12.

33 Shohei Sato, *Britain and the Formation of the Gulf States: Embers of Empire* (Manchester, UK: Manchester University Press, 2016), 74.

34 Miller, *Desert Kingdoms to Global Powers: The Rise of the Arab Gulf*, 6.

35 The Economist Intelligence Unit, "The Arabian Peninsula and Jordan," *Quarterly Economic Review*, no. 4 (1969): 17; Paul Maubec, "Arab Sheiks Go It Alone," *Washington Post*, July 26, 1970, ProQuest Historical Newspapers.

36 Stephen J. Ramos, *Dubai Amplified: The Engineering of a Port Geography* (London: Routledge, 2010), 74.

37 Reisz, *Showpiece City: How Architecture Made Dubai*, 308-9.

38 Valerie J. Pelton, "Jebel Ali: Open for Business," *Transnational Law & Contemporary Problems* 27 (2018): 386-87; "Mina Jebel Ali Free Trade Zone (advertisement)," *Times* (London), February 23, 1981, The Times Digital Archive, Gale.

39 Stewart Dalby, "Yet to Make Its Mark-Jebel Ali Free Zone," *Financial Times*, March 29, 1989, Financial Times Historical Archive, Gale. 외국인들이 구역 내에서 완전한 소유권을 행사할 수 있었기에 수년 동안 그러한 권리를 인정하지 않았던 다른 에미리트보다 경쟁력을 가질 수 있었다. Mark Nicholson, "Bahrain Makes Policy Switch to Rebuild Economy," *Financial Times*, July 3, 1991, Financial Times Historical Archive, Gale.

40 Syed Ali, *Dubai: Gilded Cage* (New Haven, CT: Yale University Press, 2010), 86.

41 Ali, *Dubai: Gilded Cage*, 91.

42 Brook, *A History of Future Cities*, 359

43 Davis, "Fear and Money in Dubai," 63.

44 Christopher M. Davidson, *Dubai: The Vulnerability of Success* (New York: Columbia University Press, 2008), 18.

45 "Fantasy Islands," *Financial Times*, May 28, 2005, Financial Times Historical Archive, Gale.

46 Adam Nicholson, "Boom Town," *Guardian*, February 13, 2006, ProQuest Historical Newspapers.

47 Brook, *A History of Future Cities*, 359.

48 Robert Vitalis, *America's Kingdom: Mythmaking on the Saudi Oil Frontier* (Stanford, CA: Stanford University Press, 2006), 88-92.

49 "Fantasy Islands."

50 Salem Saif, "Blade Runner in the Gulf," *Jacobin*, November 2, 2017, https:// jacobin.com/2017/11/gulf-states-oil-capital-ecological-disaster.

51 Nicholson, "Boom Town."

52 Brook, *A History of Future Cities,* 357.

53 Therborn, *Cities of Power: The Urban, the National, the Popular, the Global,* 288.

54 Soules, Icebergs, Zombies, and the Ultra-Thin: Architecture and Capitalism in the 21st Century, chap. 2.

55 Deborah Cowen, *The Deadly Life of Logistics: Mapping Violence in Global Trade* (Minneapolis: University of Minnesota Press, 2014), 168. 유사한 비유로는 데이비스 (Davis)의 이 글을 보라. "Fear and Money in Dubai," 51.

56 Negus, "An American Style Emirate? Dubai Sees a Future as Ally."

57 Kennicott, "Arabian Heights."

58 Ramos, *Dubai Amplified*, 137.

59 Ramos, 133.

60 "Rwandan Government Signs a Feasibility Study with 'Jafza International' to Set Up a Free Zone in Kigali," *Middle East Company News*, September 6, 2005, Global Newsstream.

61 "Rwandan Government Signs a Feasibility Study."

62 Presenna Nambiar, "Jafza Quits Managing Port Klang Free Zone," *New Straits Times* (Malaysia), July 19, 2007, Gale OneFile.

63 "Jafza Manages Tangier Med," *Middle East Financial News*, June 21, 2005, Global

Newsstream.

64   "Ready for a Leap from the Desert," *Financial Times*, May 23, 2005, Financial
      Times Historical Archive, Gale.

65   "TRIL Forms JV with Jafza for Seven Logistic Parks in India," *PTI-The Press Trust
      of India*, October 30, 2007, Global Newsstream.

66   "Jafza International Offers to Extend Full Support to Russia in Developing Sezs,"
      Middle East Company News, March 18, 2007, Global Newsstream; and "Jafza,
      MFZ Sign MOU on Development of Misurata Economic Zone in Libya," *Middle
      East Company News*, October 3, 2007, Global Newsstream.

67   "Dubai World to Invest US$800M in Senegalese Economic Zone," *National Post*,
      January 22, 2008, Newspapers.com.

68   "Romania Shows Interest in Jafza's Unique Business Model," *Middle East Company
      News*, August 18, 2007, Global Newsstream.

69   Khalili, *Sinews of War and Trade*, 108.

70   Stephen Williams, "DP World Makes Giant Acquisition," *The Middle East* (January
      2006), Global Newsstream.

71   Oliver Wainwright, "Inside the London Megaport You Didn't Know Existed,"
      Guardian, September 15, 2015, ProQuest.

72   "Somali Pirates Risk Choking Key World Trade Route," Reuters, April 15,
      2009, https://www.reuters.com/article/us-somalia-piracy-shipping-factbox
      -idUSTRE53E2JR20090415.

73   David S. Fick, *Africa: Continent of Economic Opportunity* (Johannesburg, South Africa:
      STE Publishers, 2006), 285.

74   "JI Project Opens New Vista for Djibouti," *Gulf Industry Online*, August 1, 2007,
      http://www.gulfindustryonline.com/news/5728_JI-project-opens -new-vista-for-
      Djibouti.html.

75   Diery Seck and Amie Gaye, "The Impact of the Global Financial Crisis on Arab
      States and Sub-Saharan Africa: An Agenda for Growth-Inducing Collaboration,"
      in *Regional Economic Integration in West Africa*, ed. Diery Seck (Cham, Switzerland:
      Springer, 2013), 17.

76   Arang Keshavarzian, "Geopolitics and the Genealogy of Free Trade Zones in the

Persian Gulf," *Geopolitics* 15 (2010): 276.

77 Davidson, *Dubai: The Vulnerability of Success*, 116.

78 Fick, *Africa: Continent of Economic Opportunity*, 286.

79 Cowen, *The Deadly Life of Logistics: Mapping Violence in Global Trade*, 123.

80 Gene Zaleski, "Mission to Dubai," *The Times and Democrat* (Orangeburg, SC), March 30, 2008, https://thetandd.com/news/mission-to-dubai/article _a44fa0c4-7148-52b4-b527-fc923e3ecbfc.html.

81 Harvey Morris, "Dubai's $600m Hub in US 'Corridor of Shame,'" *Financial Times*, January 12, 2008, Financial Times Historical Archive, Gale.

82 Kristian Coates Ulrichsen, "The Political Economy of Dubai," in *Dubai's Role in Facilitating Corruption and Global Financial Flows*, ed. Matthew T. Page and Jodi Vittori (Washington, DC: Carnegie Endowment for International Peace, 2020), 17.

83 Greg Lindsay, "From Dubai to Chongqing to Honduras, the Silk Road of the Future Is Taking Shape in Urban Developments Based on Airport Hubs," *Wall Street Journal Asia*, March 4, 2011, ProQuest.

84 Jean-Paul Rodrigue, *The Geography of Transport Systems*, 5th ed. (London: Routledge, 2020), 236.

85 Stephen Yiu-wai Chu, "Brand Hong Kong: Asia's World City as Method?," *Visual Anthropology* 24, no. 1-2 (2011): 48.

86 인도의 역동성에 관한 연구로는 다음을 보라. Ravinder Kaur, *Brand New Nation: Capitalist Dreams and Nationalist Designs in Twenty-First-Century India* (Stanford, CA: Stanford University Press, 2020).

87 Cornelia Zeineddine, "Nation Branding in the Middle East-United Arab Emirates (UAE) vs. Qatar," *Proceedings of the International Conference on Business Excellence* 11, no. 1 (2017): 592.

88 Simon Anholt, "'Nation Branding' in Asia," *Place Branding and Public Diplomacy* 4, no. 265-269 (2008): 268.

89 Ramos, *Dubai Amplified: The Engineering of a Port Geography*, 117, 29.

90 Curtis Yarvin, "UR's Plan to Fix Iraq," *Unqualified Reservations*, May 16, 2007,https://www.unqualified-reservations.org/2007/05/urs-plan-to-fix-iraq/.

91 Heidi M. Peters, "Department of Defense Contractor and Troop Levels in

Afghanistan and Iraq: 2007-2020," *Congressional Research Service*, February 22, 2021, 6, 12.

92   Anna Fifield, "Contractors Reap $138bn from Iraq War," *Financial Times*, March 18, 2013, Financial Times Historical Archive, Gale.

93   Curtis Yarvin, "A Formalist Manifesto," *Unqualified Reservations*, April 23, 2007, https://www.unqualified-reservations.org/2007/04/formalist-manifesto -originally-posted/.

94   Curtis Yarvin, "Against Political Freedom," *Unqualified Reservations*, May 25, 2007, https://www.unqualified-reservations.org/2007/08/against-political -freedom/.

95   Yarvin, "A Formalist Manifesto."

10장

1   Paul Romer, "A Theory of History, with an Application," *The Long Now Foundation*, May 18, 2009, https://longnow.org/seminars/02009/may/18 /theory-history-application/.

2   Paul Romer, "Escape from the Great Distress," *Issues in Science and Technology* (Fall 2012): 65.

3   Romer, "A Theory of History, with an Application."

4   다음을 보라. Evgeny Morozov, To Save Everything, Click Here: The Folly of Technological Solutionism (New York: PublicAffairs, 2013).

5   Pauline Lipman, "Obama's Education Policy: More Markets, More Inequality, New Urban Contestations," in *Urban Policy in the Time of Obama*, ed. James DeFilippis (Minneapolis: University of Minnesota Press, 2016), 143.

6   David Wessel, "A Plan to Turn Honduras into the Next Hong Kong," *Wall Street Journal*, February 3, 2011, ProQuest.

7   Song Jung-a, Christian Oliver, and Tom Burgis, "Daewoo to Cultivate Madagascar Land for Free," *Financial Times*, November 19, 2008, Financial Times Historical Archive, Gale.

8   Renée Vellvé and Mamy Rakotondrainibe, "The Daewoo-Madagascar Land Grab:

주

Ten Years On," *Thomson Reuters Foundation News*, November 16, 2018, https://news.trust.org/item/20181116144408-pdi0a. 또한 다음을 보라. Daniel Shepard and Anuradha Mittal, *(Mis)investment in Agriculture: The Role of the International Finance Corporation in Global Land Grabs* (Oakland, CA: Oakland Institute, 2008).

9   Sebastian Mallaby, "The Politically Incorrect Guide to Ending Poverty," *Atlantic,* June 8, 2010, Gale OneFile.

10   Venusia Vinciguerra, "How the Daewoo Attempted Land Acquisition Contributed to Madagascar's Political Crisis in 2009," in *Contest for Land in Madagascar: Environment, Ancestors and Development*, ed. Sandra Evers, Gwyn Campbell, and Michael Lambek (Leiden: Brill, 2013), 242. 또한 다음을 보라. Tom Burgis, "Madagascar Leader Cancels Daewoo Farm Deal," FT.com, March 18, 2009, Financial Times Historical Archive, Gale.

11   1980년대 이 나라는 산디니스타가 지배한 니카라과에 대해 레이건 행정부가 반격하기 위한 배후 작전기지였다.

12   Michael Engman, "Success and Stasis in Honduras' Free Zones," in *Special Economic Zones: Progress, Emerging Challenges, and Future Directions*, ed. Thomas Farole and Gokhan Akinci (Washington, DC: World Bank, 2011), 49. 미국 내 용어로는 ZIPs(Zonas Industriales de Procesamiento)이다.

13   이 문단은 다음 내용을 인용했다. Todd Gordon and Jeffery R. Webber, "Post-Coup Honduras: Latin America's Corridor of Reaction," *Historical Materialism* 21, no. 3 (2013): 16-56.

14   Engman, "Success and Stasis in Honduras' Free Zones," 62.

15   Wessel, "A Plan to Turn Honduras into the Next Hong Kong."

16   Adam Davidson, "Who Wants to Buy Honduras?," *New York Times*, May 8, 2012, ProQuest.

17   의회는 124 대 1의 투표 결과로 RED를 창설하는 개헌안을 승인했다. Tom W. Bell, "No Exit: Are Honduran Free Cities DOA?," *Freeman* (December 2012): 10; Wessel, "A Plan to Turn Honduras into the Next Hong Kong."

18   Paul Romer and Octavio Sanchez, "Urban Prosperity in the RED," *Globe and Mail*, April 25, 2012, ProQuest.

19   Michael R. Castle Miller, "The Ciudades Modelo Project: Testing the Legality

of Paul Romer's Charter Cities Concept by Analyzing the Constitutionality of the Honduran Zones for Employment and Economic Development," *Willamette Journal of International Law & Dispute Resolution* 22 (2014): 280.

20   다음은 철저한 법률 분석을 제공한다. Miller, "The Ciudades Modelo Project: Testing the Legality of Paul Romer's Charter Cities Concept by Analyzing the Constitutionality of the Honduran Zones for Employment and Economic Development," 271-312.

21   Davidson, "Who Wants to Buy Honduras?"

22   Lindsay, "From Dubai to Chongqing to Honduras, the Silk Road of the Future Is Taking Shape in Urban Developments Based on Airport Hubs."

23   "Hong Kong in Honduras," *Economist*, December 10, 2011, Gale in Context: Global Issues.

24   Eli Sugarman, "Should Struggling Countries Let Investors Run Their Cities?," *Atlantic*, July 11, 2013, Gale OneFile.

25   Bell, "No Exit: Are Honduran Free Cities DOA?," 10.

26   Tom W. Bell, "Principles of Contracts for Governance Services," *Griffith Law Review* 21, no. 2 (2012): 494.

27   Graham Brown, "Honduran ZEDEs: The New Frontier," *PanAm Post*, February 8, 2014, http://blog.panampost.com/graham-brown/2014/02/08 /honduran-zedes-new-frontier/.

28   Paul Romer, "Why the World Needs Charter Cities," TED Global (Oxford, UK), July 2009, https://www.youtube.com/watch?v=mSHBma0Ithk.

29   Romer and Sanchez, "Urban Prosperity in the RED."

30   Engman, "Success and Stasis in Honduras' Free Zones," 51, 54.

31   Brian Hutchinson, "Opportunity in 'Charter City,'" *National Post*, December 27, 2012, Global Newsstream.

32   Brandon Fuller and Paul Romer, *Success and the City: How Charter Cities Could Transform the Developing World* (Ottawa: MacDonald Laurier Institute, April 2012), 15.

33   Fuller and Romer, *Success and the City: How Charter Cities Could Transform the Developing World*, 16.

34   Stanford Institute for Economic Policy, "SIEPR Economic Summit 2009," March

13, 2009, Wayback Machine capture September 11, 2016, https://siepr.stanford.edu/events/siepr-economic-summit-2009.

35   Paul Romer, "Governance in Developing Countries," SIEPR Economic Summit, March 13, 2009, https://www.youtube.com/watch?v=v7fSvDLvkaw.

36   Michael Ignatieff, "The American Empire," *New York Times Magazine*, January 5, 2003; Niall Ferguson, *Empire: The Rise and Demise of the Brit- ish World Order and the Lessons for Global Power* (New York: Basic Books, 2004); Deepak Lal, In *Praise of Empires: Globalization and Order* (New York: Palgrave Macmillan, 2004).

37   Niall Ferguson, "The Empire Slinks Back," *New York Times Magazine*, April 27, 2003, https://www.nytimes.com/2003/04/27/magazine/the-empire-slinks-back.html.

38   Keri Vacanti Brondo, *Land Grab: Green Neoliberalism, Gender, and Garifuna Resistance in Honduras* (Tucson: University of Arizona Press, 2013), 168.

39   Keane Bhatt, "Reporting on Romer's Charter Cities: How the Media Sanitize Honduras's Brutal Regime," NACLA *Report on the Americas*, February 19, 2013, https://nacla.org/news/2013/2/19/reporting-romer%E2%80%99s-charter-cities-how-media-sanitize-honduras%E2%80%99s-brutal-regime.

40   Curtis Yarvin, "From Cromer to Romer and Back Again: Colonialism for the 21st Century," *Unqualified Reservations*, August 20, 2009, https://www .unqualified-reservations.org/2009/08/from-cromer-to-romer-and-back -again/.

41   Patri Friedman, "Theory: Competitive Government, Practice: Seasteading," *The Future of Free Cities*, April 4, 2011, https://newmedia.ufm.edu/coleccion /the-future-of-free-cities/theory-of-free-cities-and-seasteading/.

42   Friedman, "Theory: Competitive Government, Practice: Seasteading."

43   Future Cities Development, *Wayback Machine capture*, September 11, 2012, http://futurecitiesdev.com/about-us/; and "Honduras Shrugged," *Economist*, December 10, 2011, Gale OneFile. 한국 투자자들 또한 참여했다. 자세한 내용은 다음을 보라. Bridget Martin and Beth Geglia, "Korean Tigers in Honduras: Urban Economic Zones as Spatial Ideology in International Policy Transfer Networks," *Political Geography* 74 (October 2019): 1-12.

44   그는 이를 줄여서 앤캡("ancap")이라고 사용했다. Michael Strong, "Marketing

Free Cities as a Mainstream Solution to Global Poverty," *Future of Free Cities*, April 3, 2011, https://newmedia.ufm.edu/coleccion/the-future-of-free-cities/theory -of-free-cities-and-seasteading/.

45 Michael Strong, "Free Zones: An Additional Option for the Cambrian Explosion in Government," *Seasteading Institute Conference* (2009), https://vimeo.com/7577391. https://vimeo.com/7577391. 스트롱과 다른 자유지상주의자들이 참여한 온두라스 사업의 자세한 내용은 다음을 보라. Craib, Adventure Capitalism: A History of Libertarian Exit from Decolonization to the Digital Age, 227-31.

46 Titus Gebel, "Welchen Staat würden Sie kaufen?," *Schweizer Monat* 94 (February 2014): 36.

47 Titus Gebel, "Markt des Zusammenlebens," *Schweizer Monat* (October 2018), https://schweizermonat.ch/markt-des-zusammenlebens/.

48 Titus Gebel, "'In der Politik findet Man heute eher blender als echte Problemlöser,'" Mises.de, October 14, 2019, https://www.misesde.org/2019/10 / in-der-politik-findet-man-heute-eher-blender-als-echte-problemloeser.

49 Erick Brimen, "The Startup Society: Political Innovations That Give Rise to Flourishing," *Voice & Exit Festival,* December 14, 2017, https://www .youtube.com/watch?v=Pa5WzcZAsco.

50 Lizette Chapman, "The Hottest New Thing in Seasteading Is Land," Bloomberg Businessweek, December 20, 2019, https://www.bloomberg.com /news/ articles/2019-12-20/silicon-valley-seasteaders-go-looking-for-low -tax-sites-on-land; Joshua Brustein, "A Private Tech City Opens for Business in Honduras," *Bloomberg*, March 27, 2021, https://www.bloomberg .com/news/ articles/2021-03-27/prospera-in-honduras-a-private-tech-city -now-open-for-business; Mario Aguero and Gissel Zalavarria, "Prospera: the First Charter City Approved by the Honduran Government," Arias, June 30, 2021, https://www.lexology.com/library/detail.aspx?g =1ceb727f-364e-4d50-9018-803744f3c88c.

51 두 번째 ZEDE는 촐로마(Choloma)의 "모라잔 도시(Ciudad Morazán)"였다. Beth Geglia and Andrea Nuila, "A Private Government in Honduras Moves Forward," NACLA Report on the Americas, February 15, 2021, https://nacla.org/news

/2021/02/12/private-government-honduras-zede-prospera.

52 로머의 전망과 달리 ZEDE는 더 이상 도시로 인정받지 못한다. 그 대신 두바이 모델처럼 좀 더 금융, 미디어 산업, 교육 등의 특화 지구 형태로 발전해 나가고 있다. 법률을 통해 만들 수 있는 ZEDE는 "국제금융 중심지, 국제 유통 중심지, 자율 도시, 국제 상업 법원, 특별 투자 지구, 재생에너지 지구, 특수경제구역, (……) 특별 농업 구역, 특별 관광 구역, 특별 광업 구역, 특별 삼림 구역" 등을 포함하여 셀 수 없을 정도로 많다. 구역의 거버넌스에도 또 다른 변화가 있었다. RED의 총재와 투명성위원회는 ZEDE의 기술 사무총장과 최고활동이행위원회(Commission for the Implementation of Best Practices, CAMP)로 대체되었다. RED에서 임명직은 서서히 선출직들에게 자리를 내주었던 반면, ZEDE에서 기술 사무총장과 모범사례구현위원회(Committee for the Implementation of Best Practices, CAMP)는 비선출직으로 영구적인 거부권을 행사할 수 있었다. 다른 정책으로는 고정 세율로, ZEDE에서는 개인 소득세 12퍼센트, 법인세 16퍼센트, 그리고 5퍼센트의 판매 혹은 부가가치세 상한선을 두었다. Miller, "The Ciudades Modelo Project: Testing the Legality of Paul Romer's Charter Cities Concept by Analyzing the Constitutionality of the Honduran Zones for Employment and Economic Development," 290-296. CAMP는 전 세계 신자유주의자들의 명사 인명록과 다름없었다. 3분의 1이 몽펠르랭협회원이었다. 다음을 보라. Nina Ebner and Jamie Peck, "Fantasy Island: Paul Romer and the Multiplication of Hong Kong," *International Journal of Urban and Regional Research* 46, no. 1 (January 2022): 40, https://doi.org/10.1111/1468-2427 .13060.

53 Oliver Porter, "Prospera," *Startup Societies Foundation*, December 7, 2021, https:// www.youtube.com/watch?v=IPKYyD9UuUc.

54 Mark Klugmann, "Interview," *Tabula* (Georgia), May 6, 2012, https://www .youtube.com/watch?v=DHzZp4sx8UE.

55 Katharina Pistor, *The Code of Capital: How the Law Creates Wealth and Inequality* (Princeton, NJ: Princeton University Press, 2019), 168.

56 Pistor, *The Code of Capital: How the Law Creates Wealth and Inequality*, 221.

57 Open Corporates, https://opencorporates.com/companies/us_wy/2017-000763896.

58 "Honduras Prospera LLC," https://sec.report/CIK/0001794703.

59   Bullough, *Moneyland: Why Thieves and Crooks Now Rule the World and How to Take It Back,* 25.

60   Nathan Heller, "Estonia, The Digital Republic," *New Yorker*, December 11, 2017, https://www.newyorker.com/magazine/2017/12/18/estonia-the-digital -republic.

61   Piia Tammpuu and Anu Masso, "'Welcome to the Virtual State': Estonian E-residency and the Digitalised State as a Commodity," *European Journal of Cultural Studies* 21, no. 5 (2018): 552.

62   Brustein, "A Private Tech City Opens for Business in Honduras." 자문 위원회에 는 과거 두바이 국제금융센터의 최고경영자를 비롯해 영국 보수당에서 강경 브렉시트 분파인 국제무역 수석 보좌관이 참여했다. https://prospera.hn/about/.

63   J. Neil Schulman, *Alongside Night* (New York: Ace, 1979), 106.

64   Schulman, Alongside Night, 87-90.

65   "Charter Cities Podcast Episode 12: Erick Brimen on Próspera and the Birth of the First Charter City in Honduras," *Charter Cities Institute*, September 8, 2020, https://chartercitiesinstitute.org/podcast/charter-cities -podcast-episode-12-erick-brimen/.

66   Prospera Arbitration Center, https://pac.hn/, June 3, 2022.

67   Schumacher, "Arch Agenda Debates 1: Cyber Urban Incubators in the Blockchain Metaverse-Chicago Architecture Biennial", October 16, 2021.

68   Graham Brown, "The ZEDEs as a Sudden Change," *PanAm Post*, Feb- ruary 22, 2014, http://blog.panampost.com/graham-brown/2014/02/22 /zedes-sudden-change/.

69   Ismael Moreno, "A Model City for a Society in Tatters," Envio (April 2011), https://www.envio.org.ni/articulo/4330.

70   Wessel, "A Plan to Turn Honduras into the Next Hong Kong"; 워커에 관해서 는 다음을 보라. *Michel Gobat, Empire by Invitation: William Walker and Manifest Destiny in Central America* (Cambridge, MA: Harvard University Press, 2018).

71   Maya Kroth, "Under New Management," *Foreign Policy*, September 1, 2014, https://foreignpolicy.com/2014/09/01/under-new-management/.

72   Brondo, *Land Grab: Green Neoliberalism, Gender, and Garifuna Resistance in Honduras,* 168.

73   Craib, *Adventure Capitalism: A History of Libertarian Exit from Decolonization to the Digital Age*, 223.

74   Knut Henkel, "Honduras: Widerstand gegen die Sonderwirtschaftszonen," BlickpunktLateinamerika, June 29, 2021, https://www.blickpunkt-lateinamerika. de/artikel/honduras-widerstand-gegen-die-sonderwirtschaftszonen/.

75   Marlon González, "Honduras Economic Development Zones Worry Residents, Experts," AP News, September 3, 2021, https://apnews.com /article/business-honduras-caribbean-d0496aa49fa1ae75547b56ad5476 d790.

76   Ian MacDougall and Isabelle Simpson, "A Libertarian 'Start up City' in Honduras Faces Its Biggest Hurdle: The Locals," *Rest of World*, October 5, 2021, https:// restofworld.org/2021/honduran-islanders-push-back-libertarian-startup/. 또한 다음을 보라. Jeff Ernst, "Foreign Investors Are Building a 'Hong Kong of the Caribbean' on a Remote Honduran Island," *Vice*, December 2, 2020, https:// www.vice.com/en/article/k7a7ae/foreign-investors-are-building-a -hong-kong-of-the-caribbean-on-a-remote-honduran-island; Geglia and Nuila, "A Private Government in Honduras Moves Forward."; and Beth Geglia, "As Private Cities Advance in Honduras, Hondurans Renew Their Opposition," CEPR, December 3, 2020, https://cepr.net/as-private-cities-advance -in-honduras-hondurans-renew-their-opposition/.

77   Bay Islands Entertainment TV, https://fb.watch/a96do32miK/. 방송이 업데이트 되었지만 2020년 9월의 사고를 보여 준다.

78   Erick Brimen, "Free Trade, Not Aid, Is How to Eliminate Poverty," *Newsweek*, September 29, 2021, https://www.newsweek.com/free-trade-not-aid -how-eliminate-poverty-opinion-1633458.

79   Romer, "Escape from the Great Distress," 63.

80   Gwartney, Lawson, and Block, Economic Freedom of the World, 1975-1995, 63.

81   다음에서 인용. Danielle Marie Mackey, "'I've Seen All Sorts of Horrific Things in My Time. But None as Detrimental to the Country as This,'" *New Republic*, December 14, 2014, https://newrepublic.com/article/120559/ive -sorts-horrific-things-time-none-detrimental-country-this.

82   "Incoming Honduran President Wants UN Help to Battle Corruption,"

France24, December 4, 2021, https://www.france24.com/en/live-news /20211204-incoming-honduran-president-wants-un-help-to-battle -corruption; Ana María Rovelo, "Zelaya: Gobierno de Xiomara derogará las ZEDE con un plebiscito," *Tiempo*, December 8, 2021, https://tiempo.hn/xiomara-derogara-zede-con-plebiscito/.

83 Mark Lutter, "Honduras and the Future of Charter Cities," *Charter Cities Institute*, December 2, 2021, https://www.chartercitiesinstitute.org/post /honduras-and-the-future-of-charter-cities.

84 Michael Strong, *Startup Cities, podcast, Startup Societies Foundation*, April 19, 2017, https://www.youtube.com/watch?v=DRZtFdagJuc.

85 Benjamin Weiser and Joan Suazo, "Ex-Honduran President Extradited to United States to Face Drug Charges," *New York Times*, April 21, 2022, ProQuest.

86 Gustavo Palencia, "Honduran Congress Unanimously Nixes Special Economic Zones," *Reuters*, April 21, 2022, https://www.reuters.com/world /americas/ honduran-congress-unanimously-nixes-special-economic -zones-2022-04-21/.

87 Naomi Klein, "Disaster Capitalism: The New Economy of Catastrophe," *Harpers* (October 2007): 55.

88 John Ruch, "Sandy Springs to Bring Most Government Services In-House, Ending Much of Landmark Privatization," *Reporter Newspapers* (Atlanta), May 14, 2019, https://reporternewspapers.net/2019/05/14/sandy -springs-to-bring-most-government-services-in-house-ending-much-of -landmark-privatization/.

89 Laurie Clarke, "Crypto Millionaires Are Pouring Money into Central America to Build Their Own Cities," *MIT Technology Review*, April 20, 2022, https://www. technologyreview.com/2022/04/20/1049384/crypto-cities -central-america/.

90 "Adopting Bitcoin," 2022년 4월 16일 캡처, https://adoptingbitcoin.org /speaker/ VeronikaKuett/.

91 "Free Private Cities: Brazil's New Libertarian Dystopia," *Brasil Wire*, February 24, 2021, https://www.brasilwire.com/free-private-cities-brazils-new -libertarian-dystopia/.

11장

1   Stephenson, *Snow Crash*, 40.

2   "Everything Facebook Revealed About the Metaverse in 11 Minutes," CNET, October 28, 2021, https://www.youtube.com/watch?v=gElfIo6uw4g.

3   "Investing in the Online Property Boom," *CNN Money*, October 20, 2006; "Making Real Money in Virtual Worlds," *Forbes*, August 7, 2006.

4   Jake Swearingen, "SteveBannonSawthe'MonsterPower'ofAngryGamers While Farming Gold in World of Warcraft," New York, July 18, 2017, https://nymag.com/intelligencer/2017/07/steve-bannon-world-of-warcraft-gold-farming.html.

5   James Dale Davidson and William Rees-Mogg, *The Sovereign Individual: How to Survive and Thrive During the Collapse of the Welfare State* (London: Macmillan, 1997). 쪽수는 가장 최근 판. James Dale Davidson and William Rees-Mogg, *The Sovereign Individual: Mastering the Transition to the Information Age* (New York: Touchstone, 2020).

6   데이비드슨은 오랫동안 자유지상주의자였다. 1970년 《개인주의자》라는 잡지를 발간했고 워싱턴에서 전국납세자연맹(National Taxpayer Union)의 전무이사직을 맡았으며 머리 로스바드와 이사회에서 활동했다. "Against Taxation," *Libertarian Forum*, January 15, 1970. 『개인 주권자』는 데이비드슨과 리스모그의 세 번째 공저로, 이전 저서로는 『거리의 피—미쳐 버린 세계에서 투자 이익 내기』(1987년), 『거대한 심판—1990년대 공황으로 세계는 어떻게 변할 것인가 The Great Reckoning: How the World Will Change in the Depression of the 1990s』(1991년)가 있다.

7   James D. Davidson and William Rees-Mogg, *The Great Reckoning: How the World Will Change in the Depression of the 1990s* (London: Sidgwick & Jackson, 1991)의 서문.

8   Davidson and Rees-Mogg, *The Great Reckoning*, 13, 69.

9   Davidson and Rees-Mogg, *The Sovereign Individua l*, 388.

10   Davidson and Rees-Mogg, 291.

11   Davidson and Rees-Mogg, 31.

12   Davidson and Rees-Mogg, 301.

13   Patrick McKenzie, "AMA with Marc Andreessen," *Stripe* (n.d.), https://stripe.com/

atlas/guides/ama-marc-andreessen.

14   George Packer, *The Unwinding: An Inner History of the New America* (New York: Farrar Straus Giroux, 2013), 133. 이 저서와 틸에 관한 통찰력 있는 논의로는 다음을 보라. Mark O'Connell, *Notes from an Apocalypse: A Personal Journey to the End of the World* (New York: Doubleday, 2020), 77-80.

15   Caroline Howard, "Peter Thiel: 'Don't Wait to Start Something New,'" *Forbes*, September 10, 2014, https://www.forbes.com/sites/carolinehoward /2014/09/10/ peter-thiel-dont-wait-to-start-something-new/?sh=2b27fd571e69.

16   또 다른 관련된 이야기에서는 매년 사막에 임시 도시를 만들어 모이는 화형 모임과 웹을 연결한다. 폴 로머와 패트리 프리드먼 모두 자신들의 스타트업 사회가 화형 정신을 이어 가야 한다는 생각을 홍보했다. Craib, *Adventure Capitalism: A History of Libertarian Exit from Decolonization to the Digital Age,* 186-88.

17   Fred Turner, *From Counterculture to Cyberculture: Stewart Brand, the Whole Earth Network, and the Rise of Digital Utopianism* (Chicago: University of Chicago Press, 2006).

18   Jathan Sadowski, "The Internet of Landlords: Digital Platforms and New Mechanisms of Rentier Capitalism," *Antipode* 52, no. 2 (March 2020): 562-80.

19   "Innovators Under 35," *MIT Technology Review* (2013), https://www. technologyreview.com/innovators-under-35/2013/.

20   Balaji Srinivasan, "Silicon Valley's Ultimate Exit," *Y Combinator Startup School*, October 25, 2013, https://www.youtube.com/watch?v=cOubCHLXT6A.

21   Drew Olanoff, "Google CEO Larry Page Shares His Philosophy at I/O: 'We Should Be Building Great Things That Don't Exist,'" *TechCrunch*, May 15, 2013, https://techcrunch.com/2013/05/15/google-ceo-larry-page-takes-the -stage-at-ceo-to-wrap-up-the-io-keynote/.

22   Max Chafkin, *The Contrarian: Peter Thiel and Silicon Valley's Pursuit of Power* (New York: Penguin, 2022), 209. 틸론과 주요 프로젝트인 우르비트(Urbit)에 관해서는 다음을 보라. Harrison Smith and Roger Burrows, "Software, Sovereignty and the Post-Neoliberal Politics of Exit," *Theory,* Culture & Society 38, no. 6 (2021): 153-57.

23   Balaji Srinivasan, "Software Is Reorganizing the World," *Wired*, November 22, 2013, https://www.wired.com/2013/11/software-is-reorganizing-the-world-and-

cloud-formations-could-lead-to-physical-nations/.

24   Srinivasan, "Software Is Reorganizing the World."

25   Marshall Kosloff and Balaji Srinivasan, "*3 Network State with Balaji Srinivasan, former CTO of Coinbase and Founder of 1729,*" *The Deep End* podcast, May 26, 2021.

26   Herbert Marcuse, *One-Dimensional Man: Studies in the Ideology of Advanced Industrial Society* (Boston: Beacon Press, 1964); and Naomi Klein, No Logo: Taking Aim at the Brand Bullies (New York: Picador, 1999).

27   영향력을 행사한 선도적 사례로는 다음을 보라. Manuel Castells, *The Rise of the Network Society* (Malden, MA: Blackwell Publishers, 1996). 비슷한 책이 수백 권 쏟아졌다.

28   Balaji Srinivasan, "How to Start a New Country," 1729.com, April 9, 2021, https://1729.com/how-to-start-a-new-country/.

29   Srinivasan, "How to Start a New Country."

30   Balaji Srinivasan, "The Network State," 1729.com (n.d.), 12.

31   Srinivasan, "The Network State," 6.

32   Srinivasan, "How to Start a New Country."

33   Balaji Srinivasan, Twitter post, December 28, 2020, http://twitter.com/balajis.

34   Kosloff and Srinivasan, "#3 Network State with Balaji Srinivasan, former CTO of Coinbase and Founder of 1729."

35   다음을 보라. Matthew Hongoltz-Hetling, *A Libertarian Walks into a Bear: The Utopian Plot to Liberate an American Town* (And Some Bears) (New York: Public Affairs, 2020).

36   Belew, *Bring the War Home: The White Power Movement and Paramilitary America.*

37   O'Connell, *Notes from an Apocalypse: A Personal Journey to the End of the World.*

38   "The Rise of Cloud Cities & Citizen Journalism with Balaji Srinivasan," *The Paradox Podcast*, July 29, 2020, https://podcastnotes.org/paradox-podcast/balaji-srinivasan-on-the-paradox-podcast/.

39   Kosloff and Srinivasan, "#3 Network State with Balaji Srinivasan, former CTO of Coinbase and Founder of 1729."

40   Srinivasan, "The Network State," 9.

41   Balaji Srinivasan, "Bitcoin, China, the 'Woke' Mob, and the Future of the

Internet," *Joe Lonsdale: American Optimist*, August 11, 2021, https://www
.youtube.com/watch?v=MMuIyspn7s0.

42   "The Rise of Cloud Cities & Citizen Journalism with Balaji Srinivasan."

43   Balaji Srinivasan, Twitter post, August 28, 2020, http://twitter.com/balajis. 다
       음을 보라. Anna Verena Eireiner, "Promises of Urbanism: New Songdo City
       and the Power of Infrastructure," *Space and Culture* (2021): 1-11, https://doi
       .org/10.1177/12063312211038716.

44   F. A. Hayek, *Denationalisation of Money: An Analysis of the Theory and Practice of
       Concurrent Currencies* (London: Institute of Economic Affairs, 1976). 이전의 역사는 다
       음을 보라. Eric Helleiner, "Denationalizing Money?: Economic Liberalism and
       the 'National Question' in Currency Affairs," in *International Financial History
       in the Twentieth Century: System and Anarchy*, ed. Marc Flandreau, Carl-Ludwig
       Holtfrerich, and Harold James (New York: Cambridge University Press, 2003).

45   이 기업의 명칭은 21이었는데, 확실히 채굴될 수 있는 100만 단위 비트코인의
       다음 숫자였다.

46   Srinivasan, "The Network State," 32. 비트코인의 기원에 관한 이야기는 다른 곳
       에서 논의되었다. 예를 들어 다음을 보라. Stefan Eich, "Old Utopias, New Tax
       Havens: The Politics of Bitcoin in Historical Perspective," in *Regulating Blockchain*
       (Oxford: Oxford University Press, 2019), 85-98.

47   Balaji Srinivasan, "The Network State: How Every Country Becomesa Software
       Country," *Startup Societies Summit*, September 15, 2017, https://www .youtube.
       com/watch?v=KiLUPvUsdXg&t=3s.

48   Srinivasan, "The Network State: How Every Country Becomes a Software
       Country."

49   E. J. Hobsbawm and T. O. Ranger, eds., *The Invention of Tradition* (New York:
       Cambridge University Press, 1983).

50   Aris Komporozos-Athanasiou, *Speculative Communities: Living with Uncertainty in
       a Financialized World* (Chicago: University of Chicago Press, 2022).

51   "The Rise of Cloud Cities & Citizen Journalism with Balaji Srinivasan."

52   Tarnoff, *Internet for the People: The Fight for Our Digital Future*, 36.

53   Quinn Slobodian, "Cryptocurrencies' Dream of Escaping the Global Financial

System Is Crumbling," *Guardian*, July 5, 2021, Global Newsstream.

54   Katie Martin and Billy Nauman, "Bitcoin's Growing Energy Problem: 'It's a Dirty Currency,'" *Financial Times*, May 20, 2021, Global Newsstream.

55   개척자 신화에 관해서는 다음을 보라. Greg Grandin, *The End of the Myth: From the Frontier to the Border Wall in the Mind of America* (New York: Metropolitan, 2019).

56   "The Rise of Cloud Cities & Citizen Journalism with Balaji Srinivasan."

57   그들이 최종적으로 도착한 장소에 관해서는 다음을 보라. Justin Gaudet, "Paddle Prairie Metis Settlement," *Canadian Encyclopedia*, August 3, 2021, https://www.thecanadianencyclopedia.ca/en/article/paddle-prairie-metis-settlement. 내 증조모 에밀리 하우스(Emily House)를 이 사진에서 확인할 수 있다.

58   다음을 보라. Brenna Bhandar, *Colonial Lives of Property: Law, Land, and Racial Regimes of Ownership* (Durham, NC: Duke University Press, 2018); Eyal Weizman, *Hollow Land: Israel's Architecture of Occupation*, new ed. (New York: Verso, 2017).

59   Dan Senor and Saul Singer, *Start-up Nation: The Story of Israel's Economic Miracle* (New York: Twelve, 2009).

60   Balaji Srinivasan, Twitter post, May 13, 2021, http://twitter.com/balajis.

61   다음에서 인용. Henley & Partners, "Record-Breaking Global Mobility Grounded by COVID-19 Pandemic," *PR Newswire*, April 7, 2020, https://www.prnewswire.com/ae/news-releases/record-breaking-global-mobility-grounded-by-covid-19-pandemic-301034963.html.

62   Quinn Slobodian, "How the Libertarian Right Plans to Profit from the Pandemic," *Guardian*, June 1, 2020, Global Newsstream.

63   Virtual SSF Summit: Startup Societies in a Post-Covid World, May 1-2, 2020. Streamed online.

64   Balaji Srinivasan, Twitter post, January 13, 2020, http://twitter.com/balajis.

65   Balaji Srinivasan, Twitter post, January 13, 2020, http://twitter.com/balajis.

66   Balaji Srinivasan, Twitter post, January 13, 2020, http://twitter.com/balajis.

67   Joel Stein, "Bienvenidosa Miami," *Financial Times*, February 5, 2022, Global Newsstream.

68   Katie Warren and Mary Meisenzahl, "Peter Thiel Bought This Miami Compound on an Exclusive Manmade Island for $18 Million," *Insider*, January 20, 2021,

https://www.businessinsider.com/miami-real-estate-ford-ceo-compound-photos-2020-10.

69   Stein, "Bienvenidosa Miami"; Chafkin, *The Contrarian: Peter Thiel and Silicon Valley's Pursuit of Power,* 34.

70   Balaji Srinivasan, "The Start of Startup Cities," *1729.com*, May 3, 2021, https://1729.com/miami.

71   Dick Simpson, Marco Rosaire Rossi, and Thomas J. Gradel, "Corruption Spikes in Illinois," Anti-Corruption Report #13, February 20, 2021, https://pols.uic.edu/wp-content/uploads/sites/273/2021/02/Corruption-Spkes-in-IL-Anti-Corruption-Rpt-13-final2.-1.pdf.

72   Thomas Burton, "Donald Trump Looking Beyond Traditional Medical Experts for FDA Commissioner," *Wall Street Journa*l, January 13, 2017, ProQuest.

73   Balaji Srinivasan, Twitter post, March 16, 2021, http:/twitter.com/balajis, 프로젝트 1729라고 불렸다. 여기서 1729란 두 가지 방법으로 두 양수의 세제곱의 합으로 나타낼 수 있는 수 중 가장 작은 수를 의미하며, 천재적인 인도 수학자의 이름을 따서 라마누잔의 수라고 부른다. 스리니바산은 이 프로젝트가 부분적으로는 주요 산업의 이해관계를 넘어 전 세계의 재능을 찾는 과정이라고 생각했다. 암흑물질을 쫓는 허블망원경처럼, 그는 휴대전화가 "암흑 재능"을 찾는 데 도움을 줄 것이라고 말했다. Kosloff and Srinivasan, "#3 Network State with Balaji Srinivasan, former CTO of Coinbase and Founder of 1729."

74   Parag Khanna and Balaji Srinivasan, "Great Protocol Politics," *Foreign Policy*, December 11, 2021, https://foreignpolicy.com/2021/12/11/bitcoin-ethereum-cryptocurrency-web3-great-protocol-politics/.

75   COVID-19 National Preparedness Collaborators, "Pandemic Preparedness and COVID-19: An Exploratory Analysis of Infection and Fatality Rates, and Contextual Factors Associated with Preparedness in 177 Countries, from Jan 1, 2020, to Sept 30, 2021," *Lancet*, February 1, 2022, https://doi.org/https://doi.org/10.1016/S0140-6736(22)00172-6.

76   Ben Tarnoff, "The Metaverse Is a Cubicle," *Metal Machine Music*, November 30, 2021, https://bentarnoff.substack.com/p/the-metaverse-is-a-cubicle?s=r.

77   Richard Barbrook and Andy Cameron, "The Californian Ideology," *Mute* 1, no.

3 (September 1, 1995), https://www.metamute.org/editorial/articles /californian-ideology.

78　다음을 보라. Phil Jones, *Work Without the Worker: Labour in the Age of Platform Capitalism* (New York: Verso, 2021).

결론

1　Lizzie Crook, "Zaha Hadid Architects Releases Visuals of Amorphous OPPO Shenzhen Headquarters," *Dezeen*, January 31, 2020, https://www.dezeen.com/2020/01/31/zaha-hadid-architects-oppo-headquarters-shenzhen-china-architecture/; Lizzie Crook, "Zaha Hadid Architects Unveils Pebble-Shaped Science Museum for Shenzhen," *Dezeen*, December 1, 2020, https://www.dezeen.com/2020/12/01/zaha-hadid-architects-shenzhen-science-technology-museum/; Lizzie Crook, "Supertall Skyscrapers Linked by Planted Terraces to Be Built in Shenzhen by Zaha Hadid Architects," *Dezeen*, January 13, 2021, https://www.dezeen.com/2021/01/13/tower-c-supertall-skyscrapers-zaha-hadid-architects-shenzhen/.

2　"The First Building of Zaha Hadid's 'Unicorn Island' Nears Completion in Chengdu, China," *Designboom*, January 15, 2020, https://www.designboom.com/architecture/zaha-hadid-architects-unicorn-island-chengdu-china-01-15-2020/.

3　"Unicorn Island Will Be Built in Chengdu, China," https://partners.wsj.com/xinhua/chengdu/unicorn-island-will-be-built-in-chengdu-china/.

4　Kanna, *Dubai: The City as Corporation,* 91.

5　Patrik Schumacher and Rahim Taghizadegan, "The Failure of Urban Planning and the Future of Cities," June 11, 2021, https://www.youtube.com /watch?v=4ZppWV6w4XA.

6　Tom Ravenscroft, "Zaha Hadid Architects Reveals Design for Skyscraper on World's Most Expensive Site," *Dezeen,* September 26, 2020, https://www.dezeen.com/2020/09/26/2-murray-road-skyscraper-zaha-hadid-worlds -most-expensive-site-hong-kong/.

7   Patrik Schumacher and Martti Kalliala, "Total Freedom," *After Us*, November 14, 2016, https://medium.com/after-us/total-freedom-5ee930676b65.

8   Patrik Schumacher and Arno Brandlhuber, "Land of the Free Forces," ARCH+ (2018): 97.

9   Schumacher and Taghizadegan, "The Failure of Urban Planning and the Future of Cities."

10   Patrik Schumacher, "Increasing Freedom and Prosperity by Means of Private Cities," *Liberland Press*, July 25, 2020, https://liberlandpress.com/2020/07/25/increasing-freedom-and-prosperity-by-means-of-private-cities/.

11   Schumacher and Kalliala, "Total Freedom."

12   Patrik Schumacher, "Liberland's Prospective Urban Planning Regime," Liberland Press, February 19, 2020, https://liberlandpress.com/2020/02/19/liberlands-prospective-urban-planning-regime/.

13   Edward Ongweso Jr., "Inside Liberland, a Crypto-Libertarian Micronation in Eastern Europe," *Vice*, April 29, 2022, https://www.vice.com/en/article/xgdj9k/inside-liberland-a-crypto-libertarian-micronation-in-eastern-europe.

14   Patrik Schumacher, "Politics After the Libertarian Revolution, Interview at LibertyCon, Madrid," March 14, 2020, https://www.youtube.com/watch?v=Oh_3yhcxCeY.

15   Hoppe, Stone, Kinsella, Dürr: Discussion, Q&A (PFS 2017), https://www.youtube.com/watch?v=T4-negu-E0E.

16   Schumacher, "After the Libertarian Revolution."

17   Schumacher and Taghizadegan, "The Failure of Urban Planning and the Future of Cities."

18   Mertha, "'Fragmented Authoritarianism 2.0': Political Pluralization in the Chinese Policy Process."

19   Will Doig, *High-Speed Empire: Chinese Expansion and the Future of Southeast Asia* (New York: Columbia Global Reports, 2018).

20   David Pilling, "Djibouti Row with DP World Embodies Horn of Africa Power Struggle," *FT.com*, October 30, 2018, Global Newsstream.

21   Degang Sun and Yahia H. Zoubir, "Securing China's 'Latent Power': The Dragon's

Anchorage in Djibouti," *Journal of Contemporary China* 30, no. 130 (2021): 683.

22 Jonathan E. Hillman, *The Emperor's New Road: China and the Project of the Century* (New Haven, CT: Yale University Press, 2020), 157.

23 Kathrin Hille, "The Chinese Companies Trying to Buy Strategic Islands," *FT.com*, April 11, 2022, Global Newsstream.

24 Carrai, "China's Malleable Sovereignty Along the Belt and Road Initiative: The Case of the 99-Year Chinese Lease of Hambantota Port."

25 Hille, "Strategic Islands"; and Hung, City on the Edge, 37.

26 Maximilian Mayer and Xin Zhang, "Theorizing China-World Integration: Sociospatial Reconfigurations and the Modern Silk Roads," *Review of International Political Economy* 28, no. 4 (2021): 988.

27 다음을 보라. Umut Özsu, "The Ottoman Empire, the Origins of Extraterritoriality, and International Legal Theory," in *The Oxford Handbook of the Theory of International Law*, ed. Anne Orford and Florian Hoffmann (Oxford: Oxford University Press, 2016), 124-37.

28 이전 오스만의 관행에 관해서는 다음을 보라. Moritz Anselm Mihatsch and Michael Mulligan, "The Longue Durée of Extraterritoriality and Global Capital," *Culture, Theory and Critique* 62, no. 1-2 (2021): 1.

29 Vivian Nereim, "Saudi Arabia Is Planning the Largest Buildings Ever Constructed," *Bloomberg*, May 31, 2022, https://www.bloomberg.com/news/articles/2022-05-31/saudi-arabia-is-planning-the-largest-buildings-ever-constructed.

30 Ian Palmer, "Is Saudi Arabia's New Climate City 'Neom' Future or Fan- tasy?," *Forbes*, February 28, 2022, https://www.forbes.com/sites/ianpalmer/2022/02/28/a-new-climate-city-in-a-big-oil-state-saudi-arabia-is-it -future-or-fantasy.

31 Simon Robinson, Samia Nakhoul, and Stephen Kalin, "Exclusive: New Saudi Mega-City Will Be Listed Publicly, Crown Prince Says," *Reuters*, October 26, 2017, https://www.reuters.com/article/us-saudi-economy-mbs-interview-exclusive-idUSKBN1CV0ZM.

32 Merlyn Thomas and Vibeke Venema, "Neom: What's the Green Truth Behind a Planned Eco-City in the Saudi Desert?," *BBC News*, February 22, 2022, https://

www.bbc.com/news/blogs-trending-59601335.

33   Bill Bostock, "Saudi Arabia Announced a Wild Plan to Build a Floating, 8-sided City," *Business Insider,* November 18, 2021, https://www.businessinsider.com/saudi-arabia-oxagon-floating-eight-side-city-2021-11; Reem Walid, "MENA Project Tracker: Contractors Prepare for Two Libyan Drilling Projects; Bids Invited for $500bn Saudi Oxagon Project and Alinma HQ," *Arab News*, May 9, 2021, https://arab.news/5m3ty; Vivian Nereim, "Saudi Prince's 'Neom' to Expand Port to Rival Region's Biggest," *Bloomberg*, November 24, 2021, https://www.bloomberg.com/news/articles/2021-11-25/saudi-prince-s-neom-to-expand-port-to-rival-region-s-biggest?sref=apOkUyd1; and Osama Habib, "NEOM Project Has Been Fast Tracked to Meet Deadline, Says Top Executive," *Arab News,* February 19, 2022, https://www.arabnews.com/node/2027996/business-economy.

34   Tracy Alloway, "Saudi Arabia Gives Citizenship to a Robot," Bloomberg, October 26, 2017, https://www.bloomberg.com/news/articles/2017-10-26/saudi-arabia-gives-citizenship-to-a-robot-claims-global-first.

35   Richard Partington, "P&O Ferries Owner DP World Loses Status as Partner in Solent Freeport," *Guardian,* April 7, 2022, ProQuest.

36   Richard Partington and Gwyn Topham, "P&O Ferries Owner to Benefit from at Least £50m of UK Freeport Scheme," *Guardian,* March 21, 2022, Global Newsstream.

37   Eamonn Butler, "Freeports Will Be a World-Leading Policy-as Long as the Treasury Isn't Allowed to Water Them Down," Telegraph.co.uk, March 3, 2021, Westlaw.

38   Gwyn Topham, "P&O Ferries Boss Admits Firm Broke Law by Sacking Staff Without Consultation," *Guardian,* March 24, 2022, ProQuest.

39   2022년 현재 23세 이상 성인의 생활임금(the national living wage)은 9.5파운드[약 1만 5630원]이다. https://www.gov.uk/national-minimum-wage-rates; Topham, "P&O Ferries Boss Admits Firm Broke Law by Sacking Staff Without Consultation."

40   Simeon Kerr, "DP World Wins $2.5bn Investor Boost," *Financial Times*, June 7, 2022, Global Newsstream.

41   Jeff Deist and Stephan Livera, "Economic Freedom vs. Personal Freedom," *The Human Action Podcast*, May 13, 2022, https://mises.org/library/economic-freedom-vs-personal-freedom.

42   He Huifeng, "China Bets on Hainan Duty-Free Shopping Mecca to Boost Spending at Home," *South China Morning Post*, July 13, 2020, Global Newsstream; and He Huifeng, "China Creates Hainan Special Health Care Zone to Tap Growing Medical Tourism Market," *South China Morning Post,* July 14, 2020, Global Newsstream.

43   UNCTAD, *Handbook on Special Economic Zones in Africa* (Geneva: UNCTAD, 2021), xvii.

44   Claire W. Herbert and Martin J. Murray, "Building from Scratch: New Cities, Privatized Urbanism and the Spatial Restructuring of Johannesburg After Apartheid," *International Journal of Urban and Regional Research* 39, no. 3 (May 2015): 475. See also Benjamin H. Bradlow, "Weapons of the Strong: Elite Resistance and the Neo-Apartheid City," City & Community 20, no. 3 (2021): 191-211.

45   "Steps Announced for SEZs in Budget Will Promote Growth, Boost Exports: EPCES," *Economic Times* (New Delhi, India), February 2, 2022, Global Newsstream.

46   Dorit Geva, "Orbán's Ordonationalism as Post-Neoliberal Hegemony," *Theory, Culture & Society* 38, no. 6 (2021): 77.

47   Joshua Oliver and Philip Stafford, "Why the UK Joined the Race to Woo the Crypto Industry," *Financial Times,* April 28, 2022, Global Newsstream.

48   Edwin Heathcote, "Too Rich and Too Thin? Welcome to Manhattan's Newest 'Skinnyscraper,'" *Financial Times*, May 6, 2022, Global Newsstream.

49   "World's Ultra-Rich Flee to Dubai to Escape Pandemic," *Economic Times* (New Delhi, India), May 6, 2021, Global Newsstream.

50   Mogielnicki, *A Political Economy of Free Zones in Gulf Arab States*, 205.

51   Thibault Serlet, "How Special Economic Zones Are Quietly Advancing State Capitalism," FEE.org, February 25, 2022, https://fee.org/articles/how-special-economic-zones-are-quietly-advancing-state-capitalism/.

52   Yi Wu, "Subcounty Administration in Rural Southwest China (1950-2000):

Changing State Spatiality, Persistent Village Territoriality and Implications for the Current Urban Transformation," *Culture, Theory and Critique* 62, no. 1-2 (2021): 40.

53 Peter Thiel in James Dale Davidson and William Rees-Mogg, *The Sovereign Individual: Mastering the Transition to the Information Age* (New York: Touchstone, 2020), 6.

54 Max Read, "Peter Thiel's Latest Venture Is the American Government," New York, January 21, 2020, https://nymag.com/intelligencer/2020/01/peter-thiel-conservative-political-influence.html.

55 Chafkin, *The Contrarian: Peter Thiel and Silicon Valley's Pursuit of Power,* 290.

56 Madhumita Murgia and Sarah Neville, "Palantir Gears Up to Expand Its Reach into UK's NHS," *Financial Times*, June 9, 2022, Global Newsstream.

57 China Miéville, "Floating Utopias," in E*vil Paradises: Dreamworlds of Neoliberalism,* ed. Mike Davis and Daniel Bertrand Monk (New York: New Press, 2007), 255; 다음을 보라. Tyler Cowen's influential idea of "state capacity libertarianism." Tyler Cowen, "What Libertarianism Has Become and Will Become-State Capacity Libertarianism," *Marginal Revolution,* January 1, 2020, https://marginalrevolution.com/marginalrevolution/2020/01/what-libertarianism-has-become-and-will-become-state-capacity-libertarianism.html.

58 Read, "Peter Thiel's Latest Venture Is the American Government."

59 Damian Shepherd, "World's Top Enabler of Financial Secrecy Is the United States," *Bloomberg,* May 16, 2022, https://www.bloomberg.com/news/articles/2022-05-16/world-s-top-enabler-of-financial-secrecy-is-the-united-states?sref=apOkUyd1.

60 이 지수는 폴리티 프로젝트(Polity Project)가 만들었다. Rebecca Best, "Why Risk for Violence in U.S. Rises Without Roe," *Washington Post*, May 10, 2022, https://www.washingtonpost.com/politics/2022/05/10/roe-civil-conflict-military-democracy-gender/.

61 Craib, *Adventure Capitalism: A History of Libertarian Exit from Decolonization to the Digital Age*, 247.

62 Richard Kreitner, *Break It Up: Secession, Division, and the Secret History of America's*

Imperfect Union (New York: Little, Brown and Company, 2020), 371.

63   Rich Lowry, "A Surprising Share of Americans Wants to Break Up the Country. Here's Why They're Wrong," *Politico*, October 6, 2021, https://www.politico.com/news/magazine/2021/10/06/americans-national-divorse-theyre-wrong-515443.

64   Joan Faus, "Catalan Leader Says to Freeze Parliamentary Support to Spanish PM over Spying Row," *Reuters*, April 21, 2022, https://www.reuters.com/world/europe/catalan-leader-says-freeze-parliamentary-support-spanish-pm-over-spying-row-2022-04-21/.

65   Alastair Bonnett, *Else Where: A Journey into Our Age of Islands* (Chicago: University of Chicago Press, 2020), 225-30.

66   Neil Munshi and William Clowes, "Mega-Consulate Ties U.S. to Convicted Billionaire in Nigeria," *Bloomberg*, May 9, 2022, https://www.bloomberg.com/news/articles/2022-05-10/mega-consulate-ties-u-s-to-convicted-billionaire-in-nigeria.

67   Caline Malek, "Middle East Hospitality Project Pushes the Boundaries of Sustainable Construction," *Arab News*, November 20, 2021, https://www.arabnews.com/node/1977791/middle-east; and "How Dubai's Heart of Europe Mega Project Aims to Be Kind to the Planet," April 16, 2020, https://thoe.com/how-dubais-heart-of-europe-mega-project-aims-to-be-kind-to-the-planet/.

68   Becky Ferreira, "We Need to Talk About a Planned Retreat from Climate Disaster Zones Now," *Vice*, September 20, 2019, https://www.vice.com/en/article/3kxv73/we-need-to-talk-about-a-planned-retreat-from-climate-disaster-zones-now. See also Liz Koslov, "The Case for Retreat," *Public Culture* 28, no. 2 (2016): 359-87.

69   이 이야기에 관해서는 다음을 보라. Isabelle Simpson, "Cultural Political Economy of the Start-Up Societies Imaginary" (PhD diss., McGill University, 2021), chap. 6.

70   Rowland Atkinson and Sarah Blandy, "A Picture of the Floating World: Grounding the Secessionary Affluence of the Residential Cruise Liner," *Antipode* 41, no. 1 (2009).

71   Bell, *Your Next Government?: From the Nation State to Stateless Nations,* 56.

72   Madeline Berg, "Coronavirus: Even the World's Largest Luxury Yacht Has

Now Stopped Sailing," *Forbes,* March 16, 2020, https://www.forbes.com/sites/maddieberg/2020/03/16/the-worlds-largest-luxury-yacht-suspends-operations-amid-coronavirus/?sh=6d497e7d5f78. 이와 유사한 태도로는 다음을 보라. Simpson, "Cultural Political Economy of the Start-Up Societies Imaginary." 또 다른 보기 드문 자유지상주의 크루즈선 사업의 실패 사례로는 다음을 보라. Sophie Elmhirst, "The Disastrous Voyage of Satoshi, the World's First Cryptocurrency Cruise Ship," *Guardian,* September 7, 2021, Global Newsstream.

73 Benjamin Haas, "Hong Kong Government Seeks to Bar Four More MPs," *Guardian,* December 2, 2016, Global Newsstream.

74 Antony Dapiran, *City on Fire: The Fight for Hong Kong* (Melbourne: Scribe, 2020), 254.

75 Hannes Gissurarson, *Spending Other People's Money: A Critique of Rawls, Piketty and Other Redistributionists* (Brussels, Belgium: New Direction, 2018), 8.

76 M. Ackbar Abbas, *Hong Kong: Culture and the Politics of Disappearance* (Minneapolis: University of Minnesota Press, 1997).

77 Summers, *China's Hong Kong*, 68. See also Jamie Peck, "On Capitalism's Cusp," *Area Development and Policy* 6, no. 1 (2021): 1-30.

78 "The JOC Top 50 World Container Ports," *Journal of Commerce* (August 20-27, 2012): 24, https://www.joc.com/sites/default/files/u48783/pdf/Top50-container-2012.pdf; and World Shipping Council, "The Top 50 Container Ships," 2022년 1월 31일에 접속. https://www.worldshipping.org/top-50-ports.

79 Edwin J. Feulner, "Hong Kong Is No Longer What It Was," *The Heritage Foundation*, April 5, 2021, https://www.heritage.org/asia/commentary/hong-kong-no-longer-what-it-was.

80 Hung, *City on the Edge: Hong Kong Under Chinese Rule,* 8.

81 Hung, 209-16.

82 Mark Lutter, Charter Cities Podcast, episode 8, "Building a New Hong Kong with Ivan Ko," July 13, 2020, https://www.chartercitiesinstitute.org/post/charter-cities-podcast-episode-9-ivan-ko.

감사의 말

이 책을 쓰는 지난 몇 년 동안 도움을 주고 아이디어를 공유하며 우정을 나누어 준 사람들에게 매우 감사드린다. 아토사 아락시아 아브라하미언, 하드지 바카라, 팀 바커, 그레이스 블레이클리, 마크 블라이드, 윌리엄 캘리슨, 윌 데이비스, 대니얼 덴비어, 크리스틴 패브, 카트리나 포레스터, 하인리히 가이젤베르거, 라이언 S. 제프리, 애나 이저벨 켈리슨, 알렉산더 켄티켈레니스, 에런 커너, 코조 코람, 매슈 로런스, 제이미 마틴, 토머스 미니, 디어터 플레휴, 저스틴 레이놀즈, 시아 리오프랑코스, 파블로스 루포스, 스튜어트 슈레이더, 행크 실버, 벤 타노프, 크리스티 손턴, 알베르토 토스카노, 이저벨라 웨버, 모이라 바이겔, 커스틴 웰드에게 감사한다. 특히 초고 전체를 읽어 주었던 보애즈 레빈에게 특별한 고마움을 전하고 싶다.

지적 동지이자 지지자인 멜 플래시먼과, 망망대해에 떠 있던 이 글의 방향을 잡아 준 세라 버시텔 및 그리고리 토비스에게도 고맙다는 말을 전한다. 또한 지도 작업을 도와준 매리언 카디, 출판을 도와준 홀트사의 팀 더건, 아니타 세이, 클라리사 롱, 그리고 펭귄사의 토머스 펜, 매슈 허치슨, 에바 호지킨, 줄리 운에게도 감사드린다.《포린폴리시 Foreign Policy》의 캐머런 아바디,《가디언》의 헤티 오브라이언과 조너선 세이닌,《뉴스테이츠맨 New Stateman》의 가빈 제이컵슨,《뉴욕타임스》의 존 기다와 수인 황은 내 생각을 대중에게 선보일 수 있도록 도움을 주었다. 하버드서점, 먼로와 레이븐은 이 책을 쓰는 데 필요한 여러 책을 구해 주었다. NTS는 많은 음악을 들려주었다. 부모님과 형제자매 그리고 가족은 코로나19 전염병의 시기뿐만 아니라 언제나 나를 정서적으로 지지해 주었다. 무엇보다도 사랑하는 동반자 미셸과 우리의 아들 얀에게 무한한 고마움을 전한다. 두 사람과 함께하기에 나는 매일같이 집에서 축복받는 아침을 맞이한다.

여전히 살아 숨 쉬는
자유지상주의의 기나긴 여정

알 파치노Al Pacino가 출연한 영화 〈스카페이스〉(1984년 작)에서 영화 배경인 마이애미는 범죄와 마약과 클럽이 가득한, 환락과 탐욕에 물든 도시로 그려졌다. 40여 년이 지난 오늘날, 프랜시스 수아레스Francis Suarez 마이애미 시장은 이 휴양 도시를 미국에서 부자에게 가장 친화적인 "미국의 스위스"로 만들겠다는 청사진을 제시했다.[*] 그는 규제로부터 자유로운 조세회피처를 조성하여 엄청난 규모의 자본을 유치할 수 있었다. 뉴욕시보다 앞서, 도시 이름을 딴 가상화폐 '마이애미 코인Miami Coin'을 발행하여 도시의 독자적인 경제 생태계 조성 또한 시도했다. 게다가 일부 기업가에게는 거추장스럽기만 한 친환경 정책의 수위도 낮췄다. 자연스럽게 경제적 기회를 찾아오는 이주민이 늘어났고, 그중 상당수가 백만장자였다. 새롭게 유입된 사람들의

[*] 《파이낸셜타임스》(2024.3.15.)

주거 수요를 충족시키고자 스트립 클럽이 있던 자리에 고급 주거 빌딩들이 들어서면서 도시의 경관 또한 변해 갔다.

마법 도시(magic city, 마이애미의 별칭)를 자본의 수도로 만들겠다는 계획을 내세운 수아레스 시장은, 자유로운 기업 및 금융 활동을 보장하면 지역 경제성장과 일자리 창출을 도모할 수 있다는 명분을 내세웠다. '문제는 정치가 아니라 경제'라고 말하는 것이다. 조세회피처를 향해 가는 이런 선도적 움직임은 다른 도시와 지역의 정치인들을 압박하고 있다. 자본과 경제적 기회들이 떠나가고 일자리가 줄어드는 것을 보고만 있을 수는 없기 때문이다.

마이애미처럼 기존의 국가 규제나 민주주의적 절차를 거세해 버린 구역은 다른 곳으로 번져 나가게 될 것이다. 경제성장에 편집증적으로 집착하는 오늘의 무한 경쟁 시대에 낯선 일은 아니다. 지역 경제 활성화를 목적으로 친기업 정책을 약속하는 한국 지방자치체들의 모습이 머릿속을 스친다.

동시에 마이애미의 변신은 우리에게 역외시장에 관한 우려의 목소리 또한 상기해 준다. 2016년 국제탐사보도인협회는 정치인과 그 측근, 유명 영화배우와 운동선수가 연루된 조세회피 자료를 담은 파나마 페이퍼를 발표했다. 한국 언론은 여기에 포함된 한국 정치인들과 기업의 사례를 찾아내기도 했다. 이들은 전 세계의 역외금융 지역에 서류상으로만 존재하는 페이퍼컴퍼니를 설립하여 자금을 은닉하고 세금을 피했다. 프랑스혁명 당시 귀족들의 자금을 숨겨 주었던 스위스 은행의 비밀 금융 서비스에서 출발했다고 알려진, 역외시장을 통한 조세회피는 오늘날 여러 지역에서 쉽게 발견할 수 있다.

일국 정부의 입장에서 볼 때, 자국인과 기업에 검은돈의 안식처를 제공하는 해외 역외시장은 주권국가의 법과 규정을 무시하는 구역이다. 전후 국제통화체제인 브레튼우즈Bretton Woods체제에서는 제한받지 않는 자본 이동이 국내 경제발전에 부정적인 영향을 끼칠 수 있다는 판단하에 일국 정부에 통제권을 부여했다. 하지만 1970년대 이후 자본은 국경을 넘나들 수 있는 자유를 얻게 되었고 다양한 금융 기법을 동원해 국가로부터 벗어날 수 있었다. 그 결과 자본은 정치적으로도 국가에 대항할 수 있을 만큼 성장했다.

1981년 프랑스 대통령에 당선된 사회당의 프랑수아 미테랑François Mitterand이 자본주의와의 단절을 선언하며 급진적 개혁을 추진했다. 하지만 통제받지 않는 자본은 탈출이라는 파업으로 맞섰다. 역외시장으로 떠나 버리면 그만이었다. 국내경제로의 자본 유입이 중단되고 국가부채가 늘어나면서 위기의 징조들이 보이자 미테랑은 자신의 사회주의 정책들을 포기할 수밖에 없었다. 자본의 승리는 경제적 주권을 행사해 온 민족국가의 패배였다. 이러한 경험을 통해 역외시장이라는 구역은 일국의 독자적인 경제 운영을 방해하는 공간이라는 생각을 갖게 된다.

하지만 역외시장을 제공하고 있는 다른 주권국가들의 경우를 생각해 보자. 스위스를 비롯하여 모나코, 리히텐슈타인, 룩셈부르크, 버뮤다, 싱가포르는 왜 자유로운 자본의 안식처를 건설하게 된 것일까? 자본을 유치하고 관련 산업의 낙수효과를 누리면 국익에 도움이 되기 때문이다. 자국 영토에서 배타적으로 경제적 주권을 사용하는 것을, 과연 오늘날 민족국가의

여전히 숨이 붙어 있는 자유지상주의의 기나긴 여정

헤게

세계에서 누가 비난할 수 있을 것인가?

　　흥미롭게도 역외시장은 소규모 도시국가나, 야자수가 우거진 해변가의 이국적인 풍경으로 묘사되곤 한다. 하지만 전 세계에서 가장 큰 규모를 자랑하는 역외시장은 런던에 있다. 1970년대 말 초국적 자본을 통제하려는 규제 도입을 가장 격렬하게 반대했던 것은 영국의 중앙은행인 영국은행Bank of England이었다. 싱가포르의 경우, 구역의 정치성을 드러낸다. 냉전과 베트남전쟁이라는 지정학적 위기 속에서 생존의 과제를 안고 있던 도시국가의 지도자 리콴유는 아시아의 스위스가 되는 길을 택했다. 자본주의와 공산주의 국가를 가리지 않고 모두에게 열려 있는 역외금융시장을 마련한다면 싱가포르는 모두의 이해관계가 얽혀 있는, 그 누구도 이곳의 평화를 위협하지 못할 중립 구역으로 자리 잡을 수 있을 것이라고 판단했기 때문이다. 즉, 신생 약소국에게 역외시장은 생존 수단이었다.* 오늘날 싱가포르의 경제적 번영은 그 선택이 옳았음을 증명하는 듯하다. 그 대신 이 구역에서는 민주주의가 아닌 자유지상주의 원칙에 따라 경제와 사회가 조직되고 있다.

　　2023년 말, 이러한 공간을 국가 단위로 건설하겠다는 더욱 급진적인 주장이 아르헨티나에서 들려왔다. 1982년 이후 반복된 외채위기와 금융위기, 경기침체를 겪어 온 아르헨티나 국민들은 더 이상 포퓰리즘을 따르는 기성 정치권을 신뢰하지 않았고, 국가를 부정하는 무정부 자본주의를 대안으로 내세

•　Seung Woo Kim, *The Euromarket and the transnational network of finance* (PhD dissertation, University of Cambridge, 2018), chapter 5.

운 경제학자 하비에르 밀레이Javier Milei를 대통령으로 선출했다. 그는 공공지출 및 세금 삭감, 중앙은행 폐쇄, 미 달러화 도입 및 민영화를 약속했고, 선거운동 당시 전기톱을 들고나와서 국가를 쓰러뜨리겠다는 의지를 피력했다.

신자유주의의 종말을 고했던 2008년 금융위기가 발생한 지 20년도 지나지 않은 오늘날, 급진적 자유주의라는 또 다른 유령이 전 세계를 배회하고 있는 이유는 무엇일까? 코로나19 전염병 사태를 통해 국가의 중요성을 확인했음에도 불구하고 자유지상주의를 향한 열망은 왜 사라지지 않는 것일까? 아니면 우리가 생각하지도 못했던 곳에, 심지어 우리가 살고 있는 국가와 사회 안에 자유지상주의가 이미 존재해 온 것은 아닐까? 세계화의 바람에 휩쓸리지 않고 굳건히 자리를 지키고 있는 민족국가의 견제로부터 벗어난 자유지상주의 공간과 그 주역들을 어떻게 찾아낼 수 있으며, 또한 어떻게 그들의 생명력을 설명할 것인가?

미국 보스턴대학교의 역사학자 퀸 슬로보디언이 전 세계 시장급진주의자들의 최근 역사를 정리한 『크랙업 캐피털리즘』을 통해 그에 대한 답변을 내놓았다. 그는 2018년 『글로벌리스트—제국의 종말과 신자유주의의 탄생Globalists: The End of Empire and the Birth of Neoliberalism』으로 제1차세계대전 이후 합스부르크 제국의 몰락에서 출발하여, 1920~1930년대 사민주의 노동당 집권기에 다양한 사회주의 실험이 펼쳐졌던 '붉은 빈Red Wien'에서의 투쟁을 뒤로하고, 민족국가의 도전이라는 전후 탈식민화에 맞서 자유주의적 세계질서를 구상한 제네바학파로 꽃피운 신자유주의 운동의 역사를 보여 준 바 있다. 흥미롭게도 필자는 제네바학파가 태동한 제네바국제연구대학원에서 2019년부터 4년 동안 연구원 생활을 했다. 슬로보디언을 통해 영미권 혹은 일국 단위에 천착해 왔던 신자유주의를 전 지구적 운동으로 바라볼 가능성을 확인할 수 있었다.

이제 『크랙업 캐피털리즘』을 통해 슬로보디언은 섬과 씨족 그리고 프랜차이즈 국가와 같은 다양한 형태로, 민족국가에 구멍을 뚫고 부유하는 자유지상주의의 안식처 건설을 시도한 다양한 행위자들의 모습을 추적했다. 이 책에서 그는 런던, 홍콩, 싱가포르 같은 국제금융 중심지에서부터 남아공과 두바이, 소말리아 등 남반구 지역을 거쳐 메타버스와 클라우드라는 온라인 세계에서도 확인할 수 있는 구역들의 역사를 분석한다. 주권을 전유하고 변주하여 민족국가로부터 벗어나 시장 논리에 따라 작동하는 자유지상주의 공간이라 할 수 있는 구역을 만든 주역들과 그들의 구체적인 전략을 추적한다.

역사적으로 자유지상주의는 민족국가라는 정치제도를 부정하거나 그에 도전해 왔다. 19세기 자유방임의 야경국가론에서는 개인의 자유를 최대한 보장하고 국가의 권력을 최소화하여 자본주의 시장 질서가 사익 추구의 원리에 따라 작동할 수 있도록 국가의 역할을 제한해야 한다고 주장했다. 하지만 1930년대 대공황은 부정할 수 없는 시장실패를 보여 주었고 국가의 경제 개입에 정당성을 부여했다. 자유시장 질서의 후퇴 앞에서 미국의 신자유주의자들은 자유시장의 원활한 작동을 보장할 수 있는 국가의 재구성을 꾀하면서 경제 논리를 교육이나 범죄와 같은 비경제적 영역으로 확장할 수 있는 법적 제도의 도입을 모색했다. 하지만 국가를 개조하려는 전면적인 시도는 항상 사회의 저항에 부딪혀 왔다. 민주주의와 사회적 요구 앞에서 시장 논리는 종종 후퇴할 수밖에 없었다.

자신을 옥죄고 있는 민족국가 속에서는 자유시장을 완벽하게 꽃피울 수 없다는 것을 깨닫게 된 급진적 자유지상주의자들은 그것에 구멍을 뚫는 새로운 전략을 들고나왔다. 전면적인 도전이 아니라 조금씩 균열crack-up!을 가져오는 장기전을 택했다. 그 구멍에는 배타적이고, 민주주의를 걱정하지 않아도 되는 다양한 혜택을 제공함으로써 자본을 유치하여 경제적 번영을 하는 것을 존재의 이유로 내세울 수 있는 구역을 만들었다. 동시에 구역은 국가 간의 차이를 이용한다. 세계화 시대라고들 하지만 전 지구적으로 단일한 제도가 부재한 상황에서 자본은 자신의 입맛에 맞는 곳으로 흘러들어 가기 때문이다. 그 결과 막대한 자본을 유치하게 된 구역은, 이면의 불평등과 착취를 뒤로하고 화려한 마천루와 부동산 호황을 내세우며 각국 정부에 구역을 설치하라고 유혹하고 있다. 그리고 그 대가는 민주주의가 질식사한 시장경제의 천국이었다.

여기에서 시장급진주의 혹은 자유지상주의의 의미를 짚고 넘어갈 필요가 있다. 한국적 맥락에서는 자유시장을 경제 및 사회의 조직원리로 삼는 논의들을 '신자유주의'라고 불러왔다. 하지만 '신neo'자유주의를 국가의 역할을 전면 부정하고 제한 없는 자본의 이동을 보장하는 것으로, 즉 시장근본주의로 회귀하는 것을 전제한다면 19세기 자유주의와 구별하지 못하는 한계가 생긴다.

최근 연구에 따르면 신자유주의는 1970년대 말의 경제

위기가 아니라, 1920년대 제국의 종말과 대공황에 대한 대응으로 등장한, 자유주의를 다양하게 재해석하는 지적 운동이다. 민족국가의 등장에 따른 경제적 세계화의 붕괴와 경제적 민족주의의 등장 및 시장실패를 인정할 수밖에 없었던 당시 자유주의자들은 국가의 틀 속에서 자유시장의 덕목을 보존할 수 있는 대항담론을 기획했다.* 즉, 신자유주의의 핵심은 단순히 자유방임으로 복귀하는 것이 아니라 그 실패를 극복할 수 있는 새로운 국가론을 도출하는 것이었다.

흥미롭게도 이 책에서 자유지상주의자로 그려지고 있는 밀턴 프리드먼 또한 1951년에 쓴 글에서 국가의 역할을 인정하고 있다.** 슬로보디언 역시 전작 『글로벌리스트』에서 전후 민족국가를 인정하면서도 그것을 뛰어넘는 법적 권한을 가진 초국가적 제도를 통해 자유로운 국제경제 질서를 모색했던 제네바의 신자유주의자들을 그려 냈다. 이러한 점에서 시장급진주의와 자유지상주의는 국가를 전면 부정하고 시장 해결책에 전적으로 의존하려고 한다는 점에서 역사적 신자유주의와 차이가 있다.

『크랙업 캐피털리즘』에서 슬로보디언은 쉽게 떠올릴 수 없었던 장소에 뿌리내린 자유지상주의 구역을 보여 준다.

---

* 예를 들어 다음을 보라. Ben Jackson, "At the origins of neo-liberalism: The free economy and the strong state, 1930-1947", *Historical Journal* 53(1), 2010.

** Milton Friedman, "Neo-liberalism and its prospects", *Farmand* (17 February 1961). 이러한 점을 고려할 때 프리드먼의 사상을 고정된 것이 아닌, 당대의 정치경제적 상황에 따라 변해 가는 것으로 파악해야 한다.

미국 신자유주의 운동을 이끌었던 밀턴 프리드먼이 찾아낸 이상향은 시카고나 뉴욕이 아니라 영국 식민지였던 홍콩이었다. 그곳에서 그는 대중 투표라는 민주주의 제도로부터 자유로운 식민지 정치체제 속에 중국에서 유입된 막대한 노동자들을 동원하는 자본주의 발전 모델을 확인할 수 있었다. 정치적 권위주의와 자유시장의 공존은 싱가포르와 두바이라는 또 다른 도시국가에서도 만개했다. 경제적 필요와 자본의 요구에 따라 자유롭게 공간을 변형하고 인민을 분리, 조직한 이곳에서 자본은 자신이 원하는 경제 생태계를 만들어 나갔다. 민주주의가 사라진 이곳에서 경제적 능력에 따른 분리와 불평등은 일상이 되었고 인권은 자리를 잃어 갔다.

또한 『크랙업 캐피털리즘』에서는 리히텐슈타인에서 남아공과 소말리아를 거쳐 온두라스에서 구역을 설계한 주역들을 찾아서 그들의 의도와 계획, 전망을 보여 준다. 구역의 설계자들은 자유지상주의 경제학자나 정치사상가만이 아니었다. 군주와 사업가, 정치인 모두 현지 상황에 맞게 민족국가에 구멍을 뚫었다. 흥미로운 점은 과거를 재구성하여 구역의 의미를 제시한 그들의 역사 내러티브 만들기라 할 수 있다.[*] 밀턴 프리드먼의 아들 데이비드 프리드먼은 유럽 중세의 법과 제도를 실마리로 삼아 근대 국가의 단일성을 부정하고 그것으로부터 빠

---

[*] 신자유주의의 끊임없는 수정주의 역사론은 태평양전쟁 당시 위안소 문제를 경제적 계산으로 환원하여 식민지 관계와 젠더의 역사를 삭제해 버린 미국의 법경제학자 존 마크 램지어(John Mark Ramseye)의 연구에서도 확인할 수 있다. 김승우, 「미국 신자유주의의 역사 만들기—시카고학파와 '램지어 사태'의 과거와 현재」, 『역사비평』, 제137호(2021), 237~268쪽.

져나와서 독자적으로 존재할 수 있는 구역의 유토피아를 판매했다. 소말리아의 씨족 전통을 자유지상주의의 원형으로 재해석한 판노턴의 사례는 비서구권 현지의 문화와 역사를 전유하여 국가 없는 정치체 건설을 시도한 시장근본주의의 유연성과 생명력을 보여 준다.

자유지상주의자들의 균열 만들기 작업은 이제 가상공간으로 뻗어 나가고 있다. 그들과 실리콘밸리의 벤처자본가들은 메타버스와 클라우드에서 '영토성'에 기대고 있는 민족국가를 부정할 수 있었다. 자신들이 만든 가상 세계에서, 국가가 아닌 네티즌이라는 개별 주권자가 자유롭게 활동하고 민간이 발행하는 가상화폐를 사용하는 구역을 건설하여 국가로부터의 탈출을 준비하고 있다. 그곳에서 글로벌한 자유(혹은 자본가) 계급은 입맛에 따라 언제든 갈아탈 수 있는 디지털 아틀란티스를 조성하고 있다. 민족국가로부터 자유로운 자본의 세상을 디지털 세계에서 꿈꾸고 있는 것이다. 과연 그들의 이상은 실현될 수 있을까?

국가 중심 경제성장과 정치발전을 당연시해 온 우리에게 자유지상주의 구역은 머나먼 미래처럼 보인다. 하지만 슬로보디언이 한국어판 서문에서 말하듯 구역은 우리의 과거이자 현재이다. 1970년과 1973년에 각각 마산과 익산에 착공된 자유무역지역은 외국인 전용 공단으로 자본과 기술을 도입하여 수출과 고용 창출을 통한 지역 및 국가의 경제발전을 꾀했다. 송도국제도시의 인천 글로벌 캠퍼스에는 미국과 유럽의 대학들이 입주해 있다. 1997년 이른바 IMF 위기를 겪은 우리는 신자유주의 혹은 시장 논리의 도입을 마치 외부의 강압에 의한 것으로 보기 쉽다. 하지만 구역을 통해 강력한 권위주의 국가의 계획에 따른 경제개발 과정에도 자유지상주의가 공존해 왔음을 확인할 수 있다. 『크랙업 캐피털리즘』에 비추어 보면 한 가지 의문이 남는다. 과연 누가 구역이라는 균열을 일으켰을까?

한국의 경제 자율화가 1997년이 아닌 1980년대 초에 이미 시작되었다는 최근 연구는 그 실마리를 제시해 준다.[*] 미국을 통해 신고전파 경제학을 도입한 경제기획원과 재무부의 경제관료들은 군부의 발전주의에서 벗어나 안정과 균형을 중시했고 그에 맞는 시장주의 정책 도입을 꾀했다. 미국 스탠퍼드대학교에서 경제학 박사학위를 취득한 후 귀국하여 경제기획원에서 근무했던, 이후 전두환 대통령의 경제 수석 비서관을 역임한 김재익은 그 누구보다도 열성적인 자유시장 신봉자였다. 정부의 경제정책 실패가 인플레이션을 가져온다고 믿었던 그는 자신의 주장을 설득하기 위해 유럽 신자유주의 운동을 이끌었던 하이에크의 스승 미제스의 『자본주의 정신과 반자본주의 심리』를 직접 복사, 제본하여 동료들에게 나누어 주었다고 한다.[**] 이 책에 등장하는 로스바드는 미제스의 이름을 단 연구소를 운영하면서 미국 남부에서 자유지상주의의 복음을 전파하고 있다.

1979년 12.12. 군사 반란으로 정권을 잡은 전두환 정부는 이듬해 9월 경제기획원의 '시카고 보이'들을 등용했고 이들은 금융시장 자율화와 탈규제를 추진했다. 물론 경제계에 대

[*] 박찬종, 「한국 신자유주의의 정치적 기원—부마항쟁과 광주항쟁 이후의 경제정책 전환」, 『사회와 역사』 117호(2018), 79-120쪽.

[**] 같은 논문 93-94쪽.

한 간섭을 선호한 정치권의 개입 때문에 그 목표를 온전히 달성할 수는 없었다.* 그렇다고 해서 한국 행정부에서 자생적으로 성장한 시장 옹호론자들의 존재를 부정할 수는 없을 것이다. 1980년대부터 오늘날까지, 1997년과 2008년의 금융위기와 2020년 코로나19 팬데믹을 겪으면서 그들이 어떻게 국가에 구멍을 뚫고 균열을 일으켜 자본에 더 많은 자유를 안겨 줄 수 있는 구역을 건설하려고 계획했는지 살펴본다면 한국 자유지상주의의 역사를 파악할 수 있지 않을까 생각해 본다.

마지막으로 여러 비판적 연구를 통해, 민족국가와 대중정치로부터 벗어나 경제적 자유를 쟁취하려는 자유지상주의 운동의 정치성을 다시금 확인할 수 있다. 19세기 자유방임의 등장과 필연적 몰락을 분석했으며 붉은 빈에서 신자유주의의 태동을 목격하기도 했던 칼 폴라니Karl Polanyi는 『거대한 변환』에서 "자유방임이란 전혀 자연적인 것이 아니었다"라고 말했다. 만사를 그저 "내버려두기만 하는 것으로는 결코 자유시장이란 나타날 수가 없으며," 자유방임은 "무언가를 달성하기 위한 방법"이 아니라, 그것 자체가 "달성되어야 할 목표"였다.

경제 논리를 앞세워 등장하고 있는 구역이 함의하고 있는 자유지상주의 정치를 이해한다면 민주주의에 대한 도전을 무기력하게 방치하지 않고 분배적 경제정의를 지향하는 운동의 출발점을 파악할 수 있지 않을까?

• Y. C. Park, et al., *Financial liberalization and economic development in Korea, 1980-2020*(Cambridge, MA and London: Harvard University Press, 2021), p. 5.

『크랙업 캐피털리즘』을 통해 번역은 또 다른 창작이라는 말을 이해할 수 있었다. 여러 이유로 주저했지만 끝까지 번역을 제안해 준 북이십일 출판사의 장미희 기획위원님, 책이 나오기까지 여러 업무를 담당하고 격려를 아끼지 않은 최윤지, 김지영 편집자님과 어색한 번역 문장을 꼼꼼하게 수정해 준 김선아 편집자님께 감사드린다. 국제금융 중심지인 런던시티와 싱가포르를 연구했던 박사과정 시절의 경험은 이 책의 시대적 맥락을 이해하는 데 도움이 되었다. 이 책에서 다루고 있지는 않지만, 대표적인 구역이라 할 수 있는 스위스 제네바에 살면서 지나치던 수많은 은행과 금융회사의 의미를 되새겨 보기도 했다. 2023년 봄과 여름, 연구원으로서 더 바랄 게 없는 이상적인 연구 환경을 제공해 준 스웨덴 웁살라대학교 경제사학과 연구실에서 번역 작업 대부분을 진행했다. 대표적인 사회민주주의 국가에서 자유지상주의의 역사를 읽어 내려가면서 나의 연구 주제인 금융과 이념, 그리고 정치의 관계를 고민할 수 있었다.

마지막으로 한국에서 남편과 아빠의 부재를 용서해 준 아내와 첫째 시안이, 그리고 행운을 안고 태어나 준 둘째 시윤이에게 무한한 사랑을 보낸다.

복현 캠퍼스의 연구실에서
김승우

ㄱ

가상세계 291, 292, 297, 450

가오슝 112, 132

가우룽(주룽) 37~38, 45

가즈마크 183

가치사슬 39, 105, 125

간디, 인디라Gandhi, Indira 252

개미 이론 55

개척자 신화 309, 428

갤브레이스, 존 케네스Galbraith, John
　　Kenneth 106, 107

거래소광장, 홍콩 77

거물 도시tycoon city 86

게바라, 체Guevara, Che 47

게지스, 파울루Guedes, Paulo 287

게티오일 39

경제교육재단 59~60, 64, 247, 337

경제적 자유economic freedom

　　개인적 자유 194

　　동질성 194

　　정치적 자유 27, 34, 50~51, 59, 62,
　　　127

　　제국주의 276

경제협력개발기구OECD 9, 10, 212, 213,
　　216

경찰국가 134

고무 103

골드만삭스 291

골드워터, 배리Goldwater, Barry 179

공공주택 255, 45, 93, 98, 118, 119

공항 중심 경제aerotropolis 13, 263

관세와무역에관한일반협정 52

관타나모만 274

광저우 110, 337

광저우지식도시, 중국 110

교점 19, 20, 98, 259, 263, 325

구글 33, 298, 299, 308

구동맹 161, 164, 168, 172

구역 열풍 55, 245, 287

구역zone

　　—이라는 꿈 143

　　국가의 수단으로서 — 330

　　도피처로서 — 332~333

　　미국 332

　　사유재산권 330

　　새로운 형태의 — 69

　　예외적인 — 20~21

　　외부인 출입 제한 거주지 185~186

　　원형으로서 홍콩 56

　　자본주의적 권리 행사에 필요한 여
　　　러 기능 26~27

　　"정치적 지렛대" 224

초소형 국가 153
트럼프 87~88
흑인 자치 구역 128~130
21세기 자본주의 323
구역화 55
구자유지상주의자 159~161, 166, 171,
172, 212
구타페르카 수액 103
국가 기업가 279
국가 브랜딩 263, 264
국가 안의 국가 52, 252, 256
국가 정체성 294
국가state
—로부터의 탈출 164~165, 209,
216, 230, 298
—의 분열 222
—의 역할 43, 80, 86, 94, 98~99
—의 죽음 151~195
용역 제공자 197
국가권력state power
싱가포르 99~100
탈중앙집권화 127~128, 132
한계 93~94
국가기구 속의 자유시장 278
국가반부패위원회 283
국가주권 144, 222, 283
국민의료보험 92, 331
국민투표 97, 114, 137, 207, 208, 210,
212, 216
국제노동기구 283
국제무역 법 285
국제법 25, 151, 273, 279
국제연맹 112, 199, 206
국제연합United Nations
가맹국과 가입 시기 150

리히텐슈타인 204~205
"링 도시 싱가포르" 117
민족주의 운동 215
분리 독립 반대 정책 204
분리 독립 운동 216
산업개발기구 227
소말리아 227
소말릴란드 241
초소형 국가 152~153
총회 57, 152, 206
국제자유노동조합연합 203
국제주의 79
국제통화기금IMF 10, 72
국지적 자유 21
군주정 209
굿이어 103
권위주의 183, 315, 329, 451
균형예산 수정 조항 59
그랜드하얏트호텔 87
그레이트 트렉 140
그렌펠타워 90
그리, 패트리 두 차Gris, Patri du Chat 191
그리스 324
그퀘타, 토자마일Gqweta, Thozamile 134
《극동이코노믹리뷰》 143
글로벌 도시 84, 125
글로벌리즘 28, 198
글로벌트랜스파크, 노스캐롤라이나
172
금본위제 157, 161, 165
기게르, H. R. Giger, H. R. 319
기술 분야 271, 292, 314
기술 비판주의 317
기술 자유지상주의 292, 303
기술 탈출techxodus 313

기업 구역 81

기업가 정신 211

기회 구역 88

기후변화 119

깁슨, 윌리엄Gibson, William 183, 290

ㄴ

나치 161, 201, 214, 233

낙힐프로퍼티스 257

난징조약 37

남미 128, 266

남부연합 157, 163, 170

남북전쟁, 미국 28, 153, 164, 170, 214

남아공노동자연합 134

남아시아 101, 102, 119, 242, 254, 257, 366

남아프리카공화국South Africa

　경찰국가 134~135

　국가 보조금 132

　노조 금지 134

　"스위스식 해결책" 137~138

　아파르트헤이트 이후 147

　저항 억압 134~136

　정부 지원 133

　흑인 자치 구역 127~149

남중국해 36, 53, 102, 251

남티롤, 이탈리아 163

남한 72, 207

네덜란드 103~105, 130, 139, 223, 225, 226, 247, 300, 367

네바다 20, 172, 191, 302

네바다대학교 166

네벨링, 패트릭Neveling, Patrick 131

네옴 20, 326, 330, 332

네트워크 종류 288

네티즌 300, 450

노동labor

　잉여노동력 145

　자동화 323

노동당, 영국 79, 83, 264

노동력 착취 현장 40, 133

노동법 10, 51, 73, 116, 192, 328

노르만족 침략 68

노바스코샤 102

노블 하우스 44, 45

노스, 개리North, Gary 193

노스다코타 302

노조unions

　남아프리카공화국에서의 금지 133~134

　— 파괴자 131

　부재 41

　파괴 323

노턴, 미카엘 판Notten, Michael van 223~232, 234~237, 241, 403, 450

뉴랜드 235

뉴섬, 개빈Newsom, Gavin 313

뉴질랜드 46, 249, 302

뉴턴, 휴이Newton, Huey 221

뉴햄프셔 302

니카라과 268, 283, 325, 416

ㄷ

다국적기업 99, 252

대만 132

대처, 마거릿Thatcher, Margaret

　구매권 93

　빅뱅 69

싱가포르 97, 113~114
　　유럽연합 회의주의의 수호성인 113
대처주의 80, 114
댈러스, 텍사스 161, 172, 173
덩샤오핑Deng Xiaoping 12, 49, 52, 53, 57,
　　63, 109, 112
데이비드슨, 제임스 데일 James Dale
　　Davidson 292, 293, 296, 307
데이비드슨, 짐Davidson, Jim 235~237
데이스트, 제프Dcist, Jeff 215
도랄레석유터미널 261
도미니카공화국-중앙아메리카-미국
　　자유무역협정 285
도이치뱅크 115
도클랜드를 위한 민주주의 95
도클랜드인민헌장 85
독일의 대안Alternative für Deutschland
　　211~212
동남아시아 103, 104, 106, 216
동아시아 101, 216
동유럽 26, 53, 58, 167
동질성 194
두 번째 대영제국 69
두바이 의료 도시 255
두바이 지식 마을 255
두바이, 아랍에미리트연합Dubai, United
　　Arab Emirates
　　과도현실적 265
　　국외 거주자 254
　　권위주의 246
　　급진적 법률 다원주의 249
　　미국 261~262
　　부동산 256
　　세계 금융위기 263
　　세계화 263

언론 266
외국인 거주자 254
외국인 인구 248, 254
이주민 254
팽창 259
2000년대 초 성장 263

ㄹ
라고스, 나이지리아 23, 318, 332
라발로마나나, 마크Ravalomanana, Marc
　　271~272
라보이스, 키스Rabois, Keith 314
라부슈카, 앨빈Rabushka, Alvin 41~42, 51,
　　58~59, 212
라오스 324
라우, 레온Louw, Leon 15, 130~131, 134~
　　138, 140, 146~148, 153, 168,
　　186, 197, 289, 295, 298, 300~
　　304, 307~315, 317, 321, 379, 446,
　　450
라이스, 콘돌리자Rice, Condoleezza 275
라자라트남, S. Rajaratnam, S. 99, 100, 115
라트비아 206, 382
라틴아메리카 21, 236, 314
래플스, 스탬퍼드Raffles, Stamford 102,
　　104, 105, 118
랜드, 에인Rand, Ayn 44, 116, 233
러시아Russia
　　두바이 259~260
　　올리가르히 82, 94
　　우크라이나 침략 94
　　특수경제구역 259~260
　　하룻밤에 진행된 가격 개혁 빅뱅 53
　　1990년대 62

러시아인 176

런던게이트웨이항만 260, 327

런던광역시의회 79~80, 94

런던도클랜드개발공사 78, 87

런던시티City of London 66, 68, 77~79, 92,
　　95, 106, 115, 200, 252, 253, 329,
　　354, 453

런던아이 260

런던증권거래소 260

런던회사Corporation of London 68, 354

런던흑인여성 보건행동 프로젝트 94

렁춘잉 61

레드 런던 69, 81

레소토 124, 144~146, 381

레이건, 로널드Reagan, Ronald 185, 323,
　　416

로머, 폴Romer, Paul 269~277, 280, 284,
　　310, 420, 425

로보, 포르피리오 "페페"Lobo, Porfirio "Pepe"
　　272

로봇 260, 326, 327

로스바드, 머리Rothsbard, Murray 154~157,
　　159~162, 164~167, 170~173,
　　180, 185, 208, 212, 235, 248, 281,
　　320, 387, 424, 451

로스차일드Rothschild 292

로아탄, 온두라스 268, 279, 284

로열더치셸 103

록웰, 루엘린 "루" 주니어Rockwell, Llewellyn
　　"Lew" Jr 157, 159, 160, 165

록퍼드연구소Rockford Institute 161

론 폴의 생존 보고서 158

루마니아 260

루케, 베른트Lucke, Bernd 211

루트비히폰미제스 오스트리아경제학연
구소 156

룩셈부르크 166, 211, 443

리 양 65

리, 로버트 E. Lee, Robert E. 157, 170

리버랜드 322, 323

리비아 68, 260, 403

리빙스턴, 켄Livingstone, Ken 79, 82, 85

리스모그, 윌리엄Rees-Mogg, William 293,
　　296, 307, 371, 405, 424

리슨, 피터Leeson, Peter 239, 295, 297, 305,
　　308, 439

리콴유 101, 104, 107~109, 113~114,
　　302, 370, 444

리투아니아 163, 382

리히텐슈타인Liechtenstein

　　공동체주의 204

　　분리독립 허락, 헌법 208~209, 216

　　"불안에 사로잡힌 자본가들의 에덴
　　　동산" 202

　　브렉시트 지지자 211

　　비시민 노동력 202~203

　　"비협조적 국가" 블랙리스트, G8의
　　　특별기구 213

　　시민권 204

　　시장급진주의자 213

　　여성의 권리 204

　　자결주의 208

　　자유지상주의 208

　　제1차세계대전 200

　　제2차세계대전 201

　　조세회피처 199~217

리히텐슈타인자결주의연구소 215

리히텐슈타인자치재단 215

린, 리처드Lynn, Richard 168

림, 루이사Lim, Louisa 51

링 도시 싱가포르 117

ㅁ

마닐라 103, 203
마다가스카르 271, 272
마르코스, 이멜다Marcos, Imelda 203
마르코스, 페르디난드 Marcos, Ferdinand 203
마르크스 형제 235
마법 도시 442
마스트리히트조약 113
마약 밀수 212
마오쩌둥 35, 46, 109, 147, 299
마이애미, 플로리다 25, 88, 174, 187, 314, 441, 442
마이크로칩 112, 293
마카오, 중국 337
마킬라 283
만다린호텔 44, 53
말레이반도 324
말레이시아 96, 100, 259, 312
매디슨, 앵거스Maddison, Angus 76
매트릭스, 영화 290
맥송고, 프리실라Maxongo, Priscilla 134
맥스웰, 로버트Maxwell, Robert 203
맥캘럼, 스펜서 히스 MacCallum, Spencer Heath 231~235
맨해튼, 뉴욕 45, 197, 245, 257, 329
머니랜드 203, 280
머스크, 일론Musk, Elon 236, 314
멈포드, 루이스Mumford, Lewis 69
메가 프로젝트 326
메릴랜드 313
메타 규칙 284

메타플랫폼 290
메트로폴리탄미술관 206
멕시코 12, 113, 161, 176, 189, 233
면세 구역 18, 20, 132
명목상 회사 207
모가디슈, 소말리아 220, 228, 239
모나코 112, 138, 152, 166, 199, 211, 443
모델, 다니엘Model, Daniel 216
모디, 나렌드라Modi, Narendra 329
모리셔스 60, 235
몬테네그로 166
몰드버그, 멘시우스Moldbug, Mencius 248
몽펠르랭협회 42~44, 46~47, 51, 53, 75, 130, 154, 223~224, 275, 375~376, 378, 380, 386, 402, 420
무어, 고든Moore, Gordon 112
무어, 스티븐Moore, Stephen 27
무어의 법칙 112
무역trade
  국제— 285
  자유— 166~167
  자유무역구역 143, 248
  해상— 263
  해외무역 구역 131
무정부 자본주의anarcho-capitalism
  냉전 이후 서사 324
  두바이 247~249
  새로운 봉건주의 179~182, 190~195
  소말리아 223~243
  인터넷 292
묵시록적 경제학 22
문지기 작전 24

문화 흥분 110

물류기지 259, 260

뭄바이, 인도 251, 252

미 해군 261

미국United States

　　구역으로서 — 331

　　두바이 261~262

　　백인 민족주의 141

　　법률 278~279

　　세율 42

　　소유주 공동체 122

　　시장급진주의자 152~153

　　시장을 통한 분리 141~142

　　신남부연합주의자 153~164

　　싱가포르 103~104

　　아프가니스탄 침공 261, 275

　　외교정책 276

　　외부인 출입 제한 거주지 174

　　이라크 침공 82, 261, 267, 275

　　정치적 대립 332

　　짐 크로 시대 이후 141~142

　　코로나19 전염병 312~313

　　혼합 체제 331

　　1978년 35~36

미디어 시티 255

미래도시개발 278

미시-배치 21, 25

미에빌, 차이나Miéville, China 331

미제스, 루드비히 폰Mise, Ludwig von 157, 171, 212, 238, 281, 320, 451

민간 소유 공공부지 91

민족국가nation-state

　　개념 252

　　제국 62~63, 112, 143

　　해체 21

민족자결주의 154, 167, 227

민족주의nationalism

　　민족주의 215

　　"상상된 공동체" 306~307

　　전통의 발명 306

민주적 자본주의 324

민주주의democracy

　　공화주의적 민주주의 303

　　국가 브랜딩 264

　　민주주의 없는 자본주의 27, 34, 41, 57, 85, 186, 246, 261, 264, 285

　　부재 248, 266

　　부활 62

　　언어 303

　　위기 25, 62

　　인공지능 323

　　자동화 323

　　직접민주주의 210

　　포기 230

민턴, 애나Minton, Anna 91

밀렛 187

밀수 네트워크 251

ㅂ

바누아투 152, 201, 382

바두즈, 리히텐슈타인 205

바레, 시아드Barre, Siad 228

바브엘만데브 해협 261

바오안, 중국 54, 58

바하마 202, 234, 328

반공화주의 154

발로, 존 페리Barlow, John Perry 295

발칸 지역 187

발트해 국가 206, 382

『밤과 함께』 281

배넌, 스티븐 K. Bannon, Stephen K. 291

배상 184, 229, 230

백인 민족주의 162, 170, 389

버뮤다 44, 69

버크, 에드먼드 Burke, Edmund 159, 227

버틀러, 스튜어트 Butler, Stuart 21, 74, 75

벌린, 아이제이아 Berlin, Isaiah 45~46, 116

범죄 감소 및 방지에 관한 윌리엄 I. 코
크 위원회 184

법 law

　개혁 278~279

　국제법 25

　노동법 73, 192, 328

　노조 관련 법 171

　다중심주의적 법 190

　미국 278~279

　민영화 183

　법률 다원주의 249

　법치 211

　전통 소말리법 228

법과 질서의 민영화 183, 184

법률 다원주의 249

법정 불환지폐 165, 320

법치 51, 211

베델, 톰 Bethell, Tom 148

베두인 326

베르베라, 소말릴란드 220, 242, 261

베트남 12, 36, 47, 104, 108

베트남전쟁 106, 155, 444

벤다 Venda 128

벤슨, 브루스 Bruce Benson 182~185, 392

벤처금융사 279, 280, 314

벤턴, 로런 Benton, Lauren 63

벽으로 둘러싸인 주거지 176

보건 및 안전 규제 73

보건비상사태 94

보걸, 에즈라 Vogel, Ezra 72

보니야, 마누엘 Bonilla, Manuel 283

보쇼프, 카럴 Boshoff, Carel 139~140, 168

보수당, 영국 20, 71, 73, 80, 113, 115,
421

보스턴, 매사추세츠 257

보애즈, 데이비드 Boaz, David 189

보어인 139, 140, 147

보우소나루, 자이르 Bolsonaro, Jair 287

보의 캐리어독 공작 Duke Cariadoc of the Bow
180

보통선거권 60, 142, 169, 186

보푸타츠와나 128

보호주의 167

복지국가 welfare state

　부재 41~42

　사이버 현찰 293

　종말 160~161

봉건제도 200, 210

부동산 헤게모니 86

부르즈할리파 85

부메랑 효과 331

부산 10

부의 비축자들 26

부정적 자유 대 긍정적 자유 116

부채 경감 59

부켈레, 나이브 Bukele, Nayib 287

북대서양조약기구 NATO 110

북미자유무역협정 NAFTA 24, 113

북부연합 163

북한 13, 207

분리독립 secession

　개인의 ― 212

국민투표를 통한 ─ 212

리히텐슈타인 헌법에서 허락된 ─
209, 216

민족주의 215

부활 160

─의 꿈 332

소프트 ─ 22~23

혁명적 활용 156

홍콩의 요구를 불법화 335

분리주의 운동 155

분배 이전에 성장 109

분열 168, 169, 332

불러, 올리버Bullogh, Oliver 280

불평등 11, 26, 84, 109, 110, 118, 121,
142, 189, 246, 311, 333, 447, 449

뷰캐넌, 팻Buchanan, Pat 51, 163

브란트, 빌리Brandt, Willy 36

브래들리, 짐머Bradley, Zimmer 216

브랜드, 스튜어트Brand, Stewart 295

브레이트바트 291

브렉시트 20, 93, 97, 114~116, 118

브로델, 페르낭Braudel, Fernand 67

브로스넌, 피어스Brosnan, Pierce 45

브룩, 대니얼Brook, Daniel 255

브리먼, 에릭Brimen, Erick 279

브리멜로, 피터Brimelow, Peter 162

브린, 세르게이Brin, Sergey 308

블런들, 존Blundell, John 210, 378

블레어, 토니Blair, Tony 81, 82, 264

블록체인 기술 316

비밀 관할권 90, 214

비쇼 136

비시민 100, 246

비아프라 155

비영토 국가 236

비워진 정형화 21

비코, 스티브Biko, Steve 129

비트코인 292, 304, 305, 306, 308, 328

비트코인 시티 287

빅터버스터 감옥 142

빈세미위스, 알베르트Winsemius, Albert
104~106

빛나는 길 147

ㅅ

사립 유토피아 173

사센, 사스키아Sassen, Saskia 84

사에즈, 이매뉴얼Saez, Emmanuel 26

사우디아라비아 20, 68, 256, 325, 326,
330, 395

사우스캐롤라이나 262

사유재산과자유협회 167

사유재산권 58, 61, 131, 137, 138, 178,
239, 330

사이버펑크 183

사이프러스 328

사회 보수주의 164, 168

사회계약social contract

변형 22

은유 281

사회민주주의 28, 74, 166, 225, 453

사회보장제도 41, 240

사회복지사업 59

사회정의 224

사회주의socialism

실패 323

자유주의 73

중국의 포기 111

사회학적 연방주의 189, 194

산가이(신제) 38, 46, 48, 54

산마리노 152

살만, 모하메드 빈Salman, Mohammed bin
  326

상상된 공동체 306

상파울루, 브라질 73

상하이, 중국 39, 85, 337

상하이증권거래소 337

《새로운 경비대》 179

새로운 딕시 선언 163

색슨, 니컬러스Shaxson, Nicholas 68, 114,
  182, 184, 232

샌디스프링스, 조지아 286

샌프란시스코, 캘리포니아 106, 185,
  311, 313, 315

생산성 64

샤드 84~85, 92

샤마유, 그레구아르Chamayou, Grégoire 21

샤와르마 89

새넌공항 132

샌드, 해럴드Shand, Harold 70~71, 82, 91

서울, 한국 10, 12, 73, 186

석유 가격 82, 249, 253, 261

석유 수출 금지 252

석탄 공급 항구 102

선샤인마운틴리지 주택보유자협회
  188, 394

선전 OPPO 본사 320

선전 베이 슈퍼 헤드쿼터스 베이스 320

선전, 중국 12, 32, 43, 54, 55, 57, 337

선전과학기술박물관 319

선출적 분파 148

선택의 자유 39~40, 42, 57, 106, 148,
  166, 176, 194, 223

선택적 자기 분류 188

세계 언론의 자유 265

세계건축대회 321

세계경제포럼, 다보스 295

세계무역기구WTO 24, 38, 52, 113, 116

세계은행 76

세계의 경제적 자유 지수 59, 60, 64,
  247

세계화 11, 24~26, 38, 63, 78, 108, 120,
  146, 166, 207, 215, 243, 259, 263,
  445, 447, 448

세라스케이프재단 39

세베, 레녹스Sebe, Lennox 130, 142

세컨드 라이프 291

세코, 모부토 세세Seko, Mobuto Sese 203

센데로 거주지 147

센트럴 점령 335

셰일 혁명 172

소규모 국가 140, 152, 166, 261, 277

소련Soviet Union
  글라스노스트 109
  분열 24
  중국 48~49
  해체 160, 206

소말리아Somalia
  "국가 없는 경제" 238
  무국가 상태 229~231, 233~234,
    237~243
  씨족 226~243
  역사 226~231
  탈식민지화 227~229

소셜미디어 290, 298, 299, 300, 301,
  304, 336

소오말리아드 백인 소말리 230

소프트 권위주의 101

소프트 분리독립 22, 23

소피아 327

솔로몬제도 325

송도국제도시 11, 12, 20, 450

쇼핑몰 89, 230, 233, 234, 296

수감이 아니라 반환과 배상 229

수리남 226, 227, 403

수마트라섬 3

수송업 263

수에즈운하 102, 260

수직성 257

수출가공구 272

슈라이버, 라이오넬Shriver, Lionel 22, 302

슈마허, 패트릭Schmacher, Patrik 319~324

스리니바산, 발라지Srinivasan, Balaji 297~
315, 321, 429

스리랑카 152, 324

스위스 196, 197, 199~203, 205, 212,
213, 216, 251, 319, 331, 333,
441~444, 453

스카이프 281

스코틀랜드 155, 163, 323, 332

스키드모어, 오윙 앤드 메릴 76

스타베이스 314

스타트업 국가 34, 101, 311, 322

스타트업협회재단 313

스탠더드오일 201

스털링, 브루스Sterling, Bruce 24, 221

스티븐슨, 닐Stephenson, Neal 147, 164, 289

스페이스X 314

스페인 25, 71, 152, 164, 256, 323, 332

스펜서, 리처드Spencer, Richard 168~169,
231~232, 235

시라크, 자크Chirac, Jacques 224

시랜치 175~176, 185~186

시민권citizenship

계약 154, 279

시민-소비자 197

옵트인 옵트아웃 207

시스보 138

시스케이 127~136, 138, 142~144, 146

시에라리온 239

시온주의 310

시장급진주의market radicalism

리히텐슈타인 213

미국 152~153

신동맹 152~153

시진핑 86, 97

시카고 76, 174, 187, 449, 451

시카고대학교 178, 179, 192, 193, 247,
276, 287

시카고학파 276, 449

식민주의colonialism

부활 169

초대받은 지배 270

식품의약국, 미국 315

신남부연합 153, 163~165

신남부연합주의자 153

신노동당 264

신반동주의자 248

신성로마제국 67, 198, 207

신자유주의 42, 43, 51, 54, 58, 72, 73,
98, 126, 135, 136, 154, 127, 223,
185, 445~452

신제국주의 276

신좌파 155, 156

실리콘 오아시스 255

실업 41, 64

실험적 점진주의 53

싱가포르Singapore

경제적 자유 지수 98

공공 주택 118~119
국가 브랜딩 264
국가의 역할 98
대중적 정당성 117
도시국가 110, 112
런던시티 106
리틀인디아 폭동 120
미국 103~104
민주주의 101
부동산 118~119
불평등 121
비시민 100~101, 120
선거 101
성공 106~121
성장 모델 119
"스마트 도시" 112
싱가포르 해결책 97~101, 108~109, 116~117, 204
아편 경제 103
위치 102~104
유교공동체주의 가치 101
"인민을 위한 주택" 117
인텔리전트 아일랜드 계획 112
일본 103
정치적 자유 101
중국 110~112
초소형 국가 113
최하층 계급 317
"훌륭한 거버넌스" 110
쑤저우산업단지 110, 111

ㅇ
아덴만 220, 227
아라비아반도 27, 249, 250, 327

아람코석유정제사 256
아루바 225
아리엘 정착지 143
아마존 89, 296
아메리칸르네상스 141, 162
아바차, 사니Abacha, Sani 203
아발론 216
아부다비 253, 263
아브라모비치, 로만Abramovich, Roman 82, 94
아스널 26
아시아 금융위기 10
아시아 호랑이 경제들 117
아시아적 가치 107, 108, 113, 369
아우달도로회사 235
아이다호 302
아이슬란드 181, 182, 190, 400
아일랜드 69, 91, 163, 338
아일랜드공화국군 91
아일오브도그스 66, 71, 76, 86, 260
아테네, 그리스 324
아틀라스재단 185
아틀란티스 원 234
아틀란티스 투 234
아파르트헤이트 국가 135, 145
아편 37, 44, 103
아편전쟁 37, 270
아프가니스탄, 미국의 침공 275
아프리카너자유전선 139
아프리카민족회의 134, 135, 142
아프리카의뿔 28, 222, 227~229, 231
알링턴하우스 157
알막툼Al Makhtoum 250, 267
암호 화폐 22, 287, 292, 304~308, 316, 329

암호방식 315

앙골라 127, 239, 403

《애틀랜틱》 274

애플사 106

앤더슨, 페리Anderson, Perry 76

앤드리슨, 마크Andreessen, Marc 295

앤드리슨, 호로위츠 Andreessen, Horowitz
    305

야누코비치, 빅토르Yanukovych, Viktor 203

야빈, 커티스Yarvin, Curtis 248, 249, 261,
    266, 267, 277, 298, 304

야생 구역 322

어글랜드하우스 19

언스트앤드영 284

에볼라 전염병 312

에스코바르, 파블로Escobar, Pablo 203

에스토니아 166, 206, 281, 382

에어비엔비 271

에코 애틀랜틱 332

엑셀시오호텔 43, 53

엑스, 맬컴X, Malcol 156

엘리자베스, 여왕 249, 253

역디아스포라 307, 310

역사의 종말 25, 28, 101

역외 경제 열도 26

연금 100, 203

영국United Kingdom

    국가 브랜딩 263~264

    국민의료보험 331

    런던 도클랜드 62~95

    복지국가 331

    분리독립 332

    브렉시트 20, 93, 97, 114~115, 118,
        164, 211

    브렉시트 이후 326, 332

빅뱅 69, 115

세율 42

싱가포르 모델 118

이라크 침공 82

트루셜스테이츠 251

1976년 72

1978년 35~36

영국독립당 164

영국동인도회사 102

영웅을 위한 집 87

영조물법인 200

예멘 220, 261

예시적 정치 79

오글, 버네사Ogle, Vanessa 63

오라니아 139~141, 147, 168

오렌지버그카운티, 사우스캐롤라이나
    262

오리엔탈리즘 107

오바마, 버락Obama, Barack 19

오스만제국 192, 187

오스트리아경제학재단 유럽연구소 212

오언, 해덜리Owen, Hatherly 92

오키나와, 일본 163

옥사곤 326

온두라스Honduras

    국제연합 283

    미국이 지원하는 군부독재 272

    억압적 정부 283

    캐나다 274

    폭력 276~277

    2009년 쿠데타 272~273

온두라스 국가 의회 273

온라인 롤플레잉 게임 290

올드 사우스 153, 158, 163, 171

올리가르히 82, 93~94

와르사메, 플로리 바르바바스Warsame, Flory Barnabas 232

와이오밍 280

와이트섬 73

와켄허트 183

왕립 해군 102

왕립부두기업지역 86

외부인 출입 제한 거주지gated communties

   미래를 다시 설계한 사례 186~189

   실험 구역 186

우리 생애의 자유 216

우버 316

우산 운동 61

우크라이나 13, 94, 203

워커, 윌리엄Walker, William 283

워터맨즈암스 66, 71

원격근무 313

원캐나다스퀘어 81

월드 오브 워 크래프트 290, 291

월터스, 앨런Walters, Alan 76

웨더럴, 샘Wetherell, Sam 74

위대한 사회Great Society 160

윌슨, 우드로Wilson, Woodrow 167

유교 자본주의 107, 111

유니콘 아일랜드 320

유럽경제공동체 73, 223, 226

유럽경제지역 211

유럽연합European Union

   디지털단일시장 281

   통합 211

   해체 323

   회의주의자 113, 114

유럽자유무역지역 211

은트샹가, 마산데Ntshanga, Masande 146~147

이동하는 자본 280

이라크Iraq

   미국의 침공 82, 261, 267, 275

   민간 계약업자, 행정 266~267

이란Iran

   비트코인 채굴 금지 308

   혁명 35

이민귀화국 183

이민세관집행국, 미국 331

이베이 296

《이성》 40, 47, 126, 134

이소룡 338

이스라엘 57, 143, 144, 176, 310, 311

《이코노미스트》 64, 115, 210, 274

이탈리아 163, 227, 239, 312, 323, 352

인가 도시 270~277, 283~284, 286, 338

인간 자유도 지수 60

인공지능 317, 323

인도 312

인민의 무적함대People's Armada 95

인민주권 36, 41, 154, 234, 282

인스타그램 175, 310

인종race

   — 분리독립 168

   — 분리주의 156, 158~159, 168

   —의식 161

   —적 연대 161~163

   —화된 경제력 141~142

인종적 서약 178

인터넷internet

   "공동체 이야기" 295

   무정부 자본주의 289~317

   "비경쟁 개척지"로서 인터넷 307

인플레이션 35, 41, 201, 305, 451

일국양제 52, 273, 336

일률 과세 167, 212, 231

일반운수노조 91

일본 20, 37, 39, 72, 103~105, 108, 152, 233, 251, 324

잉글리시 헤리티지 85

잉여 인구 78, 129

ㅈ

자경단 173, 194

자금세탁 212, 213

자동화 260, 323, 326

자딘매디슨 44

자본주의capitalism

　규칙 269

　동유럽 166

　민주적 ― 324

　민주주의 없는 ― 27, 35, 42~43, 85, 246~249, 264~265, 285, 328

　방해받지 않는 ― 92~93

　서사 62~65

　유교 ― 107, 111, 113

　자본주의 대 공산주의 53

　정치 322

　중국 111~113, 330~331

　지구적 발전 25~26

자산관리 203

자오쯔양 49

자유 구역 225, 246, 255, 326

자유 봉건 공동체 232

자유기업 42, 114, 247

자유무역 구역 143, 227, 248, 253

자유방임 98, 157, 247, 281, 446, 448, 452

자유세계Free World

　재정의 61

　정의 59

자유시장재단 130, 376, 380

자유지상주의 센터 223

자유지상주의libertarianism

　급진화 178, 197

　뉴햄프셔 302

　리히텐슈타인 모델 210~214

　무국가주의 168

자유항구 씨족 230, 235

자프자인터내셔널 259, 262, 263

자하하디드건축 319, 320

잠비아 227

재분배 60, 136, 214

재식민화 277

저커버그, 마크Zuckerberg, Mark 290

적극적 우대 조치 156

전시경제 103

전쟁복지국가 161

전제정치 198, 210

전환학 62

정부government

　기업 경영 55

　역할 81, 89, 142

　― 대 경영 60~61

　제거 154

정실 자본주의 지수 64, 65

정치politics

　예시적 ― 79

　자본주의와 ― 323

　정치 이념 291

정화 102

제1차세계대전 36, 87, 103, 167, 187, 198, 200, 208, 445

제1차아편전쟁 37

제2차세계대전 9, 72, 78, 103, 105

제2차아편전쟁 37

제국주의 48, 103, 104, 213, 276, 310

제다이슬람항만 259

제롬 194

제벨알리자유구역 20, 254, 261

제벨알리항만 253, 265

제한적 계약 178

젠트리피케이션 92

조세taxation

    도둑질 60

    상속세 65

    세금 해적 214

    세금 혜택 82, 87, 89, 109, 171

    일률 과세 59, 167

    제거 226

    —회피 212

    —회피처 213~216

    홍콩 43, 59

조약항 37, 63, 255

조지프, 키스Joseph, Keith 73, 387

존랜돌프클럽 162~163, 166, 168, 172, 193, 387

존슨, 보리스Johnson, Boris 85, 87, 93, 116

존슨, 폴Johnson, Paul 201

좀비 건축물 258

종족 107, 148, 182, 221, 222, 231~233, 376

주권sovereignty

    변해 가는 성격 56

    분절 292~296

    상품화 222, 273

    "재고" 272, 275

주룽, 싱가포르 10, 96

주장강 삼각주 53, 54, 58, 269

주택시장 82

죽여 주는 앱 271

중국China

    굴욕의 세기 38

    문화혁명 72, 109

    분절된 권위주의 64

    소련 110

    실험적 점진주의 53

    일대일로 318, 324

    제조업 구역 272

    철밥통 55

중국공산당 48, 50, 51, 63, 109, 369

중단자들 293

중영공동선언 52

중재 282

지리적 뇌물수수 92

지린식품구역 110

지부티 220, 227, 261, 318, 324

지부티암불리국제공항 261

지부티항만 261, 324

직접민주주의 210

진주만 103

집합적 주권 303

ㅊ

차터 스쿨 271

찰스코크재단 184

참정권 박탈 42, 127

창조적시대착오협회 180

첨탑 93, 94

청두, 중국 110, 320

체임벌린, 존Chamberlin, John 45, 46

첼시축구클럽 82

초소형 국가 98, 104, 113, 153, 301
초이동성 293
초인플레이션 165, 199
최소 정부 43
최소국가주의자 43
최혜국 원칙 38
칠레 53, 170, 276, 286

ㅋ

카나리아제도 76, 334
카나리워프 66, 86, 77, 91, 93, 126, 246
카스트로, 시오마라Castro, Xiamaro 285,
    286
카우언, 데버라Cowen, Deborah 262
카이탁공항 45
카진스키, 시어도어Kaczynski, Theodore 302
카타르투자청 85
카탈루냐 152, 332
카토연구소 60, 156~157, 185~186,
    189, 383, 407
칸톤화cantonization 141, 158, 197
칼릴리, 랄레Khalili, Laleh 260
캄보디아 325
캐나다 92, 275, 310
캔자스 184
캘리포니아 175
커밍스, 도미닉Cummings, Dominic 118,
    373
케냐 127, 220, 324
케이맨제도 19, 69, 202, 280, 331
케인스주의 59
켄들, 프랜시스Kendall, Frances 137~138,
    140, 147~148, 153, 186, 197
켈트 남부 테제 163

코로나19 93, 312, 313, 317, 328, 440,
    445, 452
코스타리카 60
코스프레 14, 175, 191
코크, 찰스Koch, Charles 136, 156, 184~
    185, 340, 378
콜럼버스, 크리스토퍼Columbus, Christopher
    102
쿠웨이트 202, 249
쿨 브리타니아 264
퀘벡 152, 206, 328
크랙업 캐피털리즘crack-up capitalism
    정의 22
    중요성 24~26
크레인, 에드Crane, Ed 185
크로아티아 322
크루거, 폴Kruger, Paul 130
크루거란드 130
크루거스도르프 130
크루그먼, 폴Krugman, Paul 119
크리타키 228
클라벨, 제임스Clavell, James 44
클라인, 나오미Klein, Naomi 286
클랑항만, 말레이시아 259
클린턴, 빌Clinton, Bill 24
킹, 마틴 루서 주니어King, Martin Luther Jr.
    156

ㅌ

타밀 152
타타그룹 259
타히티 333
탈규제 69, 114, 115, 224, 263, 451
탈식민 민족주의 46

탈영토성 325
탈퇴의 자유 138
태국 119
태평양연구소 185
터키 324
털럭, 고든Tullock, Gordon 186~189, 193,
378, 394
테라노스 271
테빗, 노먼Tebbit, Norman 80
테일러, 제러드Taylor, Jared 162
텍사스인스트루먼츠 106
톈안먼광장 61, 109
토리당 80, 114
토탈사 241
통화체제 230, 443
투기적 공동체 307
투명성위원회 273, 420
투표권 57, 61, 68, 152, 186, 204, 266,
304, 322, 379
트란스케이공화국 128
트러스, 리즈Truss, Liz 114, 116
트럼프, 도널드Trump, Donald 27, 87~88,
162, 169, 263, 291, 315, 331~332
트럼프타워 88, 263
트루셜스테이츠 251, 252
트웨인, 마크Twain, Mark 257
특별 개발 지구 273
틀론 298
티센 201, 214
틸, 피터Thiel, Peter 17~18, 20, 23, 27, 33,
168, 248, 277~278, 295~296,
298, 302~303, 314~315, 330~
331, 425

ㅍ

파나마운하 325
파이널 판타지 290
파이어스톤 103
파푸아뉴기니 325
판노턴, 미카엘Notten, Michael van 223~
232, 234~237, 241, 403
판도라 보고서 213
팔란티어 331
팔레스타인 158, 236, 310
팜제벨알리 244, 257
팜주메이라 244, 263, 265, 257
퍼거슨, 니얼Ferguson, Niall 276
퍼거슨, 제임스Ferguson, James 145, 276,
381
페루 147, 286
페르부르트, 헨드릭Verwoerd, Hendrick 139
페르시아만 250
페어차일드반도체사 112
페이, I. M.Pei, I. M. 76, 105
페이스북 299, 304
페이지, 래리Page, Larry 298, 308
페이팔 17, 295
페이퍼 벨트 297, 308
페이퍼컴퍼니 23, 85, 94, 203, 442
페페 더 프로그 171
펠식 전쟁 181, 191
펠리, 시저Pelli, César 81
평등주의 156
포스터, 노먼Foster, Norman 50
포클랜드제도 48
포템킨 마을 75
포트 시티 324
포트로스 176
폴, 론Paul, Ron 158, 159, 165

푸에르토리코 105

푸에르토코르테스, 온두라스 268, 272

푼, 앨리스Poon, Alice 86

프란츠요제프 2세Franz-Josef II 201

프랑스 37, 38, 81, 127, 196, 241, 310,
312, 324, 443

프랑스령 소말릴란드 227

프랑스혁명 160, 442

프랜시스, 새뮤얼Francis, Samuel 162

프로스페라 268, 279~280, 282~284,
286, 314, 337

프리덤하우스 59~60, 136, 265

프리도니아 236

프리드먼, 데이비드Friedman, David
『자유의 기구─급진적 자본주의 가
이드』 180
중세 코스프레 191

프리드먼, 로즈Friedman, Rose 185, 223

프리드먼, 밀턴Friedman, Milton
『자본주의와 자유』 34, 178

프리드먼, 패트리Friedman, Patri 34~35,
191, 248, 277~279, 303, 306, 425

《프리맨》 274

프린스턴대학교 215

플란데런, 벨기에 152

플랜 오렌지 139

플랜트, 레이먼드Plant, Raymond 26

플로리다 184

피노체트, 아우구스토Pinochet, Augusto 53,
170, 276, 286

피셔, 앤터니Fisher, Antony 185

피아노, 렌조 Piano, Renzo 84

피의 돈 182

피케티, 토마Piketty, Thomas 26, 65

필리핀 104, 325

필립스 105

핑커톤 183

ㅎ

하르게이사, 소말릴란드 241

하보 291

하비, 데이비드Harvey, David 95

하우, 제프리Geoffrey, Howe 71~73, 75

하이난섬 329

하이드파크 178

하이에크, 프리드리히Hayek, Friedrich 185,
223, 224, 238, 304

하이에크협회 212

하인라인, 로버트 A.Heinlein, Robert A. 236

할리버튼 261, 267

합동 판타지 306

합스부르크제국 167, 198, 207, 445

합자회사 41, 44

해링턴, 브루크Harrington, Brooke 199

해상무역 263

해상인공도시연구소 192, 278, 333

해수면 상승 309, 332, 333

해외무역 구역 131

향진기업 56

허시먼, 앨버트Hirschman, Albert 23

헌팅턴, 새뮤얼Huntington, Samuel 36, 62

헝가리 196, 329

헤겔Hegel 317

헤르xeer 166, 190, 228, 310

헤르츨, 테오도르Herzl, Theodor 310

헤리티지재단 21, 27, 74, 157, 223, 337

헨리앤드파트너스 312

호스킨스, 밥Hoskins, Bob 70

호에넴스Hohenems 198

호주 249, 256, 310, 328, 333
호페, 한스헤르만Hoppe, Hans-Hermann 166~167, 169~173, 190, 231, 239, 247~248
혼합 체제anocracy 331
홀, 피터Hall, Peter 73, 354
홈스쿨링 193
홍콩Hong Kong
    간척지 257
    공공 주택 45
    구역 흥분 110
    구역의 원형 56
    국가 브랜딩 264
    디아스포라 58
    미래 337~338
    민주주의 270
    부동산 헤게모니 86
    부의 집중 64
    "사회적 실험" 320
    세금 42, 60
    실종의 정치 336
    아편 경제 103
    영국 270
    의사결정권 335
    일본 103
    저항 억압 336~338
    정치적 자유 지수 98
    중국 270, 335~338
    중국으로 흡수 계획 336
    친민주주의 활동가 336
    "특별행정구" 49
    항의 운동 337
    GATT 52
홍콩대학교 58, 335
홍콩상하이은행HSBC 50

홍콩이공대학교 336
홍콩중심지구Hong Kong Central 77
홍콩중앙지구Hong Kong's Central District 77
홍콩증권거래소 77
홍콩특구 32, 57, 273
화웨이 330
화형 191, 192, 425
후버연구소 41, 223, 275~276
후원국 274
후지사와, 일본 20
후쿠야마, 프랜시스Fukuyama, Francis 25, 28, 101
후프먼, 에럴Hoopmann, Errol 256
휴대용 소말리아 231
휴대용 홍콩 58, 231
흑인 무슬림 187
희생 구역 333
히틀러, 아돌프Hitler, Adolf 201, 214

ABC
CSX월드터미널스 259
G8 213
IG파벤 201, 214
LARPing 191
OCBC타워 105
P&A기업서비스신탁, 바두즈 203
P&O 260, 262, 327, 328
PBS 106
T구역 224, 225
USS빅스버그 262
ZEDE(고용 및 경제 개발 구역) 279, 280, 282, 283, 285, 286

지은이 **퀸 슬로보디언** Quinn Slobodian

역사학자, 보스턴대학교 역사학 교수.

루이스앤클라크대학교에서 역사학 석사학위를, 뉴욕대학교에서 역사학 박사학위를 받았다. 하버드대학교 웨더헤드국제문제센터 펠로, 홍콩대학교와 볼로냐대학교 방문학자, 브라운대학교 국제홍보학 객원교수로 있었고, 영국 왕립국제문제연구소 Chatham House 부연구원, 웰즐리대학 역사학 교수 등을 역임했다. 2024년부터 보스턴대학교 프레더릭 S. 파디 스쿨 교수로 재직하며 국제사를 강의하고 있다.

2018년에 대표작 『글로벌리스트 Globalists』를 출간하며 학자로서 명성을 얻었다. 자유주의적 세계질서 확립을 위한 전 지구적 운동으로서 신자유주의의 역사를 조명하는 이 책은 2019년에 미국역사학회가 유럽 국제사 분야 최고의 책에 수여하는 조지루이스비어상 George Louis Beer Prize을 수상했으며, 독일, 이탈리아, 스페인, 프랑스, 일본 등 10개국 이상에 번역되었다.

이 밖에 지은 책으로 『대외전선―60년대 서독의 제3세계정치 Foreign Front: Third World Politics in Sixties West Germany』 『시장 문명―동부와 남부의 신자유주의 동부와 남부 Market Civilizations: Neoliberals East and South』(공저) 『신자유주의의 아홉 가지 삶 Nine Lives of Neoliberalism』(공저) 등이 있다.

현재 케임브리지대학교 출판부에서 발행하는 국제 학술 저널 《현대유럽사 Contemporary European History》의 공동 편집자이며, 신자유주의를 연구하는 역자학자들의 네트워크인 '역사와 정치경제 프로젝트 History and Political Economy Project'의 공동 디렉터로 있다. 《프로스펙트매거진》 선정 2024년 세계 최고 사상가 중 한 명으로 선정되었다.

옮긴이 **김승우**

경북대학교 사학과 조교수. 영국 케임브리지대학교에서 국제금융사를 전공했고, 제네바 국제연구대학원 국제역사학과와 스웨덴 웁살라대학교 경제사학과의 연구원을 지냈다. 20세기 후반 지구적 금융 부활의 정치 문화와 더불어 남반부 권위주의 국가들과 국제은행의 관계를 연구했다. 최근에는 한국과 미국의 신자유주의의 실천 방식과 더불어 지구적 불평등과 전후 국제통화체제의 관계를 연구하고 있다. 주요 논문으로 「A brief encounter—North Korea in the Eurocurrency Market, 1973-1980(밀회―유로 통화 시장과 북한, 1973-1980)」 「Exclusionary regimes, financial corporations, and human rights activism in the UK, 1973-92(배타적 정권, 금융기업, 그리고 영국의 인권운동, 1973-92(공저)」 「미국 신자유주의의 역사 만들기―시카고학파와 '램지어 사태'의 과거와 현재」 등이 있다.

Philos 30
크랙업 캐피털리즘

1판 1쇄 인쇄 2024년 6월 10일
1판 1쇄 발행 2024년 6월 28일

지은이 퀸 슬로보디언
옮긴이 김승우
펴낸이 김영곤
펴낸곳 (주)북이십일 아르테

책임편집 최윤지 김선아
편집 김지영
디자인 맨드라미
기획위원 장미희

출판마케팅영업본부 본부장 한충희
마케팅 남정한 한경화 김신우 강효원
영업 최명열 김다운 김도연 권채영
해외기획 최연순 소은선
제작 이영민 권경민

출판등록 2000년 5월 6일 제406-2003-061호
주소 (10881) 경기도 파주시 회동길 201(문발동)
대표전화 031-955-2100 팩스 031-955-2151 이메일 book21@book21.co.kr

ISBN 979-11-7117-620-5 (03900)

(주)북이십일 경계를 허무는 콘텐츠 리더
북이십일 채널에서 도서 정보와 다양한 영상 자료, 이벤트를 만나세요!

인스타그램
instagram.com/21_arte
instagram.com/jiinpill21

포스트
post.naver.com/staubin
post.naver.com/21c_editors

페이스북
facebook.com/21arte
facebook.com/jiinpill21

홈페이지
arte.book21.com
book21.com